新完譯 近思錄

신완역 근사록

朱熹·呂祖謙 編著
金學主 譯

明文堂

▲**주자**(朱子) 1130~1200년. 자는 원회(元晦) 또는 중회(仲晦), 호는 회옹(晦翁)·회암(晦庵)·자양(紫陽)이다. 송학(宋學), 즉 성리학(性理學)을 집대성했다.

▲**육상산**(陸象山) 1139~1192년. 이름은 구연(九淵), 호는 존재(存齋)·상산(象山)이다. 정명도(程明道)의 존덕성(尊德性)을 존중하여, 치지(致知)를 주로 한 심즉이설(心卽理說)을 제창하였다.

▼**수논이**(周敦頤) 1017~1073년. 자는 무숙(茂叔), 호는 염계(濂溪)로 송학(宋學)의 개조(開祖)이다.

▼**정호**(程顥) 1032~1085년. 자는 백순(伯淳), 호는 명도(明道)로 송학의 기초를 세웠고 주자(朱子)에게 큰 영향을 끼쳤다.

▼**정이**(程頤) 1033~1107년. 자는 정숙(正叔), 호는 이천(伊川)이다. 형인 정호와 이정자(二程子)라 한다.

◀**여조겸**(呂祖謙)
1137~1181년. 자는 백공(伯恭), 호는 동래(東萊)이다. 유학을 수학하여 장식(張栻)·주희(朱熹)와 더불어 동남(東南)의 삼현(三賢)이라 불렸다. 아호사(鵝湖寺)에서의 주자와 육상산의 회합[아호지회]을 주선하였다.

▼《**근사록**(近思錄)》
청(淸)나라 간본(刊本).

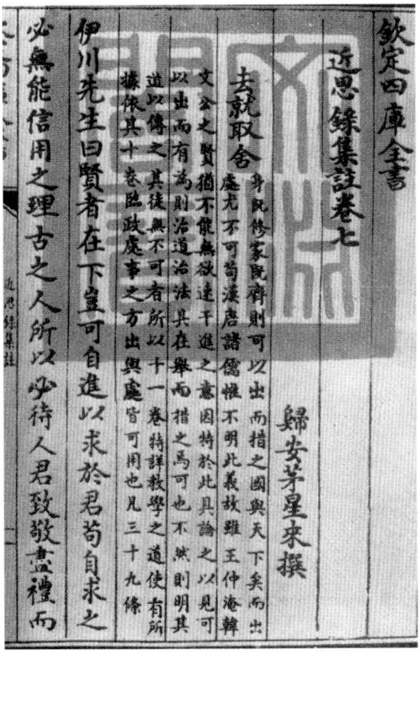

欽定四庫全書
近思錄集註卷七
歸安茅星來撰
去就取舍 身既修家既齊則可以出而措之國與天下矣而出處尤不可苟漢唐諸儒惟不明此義故雖王仲淹韓文公之賢猶不能無欲速干進之意因特於此具論之以見可以出而有爲則治道治法具在舉而措之焉可也不然則明其道以傳之其徒無不可者所以十一卷特詳教學之道使有所據依其十卷臨政處事之方出與處皆可用也凡三十九條
伊川先生曰賢者在下豈可自進以求於君苟自求之
必無能信用之理古之人所以必待人君致敬盡禮而

▼《**근사록집주**(近思錄集註)》
청(淸)나라 동치(同治) 8년(1869) 간본(刊本).

近思錄卷之一 凡五十一條
婺源後學江永集註
朱子曰此卷道體
濂溪先生曰無極而太極朱子曰上天之載無聲無臭而實造化之樞紐品彙之根柢也故曰無極而太極非太極之外復有無極也太極動而生陽動
極而靜靜而生陰靜極復動一動一靜互爲其根
分陰分陽兩儀立焉朱子曰太極之有動靜是天命之流行也所謂一陰一陽之謂道誠者聖人之本物之終始而命之道也其動也誠之通也繼之者善萬物之所資以始也其靜也誠之復也成之者性萬物各正其性命也動極而靜靜極復動一動一靜互爲其根命之所以

▶공문십철(孔門十哲)

공자의 제자들 가운데 특별히 학덕이 높은 10명을 가리킨다. 덕행(德行)으로 이름난 안회(顏回)·민자건(閔子騫)·염백우(冉伯牛)·중궁(仲弓), 언어(言語)로는 재여(宰予)·자공(子貢), 정사(政事)로는 염유(冉有)·계로(季路), 문학(文學)으로는 자유(子游)와 자하(子夏)가 있다.

▼맹자(孟子)

전국(戰國)시대의 철인(哲人). 기원전 372~280년. 이름은 가(軻), 자는 자여(子輿)·자거(子車)이다. 공자(孔子)의 인(仁) 사상을 발전시켜 성선설(性善說)을 주장하였다.

▼순자(荀子)

전국(戰國)시대 조(趙)나라의 사상가. 기원전 298?~기원전 238?년. 이름은 황(況). 맹자의 성선설에 대하여 성악설(性惡說)을 주장하였다.

책머리에

《근사록》은 신유학(新儒學) 공부를 하면서 오래 전부터 읽으며 조금씩 번역해 온 것이다. 주돈이(周敦頤)·이정자(二程子)·장재(張載)를 모르고는 주희(朱熹)에 대하여도 알 수 없는 일이라 여겼기 때문이다. 그 중 약 3분의 1은 이미 70년대에 번역해 놓았던 것이다. 최근에 와서 신유학에 대한 관심이 더욱 커져 완역(完譯)을 하면서 전체적으로 정리를 해보게 되었다.

이처럼 오랜 세월을 두고 번역을 하였다는 것은 문장이나 그 체재에 통일성이 결여됨을 피할 수가 없는 일이다. 전체적으로 마무리 작업을 하면서 손질을 하기는 하였으나 아무래도 일시에 이루어놓은 결과와는 큰 차이가 남을 스스로 느끼고 있다. 심지어 성(性)이나 명(命) 같은 용어의 번역에도 일관성이 없는 경우가 있을 것이다.

게다가 신유학은 이전의 유학과는 달리 관념론적인 경향이 짙어 그들의 문장에서 쓰고 있는 용어의 올바른 뜻이나 글에서 논하고 있는 요지를 파악하기도 쉽지 않다. 다른 어떤 글보다도 번역에 적지 않은 문제가 있을 것임을 각오하고 있다. 그렇다 하더라도 앞으로 성리학(性理學)을 공부하는 사람들에게 큰 도움이 될 것이라는 믿음 아래 번역작업을 완수하였다.

《근사록》을 대할 때마다 이른바 도서선천상수지학(圖書先天象數之學)을 앞세웠던 소옹(邵雍, 1011~1077)이 완전히 배제되고 있는 점이 무척 아쉬웠으나, 이 점도 주자학(朱子學)의 특성을 이해하는 한 가지 조건이 된다 생각하고 위안을 삼고 있다. 어떻든 《근사록》은 북송의 성리학뿐만이 아니라 주자의 학문을 공부하는 데 있어서도 그 바탕이 되는 것임을 절실히 느끼고 있다.

번역의 잘못된 점은 물론 다른 의견들까지도 독자 여러분께서 거리낌없이 알려주며 편달해 주시기 간절히 빈다. 끝으로 어려움을 무릅쓰고 이 책의 간행을 맡아준 명문당 김동구 사장에게 감사의 뜻을 표한다.

2004년 정월 초사흘
김 학 주 인헌서실에서

차 례

일러두기

1. 이 역주의 대본은 사고총서본(四庫叢書本) 강영(江永)의 《근사록집주(近思錄集註)》를 기본으로 하고, 그밖의 판본들도 참고하였다.

2. 앞머리에 〈해제〉를 붙여 미리 《근사록》의 대체적인 성격을 알 수 있도록 하였다.

3. 번역문은 되도록 쉬운 우리말을 쓰되, 원문과 대조하기 쉽도록 가능한 한 원문의 어순을 따르기에 힘썼다.

4. 주석(註釋)은 원문을 기준으로 하여 간략히 달았으며, 필요한 경우에는 그렇게 해석한 출전을 표시하였다.

5. 해설에는 그 대목 글의 출처를 밝히고, 그 대목 내용의 이해에 도움이 될 해설을 간단히 덧붙였다.

《근사록》 해제

1. 《근사록》이란 어떤 책인가?

《근사록》 14권은 주희(朱熹, 1130~1200)와 여조겸(呂祖謙, 1137~1181)이 함께 편찬한 것으로, 북송(北宋)시대에 성리학(性理學)을 연구한 주요 학자들의 이론을 요령있게 정리하여 '성인(聖人)의 학문'의 입문서(入門書)가 되게 하려는 것이었다.

'근사'라는 말은 《논어(論語)》 자장(子張)편에서, 자하(子夏)가 "널리 배우고 뜻을 돈독히 하여, 절실한 것부터 묻고 가까운 것부터 생각하면, 인은 그 가운데 있게 될 것이다.(博學而篤志, 切問而近思, 仁在其中矣.)"라고 한 말에서 따온 것이다. 곧 공부하는 사람으로서, '자신의 몸 가까이 있는 문제들부터 생각한다'는 뜻이다. 성인의 학문은 몸 가까이의 일상적인 문제들이 가장 중요한 과제라고 생각했기 때문일 것이다.

책의 내용은 북송시대의 주돈이(周敦頤, 1017~1073)와 정호(程顥, 1032~1085)·정이(程頤, 1033~1107) 형제 및 장재(張載, 1020~1077) 등 네 사람의 성리학적인 이론을 그들 저술 중에서 가장 일반적이고도 절실한 것들을 뽑아 14부분으로 분류해서 정리한 다음 14권으로 편찬한 것이다. 이들의 이론 범위는 우주의 원리로부터 시작하여 개인의 일상생활 문제에까지 미치고 있어, 이처럼 요령있게 정리하지 않으면 보통 사람들로서는 그들의 학술 내용을 이해하기 어렵다고 생각했기 때문에 이 책을 편찬한 것이다.

따라서 이 책은 북송시대의 성리학의 발전과정을 이해하는 데 있어서는 무엇보다도 편리한 책이다. 다만 성리학 발전에 크게 공헌한 것으로 알려진 소옹(邵雍, 1011~1077)이 완전히 배제된 것은, 주희가 그의 이른바 상수지학(象數之學)을 그다지 좋아하지 않고 또 너무나도 뚜렷한 그에 대한 도교의 영향을 꺼렸기 때문인지도 모른다.

《근사록》은 송나라의 섭채(葉采)가 뒤에 주희가 달아놓은 주해(註解)와 다른 학자들의 이론을 근거로 《집해(集解)》 14권을 지어 지금까지도 널리 읽혀지고 있다. 그밖에도 여러 학자들이 주해를 썼으나, 청(淸)나라 초기의 모성래(茅星來)와 강영(江永)이 각각 쓴 《집주(集註)》가 이 책을 읽는 데 가장 좋은 주해서로 알려져 있다. 그리고 왕우(汪佑)는 매 편마다 주희의 이론을 보충하여 《오자근사록(五子近思錄)》을 편찬하기도 하였다.

2. 《근사록》의 내용

《근사록》은 14종류 14권으로 나뉘어져 있는데, 섭채(葉采)의 《집해(集解)》에서는 각 권마다 다음과 같은 표제(標題)를 붙이고 있다.

1)도체(道體) 2)논학(論學) 3)치지(致知) 4)존양(存養) 5)극치(克治) 6)가도(家道) 7)출처(出處) 8)치체(治體) 9)치법(治法) 10)정사(政事) 11)교학(敎學) 12)계경(戒警) 13)변별이단(辨別異端) 14)총론성현(總論聖賢)

이 표제를 보면 대체로 《근사록》에는 어떤 내용들이 실려있는가 짐작이 갈 것이다. 또 강영(江永)의 《집주(集註)》본을 보면 각 권의 앞머리에 주희의 주 형식으로 '주자왈(朱子曰)'하고 각 권의 내용을 분류 제목 형식으로 표시하고 있다. 보기를 들면 제1권에는 '주자왈차권도체(朱子曰此卷道體)', 제2권에는 '주자왈차권위학대요(朱子曰此卷爲學大要)' 같은 형식이다. 이 《집주》에 적혀있는 각 권의 분류 제목은 다음과 같다.

1)도체(道體) 2)위학대요(爲學大要) 3)격물궁리(格物窮理) 4)존양(存養) 5)개과천선극기복례(改過遷善克己復禮) 6)제가지도(齊家之道) 7)출처진퇴사수지의(出處進退辭受之義) 8)치국평천하지도(治國平天下之道) 9)제도(制度) 10)군자처사지방(君子處事之方) 11)교학지도(教學之道) 12)개과급인심자병(改過及人心疵病) 13)이단지학(異端之學) 14)성현기상(聖賢氣象)

주희는 본시 제자들과 대화하는 중에 "《근사록》 각 편의 강목(綱目)은 이러하다."고 하면서, 제자들에게 이 책 각 편의 내용을 간략하게 알려주기 위하여 위와 같은 분류 제목을 들고 있다(《朱子語類》 105 振錄). 따라서 각 권의 내용에 대한 표현이 섭채의 표제보다는 보다 설명적이다. 어떻든 첫머리 제1권이 성리학의 바탕이 되는 도에 관한 문제를 다룬 〈도체〉이다. 도와 함께 이기(理氣)와 심성(心性)의 문제를 다룬 내용이어서 매우 이해하기 어려운 내용이지만, 성리학의 학문 방향을 알리기 위하여 이것을 첫머리에 놓았을 것이다. 그 뒤로는 학문·가정·사회·정치·수신 등에 관한 것들을 내용으로 하는 이론들이 여러 표목대로 분류되어 배열되어져 있다.

3. 송대 성리학의 형성

현실적인 사람과 사회의 문제만을 학문의 대상으로 삼아오던 유학(儒學)은 한(漢)·당(唐)을 거치면서 특히 불교와 도교의 영향을 받아 사변(思辨)에의 욕구가 생겨났다. 장재(張載)가 학문의 이상을 논하여

"천지를 위하여 마음을 세우고, 살고있는 사람들을 위하여 도를 세우며, 옛 성인들을 위하여 단절된 학문을 계승하고, 만세를 위하여 태평시대를 연다.(爲天地立心, 爲生民立道, 爲去聖繼絶學, 爲萬世開太平.)"(《近思錄》 권2)

고 논하고 있는 것만 보아도, 송대에 이르러 유학의 범위와 관심이 얼마나 넓어졌는가를 알기에 충분할 것이다.

송대로 들어와 유학은 사람과 존재하는 만물의 가치를 중시하던 이전의 생각으로부터 벗어나, 사람과 만물을 존재케 한 근원이 있기 때문에 비로소 모든 것들은 존재의 가치를 지니게 된 것이라고 생각하게 되었다. 따라서 외면적(外面的)·감성적(感性的)인 것들은 물리치고, 내면적(內面的)·정신적인 것들을 중시하게 되었다. 곧 만물 생성과 존재의 기본 원리인 '도'를 가장 중시하게 되어, 도의 작용과 관계되는 이(理)·성(性)·기(氣) 등의 추구가 학문연구의 중요 명제(命題)로 떠오르게 되었다. 그리고 그 '도'는 자연의 도일뿐만이 아니라 옛 성인(聖人)들이 세상을 올바로 다스리던 '성인의 도'이기도 하였다.

그리고 이러한 새로운 유학은 순전히 사변적(思辨的)·관념론적(觀念論的)인 방법에 의하여 추구되어, 거경궁리(居敬窮理)란 말로 그들의 학문태도가 설명되었다. 이것은 유학이 완전히 성인지향(聖人志向)으로 굳어져서, 누구나 성인이 되기 위한 수신(修身)을 하다보니 지나치게 내향적(內向的)인 성격을 띠게 되었음을 뜻하기도 한다.

외면적인 학술 방법도 여러 면에서 변화를 보여준다. 우선 경전(經傳)에 있어서 이전에는 성현(聖賢)의 글이라 하여 절대적인 것으로 여기던 것을 그 내용에 대하여도 회의를 갖기 시작하였다. 그리고 경전의 자구(字句) 해석이 위주이던 것이, 그 대의(大義)의 파악을 보다 중시하게 되었다. 그리고 스승과 조상들의 학문을 존중하여 절대적으로 지켜오던 사법(師法)과 가법(家法)도 지키지 않게 되었다. 특히 이전의 유학은 오경(五經)이 그 바탕을 이루었는데, 송대 이후로는 사서(四書)를 보다 중시하게 되었다.

사서의 중시는 송대부터 이상과 같은 유학의 이상주의로 말미암아 특히 중요하게 여겨진 유학의 도통론(道統論)과도 관계가 있다. 옛 성인들로부터 전해지던 학문의 전통은 요순(堯舜)·우(禹)·탕(湯)·문왕(文王)·무왕(武王)·주공(周公)을 거쳐 공자에게 전하여졌고, 공자의 학문은 다시 증자(曾子)와 자사(子思)를 거쳐 맹자(孟子)에게로 전하여졌는데, 그 이후로는 학문의 전통이 오랫동안 끊어져 왔다는 것이다. 이러한 생각은 당(唐)대의 한유(韓愈, 768~824)의 〈원도(原道)〉와 이고(李翺, ?~844?)의 〈복성서(復性書)〉 등에 얘기된 내용을 계승 발전시킨 것이다.

주희는 사서의 작자와 그 의의에 대하여 《논어》는 공자, 《대학(大學)》은 증자, 《중용(中庸)》은 자사, 《맹자(孟子)》는 맹자가 지은 것으로, 학문의 도통을 드러내는 경전이라고 전제하고서, 이 책들의 내용을 새롭게 해석하여 성인의 학문의 바탕으로 삼았다. 이 때문에 사서는 오경보다도 더 중요한 경전으로 격상된 것이다. 유학을 공부한다고 하면서도 공자의 근본정신은 잊고 경전에 대한 자질구레한 주해에나 힘쓰다 보면, 유학의 목적은 흐려지고 말단적인 글이나 읽어 잡된 지식이나 얻는 공부로 그치고 말게 될 거라는 것이다. 여기에서 유학의 정통을 확립하여야 할 필요성이 크게 대두되는 것이다.

이러한 새로운 학문 경향은 《근사록》에 보이는 주돈이·정호·성이·장재를 중심으로 하여 구체화하고, 마침내 남송(南宋)의 주희에 이르러 성리학으로 집대성(集大成)되는 것이다. 이러한 사변적(思辨的)인 경향을 지닌 송학은 이 시대에 있어서는 자유로운 비판정신의 진작과 적극적인 진리탐구의 방법으로 중국유학의 새로운 세계를 개척하는 것으로 받아들여졌던 듯하다.

다음에는 이들 북송 네 학자들의 생애와 학문의 특징을 하나하나 소개하고, 이들을 집대성한 주희의 학문성격을 개략적으로 소개할까 한다.

주돈이(周敦頤 : 1017~1073)

송학의 최초의 대사(大師)로서 맹자 이후로 1400년 간 묻혀 있던 도통(道統)을 다시 계승하여 성인의 학문을 다시 밝힌 분이 주돈이(주자의 말)이다. 그는 호를 염계(濂溪)라 하였고, 자(字)는 무숙(茂叔), 호남(湖南) 사람이다. 만년에는 여산(廬山)의 연화봉(蓮花峯) 아래 조용히 살았다. 그는 생전 낮은 관리로 전전하였으며, 그의 문하에서는 유명한 정호·정이의 두 형제가 나왔으나 당시에는 거의 이름조차도 제대로 알려지지 않았던 듯하다. 그가 사상가로서 받들여지고 송학의 창시자로서 존숭을 받게 된 것은 죽은 뒤에도 여러 해가 지나 주자가 나와서 밝혀 주었기 때문일 것이다.

주돈이의 중국사상사 상의 의의는 다음과 같은 네 가지 면에서 생각할 수가 있다.

첫째는 그의 〈태극도(太極圖)〉와 그에 대한 해설인 《태극도설(太極圖說)》이다. 〈태극도〉는 《역경》의 '역(易)에는 태극(太極)이 있는데 이것이 음양(陰陽)의 양의(兩儀)를 낳고 양의는 사상(四象)을 낳고, 사상은 팔괘(八卦)를 낳았다.(繫辭傳 上)'고 한 말을 근거로 삼고 있지만, 사실은 도사(道士)들 사이에 오랫동안 전해오던 도표를 약간 수정한 것이라 한다. 〈태극도〉는 맨 위에 '태극'으로부터 음양으로 나뉘어지고 다시 거기에서 금(金)·목(木)·수(水)·화(火)·토(土)의 오행(五行)이 생겨나며, 그 오행의 생극(生克)을 통하여 남성적인 것과 여성적인 게 이루어지고, 이 남성적인 것과 여성적인 것의 융화를 통하여 만물이 생겨난다는 것이다.

《태극도설》에서 '무극(無極)이면서도 태극'이라 말하고 있어, 도가적인 생성이론의 도입을 느끼게 하며, 만물 중에서는 가장 영적(靈的)인 것이 사람이어서 인식의 힘과 도덕성을 갖추고 있다는 것이다. 이처럼 중국철학사의 상식적인 정리를 통하여 새로운 우주관을 체계지운 것이 주돈이의 사상사 상의 첫째 공적이라 할 것이다.

둘째로 성인은 배워서 될 수가 있다는 것이다. 그의 저서인 《통서(通書)》에서는 무욕(無欲)함을 통하여 성인은 배워서 될 수 있다고 논하고 있다. '무욕'이란 도가의 '무아(無我)'와도 비슷하지만 아무래도 도덕적인 의미에서 '욕'이란 개인의 욕망이나 치우쳐진 욕망을 가리킨다고 보아야 할 것이다. 그 뒤로는 정이(程頤)도 '성인이란 타고나는 것이란 생각 때문에 학문이 타락하였다.'(《근사록》 권2)라고 하면서 송대 학자들은 모두가 성인지향(聖人志向)으로 학문의 목표가 바뀌었다. 이전에는 '군자'나 '현인(賢人)'은 배워서 될 수 있지만 인간의 최고 이상형인 '성인'은 노력과 공부를 통하여 될 수 있는 것이라 생각한 이는 없었다.

셋째는 욕망의 부정이다. 앞에서도 얘기했듯이 그는 '무욕'을 통하여 성인이 될 수 있다고 하면서 사람의 욕망을 완전히 부정하려들었다. 《맹자》에서도 '마음을 기르는 데 있어서는 욕망을 적게 하는 것보다 더 좋은 게 없다.(盡心 下)'고 하였지만 이처럼 완전히 부정한 일은 없었다. 그는 인욕(人欲)이란 천리(天理)와 대가 되는 것이라 생각하였다. 이것은 결국 송학을 인간성까지도 무시하는 도학(道學)적인 경향으로 몰고 가는 한 가지 원인이 된다.

넷째는 '고요함[靜]'의 강조이다. 원래 '움직임과 고요함'은 '근본과 말단(末端)' 또는 '안팎[內外]'과 함께 중국철학에 있어서는 상대적인 범주(範疇)의 것이었다. 그러나 주돈이는 《태극도설》의 자주(自注)에서 '무욕하기 때문에 고요하다.'고 못박고 있다. 여기에서 송학은 '고요함'이 주류를 이루게 되었고, 거기에서 '공경[敬]'과 함께 《중용》에서 말한 '감정이 드러나기 전의 중(中)'이 강조되게 되는 것이다. 그러나 아무래도 '고요함'에 상대적인 '움직임'은 부정할 길이 없어 결국 주자에 이르러는 '움직임'을 최대한으로 포함하는 '고요함'인 '지정(至靜)'이란 것을 논리적으로 엮어내게 된다.

어떻든 이러한 주돈이의 학문은 종래의 유학과는 판이한 것이어서 이것을 발판으로 하여 새로운 유학의 이상주의가 꽃피어난다.

《근사록》에는 그의 저술 《태극도설》과 《통서》의 글이 주로 인용되어 있다. 후세 사람이 편찬한 《주자전서(周子全書)》 또는 《염계집(濂溪集)》 7권이 있다.

정호(程顥 : 1032~1086)

주돈이의 문하에서 정호와 정이 형제가 나와 뒤에 주자는 이들을 스승으로 모시게 되어 이정자(二程子)라 높이게 된다. 정호는 호가 명도(明道)이며, 자는 백순(伯淳)으로, 지금의 하남성(河南省) 낙양(洛陽) 사람이다. 26세 때 과거에 급제하여 섬서(陝西)·강소(江蘇)·하북(河北)·하남(河南) 등지의 지방관리와 지현(知縣)을 지냈고, 한때는 중앙의 어사(御史)에 임명된 일도 있었다. 처음에는 혁신적인 신종(神宗)의 인정을 받아 왕안석(王安石)의 신법당(新法黨)에 속하였으나 뒤에는 반대파인 구법당(舊法黨)으로 돌았다. 그는 언제나 '백성들을 보기를 상처입은 이를 보듯 한다'는 말을 좌우명(座右銘)으로 삼았다. 늘 자기 자신을 반성했고, 인격은 온화하기 옥과 같았으며 30년 간 그가 성내는 빛을 띤 것을 본 일이 없었다고 전한다.

아우 정이와 함께 주돈이에게 15, 6세 때 배웠다고 하는데 스승의 영향에 대해서는 후세 학자들의 의견이 분분하다. 본질적으로는 스승의 영향을 받지 않았다고 부정하는 이조차도 있다. 어떻든 그의 중요한 사상을 요약하면 대략 다음과 같다.

첫째 '생생(生生)'과 본성[性]의 중시이다. '생생'이란 《역경》의 '하늘과 땅의 위대한 덕을 생(生)이라 부른다', '생생(生生)하는 것을 역(易)이라 한다(繫辭傳)'는 말에서 나온 것이다. '생'이란 산다는 생명의 뜻과 함께 생산한다, 또는 생성한다는 뜻을 동시에 지닌 말이다. 하늘과 땅의 덕이 '생' 또는 생성되어 있는 것을 계속 생성케 하는 것이 '생생'이며, 그것이 바로 도(道)라고 생각한 것이다. 하늘과 땅의 기운〔氣〕은 한시도 쉬지 않고 모였다 흩어졌다 하면서 만물을 쉬지 않고 '생생'하고 있다는 것이다. '조화(造化)'나 '하늘과 땅의 변화'란 바로 이 사실을 가리키는 말이며, '도'란 이 '생생'의 원리에 이름을 붙인 것일 따름이라는 것이다. 따라서 하늘과 땅의 만물은 모두 '생생'의 본성을 지니는 것이며 사람도 마찬가지이다.

이런 입장에서 '본성'이란 바로 '생'이며(《근사록》 권1) 그것은 선한 것이라는 결론이 이루어진다. 일찍이 고자(告子)가 '생을 본성〔性〕이라 한다'고 말했다가 맹자에게 이단시(異端視)되었지만 그것이 정호에게서 되살아난 것이다. 그래서 주자는 '생'이란 형이하학(形而下學)적인 기운〔氣〕이며, '성(性)'이란 형이상학적인 이(理)인데, 고자는 그 구별을 몰랐다고 비판을 합리화시키려 들고 있다(《孟子集註》 告子 上). 어떻든 정호의 이러한 사상은 종래부터 있었던 생성원리에 대한 적극적인 응용이라 보아야 할 것이다.

둘째는 양지(良知)와 양능(良能)에 대한 사상이다. 사람은 물론 만물은 '기'와 모이고 흩어지는 변화에 따라서 생겨나고 없어지고 한다. 그러나 '기'가 모여 물건이 이룩되는 데에는 사람의 오성(悟性)으로서는 헤아릴 수도 없는 정묘(精妙)한 작용이 있어서 그 극단적인 신묘한 결합이 사람의 '마음'이나 '귀신' 같은 것을 이룩한다. 그래서 《서경(書經)》에서 말한 것처럼 사람은 '만물의 영(靈)'이 되는 것이다.

사람이 '만물의 영'으로서 지니는 특징은 만물 중에서 사람만이 지니는 '양지(良知)와 양능(良能)'에 있다. 그래서 사람은 하늘과 땅의 중간에서 나란히 '하늘과 땅에 참여하게'(《中庸》) 되는 것이다. 만약 사람이 없다면 하늘과 땅의 이법(理法)은 없는 거나 같게 될 거라는 것이다(《程氏遺書》 11). '양지'와 '양능'에 의하여 '사람은 하늘과 땅의 마음'(《禮記》 禮運)이 되며, 하늘과 땅의 자각점(自覺點) 같은 위치를 확보하고 있는 것이다.

'양지'와 '양능'은 모두 《맹자》에 보이는 말로서 '생각하지 않고도 알게 되는 진실한 앎'이 '양지'이며 '배우지 않고도 할 수 있는 진실한 능력'이 '양능'인 것이다. 이 '양지'와 '양능'의 개발은 뒤에 명(明)대의 왕양명으로 계승되어 크게 발전한다.

셋째는 만물일체(萬物一體)의 인(仁)의 주장이다. 사람은 만물 중에서 우월한 존재이기는 하지만 '하늘과 땅의 생의(生意)'는 사람과 만물 전부에 똑같이 작용하고 있다는 것이다. '인(仁)'은 공자사상의 중심개념이란 것은 널리 알려져 있는데 정호는 그것을 철학적으로 크게 확대시켜 천지만물이 일체임을 인식하는 것이 '인'이라고 강조한다. 물론 그 '인'은 무엇보다도 만민(萬民)이 중심 대상이고, 다음에는 생물(生物)을 무생물보다는 앞서 인식했을는지는 모른다. 그러나 '맥박을 눌러볼 적에 인이 무엇인가를 가장 잘 알게 된다'고 주장한 것을 보면, 하늘과 땅의 '생생'의 덕, 그것이 바로 '인'이라고 생각하였던 것 같다. 곧 하늘과 땅의 생의(生意)가 자기와 만물에 관통되어 있음을 인식하는 게 '인'이라는 것이다.

정호는 이것을 구체적으로 다음과 같이 표현하고 있다.

'의서(醫書)에 손발이 마비되는 것을 '불인(不仁)'이라 하고 있는데 이 말은 가장 표현을 잘한 것이다.

인(仁)이란 하늘과 땅과 만물과 한몸〔一體〕이 되어 모든 게 자기가 되는 것이다. 모든 것을 자기라고 인정하면 무엇이건 생각하지 않는 것이 없게 될 것이다. 만약 자기로서 인정되지 않으면 자연히 자기와는 상관없는 게 될 것이다. 마치 자기 손발이 마비되어〔不仁〕, 기운이 이미 통

하지 않아 자기에게 속하지 않는 게 된 거나 같다.'(《근사록》 권1)

그리고 이 만물일체의 '인'은 정이는 물론 장재(張載)의 〈서명(西銘)〉과 정이의 제자인 사상채(謝上蔡)의 지각설(知覺說)로 발전한다. 사상채는 살아 있는 것의 지각 자체가 바로 '인'이라 하였다.

천지만물과의 일체를 인식하는 것이 '인'이라 보는 송대 학자들의 견해는 자연히 옛날 유가의 덕목(德目) 중의 하나로서의 '인', 다시 말하면 인(仁)·의(義)·예(禮)·지(智)·신(信)의 오상(五常) 가운데의 하나로서의 '인'과는 본질적으로 다른 것이 된다. 곧 송대 이전에는 '인'을 '사랑'이나 비슷한 훌륭한 덕성 중의 하나로 본 데 반하여 정호는 모든 덕성, 곧 의·예·지·신 같은 것은 모두 '인'에 포함되는 것으로 보았다(識仁篇). '인'이 경우에 따라 의로도 발휘되고, 예로도 발휘되고, 지로도 발휘되고, 신으로도 발휘된다는 것이다. '인'이 본체〔體〕라면 나머지 덕성들은 작용〔用〕이 되는 것이다. 그것은 '인'이란 절대적인 '도'나 같은 것으로 인식되었기 때문에 당연한 귀결이라 볼 수 있다.

넷째는 천리(天理)에 대한 사상이다. 하늘과 땅을 보면 악한 것이건 선한 것이건 구별없이 모든 것을 덮어주고 실어 준다. '음이 있으면 양이 있고, 선이 있으면 반드시 악이 있는 것'이 하늘의 원리이며, 거기에 '천리'가 있다는 것이다. 따라서 '악이란 본래 선에 대항할 수 있는 게 아니라 너무 지나치거나 미치지 못하는 것에 붙여진 이름'이라 말하면서 '천하의 선악이 모두 천리'라 주장한다. 이것은 뒤에 정이나 주자에 의하여 '인욕(人欲)'과 상대되는 것으로 발전하지만, 어떻든 '천리'를 유교적인 사유(思惟)의 중심부문으로 끌어넣은 것은 정호의 공로라 해야 할 것이다.

여하튼 그의 만물일체의 '인'에 대한 인식과 '천리'의 사상은 《정성서(定性書)》에서 본성에 대하여 '이른바 안정된다는 것은 움직임에 있어서도 안정되고 고요함에 있어서도 안정되며, 보내고 마중하는 게 없고 자기 안과 밖이 없다'고 말하게 하고 있다. 본성에는 자기 안과 밖의 구별이 없다면 자기 안과 밖을 구별하는 것은 사적인 잘못된 입장이 된다. 그리하여 그는 같은 책에서 학문을 긍정하여 '하늘과 땅이 변함없는 것은 그 마음이 만물에 두루 미치면서도 무심(無心)하기 때문이며, 성인이 변함없는 것은 그의 정(情)이 만사에 순종하면서도 무정(無情)하기 때문이다. 그러므로 군자의 학문은 널따랗게 크게 공정해야 하며〔廓然大公〕, 물건이 닥쳐오는 대로 순응해야 하는 것이다〔物來順應〕'고 말하고 있다. 이처럼 큰 학문의 스케일은 일찍이 중국에서는 상상도 할 수 없었던 것이었다.

《근사록》에는 《문집(文集)》·《어록(語錄)》·《외서(外書)》 등의 글이 인용되어 있다. 그러나 《문집》은 《정씨문집》 중의 《명도선생문(明道先生文)》, 나머지는 《정씨유서(程氏遺書)》에서의 인용이 대부분이다.

정이(程頤 : 1033~1107)

정이는 호가 이천(伊川)이며, 자가 정숙(正叔)으로, 정호의 아우로서 한 살 아래였다. 앞에서도 얘기했듯이 소년시절에 형 정호와 함께 주돈이에게 배웠으나, 곧 수도인 개봉(開封)의 태학(太學)으로 들어가 당시의 위대한 교육가로 알려진 호원(胡瑗)에게 배웠다. 정이는 곧 궁중의 시강(侍講)이란 명예로운 자리에 올라 많은 제자들을 거느리게 되었으나, 한편 옳은 말을 거리낌없이 하여 직지않은 적을 샀다. 그때 문호인 소식(蘇軾)은 한림원(翰林院)에서 문인으로서 명성을 날리고 있었는데, 정이는 도학자들을 싫어하는 이들과 대립 반목하여 낙당(洛黨)·촉당(蜀黨)으로 불렸다.

얼마 후 신법당(新法黨)과 구법당(舊法黨)의 싸움통에 그도 귀양을 갔었고, 사설(邪說)로써 사람들을 미혹시키고 당파를 세운다는 죄목으로 그는 물론 문하생들까지도 하남부(河南府)의 검속을 받아 쫓겨나기까지 했었다. 그러나 사방으로부터 여전히 제자들이 모여들었다. 병이 들어 위독할 때 한 제자가 '선생님의 평생의 학문은 바로 지금 같은 세상에 효용이 있을 겁니다'하고 말하자, 그는 눈을 뜨고 도(道)의 학문에 있어서 효용을 얘기하는 것은 잘못이라 말하였다 한다. 도학(道學)이란 무슨 다른 일을 위한 게 아니라 도 그 자체의 추구를 위하여 학문하고 실천한다는 것이다. 이 말을 마치고 그는 바로 세상을 떠났다 한다.

정호는 온화하기 봄바람 같았는 데 비하여 아우인 정이는 엄하기가 가을 서리와 같았다 한다. 송대 도학의 기풍은 그에 의하여 자리가 잡혀졌다고도 볼 수 있다. 후에 주자는 이 정씨 형제를 매우 존경하며 자기 스승으로 모시고 있는데 실제로는 정이에게서 사상적으로 더 큰 영향을 받고 있다.

그의 중요한 사상의 요점을 들면 대체로 다음과 같다.

첫째는 본체[體]와 작용[用]에 대한 엄한 구별이다. 정이는 논리적으로 자기 형에 비하여 매우 분석적이고도 사변적이었다. 그것은 본체와 작용의 엄한 구별에서도 발견되는 특성이다.

예를 들면 '인'에 대하여 대체적으로 후세에는 사랑과 비슷한 것으로 해석하고 있지만 정이는 사랑은 감정이고 '인'은 본성이기 때문에 사랑을 바로 '인'이라고 하는 것은 잘못이라 하였다. 《맹자》는 확실히 '측은(惻隱)한 마음은 인의 발단이다(公孫丑 上)'라고 말하고 있으니 '측은'이 바로 인이 되는 것도 아니다. 그는 인이란 주자가 해석한 것처럼 공정하고도 사사로움이 없는 것이라고 생각했던 것 같다. 이것은 정호의 '만물일체의 인'처럼 사상적으로 큰 의의가 있는 것은 아니지만 논리적으로는 이미 주자의 체계가 거의 형성되어 있는 것이라고 볼 수 있다. 이러한 분석적인 태도에서부터 주자의 〈격물설(格物說)〉이 생겨나는 것이다.

둘째는 음양(陰陽)과 도(道)에 대한 견해이다.

《역경》에는 '음이 되었다 양이 되었다 하는 것을 도라고 한다(繫辭傳)'고 하였는데 이전까지는 음양의 두 기운이 한데 엉키는 것, 그것이 바로 도라고 생각하여 왔다. 그러나 정이는 음양은 도를 떠나서 존재하는 것은 아니지만 음양 그 자체와 도는 분명히 차원이 다른 것이라고 지적하였다. 그는 말하기를 '음양을 떠나서 달리 도가 있는 것은 아니다. 음양의 근거가 되는 것이 바로 도이고 음양은 기(氣)이다. 기는 형이하학적인 것이고 도는 형이상학적인 것이다(《遺書》 15)'고 하였다. 말하자면 도란 음양 현상의 배후에 있으면서 음양의 근거가 되는 것이지만 음양이 바로 도인 것은 아닌 것이다. 이것은 앞에서 얘기한 본체와 작용을 구별하는 그의 논리화에 근본을 두고 있는 것이다.

셋째는 '본성[性]이 곧 이(理)'라는 이론이다. 이것은 장재가 '마음이란 본성과 감정을 다스리는 것'이라고 한 말과 함께 주자가 언제나 절찬을 아끼지 않았던 말이었다. 그것은 주자에게서 대성된 성리학의 윤리설이 한마디로 '본성이 곧 이'라는 말로써 대변될 수 있기 때문이다.

옛날부터 이 본성에 관한 이론은 중국 사상가들이 즐겨 논하던 테마였다. 공자가 '본성은 서로 가깝지만 습관에 의해서 서로 얻어진다'고 말한 이래로 맹자의 '성선설', 순자의 '성악설'을 비롯하여 당대의 한유(韓愈)에 이르기까지 본성에 대한 논의는 중국 역사를 통하여 끊인 적이 없었다. 그러나 유가인 한 송학도 본성에 대한 근본전제(根本前提)는 '성선설'이었다. 다만 여기에 두 가지 다른 입장이 남는다.

그것은 정호가 '생(生)을 본성이라 한다'고 한 입장과 다른 하나는 정이가 '본성이 곧 이'라고 한 입장이다. 정이는 '생을 본성이라 한다'고 한 것은 《논어》에서 공자가 '본성은 서로 가깝다'고 한 본성으로 타고난 것을 뜻하며, '본성이 곧 이'라고 한 것은 《대학》의 '하늘이 명하여 준 것을 본성이라 한다'고 한 본성으로서 그것은 선천적인 도덕성 같은 것을 뜻하는 것이라 본 것이다. 그것은 장재가 말한 것처럼 '기질(氣質)의 본성'과 '하늘과 땅의 본성'으로 구분할 수도 있을 것이다. 곧 '기질의 본성'이란 '기'에 의하여 커지기도 하고 작아지기도 하며 덮여지기도 하고 굽혀지기도 하는 것인 데 비하여, '하늘과 땅의 본성'이란 '근원적인 본성'으로 영원한 것이다.

정이는 '본성이 곧 이'라 하며 '이'를 강조하여 이미 '이'의 철학이라 할 만한 경지에 이르고 있다. 따라서 송학의 윤리관의 중심을 이루는 '천리(天理)와 인욕(人欲)'에 대한 개념은 이미 정이에게 드러나 있다. 그는 '사람이란 대체로 육체가 있는 이상 사사로움이 존재하기 마련이다. 따라서 도와 합일되기 어려운 것은 당연하다 할 것이다.'(《근사록》 권5)고 말하고 있으니 이것은 '인욕'의 인정인 것이다. 따라서 '기를 기르는 방법'에 의하여 '기질의 본성'에 대한 장애를 모두 없애고, 본래의 모습대로 '이의 본성'을 실현하는 게 학문의 목적이란 그의 생각은 곧 '인욕을 버리고 순수한 천리를 보존하는 것'이 학문이라는 말로 요약하게 된다.

넷째는 '공경[敬]'의 강조이다. 그는 분석적·논리적인 이치의 연구를 중요시하는 한편 학문적인 자세로써 '공경히 지내는 것[居敬]'을 강조하였다. 그것은 주돈이의 '고요함'에 대한 생각에 바탕을 두고 있다. 그는 '공경히 지내는 것'이란 바로 '하나를 위주로 하는 것[主一]'이며 다시 그것은 마음을 '딴 곳에 두지 않는 것[無適]'이라 설명하고 있다. 이것은 학문을 전념(專念)하는 상태를 유지하는 게 된다. 그리고 한편 도덕적으로도 정신을 집중하여 외경(畏敬)한 마음가짐을 유지하는 것도 된다. 따라서 '공경히 지낸다'는 것은 본시 내면적인 마음의 문제이지만 외면적인 몸가짐과는 관계가 있는 것이 되고 만다. 그는 '공경함으로써 마음을 함양하여 가면 스스로 천리가 밝아진다'고도 말하고 있다. '마음의 함양에는 반드시 공경함을 써야 되고, 배움에 나아가자면 곧 지식을 이르게 해야 한다(《근사록》 권2)'고 학문을 안팎에서 설명하고 있다. 여기에서 송학의 도학적인 성격은 완전히 굳어지고 마는 것이다.

《근사록》에는 그의 《역전(易傳)》·《정씨문집(程氏文集, 伊川先生文》·《경설(經說)》·《어록(語錄)》·《외서(外書)》의 글들이 인용되어 있는데, 기타는 두 형제의 글을 모아놓은 《정씨유서(程氏遺書)》로부터의 인용이다.

장재(張載 : 1020~1077)

호는 횡거(橫渠)이며, 자는 자후(子厚)로, 지금의 섬서성(陝西省) 서안(西安)의 서쪽 미현(郿縣) 횡거진(橫渠鎭) 사람이다. 그는 어려서 부모를 여의었으나 재기(才氣)가 비범하였고 병사를 논하기를 좋아했다 한다. 18세에는 서하(西夏)의 이원호(李元昊)가 송나라를 자주 침략하여, 그는 범중엄(范仲淹)을 찾아가 뵙고 공명을 세울 뜻을 얘기하였다. 범중엄은 그의 기량(器量)을 알아보고 《중용》 한 권을 내주면서 '유자(儒者)란 스스로 명교(名教)라는 즐길 것이 있는데 어찌 병사를 일삼겠는가?'고 말했다 한다. 이에 그는 크게 깨닫고 도에 뜻을 두었다 한다.

그리고 처음에는 도교나 불교의 연구도 하였으나 곧 도읍지로 나와 정호·정이의 형제(장재와 친척간임)를 만나 비로소 이교(異教)를 완전히 버렸다 한다. 얼마 안 있다가 과거에 급제하여 지방관리를 거쳐 궁중의 편찬관(編纂官)에 임명되었었다. 그러다가 왕안석(王安石)의 신법(新法)에 반대하고 벼슬을 버리고는 고향으로 돌아가 매일 한 방에 정좌(靜坐)하여 독서와 사색을 일삼은 끝에 《정몽(正蒙)》이란 책을 지었다.

그는 옛날 예의제도를 부활시키려고 노력하며 관중(關中) 지방의 풍속을 새롭게 만들겠다는 뜻에서 그 기초가 되는 정전법(井田法)을 시행하려고 땅을 사들이어 오랫동안 시험해 보았으나 성공을 거두지는 못하였다. 그의 학문의 특징은 대략 다음과 같다.

첫째는 '기(氣)'의 철학이다. 지금 중국학자들은 대체로 중국 철학의 다음과 같은 세 가지 유파를 인정하고 있다. 하나는 정이와 주자의 '본성이 곧 이'라는 객관유심론(客觀唯心論)이고, 또 하나는 육상산(陸象山), 왕양명(王陽明)의 '마음이 곧 이'라는 주관유심론(主觀唯心論)이며 다른 하나는 장재 및 후세 왕부지(王夫之)의 '기의 철학'인 유물론(唯物論)이다. 따라서 '기'가 무엇이냐 하는 것도 문제가 많지만 대강 물질의 근원적인 것이란 정도로 설명을 해둔다.

그는 우주란 '허공'이라고 생각한다. '천지는 허공으로써 덕을 삼으며 지극히 선한 것이 허공이다.'고도 하였다. 곧 천지의 근본 성격은 허공에 있다는 것이다. 허공의 극치인 '태허(太虛)'는 우주의 별명이며 '태허'란 바로 '기'의 충만인 것이다. 태허의 기는 '모여서는 만물이 되지 않을 수 없고 만물은 흩어져서 태허가 되지 않을 수 없다(《正蒙》 太和)'고도 하였으니 기란 우주 구성의 기본요소인 것이다. 기의 변화에 의하여 모든 존재가 이루어지기도 하고 없어지기도 한다는 것이다.

그에 의하면 이러한 기의 변화의 근거가 바로 도인 것이다. 도에 의하여 기가 모였다 흩어졌다 하는데 기가 모이면 삶이 되고 기가 흩어지면 죽음이 된다는 것이다. 따라서 죽음과 삶의 사이에는 기의 변화가 있을 뿐 아무런 불가사의한 심연도 존재하지 않게 되는 것이다.

둘째는 천지와 나와의 연대감이다. 그의 유명한 〈서명(西銘)〉은 다음과 같은 말로 시작되고 있다.

'건(乾)을 아버지라 부르고 곤(坤)을 어머니라 부른다. 나의 아득한 존재는 혼연(混然)히 그 가운데 있다.'

사람은 미미한 존재이지만 하늘을 아버지로 삼고 땅을 어머니로 삼고서 그 중간에 삼자가 대등히 존재하고 있다는 것이다. 그래서,

'하늘과 땅에 가득 차 있는 것은 바로 나의 본체이며 하늘과 땅의 통수자(統帥者)는 바로 나의 본성이다. 백성들은 나의 동포이며 만물은 나

의 벗이다.'
라고도 하였다. 하늘과 땅에 가득 차 있는 것이란 바로 기이며 그것은 바로 나라고도 할 수 있는 것이다. 왜냐하면 기란 '모여도 나의 몸이며 흩어져도 나의 몸'(《正蒙》)이 되는 것이기 때문이다. 그런데 사람은 단순한 기에 불과한 것이 아니라 거기에는 하늘로부터 명하여 주어진 '본성'(도덕성)을 최고도로 지니고 있음으로써 만물의 영장으로서 우주간의 기를 통수하고 있는 셈도 되는 것이다. 어떻든 천지를 비롯하여 만물과 백성이 자기와 같은 근원의 것이라는 뚜렷한 연대감은 송대 학문을 한층 넓혀 주는 계기가 되었다.

여기에서 다시 우주적인 가족주의가 유도된다. 〈서명〉에는 다음과 같은 말이 계속된다.

'임금이란 나의 부모의 맏아들이며 그 대신들이란 맏아들의 집안일을 하는 사람이다.'

그리고 천하의 모든 사람들이 나의 형제나 같은 사람들이라고도 하였다. 이것은 정호의 '만물일체의 인'의 사상과 일맥상통하는 것이며, 그의 '기의 철학'에 바탕을 두고 있는 것이다. 어떻든 〈서명〉은 정호에 의하면 맹자 이후의 최대문헌이라 하는데 그것은 송학으로서의 웅대한 스케일이 짧은 그 글 속에 표명되어 있기 때문일 것이다.

《근사록》에는 그의 저서 《정몽(正蒙)》·《역설(易說)》·《예악설(禮樂說)》·《논어설(論語說)》·《맹자설(孟子說)》·《문집(文集)》·《어록(語錄)》·《경학이굴(經學理窟)》 등의 글이 인용되어 있다. 또 후인이 편집한 《장자전서(張子全書)》도 있다.

끝으로 《근사록》을 주희와 함께 편찬한 여조겸(呂祖謙 : 1137~1181)의 생애와 학문의 특징을 간단히 소개한다.

여조겸은 자가 백공(伯恭), 호는 동래(東萊)이며, 수주(壽州, 지금의

安徽省) 사람이다. 증조부 때부터는 무주(婺州, 지금의 浙江省)로 옮겨 와 살았다. 임지기(林之奇)·왕응진(汪應辰)·호헌유(胡憲游)에게 배웠고, 주희(朱熹)·장식(張栻)과 사귀어 세상에서는 그들을 '동남삼현(東南三賢)'이라 하였다. 진사가 된 다음 벼슬은 태학박사(太學博士)를 거쳐 저작랑(著作郎) 겸 국사원편수(國史院編修)로 졸하였다.

여조겸은 오랜 궁리(窮理)를 거치지 않고 자신이 아는 사물(事物)을 곧장 도(道)에 적용하는 경향이 있었다. 따라서 주희는 그의 학문을 사학(史學)에 자세하다 말하고 있다. 그는 학문의 실제적인 활용에 마음을 많이 쓴 듯하다.

《근사록》의 편찬은 효종(孝宗)의 순희(淳熙) 2년 여름, 여조겸이 주희의 한천정사(寒泉精舍)를 방문했을 때 이루어졌다. 그때 주희는 이미 자기 스승 이정자(二程子)의 《정씨유서(程氏遺書)》와 《정씨외서(程氏外書)》의 편찬을 끝내고, 북송 학자들의 저술에 주석(注釋)도 하여 그들에 대하여 마음속에 정리가 잘 되어있는 상태였다. 따라서 주희는 여조겸의 방문을 계기로 북송 학자들의 저술을 함께 읽고 토론하며 《근사록》 편찬에 착수하게 되었던 것이다.

여조겸에게는 《근사록》의 편찬 이외에도, 《고주역(古周易)》·《춘추좌씨전설(春秋左氏傳說)》·《동래좌씨박의(東萊左氏博議)》·《대사기(大事記)》·《여씨가숙독시기(呂氏家塾讀詩記)》·《송문감(宋文鑑)》 등 많은 저술과 함께 《여동래선생문집(呂東萊先生文集)》 40권이 있다.

주희(朱熹 : 1130~1200)

① 주자(朱子)의 생애

주돈이·정호·정이·장재로 전개되어 온 새로운 유학은 마침내 남송

(南宋) 주자에 의하여 집대성(集大成)됨으로써 방대한 체계를 이루었다. 이것은 중국사상사는 물론 동양학술계에 있어서 큰 변혁이 아닐 수 없었다.

주희는 보통 존칭으로 주자라 부르는데 자는 원회(元晦) 또는 중회(仲晦), 호를 회옹(晦翁) 또는 운곡노인(雲谷老人)이라 하였으며, 본시는 안휘(安徽) 무원(婺源) 사람이나 실제로는 복건성(福建省) 산간지대에서 태어났다. 그의 아버지도 시인으로 이름이 났고 도학을 공부한 이상주의자여서 아버지의 유언을 따라 주자도 도학을 연구하게 되었다 한다. 19세에 과거에 급제한 뒤로 복건(福建)·광서(廣西)·절강(浙江)·호남(湖南) 등 지방의 관리를 지낸 다음 영종(寧宗)의 시강(侍講)이 되었었으나, 권신(權臣)인 한탁주(韓侂胄)의 미움을 사서 한달 반만에 면직되었다.

그리고 한탁주 일파는 주자를 비롯한 도학자들을 '위학(僞學)'이라 규정하고 그 무리들을 모두 관직에서 내쫓고 저술(著述)의 유포도 금하였다. 이것이 유명한 경원(慶元) 위학의 금(禁)이다. 그는 50년 동안 벼슬자리에 있었지만 거의 전부가 한직(閒職)이어서 언제나 학문에 힘쓸 수가 있었다. 그리고 행정관으로도 많은 업적을 올리어 절강성(浙江省) 동부지방의 큰 기근(飢饉)을 구제하기도 했고, 불합리한 세금 7백만을 폐지하고, 사창법(社倉法) 같은 사회보장제도를 신설하기도 하였다. 뒤에 벼슬에서 물러나와 71세에 죽었다.

② 주자학(朱子學)의 성격

주자학은 크게 네 가지 또는 다섯 가지로 분류된다. 첫째는 존재론(存在論)으로서 그의 '이기(理氣)'에 관한 학설, 둘째는 윤리학(倫理學)으로서 그의 '본성이 곧 이(理)'라는 학설, 셋째는 방법론(方法論)으로서 '거경(居敬)'과 '궁리(窮理)'의 주장, 넷째는 고전에 대한 주석(注釋) 및 저술로서 《사서집주(四書集註)》·《시집전(詩集傳)》 등과 《자치통감강목(資

治通鑑綱目)》·《문공가례(文公家禮)》 같은 저술이 있다. 그밖에 다섯째로는 과거에 대한 의견이나 여러 가지 정책론 같은 것이 있다.

이 중 첫째, 둘째가 주자학의 중심을 이루는 것이며, 넷째, 다섯째의 것들도 학계와 사회에 많은 영향을 끼쳤으나 여기서는 설명을 생략한다.

③ '기(氣)'와 음양오행(陰陽五行)

모든 존재가 기에 의하여 이루어진다는 생각은 이미 한(漢)대 이전《회남자(淮南子)》 같은 도가서에도 보이고 마침내는 장재와 정이에 의하여 유가의 철학적인 원리로 변하였다. 주자는 이러한 이론을 계승하여 '기'의 이론을 유학의 사변(思辨)으로 정립(定立)시킨 것이다.

기는 형체가 없는 것이나 쉬지 않고 움직인다. 그런데 그 움직임은 '움직임'의 상태를 '양(陽)'이라 부르고 '고요함'의 상태를 '음(陰)'이라 부른다. 이러한 '기'의 '음양'의 변화운동이 다시 금(金)·목(木)·수(水)·화(火)·토(土)의 '오행(五行)'을 낳는다. 그런데 이 '오행'이 다시 융합되어 만물을 낳는다.

'기'에서 '음양'으로, '음양'에서 '오행'으로 발전하는 데 있어서 그 사이에는 아무런 차원(次元)적인 차이가 없다. 다만 연속적인 운동에 의하여 '오행'이 만물을 이룰 때, '오행' 중 무엇이 우월하게 결합되는가에 따라서 그 성격이나 성질이 결정된다는 것이다. 예를 들면 같은 사람이라 하더라도 '목(木)'의 기가 성한 사람은 애정이 깊어 인(仁)하고, '화(火)'의 기가 성한 사람은 예의바른 성격을 갖는다. 그리고 계절에 있어서는 '양'의 기가 성한 게 봄과 여름이고 '음'의 기가 성한 게 가을과 겨울이다. 다시 봄은 '목', 여름은 '화', 가을은 '금', 겨울은 '수'에 해당한다. 이처럼 '기'는 '음양'과 '오행'의 변화를 통하여 이 세상의 모든 존재를 설명할 수 있도록 논리화되었던 것이다.

그는 우주의 생성도 이 논리체계를 적용하여 설명한다.

'혼돈(混沌)이 아무것도 나뉘어지지 않고 하늘과 땅이 이룩되지 않았을 적에는 아마 수(水)와 화(火)의 두 기가 가장 성했던 것 같다. 그 수(水)의 기운이 가라앉아 땅이 된 것이다. 지금 높은 곳에 올라가 산들을 내려다보면 물결 모양을 하고 있는 것은 그것이 수(水)였기 때문이다. 그것이 어느 사이에 모여 굳어진 것이다. 처음에는 매우 부드러웠던 것이 뒤에는 굳게 응결된 것이다. 물이 매우 탁해져서 땅이 된 것에 대하여 화(火)는 매우 맑아서 바람이나 우레나 태양이나 별 등이 되었다.'(《朱子語類》 1)

그리고는 우주의 구조론(構造論)에 이르기까지 모두 이 이론을 적용시켜 설명하고 있다.

사람이나 만물이 기가 모이어 이루어지는 것이라면 사람이 죽거나 만물이 소멸되는 것은 기가 흩어짐을 뜻한다. 사람이 죽는다는 것은 사람을 구성하고 있던 기가 흩어지는 것에 불과하다. 이때 가장 문제가 되는 것은 유교에서 중시하는 제사에 대한 설명이다. 사람이 죽는다는 것은 기가 흩어지는 것에 불과하다면 제사는 왜 지내는가? 여러 가지 이 모순을 해결하려는 노력을 기울였지만 시원한 해결은 못 보고 있다. 유가로서의 기에 관한 논리로 가장 큰 모순은 이 점이라 할 것이다. 어떻든 장재의 유물론(唯物論)적인 기론(氣論)은 주자의 객관유심론(客觀唯心論)적인 체계에 완전히 흡수되고 있는 것이다.

④ '기(氣)'와 '이(理)'

주자에 의하면 모든 존재를 '기'로써 설명할 수 있다. 그러나 모든 존재는 그렇게 되어야만 하는 원리에 의하여 그렇게 존재하고 있는 것이어서 그 원리를 '이'라고 하는 것이다. 그런데 전체적으로 우주만물의 근거가 되는 원리가 있고 개별적으로는 만물 하나하나의 존재 근거가 되는 원리가 있다. 이 전체적인 원리를 '태극'이라 부른다면 개별적인 원리는

'성(性)'이라 구분할 수도 있다. 그러나 크게 볼 때 개별적인 '이'인 '성'도 사실은 '태극'을 벗어나는 것은 아니다. 주자는 '그것을 합쳐서 말하면 만물의 통체(統體)는 하나의 태극인데, 나누어서 그것을 말하면 제각기 한 가지의 태극을 갖추고 있다'(〈太極圖說解〉)고 하였는데 제각기 갖추고 있는 태극이 바로 '성'인 것이다. 그리고 그것은 《중용》에서 '하늘이 명하여 준 것을 성이라 한다'는 '성'인 것이다.

그런데 '기'와 '이' 둘 중에서 어떤 것이 더 근본적인 것이며 어떤 것이 더 앞서는 것이냐 하는 것이 문제가 된다. 주자는 《역경》의 형이상학적인 것을 '도'라 하고, 형이하학적인 것을 '기(器)'라고 한 말을 '이'와 '기'의 관계를 설명한 것으로 이해하였다. 그리고 처음에는 '이와 기는 어느 쪽이 먼저고 어느 쪽이 뒤라고 할 수 없다'고 하였으나, 뒤에는 '천지가 아직 있기도 전에 필경 먼저 이 이가 있었을 것이다', '이 이가 있은 뒤에야 기가 생겼다'고 말하고 있다. '음양'의 변화하는 근거가 바로 '도'라는 정이의 주장이 주자의 근본을 이루어 '이'는 '기'의 근거라고 생각하였던 것 같다. 어떻든 '기'는 존재하는 것이지만 '이'란 존재로서는 무(無)이고 의미상으로 유(有)라고 생각하였던 것 같다. 이러한 존재와 차원이 다른 '이'가 분명한 논리체계를 가지고 학설의 중심기둥을 이루었다는 것은 유가사상의 혁신적인 발전을 의미하는 것이다.

주자의 존재론은 '이기이원론(理氣二元論)'이라 할 수 있다. '기'만을 가지고 존재계를 설명하기 어려워서 '이'를 생각해 냈겠지만 '이' 자체는 물건을 생성할 아무런 능력도 갖고 있지 않다. 그저 '기'는 '이'를 따라서 변화하는 것으로서 '기'의 변화가 있는 곳에 '이'가 있다고 생각했던 것 같다. 그러나 '이에 따라서 기가 생겨난다'는 식으로 끝에 가서는 '이일원론(理一元論)'에 가까운 경지에까지 발전을 한다. 그리고 '기'에 따라 '이'가 있는 게 아니라 '기'에 대하여 '이'가 있다는 대등한 생각을 밀고 나아가면 결국은 '이'도 존재적이고 실체적인 것에 가깝게 된다. 그리하여 '이'

는 현실적으로 도덕과 결합하여 결국은 절대적인 원리로써 모든 일에 통용되는 것이란 윤리성(倫理性)이 주어지게 된다.

⑤ '성(性)'이 곧 '이(理)'

주자학의 중심을 이루는 것은 인간학(人間學)의 일부라고 할 수 있는 윤리학(倫理學)이며 존재론도 사실은 그 기초를 닦기 위한 것에 불과한 것이다. 그런데 그의 윤리학은 정이가 말한 '성이 곧 이'라는 개념을 바탕으로 하고 있다. '성'에는 '본연(本然)의 성'과 '기질(氣質)의 성'이 있는데, 사람의 윤리적인 과제(課題)는 '기질의 성'으로부터 '본연의 성'으로 되돌아가는 것, 곧 '처음으로 되돌아가는 것〔復初〕'임은 이미 앞에서 얘기하였다. 그런데 이 '본연의 성'이 바로 '이'라는 것이다. 주자의 윤리적인 개념을 본체〔體〕와 작용〔用〕의 논리를 따라 분석하여 알기쉽게 도표로 나타내면 대략 다음과 같이 된다.

본체－이－형이상－도－미발－중－정－성 ＜ 본연(本然)의 성〔天理〕 / 기질(氣質)의 성
〔體〕 (理)(形而上)(道)(未發)(中)(靜) (性)

마음〔心〕

작용－기－형이하－기－이발－화－동－정 ＜ 정(情) / 욕(欲)(인욕)
〔用〕 (氣)(形而下)(器)(已發) (和)(動)(情)

'미발(未發)' '이발(已發)' 등의 말은 《중용》의 '기쁨·노여움·슬픔·즐거움의 감정이 드러나지 않았을 적〔未發〕을 중(中)이라 말하며, 그것이 드러나서 모두가 절도에 맞는 것을 화(和)라고 말한다'고 한 데서 나온 것이다. '본성'이란 '이'이며 감정의 드러나기 전의 '미발'이며, 이것이

본체가 된다는 생각이다. 반대로 '이'를 따라서 움직이는 것이 '기'이며 그것은 '이발'의 '감정'과 통하는 '작용'이라는 것이다. 그런데 '감정'이 움직여 지나치게 되면 그것이 '욕망', 곧 '천리'에 대가 되는 '인욕'이 된다는 것이다. 물에다 비유할 때 '성'이란 물이 고요히 가라앉은 상태이며, '정'이란 물이 흐르는 상태이며, '욕'이란 물이 요동하며 범람하고 있는 상태라는 것이다. 이것은 '성'이 곧 '이'라는 기본적인 생각을 바탕으로 하여 모두 발전된 것이다.

앞에서 학문이란 '기질의 성'을 극복하여 '본연의 성'으로 되돌아가는 게 목적이라 하였는데 그 말은 '인욕'을 없애고 '천리'로 되돌아가는 것을 뜻하기도 한다. 왜냐하면 사람의 마음속에서는 언제나 '천리'와 '인욕'이 싸우고 있기 때문이다.

그리고 절대 선(善)인 '천리'는 바로 도덕적인 개념과 결합하여 '예(禮)'는 '이(理)'의 뜻이라는 훈을 하기에까지 이르렀다. 그래서 사람의 행동까지도 '이'에 의하여 완전히 통제되어야 한다는 엄격한 '도학(道學)'이 태어나는 것이다.

⑥ 학문방법(學問方法)

송학의 학문방법이란 바로 성인이 되기 위한 방법이며, 또 '천리'를 보존하고 '인욕'을 버리기 위한 방법이기도 하다. 이미 정이를 소개할 때 얘기한 것처럼 거기에는 '공경히 지내는 것[居敬]'과 '궁리하는 것'의 두 가지가 있다. 그것은 《중용》에서 얘기한 '덕성을 높이는 것[尊德性]'과 '배움의 길을 추구하는 것[道問學]'의 두 가지로 설명할 수도 있을 것이다. 곧 자기 마음의 수양을 위한 주관적인 방법과 지식 획득을 위한 객관적인 방법 두 가지를 모두 써야 한다는 것이다.

주자는 이 '공경[敬]'이란 '성인의 학문의 처음이 되고 끝이 되는 바로 그것'이라 하면서, '격물치지'로부터 '평천하(平天下)'에 이르기까지 모두

'공경'을 빌리지 않으면 안된다 하였다(《大學或問》). 주자는 이처럼 '공경'의 중요성을 강조하고 있지만 사실은 '공경' 자체가 학문의 목적이나 수단이 될 수는 없는 것일 것이다. 그래서 육상산(陸象山)이나 왕양명(王陽明)은 이 '공경'의 개념을 실천면에서는 크게 중요시하지 않는다.

그리고 '궁리를 한다는 것'은 바로 《대학》의 '격물치지'를 뜻하는 것이라 생각하였다. '격물'에 대한 해설은 옛날부터 구구하기 짝이 없지만, 주자는 '사물(事物)의 이치를 철저히 궁리하는 것'을 뜻한다고 생각하였다. 그리고 이러한 이치의 궁리는 학문의 가장 중요한 방법이라 생각하였다.

주자는 《예기(禮記)》에서 《대학》과 《중용》을 뽑아내어 독립시켜 《논어》·《맹자》와 묶어 '사서(四書)'라 부르며 공학(孔學)의 이상이 가장 잘 씌어진 경전들이라고 생각하였다. 그 중에서도 《대학》에 대해서는 독특한 고증을 통하여 본문을 〈경(經)〉 1장과 〈전(傳)〉 10장으로 나누고는 특히 '격물치지'를 해설한 부분은 없어졌다고 단정하고는 손수 《격물보전(格物補傳)》을 지었다. 이 주자가 보충한 '격물'에 대한 해설은 주로 정자(程子)의 의견을 따르고 있는데 다음과 같은 내용이다.

"이른바 '치지(致知)는 격물에 달려 있다'고 하는 것은 나의 앎을 이르게 하려면 사물에 대하여 그 이치를 추궁해야 한다는 뜻이다. 사람의 마음이란 영묘(靈妙)한 것이어서 앎[知]을 지니고 있지 않은 게 없으며, 천하의 사물에는 이치가 없는 게 없다. 오직 이치에 대하여 다 추궁하지 못하기 때문에 그의 앎도 불충분함이 있게 되는 것이다. 그래서 태학(太學)에서 처음 가르침에 있어서 반드시 학자들로 하여금 천하의 모든 사물에 대하여 자기가 이미 알고 있는 이치를 근거로 하여 더욱 이치를 추궁함으로써 그 극점에까지 이르도록 하라는 것이다. 오랫동안 노력을 하게 되면 언제나 탁 트이어 관통됨으로써 모든 사물의 안팎과 정세하고 거친 이치를 모두 파악하게 되어 우리 마음의 전체적인 위대한 작용이 모두 밝아질 것이다. 이것이 '사물을 추궁하는 것'이며, 이것을 '앎의 극치'

라 말하는 것이다."

'이'란 사람의 내적인 이치인 동시에 사람의 외적인 천지만물의 이치이기도 한 것이다. 따라서 사람의 '이'와 자연의 '이'가 연결되어 있으며, 도덕적인 앎과 지식적인 앎이 구별없이 합쳐져 있는 것이다. 모든 사물의 이치도 도덕적인 앎의 대상이 된다는 객관적인 학문방법이 강조되고 있는 것이다. 말하자면 성인이 된다는 것은 모든 자기 안팎 사물의 이치에 통달해야 된다는 결론이 나온다.

그래서 단순한 박학(博學)은 '사물을 완롱하고 뜻을 잃게 하는 것[玩物喪志]'이라 경계를 하면서도 '군자는 많은 옛말과 옛사람들의 행동을 앎으로써 덕을 쌓아야 한다'고 주장하게 되는 것이다. '격물치지'에 대한 주자의 해석은 과학적인 학문방법인 듯하면서도 실은 자연과학의 연구보다도 옛날 유교의 경전을 읽고 연구하는 일로만 학문을 몰고 간 것도 그러한 생각 때문이었다.

⑦ 주자학(朱子學)에 대한 반발

'격물'에 대한 주자의 해석은 결국 그의 학문을 번잡하고 지엽적인 면에 얽매이게 하는 결과를 가져왔다. 사물의 이치의 추구라는 것도 자연과학적인 방법은 외면한 채 관념적인 논리만으로 될 수 있는 것이 아니었다.

이에 같은 시대에도 이미 육구연(陸九淵 : 호 象山, 1139~1192) 같은 사람이 나와서 주자 학문을 '지리(支離)'하다고 비난하면서 자기 마음의 수양을 바탕으로 한 새로운 학문방법을 주장하였다. 주자가 '성이 곧 이'라고 한 데 비하여, 육상산은 '마음이 곧 이'라고 하면서 주관유심론(主觀唯心論)적인 이론체계를 확립하고 주자와 논쟁을 벌였다. 그들이 친구 여조겸(呂祖謙)의 주선으로 강서성(江西省)의 아호사(鵝湖寺)에서 만나 토론을 벌인 유명한 '아호의 모임[鵝湖之會]'은 중국 사상사 상의 일대

장관을 이루었다.

그리고 1181년에는 주자의 백록동서원(白鹿洞書院)에 초빙되어 강연을 하였는데 청중에는 감격한 나머지 눈물을 흘린 사람들까지 있었다 한다. 서로 존경은 하면서도 학문에 있어서는 조금도 양보없이 주자는 그의 학문을 '광선(狂禪)'이라 비난했는데 그만큼 이들 사이에는 뚜렷한 성격의 차이가 있었다.

주자가 '배움의 길을 추구하는[道問學]' 학술 중심이었다면 육상산은 '덕성을 높이는[尊德性]' 도덕 중심이었다 하겠고, 주자가 정적(靜的)·지적(知的)·분석적(分析的)인 데 반하여 육상산은 동적(動的)·실천적(實踐的)·직관적(直觀的)이었다고 할 수 있다. 그밖에도 여러 가지 이들의 차이가 있겠으나 어떻든 주자학은 그 자신이 반발을 받을 만한 여러 가지 여건들을 지니고 있었던 것이다.

한편으로 주자학에 맞섰던 육상산의 학문은 다시 명대에 이르러 왕양명(王陽明)이 나타나서 새로운 방향에서 그 반발을 체계적인 심학(心學)으로 완성케 한다.

⑧ 주자학의 영향

주자학은 실은 주자 당시에는 그토록 큰 영향력을 발휘하지는 못했던 것 같다. 그러나 원(元)·명(明)대는 완전히 주자학이 학술계를 지배하다시피 하여 이른바 관학(官學)으로서 그 영향은 절대적이었다. 청(淸)대에 이르러 다시 주자학에 대한 반동으로 한학(漢學)이 일어나지만 청대의 훈고학(訓詁學)이나 고증학(考證學)이 그토록 발전할 수 있었던 것은 주자학이 닦아놓은 '도문학(道問學)'의 학문 방법에 크게 힘입고 있다고 보아야 할 것이다.

고려(高麗) 말엽에는 우리나라에도 주자학이 들어와 조선의 학술은 완전히 주자학이 지배하였다고 하여도 좋을 정도이다. 더욱이 조선 후기에 이르러 이이(李珥)·이황(李滉) 같은 대학자가 나와 성리학의 이론을 더욱 발전시켰던 것은 한 가지 학술사상의 기관(奇觀)이라 할 만한 것이었다.

그러나 주자학이 너무나 사변적(思辨的)이고 내향적(內向的)인 경향으로 치우쳐 외부에 대한 관심, 심지어 사회나 나라에 대한 관심도 지닐 여유를 없애고, 도통론(道統論)을 바탕으로 지나치게 독선적(獨善的)이고 배타적(排他的)인 성향을 지녔던 점 등은 반성을 요한다.

중국에 서구화(西歐化) 물결이 밀어닥치면서부터 노신(魯迅)이나 호적(胡適) 등에 의하여 중국을 망친 사상으로서 지탄을 받았던 주자의 '명교(名教)주의'가 뒤늦게 우리나라에서 다시 꽃을 피웠다는 것은 무엇을 뜻하는가 하는 문제는 더 두고 연구되어야만 할 큰 문제이다.

주자학은 우리나라뿐만 아니라 일본에까지 건너가 크게 유행하였다. 그러나 일본의 경우에는 주자의 '정명(正名)사상' 또는 '명교(名教)주의'가 명치유신(明治維新)에 있어 막부(幕府)를 누르고 천황(天皇)을 내세우는 명분적인 바탕이 되었다고 주장하는 학자가 있다. 외국의 학술이나 문화는 똑같은 것이라 하더라도 받아들이는 사람의 자세에 따라서 약이 될 수도 있고 독이 될 수도 있는 것인 듯하다.

주희(朱熹) 근사록후서(近思錄後序)

순희(淳熙) 을미년(1175)의 여름, 동래(東萊) 여조겸(呂祖謙)이 동양(東陽)으로부터 와서 내 한천정사(寒泉精舍)를 방문하여 열흘 동안 머물렀다. 함께 주돈이(周敦頤)·이정자(二程子)·장재(張載)의 책을 읽다가 그 내용이 광대하고 규모가 큼이 끝없는 물가와 같음을 탄식하면서, 처음 공부하는 사람들이 들어갈 곳을 알지 못할 것을 두려워하였다. 그리하여 도의 본체적(本體的)인 것에 관계가 있으면서도 일용에 절실한 것들을 함께 발취(拔取)하여 이 책을 편찬하였는데, 도합 622조목이며, 그것을 14권으로 나누었다.

대체로 공부하는 사람들이 도의 단서(端緖)를 찾는 데(《근사록》 1권을 가리킴) 힘을 써서(《근사록》 2권·3권·4권을 가리킴), 자신의 몸을 간수하고(《근사록》 5권·6권·7권을 가리킴) 남을 다스리는 요체(要諦)(《근사록》 8권·9권·10권·11권·12권을 가리킴)와 이단(異端)을 분별하고(《근사록》 13권을 가리킴) 성현을 바로 보는 대체적인 방법의 근거(《근사록》 14권을 가리킴)가 모두 그 줄거리를 대강 드러내 보이게 되었다. 시골에서 뒤늦게 학문에 뜻을 두고 있으나 앞에서 이끌어 주고 뒤에서 밀어 줄 훌륭한 스승과 좋은 벗이 없는 사람들이 진실로 이 책을 얻어 마음으로 닦는다면 충분히 올바른 학문의 문으로 들어가게 될 수 있을 것으로 믿는다.

그렇게 된 뒤에 네 분 군자들의 전서(全書)를 구하여 깊이 되풀이하여 읽으며 여유를 가지고 실컷 공부하여, 그 광박(廣博)함을 이해하고 그것을 집약(集約)하는 경지로 되돌아와야 한다. 그러면 그 학문의 근원의 아름다움과 내용의 풍부함을 거의 모두 터득할 수가 있게 될 것이다.

만약 번거로움과 수고로움을 꺼리고 간단하고 편리한 것을 편케 여기어 이 책으로 만족을 해도 된다고 여긴다면, 그것은 오늘 이 책을 편찬하는 뜻에서 벗어나는 것이다.

5월 5일 신안(新安)의 주희가 삼가 적음.

淳熙乙未之夏, 東萊呂伯恭來自東陽, 過予寒泉精舍, 留止旬日.

相與讀周子程子張子之書, 歎其廣大閎博, 若無津涯, 而懼夫初學者不知所入也. 因共掇取其關於大體而切於日用者, 以爲此編, 總六百二十二條, 分十四卷.

蓋凡學者所以求端用力, 處己治人之要, 與夫辨異端, 觀聖賢之大略, 皆粗見其梗槩. 以爲窮鄉晚進, 有志於學, 而無明師良友以先後之者, 誠得此而玩心焉, 亦足以得其門而入矣.

如此然後求諸四君子之全書, 沈潛反復, 優柔厭飫, 以致其博而反諸約焉, 則其宗廟之美, 百官之富, 庶乎其有以盡得之.

若憚煩勞, 安簡便, 以爲取足於此而可, 則非今日所以纂集此書之意也.

五月五日 新安 朱熹 謹識

여조겸(呂祖謙) 근사록후서(近思錄後序)

《근사록》을 이루고 나서, 어떤 이들이 첫 권의 음양변화(陰陽變化)와 성명(性命)에 관한 이론은 대체로 처음 공부를 시작한 사람들이 공부할 수 있는 성질의 것이 아닌 듯하다고 하였다. 나는 일찍이 이런 편차(編次)를 두게 된 뜻에 대하여 들은 일이 있다.

뒤늦게 공부하려는 사람에게 의리(義理)의 근본에 대하여 갑자기 말해서는 안될 일인지도 모르나, 진실로 망연히 그 줄거리도 알지 못한다면 곧 어디에 근거를 두고 공부를 하겠는가? 그것을 책 앞머리에 배열함으로써 특히 공부하는 사람들로 하여금 그 명칭과 뜻을 앎으로써 뚜렷한 목표가 있도록 하고자 할 따름인 것이다.

책의 나머지 부분에 실려있는 학문을 하는 방법과 일상생활을 통해서 실천할 내용에는 모두 종류와 등급이 있다. 이것을 따라 나아간다면 낮은 곳으로부터 높은 곳에 이르게 되고, 가까운 곳으로부터 먼 곳까지 이르게 되어 거의 편찬의 취지를 잃지 않게 될 것이다.

만약 낮고 가까운 것을 싫어하여 높고 원대한 곳으로 달려가고, 등급을 뛰어넘고 절도를 넘어서 공허한 경지로 흘러가 의거할 곳이 없을 지경에 이른다면, 어찌 이른바 '가까운 것부터 생각한다'는 '근사(近思)'가 되겠는가? 이 책을 보는 분들은 마땅히 이를 잘 살펴야 할 것이다.

순희(淳熙) 3년(1176) 4월 4일
동래(東萊)의 여조겸(呂祖謙)이 삼가 적음.

近思錄旣成， 或疑首卷陰陽變化性命之說， 大抵非始學者之事. 祖謙竊嘗與聞次緝之意.

後出晩進, 於義理之本原, 雖未容驟語, 苟茫然不識其梗槩, 則亦何所底止? 列之篇端, 特使之知其名義, 有所嚮望而已.

至於餘卷所載，講學之方，日用躬行之實，具有科級，循是而進，自卑升高，自近及遠，庶幾不失纂集之指.

若乃厭卑近而鶩高遠，躐等陵節，流於空虛，迄無所依據，則豈所謂近思者耶? 覽者宜詳之.

淳熙三年 四月 四日　東萊 呂祖謙 謹識

근사록 권1

도체류(道體類) 도합 51조

1. 염계(濂溪) 선생께서 말씀하셨다.

"무극(無極)이면서 태극(太極)이니 태극이 움직여서 양을 낳는다. 움직임이 지극함에 이르면 고요함이 되고 이 고요함에서 음을 낳는다. 고요함이 지극해지면 다시 움직이게 된다. 이렇게 한 번 움직이고 한 번 고요함이 서로 그 뿌리가 되어 음으로 나뉘고 양으로 나뉘어 양의(兩儀)가 이루어지는 것이다. 양이 변하고 음이 합하여져 수(水)·화 (火)·목(木)·금(金)·토(土)를 낳는다. 이 오행(五行)의 다섯 가지 기운이 순조로이 퍼져 사시(四時)가 운행하는 것이다.

오행은 하나의 음양(陰陽)이요, 음양은 하나의 태극(太極)이다. 태극은 본래 무극이다. 오행이 생겨나면서 각각 하나의 성(性)을 갖는다. 무극(無極)의 참됨과 음양오행의 정수(精髓)가 묘하게 합하고 엉켜서, 건도(乾道)는 남자를 이루고 곤도(坤道)는 여자를 이룬다. 이 두 기운이 서로 감응하여 만물을 낳게 되는 것이니 만물이 나고 또 나서 그 변화가 무궁하게 나아가는 것이다.

그 중에 오직 사람만이 가장 빼어나서 가장 신령(神靈)스럽다. 형체를 갖추어 생겨나고 정신이 싹터 지혜가 열려져 알게 하는 힘을 갖게 되는 것이니, 오성(五性)이 느껴 움직이는 데서 선악이 나누이고 만사가 생겨 나오는 것이다.

성인은 중(中)·정(正)·인(仁)·의(義)로써 사람들을 안정시키되 고요함을 근본으로 하여 사람들의 법도를 세운 것이다. 그러므로 성인과 천지는 그 덕을 함께하며, 해와 달과 그 밝음을 함께하며, 4계절과 그 차례를 함께하고, 귀신과 그 길흉을 함께하는 것이다. 군자는 이러한 것을 알고 닦아 나아가니 길하고, 소인은 알지 못하고 이것을 거스르니 흉해지는 것이다.

그러므로 이르기를 '하늘의 도를 세워 음과 양이라 하고, 땅의 도를 세워서 유와 강이라 하고, 사람의 도를 세워 인과 의라 한 것이다.' 하였고 또 이르기를 '시작을 미루어 그 종말로 되돌아가니, 그러므로 죽고 사는 이치를 안다 하였다. 위대하도다, 역(易)의 이치여, 더없이 지극한 것이다.'라고 하였다."

原文 濂溪先生曰：無極而太極, 太極動而生陽. 動極而靜, 靜而生陰. 靜極復動, 一動一靜, 互爲其根, 分陰分陽, 兩儀立焉. 陽變陰合, 而生水火木金土. 五氣順布, 四時行焉.

五行一陰陽也, 陰陽一太極也, 太極本無極也. 五行之生也, 各一其性. 無極之眞, 二五之精, 妙合而凝, 乾道成男, 坤道成女, 二氣交感, 化生萬物, 萬物生生, 而變化無窮焉.

惟人也, 得其秀而最靈, 形旣生矣, 神發知矣, 五性感動而善惡分, 萬事出矣.

聖人定之以中正仁義, 而主靜立人極焉. 故聖人與天地合其德, 日月合其明, 四時合其序, 鬼神合其吉凶, 君子修之吉, 小人悖之凶.

故曰：立天之道, 曰陰與陽, 立地之道, 曰柔與剛, 立人之道, 曰仁與義. 又曰, 原始反終, 故知死生之說. 大哉, 易也, 斯其至矣.

註解 ○濂溪(염계)－주돈이(周敦頤), 자(字)는 무숙(茂叔), 호(號)가 염계

(濂溪). ㅇ無極而太極(무극이태극)－극 이외에 또 따로이 무극이 있다는 말이 아니다. 태극은 우주의 본체요, 천지만물의 이치이므로 해서 무성(無聲)·무취(無臭)·무형(無形)·무정(無情)하며 하나의 개체가 존재하는 것처럼 전후 시종이 있는 것이 아니며, 그러면서도 무한히 현묘한 이치가 우주만상(宇宙萬象)에 두루 구유(具有)하여 만물로 하여금 만물이게끔 하는 도리 근저가 됨을 이름이다. 주돈이(周敦頤)에 있어서 무극, 즉 태극은 우주의 본체임. ㅇ動靜(동정)－태극은 동하고 정한 이치를 가지고 있는데 이것이 곧 천명(天命)의 유행이다. 이 동하고 정하는 것은 기(氣)요, 동정(動靜)하게 하는 것은 이(理)로서 이는 기를 주재하고 기는 이를 업고 있는 것이다. 이 기가 동하는 곳에서 양이 생하고 정(靜)하는 곳에서 음이 생한다. 정이 극하면 다시 동하여 일동(一動) 일정(一靜)은 서로 머금는 뿌리가 되어 쉬지 않아 여기서 음양이 생겨남. ㅇ兩儀(양의)－음과 양. 우주만상(宇宙萬象)은 이 양의(兩儀)의 생성 대립으로서 무궁전변(無窮轉變)함. ㅇ四時(사시)－춘(春)·하(夏)·추(秋)·동(冬) 4계절. ㅇ二五之精(이오지정)－이(二)는 음양, 오(五)는 오행(五行)으로서 음양오행(陰陽五行)의 정순(精純)한 기운. ㅇ五性(오성)－인(仁)·의(義)·예(禮)·지(智)·신(信)의 오상(五常). ㅇ中正仁義(중정인의)－성인은 태극의 도(道), 즉 동정(動靜)의 덕을 온전히 하여, 행동은 중용(中庸)에 맞게, 그리고 거처 처신함에는 바르게, 마음의 발동은 어질게, 분별하는 것은 옳게 하는 것을 말함. ㅇ人極(인극)－사람들의 법도, 사람들의 표준. ㅇ故曰(고왈)－《주역(周易)》 설괘전(說卦傳)의 말.

解說 이 글은 주돈이의 《태극도설》에서 인용한 것이다. 우주만상(宇宙萬象)의 본체는 태극으로서 이 태극에서 음양이 생기고 오행(五行), 남녀, 만물 등이 생기는 우주생성론(宇宙生成論)을 논술한 것이다. 그리고 양변음합(陽變陰合)하는 태극의 이치는 곧 만상의 이치로서 인간에게도 인간에게 있어서의 법도가 되는 인극(人極)이 있으니, 천도의 음양은 인도에 있어서는 인과 의로서 그 처음과 끝을 알아야만 생사의 지극한 이치를 알게 된다는 것이다.

2. 진실로 정성스러움은 무위(無爲)하다. 그러나 움직인다고도 할 수 없는 움직이려는 찰나에 벌써 선악이 나뉘어지는 것이다(幾善惡). 덕에 있어서, 사랑하는 것을 인(仁)이라 하고, 마땅한 것을 의(義)라 하고, 조리(條理)에 맞게 하는 것을 예(禮)라 하고, 두루 통하는 것을 지(智)라 하고, 옳은 것을 지키는 것을 신(信)이라 하는 것이다. 그것으로 본성을 삼고, 거기에 안정되는 것을 성(聖)이라 하고, 본성을 되찾고 그것을 잘 지키는 것을 현(賢)이라고 하며, 드러나는 것이 미묘(微妙)하여 볼 수가 없으나 두루 퍼져 채워져 다함이 없는 것을 가리켜 신(神)이라 한다.

原文 **誠無爲. 幾善惡. 德, 愛曰仁, 宜曰義, 理曰禮, 通曰智, 守曰信. 性焉安焉之謂聖, 復焉執焉之謂賢, 發微不可見, 充周不可窮之謂神.**

註解 ㅇ誠無爲(성무위)－성(誠)은 하늘로부터 받은 정성스러운 본성, 곧 진실무망(眞實無妄)의 이치, 무위(無爲)는 적연부동(寂然不動)한 일념(一念)도 싹트지 않은 때, 곧 천성의 실리(實理) 그대로 조금의 영위(營爲)도 없는 상태. ㅇ幾(기)－움직이지도, 움직이지 않는다고도 할 수 없는 동의 처음 상태(幾者動之微), 그때 그 찰나에 선악은 생기는 것이라는 것. ㅇ德(덕)－하늘로부터 품부받은 바의 이치, 곧 도의 발현을 덕이라 한다. 그 덕의 다섯 가지 절목(節目)이 인(仁)·의(義)·예(禮)·지(智)·신(信)의 오상(五常)임. ㅇ聖(성)－덕이 크고 완전하여 두루 감화를 미칠 수 있는 것. ㅇ賢(현)－재덕(才德)이 뛰어난 것. ㅇ神(신)－종교적인 의미의 신이 아니라 천리(天理)의 미묘한 작용, 즉 성덕(聖德)의 신묘불측(神妙不測)을 의미함.

解說 주돈이의 《통서》 성기덕(誠幾德)장의 글이다. 태극에서 음양이 분생(分生)하는 것처럼 천리의 본연무위(本然無爲)한 성(性), 즉 진실무

망(眞實無妄)한 것이 인간 천성이긴 하나 감물(感物)하여 발(發)할 때는 인욕(人欲)이 또한 상잡(相雜)하기 때문에 선악이 함께 나뉘어져 생겨나는 것이다. 음(陰)은 악에 속하고 양(陽)은 선에 속한다고 할 수 있다. 그러므로 인욕을 막고 하늘로부터 받은 도리, 즉 덕인 인(仁)·의(義)·예(禮)·지(智)·신(信) 오성(五性)를 온전히 하고 있는 사람을 성인이라 하고 이 성인을 표준으로 하여 택선고집(擇善固執)하는 사람을 현인이라고 하는 바, 인욕을 막아 덕을 쌓아 나아가야 함을 설명한 것이다.

3. 이천(伊川) 선생께서 말씀하셨다.

"희(喜)·노(怒)·애(哀)·락(樂)이 아직 드러나지 않은 상태를 가리켜 중(中)이라 한다고 하였다. 중이라는 것은 적연부동(寂然不動)한 상태에 있는 것을 말한다. 그러므로 이 중을 천하의 대본이라고 한 것이다. 희·노·애·락의 정이 드러나서 그것이 모두 절도에 맞는 것을 화(和)라 한다고 하였다. 화라는 것은 사물에 대하여 느끼어 두루 통하는 것을 말한다. 그러므로 이 화를 천하의 달도(達道)라고 한 것이다."

原文 **伊川先生曰：喜怒哀樂之未發，謂之中．中也者，言寂然不動者也．故曰：天下之大本．發而皆中節，謂之和．和也者，言感而遂通者也．故曰：天下之達道．**

註解 ㅇ伊川(이천)－정자(程子)의 호(號), 이름은 이(頤), 자(字)는 정숙(正叔). ㅇ喜怒哀樂(희로애락)－주자는 희로애락을 정(情)이라고 밝히고 있다. 이 정이 아직 싹트지 않은 상태가 성(性)임. ㅇ達道(달도)－달(達)은 통한다는 의미다. 화(和)는 정(情)이 천리에 위배되지 않고 두루 통하여 어긋나지 않는 것이므로 달도라고 함.

解說 《정씨유서》 25권에 보이는 글이다. 《중용(中庸)》의 경문(經文)을

해설한 것으로 인간의 성정(性情)이 도를 떠나 있을 수 없음을 밝힌 것이다. 정의 미발(未發) 상태인 중(中)은 곧 사람이 본시부터 지니고 있는 본성이며, 그것이 드러나 과(過) 불급(不及)이 없이 모두 절도에 맞아 어긋남이 없는 것을 화(和)라고 한다. 중은 도의 체(體)요, 화는 도의 용(用)으로써 천하의 이치, 그리고 성정(性情)의 이치가 모두 이 도의 체용(體用)에 있는 것임을 밝히고 있다.

4. 마음은 하나다. 그런데 체(體)의 면을 지적하여 말하는 수도 있고 용(用)의 면을 지적하여 말하는 수도 있다. 그러므로 그 보는 바의 여하를 잘 관찰해야만 하는 것이다.

原文 心, 一也. 有指體而言者, 有指用而言者. 惟觀其所見何如耳.

註解 ㅇ體(체)－적연부동(寂然不動)한 도의 체(體)로서 사람에게 있어서는 미발(未發) 상태의 성임. ㅇ用(용)－감이수통(感而遂通)하는 도의 작용으로 사람에게 있어서는 이발(已發)하여 중절(中節)하는 화(和), 곧 정(情)이 올바르게 드러나는 상태를 의미함.

解說 《정씨문집(程氏文集)》 권9(伊川先生文 五) 〈여여대림논중서(與呂大臨論中書)〉 속의 글이다. 마음은 하나지만 체(體)·용(用)의 두 면이 있으니 이 체용의 성격을 잘 관찰해야 한다는 것이다.

5. 건(乾)은 하늘이다. 하늘이라는 것은 건의 형체요, 건이라는 것은 하늘의 성정(性情)이다. 건은 건전(健全)하다는 뜻이다. 건전하여 쉬는 일이 없는 것을 일러 건이라고 한다. 하늘을 총괄적으로 말하자면 도라고 할 수 있는 것이다. 하늘은 전혀 그르쳐짐이 없는 것은 그 때문이다. 하늘을 나누어 말할 것 같으면, 형체로서는 천(天)이라 하고, 주재(主宰)

하는 면으로 말하면 제(帝)라고 하며, 공용(功用)으로 말하면 귀신이요, 묘용(妙用)으로써 말하면 신(神)이요, 성정(性情)으로써 말하면 건(乾)이라고 일컫는 것이다.

原文 乾, 天也. 天者乾之形體, 乾者天之性情. 乾, 健也, 健而無息之謂乾. 夫天, 專言之則道也. 天且弗違, 是也. 分而言之, 則以形體謂之天, 以主宰謂之帝, 以功用謂之鬼神, 以妙用謂之神, 以性情謂之乾.

註解 ㅇ乾(건)-《역경(易經)》 건괘(乾卦)의 건(乾☰)이다. 즉 괘명(卦名)으로서 순양(純陽)의 이 건(乾)의 상(象)을 천(天)이라고 함. ㅇ健(건)-건전(健全)한 것. 틀림없이 365일을 주류(周流) 운행하는 것을 의미함. ㅇ天專言(천전언)-천은 전체(全體), 하나의 의미를 갖는 것으로 천리당연지로(天理當然之路)인 도의 입장에서 말한다는 것임. ㅇ分而言之(분이언지)-천전언(天專言)의 반대로, 보고 생각하는 관점을 부분부분에 두어 말한다는 것이다. 즉 전체요 하나인 천을 그 형체, 주재(主宰), 공용(功用), 묘용(妙用), 성정(性情)으로 나누어 볼 수 있다는 의미임. ㅇ鬼神(귀신)-여기서의 귀신 또는 신은 종교적 의미의 신이 아니라 천리의 현묘한 이치, 즉 도의 헤아려 생각할 수 없는 도의 묘용(妙用)을 의미함.

解說 《주역정씨전(周易程氏傳)》 건괘(乾卦)의 주에 보이는 글이다. 천에 관해서 전체요 하나인 천리, 즉 도의 체(體)에서 보는 것과 묘용조화(妙用造化)하는 도의 용(用)의 입장에서 여러 국면을 보게 되는 현상을 설명한 것이다.

6. 네 가지 덕 중에서의 원(元)은 오상(五常) 중에서의 인(仁)과 같다. 한 편으로 치우쳐 말하면 인은 오상 중의 한 가지이지만 총괄적으로 말

하면 나머지 네 가지, 곧 의(義)·예(禮)·지(智)·신(信)을 다 포함하는 것이다.

原文 四德之元, 猶五常之仁. 偏言則一事, 專言則包四者.

註解 ㅇ四德(사덕)—천에는 네 가지 덕이 있으니 원(元)·형(亨)·이(利)·정(貞)이 그것이다. 원(元)은 천지지생리(天地之生理), 형(亨)은 생리지달(生理之達), 이(利)는 생리지수(生理之遂), 정(貞)은 생리지정(生理之正)이라고 주를 달고 있음. ㅇ五常(오상)—사람에게는 오상(五常)이 있으니, 즉 인(仁)·의(義)·예(禮)·지(智)·신(信)이 그것이다. 예(禮)는 인지절문(仁之節文), 의(義)는 인지재제(仁之裁制), 지(智)는 인지명변(仁之明辨), 신(信)은 인지진실(仁之眞實)이라는 주(註)를 붙이고 있음.

解說 《정씨주역전》 건괘(乾卦) 상전(象傳)의 주의 글이다. 하늘의 네 가지 덕 중의 한 가지인 원(元)은 인간에게 있어서 오상(五常)의 하나인 인과 같은 것으로서 인을 부분적으로 말할 때는 오상 중의 하나지만 전체를 총괄하여 말할 때는 오상을 다 포괄 함유하고 있는 것처럼 원도 사덕(四德)을 다 겸유(兼有)하고 있다는 의미이다.

7. 하늘이 내려준 것이 명(命)하는 것이 되고, 물(物)이 그것을 받으면 성(性)이 되는 것이다.

原文 天所賦爲命, 物所受爲性.

註解 ㅇ命(명)—주자(朱子)가 고칙(誥勅)과 같다고 주(註)를 달고 있다. 고칙은 관리를 임명할 때 주는 사령장. 명령 또는 조칙(詔勅)과 같은 뜻. 《중용》의 '천명지위성(天命之謂性)'의 명(命). ㅇ性(성)—주자는 직임(職任)

과 같은 것이라고 주(註)하고 있다. 《중용》의 '천명지위성(天命之謂性)'의 성(性).

解說 《주역정씨전》 건괘 단전(彖傳)의 주에 보이는 글이다. 《중용(中庸)》에서의 '천명지위성(天命之謂性)'이라는 말과 같은 것으로 하늘이 도리를 사람에게 내려주고 그것을 받은 것이 곧 성(性)이라는 것이다.

8. 귀신이라는 것은 조화(造化)의 자취인 것이다.

原文 **鬼神者, 造化之迹也.**

註解 ㅇ鬼神(귀신)－기(氣)의 굴신왕래(屈伸往來)를 의미한다. 즉 기의 유행.

解說 《주역정씨전》 건괘(乾卦) 문언전(文言傳) 주의 글이다. 귀신은 기(氣)의 굴신왕래(屈伸往來)하는 유행으로서 천지만물을 생장수장(生長收藏)하는 이치를 말하는 것이다.

9. 박(剝)이라는 괘(卦)는 모든 양효(陽爻)가 다 떨어져 이미 소멸되어 버리고 오직 홀로 상효(上爻)인 상구(上九) 한 효(爻)만이 아직 남아 있는데, 그 모양이 마치 큰 과실 하나가 따먹히지 아니하고 남아 있어 장차 다시 태어날 도리를 다하고 있는 것과 같다. 상구(上九)의 맨위 효(爻)가 또 변하면 순음(純陰)이 된다. 그러나 양이 완전히 없어지는 이치는 없으므로 위에서 변하면 아래에 생겨나 잠시 동안이라도 그침을 허용치 않는다. 성인은 이러한 이치를 잘 밝히어 양과 군자의 도는 없어질 수 없다는 것을 나타내었다.

혹 이르기를 '양이 다 소멸되어 떨어져 나가면 순곤(純坤)이 되니 어찌 다시 양이 생겨나겠는가?'라고 한다. 그 말에 이렇게 대답한다. '괘(卦)로써 달에 배정(配定)해 본다면, 곤(坤)은 10월에 해당된다. 기의 소장(消長)을 가지고 말하면 양이 다 없어지면 곤(坤)이 된다. 그러나 양이 다시 생겨나 복(復)괘가 되니 양은 일찍이 다 없어진 것이 아니다. 위에서 없어지면 아래에 다시 생겨나는 것이다. 그러므로 10월을 일컬어 양월(陽月)이라 하는 것은 양이 없다고 의심할까봐 걱정해서 그렇게 말하는 것이다. 음도 역시 그러하다. 성인이 그것을 말하지 않았을 따름이다.'

原文 剝之爲卦, 諸陽消剝已盡, 獨有上九一爻尚存. 如碩大之果, 不見食, 將有復生之理. 上九亦變, 則純陰矣. 然陽無可盡之理, 變於上, 則生於下, 無間可容息也. 聖人發明此理, 以見陽與君子之道, 不可亡也.

或曰 : 剝盡則爲純坤, 豈復有陽乎? 曰 : 以卦配月, 則坤當十月. 以氣消息言, 則陽剝爲坤. 陽來爲復, 陽未嘗盡也. 剝盡於上, 則復生於下矣. 故十月謂之陽月, 恐疑其無陽也. 陰亦然. 聖人不言耳.

註解 ㅇ剝(박)－☶☷를 박괘(剝卦)라고 한다. 역(易)의 괘(卦)에 있어서 음(--) 양(—)의 하나하나를 효(爻)라고 하여 한 괘는 육효(六爻)로 되어 있다. 아래로부터 위로 올라가며 그 효가 음(陰--)일 때는 초륙(初六), 육이(六二), 육삼(六三), 육사(六四), 육오(六五), 상륙(上六)이라 하고 양(陽—)일 때는 초구(初九), 구이(九二), 구삼(九三), 구사(九四), 구오(九五), 상구(上九)라고 한다. ☶☷의 양효(陽爻)는 상구(上九)이다. ㅇ純坤(순곤)－육효(六爻)가 다 음(陰--)으로 박(剝)괘의 상효(上爻)인 양이 변하여 순음(純陰)인 곤괘(坤卦)가 된다. ☶☷→☷☷. ㅇ陽來爲復(양래위복)－박(剝)괘는

☷☷로써 상효인 양(陽)이 진(盡)하여 순음(純陰☷☷)이 된다. 이 순음인 곤괘(坤卦)는 노음(老陰)으로 변하여 초효(初爻)가 양(陽—)인 복(復)괘(☷☳)가 된다. 즉 박(剝)괘의 양인 상구(上九—)가 없어지는 동시에 초효가 다시 양으로 부생하는 것이다.

解說 《주역정씨전》 박괘(剝卦) 상구(上九)의 주의 글. 높은 나뭇가지 꼭대기에 큰 과실 한 개가 따 먹히지 않고 있는 것과 같은 형상인 박(剝)괘를 풀이하고 그것에 의하여 군자의 도리를 설명한 것이다. 박괘(剝卦☶☷)의 형상은 맨 위의 양효(陽爻) 하나만을 제외하고는 모두 음효(陰爻)로 되어 있어 오직 하나인 양효도 음효로 변질시켜 갈 찰나에 있다. 그러니 궁즉통(窮則通)하는 역의 원리는 그 찰나에 다시 양이 부생(復生)하여 복괘(復卦☷☳)가 되는 것이다. 이 원리를 알아 군자의 도리가 또한 이에 함께하는 것임을 논술한 것이다.

10. 없어진 것 같던 양이 아래서 다시 생겨나는 것이니, 이것이 천지가 만물을 생성하는 마음인 것이다. 그런데 선유(先儒)들은 다 정(靜)으로써 천지의 마음을 보았으니, 동(動)의 발단이 곧 천지의 마음임을 알지 못한 것이다. 도를 알지 못하면 누가 이것을 능히 알 수 있겠는가?

原文 一陽復於下, 乃天地生物之心也. 先儒皆以靜爲見天地之心, 蓋不知動之端, 乃天地之心也. 非知道者, 孰能識之?

註解 ㅇ一陽復於下(일양복어하)—앞에 설명한 박(剝)괘의 상효(上爻)인 양이 소멸되자마자 초효(初爻)에서 다시 양이 생겨 복(復)괘가 되는 일양래복(一陽來復)의 이치를 의미한다. ㅇ靜(정)—적연부동(寂然不動)의 미발(未發)의 체(體)에서 이발(已發)의 용(用)으로 되는 찰나 시생(始生)이 미소하여 정(靜)과 같이 보이는 것을 말한다. ㅇ動之端(동지단)—움직임의 발단(發

端), 곧 이발(已發)의 단초(端初), 조화발육지시(造化發育之始).

解說 《주역정씨전》 복괘(復卦) 단전(彖傳)의 주의 글이다. 일양래복(一陽來復)하는 이치가 곧 천지가 유행하고 만물이 조화발육(造化發育)하는 자연의 이치요, 마음임을 알아야 한다는 내용이다.

11. 인(仁)이라는 것은 천하의 공(公)이요, 선의 근본인 것이다.

原文 **仁者, 天下之公, 善之本也.**

註解 ㅇ仁(인)－털끝만큼의 사심(私心)도 없는 것. ㅇ公(공)－넓게 편재(徧在)되어 있는 것, 즉 천지만물을 한몸으로 가지고 있는 것. ㅇ善之本(선지본)－인은 좁게 말하면 사단(四端) 중의 하나이지만, 크게 말하면 의(義)·예(禮)·지(智)·신(信)을 통괄(統括)하여 함께 가지고 있는 것이므로 만선(萬善)의 근본이 되는 것이다.

解說 《주역정씨전》 복괘(復卦) 육이(六二) 상전(象傳) 주의 글. 《역(易)》 복괘(復卦) 중의 육이(六二)를 설명한 것으로 인(仁)의 사단(四端), 즉 모든 선의 근본이 되는 것이다.

12. 사물에 접하여 느낌이 있으면 반드시 이에 대응함이 있다. 무릇 움직임이 있으면 그것은 모두 느낌이 되는 것이다. 느끼면 곧 반드시 대응이 있다. 대응하는 것이 다시 느낌이 되고, 느끼는 것이 다시 대응함이 된다. 그래서 이 감응은 그치지 않는 것이다.

이러한 감통(感通)의 이치는 도를 터득한 사람이라면 조용히 관찰하기만 하면 된다.

原文 **有感必有應. 凡有動皆爲感. 感則必有應. 所應復爲感,**

所感復有應. 所以不已也. 感通之理, 知道者默而觀之, 可也.

註解 ㅇ感通(감통)−감은 물체를 접촉하여 느끼는 것이고 통(通)은 그 느낌을 받아 이에 대응하는 것이다.

解說 《주역정씨전》 함괘(咸卦) 구사(九四) 효사(爻辭)의 주와 같은 책 함괘 단전(彖傳)의 주를 합쳐놓은 글이다. 천지간의 만물은 굴신왕래(屈伸往來)하여 무궁하게 그치지 않는 감응(感應)의 이치에 의해서 조화발육(造化發育)하고 소장왕래(消長往來)하는 것임을 기술한 것이다. 감응의 이치는 곧 다름아닌 음양의 이치다.

13. 천하의 이치는 끝마치는 그 순간에 다시 시작됨으로 항상 끝남이 없다. 항상 다함이 없는 항(恒)은 고정되어 움직이지 않는 상태를 이름이 아니다. 고정되어 움직이지 않는 것은 항(恒)이 될 수 없다. 오직 때에 따라 끊임없이 변하고 바뀌어 나아가는 것이 바로 상도(常道)다. 하늘과 땅이 영원히 존속하는 도와, 천하의 만물이 영원히 존속하고 있는 이치를, 도를 체득한 자가 아니라면 누가 알 수 있겠는가?

原文 天下之理, 終而復始, 所以恒而不窮. 恆非一定之謂也. 一定則不能恆矣. 惟隨時變易, 乃常道也. 天地常久之道, 天下常久之理, 非知道者, 孰能識之?

註解 ㅇ終而復始(종이부시)−감(感)·응(應)이 굴신왕래(屈伸往來)하는 이치, 음양의 이치를 의미한다. ㅇ一定則不能恒矣(일정즉불능항의)−항(恒)은 수시로 변하고 바뀌어 나아감이 무궁한 이치를 말한다. 그 이치가 항존(恒存)한다는 뜻이다. 일정은 일정(一停)으로 정지의 의미. 수시변역(隨時變易)하는 것이 상도(常道)이므로 정(停)은 항(恒)이 될 수 없다. 곧 수시변역하되

수시 변역하는 이치는 항존한다는 항(恒)이다(《列子》: 生生者不生, 化化者不化. 참조). ㅇ隨時變易(수시변역)－변역하는 이치. ㅇ常道(상도)－수시변역(隨時變易)이 불궁(不窮)하는 이치. ㅇ常久(상구)－잠시의 휴식도 없이 무궁히 존속하는 도(道)의 상태(萬化屈伸, 無一息之停).

解說 《주역정씨전》 항괘(恒卦) 단전(彖傳) 주의 글. 수시로 변하고 바뀌는 천하의 도, 즉 무궁전변(無窮轉變)하여 잠시의 쉼도 없는 상도(常道)는 시종이 없음을 논한 것이다.

14. 인간의 성(性)은 본래 선한데, 악함이 바꾸어질 수 없음은 어째서인가? 그것은 이런 까닭에서이다. '성으로 말하면 그것은 다 선한 것이다. 타고난 기질(氣質)로 말하면 선으로 되돌아가지 못하는 하급(下級)의 어리석음이 있다. 이른바 그 하급의 어리석음에는 두 가지가 있다. 하나는 자포(自暴)하는 자요, 하나는 자기(自棄)하는 자다. 사람이 진실로 선으로써 스스로를 다스려 나간다면, 선으로 되돌아오지 못할 것이 없다. 비록 지극히 어리석다 할지라도 모두 수양하면 점차적으로 선으로 나아갈 수 있는 것이다.

오직 지포(自暴)하는 자만이 이것을 거부하고 믿지 않으며, 자기(自棄)하는 자만이 이러하기를 단념하고 행하지 않는다. 그들은 비록 성인과 함께 있을지라도 선의 영역으로 바뀌어 들어갈 수가 없다. 공자가 말씀하신 하급의 어리석음이 바로 이것이다. 그러나 천하에 스스로 버리고 스스로 해치는 사람이 반드시 다 어둡고 어리석은 것은 아니다. 때로는 강폭하고 악하나 재능과 힘이 뛰어난 사람도 있으니, 은나라 주왕(紂王)이 바로 그러한 사람이다. 성인은 그 스스로 선해지기를 단념한 사람을 일러 하급의 어리석음이라고 불렀다. 그들의 귀결을 생각해보면 진실로 어리석은 자이다.'

하급의 어리석음이라고 말했는데, 그가 착한 체 겉을 꾸밀 수 있는 것은 어찌된 일인가? 그 까닭은 이러하다. '마음은 비록 선해지는 도리를 단념했다 하더라도, 그 위의(威儀)를 두려워하여 죄를 덜 범하려 하는 점은 다른 사람과 같다. 다른 사람과 같은 점이 있다는 것으로 미루어 그 본래 타고난 성(性)의 죄는 아니라는 것을 안다.'

原文 人性本善, 有不可革者, 何也? 曰 : 語其性, 則皆善也. 語其才, 則有下愚之不移. 所謂下愚有二焉. 自暴也, 自棄也. 人苟以善自治, 則無不可移者. 雖昏愚之至, 皆可漸磨而進.

惟自暴者, 拒之以不信, 自棄者, 絶之以不爲, 雖聖人與居, 不能化而入也. 仲尼之所謂下愚也. 然天下自棄自暴者, 非必皆昏愚也. 往往强戾而才力有過人者, 商辛是也. 聖人以其自絶於善, 謂之下愚. 然考其歸, 則誠愚也.

旣曰下愚, 其能革面, 何也? 曰 : 心雖絶於善道, 其畏威而寡罪, 則與人同也. 惟其有與人同, 所以知其非性之罪也.

註解 ㅇ不可革者(불가혁자)－선(善)으로 바뀔 수 없는 것, 여기서는 하우(下愚)를 뜻함. ㅇ才(재)－타고난 기질(氣質). 인성(人性)에는 본연지성(本然之性)과 기질지성(氣質之性)이 있는데 여기서는 그 후자(後者)를 가리킴. ㅇ下愚之不移(하우지불이)－본연지성(本然之性)은 순선(純善)이지만 기질지성(氣質之性)은 혼(昏)·약(弱)의 면으로만 기울어져 선으로 되돌아 갈 수 없는 상태의 하급의 어리석음. ㅇ自暴(자포)－선을 불신하고 스스로 그 덕을 해치는 것. ㅇ自棄(자기)－선을 알면서도 스스로 덕을 버리고 행하지 않는 것. ㅇ其能革面(기능혁면)－마음속은 불선(不善)하면서 겉으로만 선을 꾸미는 것. ㅇ其畏威而寡罪(기외위이과죄)－법에 의한 형(刑)을 두려워하여 죄를 면하려 하는 것. ㅇ其有與人同(기유여인동)－비록 형벌 때문이라 하더라도 죄 지음을 두려워함은 다른 사람과 마찬가지니, 이로써 성은 본래 선한 것임을 알 수 있다.

解說 《주역정씨전》 혁괘(革卦) 상륙(上六) 주의 글이다. 인간의 성(性)은 본래 선한 것인데, 그 성에는 본연지성(本然之性)과 기질지성(氣質之性)이 있어 전자는 순선(純善)이나 후자에는 청탁(淸濁)·강약(强弱)이 있어 자포자기하는 자는 선으로 돌아올 수 없는 어리석음에 떨어진다는 것이다. 그러나 그러한 자도 본성(本性)은 선한 것이라는 내용이다.

15. 사물(事物)에 있는 것을 이(理)라 하고, 그 사물을 이치에 맞게 처리하는 것을 의(義)라 한다.

原文 **在物爲理, 處物爲義.**

解說 《주역정씨전》 간괘(艮卦) 단전(彖傳) 주의 글이다. 세상 만물에는 모두 반드시 이치가 있으며, 그 이치에 합하도록 처리하는 것을 의라고 하는 것이다.

16. 동(動)과 정(靜)에는 발단이 없으며, 음과 양에는 시작이 없다. 도를 아는 사람이 아니라면 누가 이것을 알 수 있겠는가?

原文 **動靜無端, 陰陽無始. 非知道者, 孰能識之?**

解說 《정씨경설(程氏經說)》 1권 역설(易說)의 글이다. 동(動) 정(靜)은 음양의 동정으로 음과 양의 서로 머금어 상생(相生)하되 끝도 처음도 없으며 간단(間斷)없는 작용만이 있을 뿐인 도의 묘용(妙用)을 논한 것이다.

17. 인한 것은 천하의 바른 도리〔正理〕이니, 이 바른 도리를 잃어버리면 질서는 파괴되고 조화(調和)는 이루어지지 않는 것이다.

原文 仁者, 天下之正理, 失正理, 則無序而不和.

解說 《정씨경설》 6권 논어해(論語解)의 글이다. 천하의 이치는 곧 인이라는 것이다. 우주의 이치가 태극이라면 인사(人事)의 도리는 인으로써 인극이라 할 수 있다.

18. 명도 선생께서 말씀하셨다.
"천지가 만물을 생성하는 데 있어서 각각 부족하게 되는 이치는 없다. 그러므로 사람들은 임금과 신하, 아버지와 아들, 형과 아우, 남편과 아내 사이의 도리에 다소나마 본분을 다하지 못하는 점은 없는가를 항상 생각해야만 한다."

原文 明道先生曰 : 天地生物, 各無不足之理. 常思天下君臣父子兄弟夫婦, 有多少不盡分處.

解說 《정씨유서(程氏遺書)》 권1의 글. 이 권1의 글은 정자(程子) 두 형제 중 누구의 말인지 확실치 않다. 천지의 이치가 곧 인간의 이치이므로, 그 도리를 잘 관찰하여 무실역행(務實力行)해야 한다는 것.

19. 충신(忠信)은 덕으로 나아가는 길이니 언제나 노력해야 하며 군자는 언제나 하늘의 이치에 합당하게 행동해야 한다. 하늘이 하는 일에는 소리도 없으며 냄새도 없다. 그 본체를 일컬어 역(易)이라 하고, 그 이치를 일컬어 도라고 하며, 그 작용을 일컬어 신(神)이라고 한다. 사람에게 명(命)하여 준 것을 성(性)이라고 하며, 그 성을 좇는 것을 도라 하며, 이 도를 닦는 것을 교(敎)라고 말한다. 맹자는 그 가운데에서 다시 호연지기(浩然之氣)를 드러내었으니 가위 지극하다 하겠다.
그러므로 귀신이 위에 있는 것 같기도 하고 좌우에 있는 것 같기도 하다고 말하는 것이다. 크고 작은 모든 일에 있어서 오직 정성스러움을 가릴 수 없음이 이와 같다는 것이다. 천도가 위아래를 관철하는 것도 이와 같을 따름이다. 형이상(形而上)의 것은 도가 되고 형이하(形而下)의 것은 기(器)가 된다고, 반드시 그렇게 말해야만 한다. 그러나 기가 또한 도요, 도가 또한 기인 것이다. 오직 도를 잘 체득하여, 현재와 미래, 나와 너의 구별에 얽매이지 않아야 된다.

原文 忠信所以進德, 終日乾乾. 君子當終日對越在天也. 蓋上天之載, 無聲無臭. 其體則謂之易, 其理則謂之道, 其用則謂之神. 其命於人則謂之性, 率性則謂之道, 修道則謂之敎. 孟子去其中, 又發揮出浩然之氣. 可謂盡矣.

故說神如在其上, 如在其左右. 大小大事, 而只曰誠之不可揜如此夫, 徹上徹下, 不過如此. 形而上爲道, 形而下爲器, 須著如此說. 器亦道, 道亦器. 但得道在, 不繫今與後, 己與人.

註解 ㅇ乾乾(건건)－힘쓰고 노력하는 모양. ㅇ對越在天(대월재천)－재천(在天)은 상제(上帝)라고 주(註)를 달고 있으나 종교적인 신이 아니요 하늘의 이치로서 그 묘용(妙用)을 관조(觀照)하는 상태. ㅇ易(역)－음양이 변역(變易). ㅇ其命於人(기명어인)……－《중용》의 첫 구절임. 하늘의 이치가 사람에게 있어서는 곧 성(性)으로 이 성을 온전하게 따르는 것이 도요, 이 도를 밝혀 나아가는 것을 교(敎)라고 한다. ㅇ其中(기중)－성명(性命)의 중(中). ㅇ浩然之氣(호연지기)－호연(浩然)은 자연의 광대(廣大)한 기운. 《맹자(孟子)》 공손추(公孫丑)편에 나오는 말.

解說 《정씨유서》 권1에 보이는 글이다. 두 형제 중 누구의 글인지 확실치 않다. 하늘의 지극한 이치는 사람에게 있어서는 그것이 곧 성이니, 그 이치를 알면 천(天)·지(地)·인(人)이 하나로써 물(物)·아(我)의 얽매

임이 없게 된다. 이러한 단계에 들어가는 길은 다름아닌 주충신(主忠信)이라는 내용이다.

20. 의서(醫書)에서는 손발이 마비되는 병을 불인(不仁)이라고 한다. 이 말은 이름을 가장 잘 붙인 것이라 하겠다. 인이라는 것은 천지만물을 자기와 한몸으로 삼는 것이니, 자기가 아닌 것이 없다. 모든 것이 자기라는 것을 인정한다면 무엇이든 이루지 못하는 것이 있겠는가? 만약 자기와는 별개의 것으로 여긴다면 자연히 자기와는 상관이 없게 된다. 마치 수족이 불인(不仁)하면 기가 이미 관통(貫通)되지 않아 사체(四體)가 모두 자기에게 속하지 않게 되는 것과 같다.

그러므로 널리 베풀어 민중을 구제함은 곧 성인의 공용(功用)이니, 인은 지극히 말로 표현하기 어려운 것이다. 그러므로 공자는 다만 말하기를 '자기가 서고 싶으면 남을 세워 주고, 자기가 발전하고 싶으면 남을 발전시켜 주어라. 가까운 자기를 가지고 남의 입장을 비겨 볼 수 있다면 그것이 인의 올바른 방향이다'고 하셨다. 이와 같이 인을 본다면 인의 본체를 터득하게 될 것이다.

原文 醫書言, 手足痿痺爲不仁, 此言最善名狀. 仁者以天地萬物爲一體, 莫非己也. 認得爲己, 何所不至? 若不有諸己, 自不與己相干. 如手足不仁, 氣已不貫, 皆不屬己.

故博施濟衆, 乃聖之功用. 仁至難言. 故止曰 : 己欲立而立人, 己欲達而達人. 能近取譬, 可謂仁之方也已. 欲令如是觀仁, 可以得仁之體.

註解 ㅇ認得爲己(인득위기)－천지만물이 다 자기와 동체라는 것을 알게 되면 어떠한 것도 다 사랑하게 된다는 말. ㅇ博施濟衆(박시제중)－이하 《논

어》 옹야(雍也)편의 말을 근거로 논의를 전개하고 있음. ㅇ己欲立而立人(기욕립이립인), 己欲達而達人(기욕달이달인)－《논어(論語)》에 나오는 말로 자기가 하고자 하는 바를 가지고 남에게 베푼다는 의미임. ㅇ能近取譬(능근취비)－추기급인(推己及人)과 같은 의미라 할 수 있다. 가까운 자기 몸을 취하여 남에게 미루어 나아간다는 것임.

解說 《정씨유서》 권2에 보이는 정호(程顥)의 말이다. 인의 방법론(方法論)을 설명한 것이라 할 수 있다. 자기가 하고자 하는 바를 가지고 다른 사람에게 베풀어 나아가는 것이 곧 인하는 방법이라는 것이다.

21. 생(生)을 성(性)이라 한다. 성은 곧 기(氣)요 기는 곧 성으로, 생을 두고 하는 말이다.

사람이 타고난 기에는, 이(理)로서 선악이 있다. 그러나 성 안에 본래부터 이 선악의 두 가지 물건이 상대적으로 생겨나는 것은 아니다. 어려서부터 착한 사람이 있고 어려서부터 악한 사람이 있다. 이것은 타고난 기가 그러한 것이다. 선은 본래부터 가지고 있는 성(性)이다. 그러나 악도 또한 성이라고 하지 않을 수 없다.

생(生)을 성(性)이라고 하는데, '사람은 태어나면서 고요하다'는 말 이상은 용납이 되지 않는다. 성이라고 말하자마자 이미 그것은 벌써 성이 아니다. 사람에 대하여 성을 말한다는 것은 단지 성을 이어 나아가는 것이 선이라는 것을 뜻한다. 맹자가 성선(性善)을 말한 것이 바로 그것이다.

성을 이어나가는 것이 선이라 하는 것은 마치 물이 흘러 아래로 내려가는 것과 같다는 말이다. 모든 물은 흘러 바다로 가지만 끝내 머물러 괴는 일이 없는 것이다. 그것이 어찌 사람의 인력으로 번거로이 하는 것이겠는가? 물이 멀리까지 흘러가기 전에 흐려지는 것이 있고, 매우 멀리 흘러가서야 마침내 흐려지는 것이 있다. 흐림이 많은 물이 있고 흐림이 적은 물이 있다. 맑고 흐림이 비록 같지는 않다 하더라도, 흐린 것을 물이 아니라고 할 수는 없는 것이다.

이러므로 사람도 마음을 맑게 다스려 나아가는 노력을 하지 않을 수 없는 것이다. 그러므로 힘쓰는 것이 빠르고 용감하면 빨리 맑아지고, 힘을 쓰는 것이 느리고 태만하면 맑아짐이 늦어진다. 그 물이 맑아진 것은 다만 본래의 물로 돌아간 것이다. 맑은 것으로 흐린 것을 바꾼 것도 아니고, 또 흐림을 잡아내어 다른 한 모퉁이에 버려놓은 것도 아니다. 물이 본래부터 맑은 것같이 성(性)도 본래부터 착한 것이다. 그러므로 선과 악이 성 가운데 있어 두 가지 물건으로 상대적으로 존재하다가 각각 나오는 것이 아니다.

이러한 이치가 곧 하늘이 명(命)하는 것이다. 이를 따라 좇는 것이 도(道)요, 그것을 좇아 닦음으로써 각각 그의 천분을 얻도록 하는 것이 교(敎)다. 하늘이 명(命)하는 것으로부터 교에 이르기까지 우리는 더하고 덜할 수가 없는 것이다. 그것이 순임금이 천하를 다스리면서 자기 것으로 여기지 않은 까닭인 것이다.

原文 生之謂性. 性卽氣, 氣卽性, 生之謂也.

人生氣稟, 理有善惡. 然不是性中元有此兩物相對而生也. 有自幼而善, 有自幼而惡. 是氣稟有然也. 善固性也. 然惡亦不可不謂之性也.

蓋生之謂性. 人生而靜以上不容說. 才說性時, 便已不是性也. 凡人說性, 只是說繼之者善也. 孟子言性善是也.

夫所謂繼之者善也者, 猶水流而就下也. 皆水也, 有流而至海, 終無所汙. 此何煩人力之爲也? 有流而未遠, 固已漸濁, 有出而甚遠, 方有所濁. 有濁之多者, 有濁之少者. 淸濁雖不同, 然不可以濁者不爲水也.

如此則人不可以不加澄治之功. 故用力敏勇則疾清, 用力緩怠則遲清. 及其清也, 則卻只是元初水也. 不是將清來換卻濁, 亦不是取出濁來置在一隅也. 水之清, 則性善之謂也. 故不是善與惡, 在性中爲兩物相對, 各自出來.

此理天命也. 順而循之, 則道也. 循此而修之, 各得其分, 則教也. 自天命以至於教, 我無加損焉. 此舜有天下, 而不與焉者也.

註解 ㅇ人生而靜(인생이정)－《악기(樂記)》에 '인생이정천지성야(人生而靜天之性也)'라는 말이 있다. 사람이 처음 태어나 아무런 인욕(人欲)의 움직임도 없는 그대로의 상태를 성(性)이라 할 수 있으니, 생후(生後)면 벌써 기질이 개재되므로 엄밀한 의미에서는 성(性)이라 할 수 없음. ㅇ繼之者善也(계지자선야)－《주역(周易)》 계사전(繫辭傳)에 나오는 '일음일양위지도(一陰一陽謂之道), 계지자선야(繼之者善也), 성지자성야(成之者性也)'라는 것에서의 계지(繼之)와 같은 의미로서 성(性)으로 이어나가 이루는 것이라는 의미임. ㅇ孟子言性善(맹자언성선)－측은(惻隱)·사양(辭讓)·수오(羞惡)·시비(是非)의 사단(四端)을 들어 성선(性善)을 논하였음. ㅇ水之淸則性善(수지청즉성선)－맑음이 물의 본성인 것처럼 인성(人性)도 선이 본성이라는 것. ㅇ兩物(양물)－선과 악. ㅇ此理天命也(차리천명야)－《중용》 첫장에 나오는 말 '천명지위성(天命之謂性), 솔성지위도(率性之謂道), 수도지위교(修道之謂敎)'를 설명한 것. ㅇ無加損焉(무가손언)－천명 그대로를 좇는 것이요, 인욕(人欲)에 의한 인위적(人爲的) 가감(加減)이 있어서는 안된다는 것. ㅇ舜(순)－옛날 중국의 성군(聖君).

解說 《정씨유서》 권1에 보이는 말. 주자는 정호의 말이라 하였으나(《朱子語類》 권4), 두 형제 중 누구의 말인지 분명치 않다. 성(性)은 본래 선하다는 성선(性善)을 논한 것이다. 그러나 성에는 기질지성(氣質之性)과 본연지성(本然之性)이 있는 것으로서 선악이 다 성이나 순선(純善)인 본연지성(本然之性)이 더 근본적인 것으로 청수(淸水), 탁수(濁水)가 다 물

이나 맑음이 물의 본성인 것과 같다는 것이다. 사람이 본연지성(本然之性)인 순선(純善)을 좇아 천명을 회복하려는 것은 물이 아래로 흐르려는 것과 같아 민통(敏通)하게 용력(用力)하여 천에 합일(合一)해야 한다는 내용이다.

22. 천지가 만물을 낳는 기상(氣象)을 잘 보아야 한다.

原文 **觀天地生物氣象.**

解說 《정씨유서》 권6에 보이는 정호의 말. 천지가 만물을 생하는 이치를 잘 관찰(觀察)하여 인간도 그 본연의 성에 귀일(歸一)해야 한다는 의미를 나타내고 있다.

23. 만물이 생성되는 뜻을 무엇보다도 잘 관찰해야 한다. 이것이 '원(元)이라는 것은 선 중에 가장 빼어난 것'이기 때문이다. 이것이 이른바 인(仁)이라고 하는 것이다.

原文 **萬物之生意最可觀. 此元者善之長也. 斯所謂仁也.**

註解 ㅇ元(원)-《역(易)》 건(乾)괘의 '원(元)·형(亨)·이(利)·정(貞)' 중의 원(元)으로 크게는 원 속에 형(亨), 이(利), 정(貞)이 다 포함되어 있다. 그러므로 '원자선지장야(元者善之長也)'라고 하였다. 인사(人事)에 있어서는 인이 또한 의(義)·예(禮)·지(智)·신(信)을 다 포함하고 있는 것이다.

解說 《정씨유서》 권11에 보이는 정호의 말. 만물을 생성하고 천리를 운행하는 이치가 원(元)이라면 인사(人事)에 있어서는 그것이 곧 인으로서 원과 인이 모든 이치를 다 포함하는 대표적인 원리라는 뜻이다.

24. 사람의 몸 안에 가득 차 있는 것이 측은(惻隱)의 마음이다.

原文 滿腔子是惻隱之心.

註解 ㅇ滿腔子(만강자)－강자(腔子)는 배[腹]로서, 몸속에 빈 데 없이 가득 채워져 있는 것. ㅇ惻隱(측은)－남을 동정하여 불쌍히 여기는 마음. 맹자(孟子)는 어린아이가 우물에 빠지려고 할 때 누구나 건져 구해주려는 마음이 생기는 것을 측은의 예로 들고 있다.

解說 《정씨유서》 권3에 보이는 정호의 말. 측은히 여기는 마음, 즉 어진 마음은 몸속 어디에고 들어 있지 않은 데가 없다는 것이다.

25. 천지만물의 이치는 홀로가 아니요 반드시 마주 서는 대가 있다. 그것은 모두 저절로 그러한 것이요, 안배(安排)하여 그러한 것이 아니다. 매일 한밤중에 이러한 이치를 생각하면 자기도 모르게 즐거워져 손과 발이 춤을 춘다.

原文 天地萬物之理, 無獨必有對. 皆自然而然, 非有安排也. 每中夜以思, 不知手之舞之, 足之蹈之也.

註解 ㅇ對(대)－음(陰)이 있으면 양(陽)이 있고, 정(靜)이 있으면 동(動)이 있는 것과 같이 반드시 대(對)가 있다는 것.

解說 《정씨유서》 권11에 보이는 정호의 말. 천지만물이 음으로 양으로 또는 정(靜)으로 동(動)으로 무궁히 소장하는 이치는 어떤 작위(作爲)에서 이루어지는 것이 아니라 저절로 그러한 것이라는 것이다.

26. 중(中)이라는 것은 천하의 대본이다. 하늘과 땅 사이에 우뚝하고 당당하여 위로도 곧고 아래로도 곧은 정리(正理)이다. 거기에서 나오면 그렇지 않으니, 오직 공경히 그것을 잃지 않도록 하는 것이 최선이다.

原文 **中者, 天下之大本. 天地之閒, 亭亭當當, 直上直下之正理. 出則不是, 惟敬而無失, 最盡.**

註解 ㅇ中(중)－《중용(中庸)》에 나오는 말로서 희(喜)·노(怒)·애(哀)·락(樂)이 아직 싹트지 않은 미발(未發)상태, 즉 희로애락지미발위지중(喜怒哀樂之未發謂之中)의 중이다. ㅇ亭亭(정정)－높이 솟은 모양. ㅇ出則不是(출즉불시)－출(出)은 희(喜)·노(怒)·애(哀)·락(樂)이 싹튼 이발(已發)상태. 발하면 벌써 중이 아니라는 것. ㅇ敬而無失(경이무실)－공경히 중을 잃지 않는다는 것, 즉 대본(大本)을 잃지 않도록 해야 한다는 것.

解說 《정씨유서》 권11의 정호의 말. 희(喜)·노(怒)·애(哀)·락(樂)의 감정이 아직 싹트지 않은 미발(未發)상태인 중은 천하의 근본되는 정리(正理)이나 발하면 벌써 중이 아니므로 택선고집(擇善固執)하여 만선(萬善)의 대본(大本)인 중을 잃지 않도록 최선을 다하라는 것이다. 그러나 인간의 생은 벌써 이발(已發)상태이므로 중절(中節)하는 화(和)의 상태, 즉 달도(達道)의 상태에 이르는 것을 뜻한다고 하겠다.

27. 이천 선생께서 말씀하셨다.

"공(公)은 하나요 사(私)는 천 갈래 만 갈래로 다르다. 마치 얼굴이 각 사람마다 다른 것처럼 사람들의 마음이 다른 것은 오직 사심(私心) 때문이다."

原文 **伊川先生曰 : 公則一, 私則萬殊. 人心不同如面, 只是私心.**

註解 ㅇ公(공)－천하의 공리(公理)로서 이치는 하나라는 의미다. ㅇ私(사)－기질지성(氣質之性)에서 나오는 사사로운 각자의 마음[私心].

解說 《정씨유서》 권15에 보이는 정이의 말이다. 중(中)의 상태인 본연지성(本然之性)은 하나이나 기질지성(氣質之性)에서 나오는 사심(私心)은 천태만상(千態萬象)이라는 것이다.

28. 모든 사물(事物)에는 근본과 말단이 있다. 그러나 이 근본과 말단을 나누어 두 토막의 일로 생각해서는 안된다. 물 뿌리고 쓸고 응대하는 예절이 그러하니, 반드시 그러한 까닭이 있기 때문이다.

原文 凡物有本末, 不可分本末爲兩段事. 灑掃應對是其然, 必有所以然.

註解 ㅇ灑掃應對(쇄소응대)－동자(童子)의 예절로서 수양(修養)상에서 보면 치심(治心)이 본이 되는 것으로 쇄소응대는 말이 된다. 그러나 이 본말(本末)은 그 근본은 둘이 아니라 하나다. ㅇ所以然(소이연)－그러한 까닭이란 곧 이로써 모든 것은 다 그러한 이치가 반드시 있다는 것으로 이에는 정조(精粗) 본말(本末)이 없다. 이는 곧 전체로서 하나이기 때문이다.

解說 《정씨유서》 권15에 보이는 정이의 말이다. 모든 일에는 본(本)말(末)이 있는 것인데 그 본말을 따로 떨어진 두 가지로 생각해서는 안되며 그 속에는 하나로 관통되는 이치가 있다는 것이다.

29. 양자(楊子)는 한 오라기의 털을 뽑아 온 천하를 이롭게 한다 해도 이를 하지 않았으며, 묵자(墨子)는 머리로부터 발꿈치에 이르기까지 온 몸이 닳아 없어진다 하더라도 천하를 위하는 일이면 했다. 이것은 다 그

중(中)을 얻지 못한 것이다.

자막(子莫)이 중을 지키는 경우를 보면 단지 양묵(楊墨)의 중간을 취하고자 하였는데, 어떻게 중을 지켜야 하는지 알지 못하였다. 중을 지킬 줄 안다면 일이면 일, 물건이면 물건, 그 모두에 자연스러운 중이 있음을 알 것이다. 인위적인 안배(安排)는 필요치 않다. 억지로 안배하려는 것은 곧 중이 아니다.

原文 **楊子拔一毛不爲, 墨子又摩頂放踵爲之. 此皆是不得中. 至如子莫執中, 欲執此二者之中, 不知怎麽執得. 識得, 則事事物物上, 皆天然有箇中在那上. 不待人安排也. 安排著, 便不中矣.**

註解 ㅇ楊子(양자)－이름은 주(朱)로 위아주의(爲我主義)를 주장한 사람이다. ㅇ墨子(묵자)－이름은 적(翟), 겸애설(兼愛說)을 주장함. ㅇ中(중)－'불편(不偏), 불의(不倚), 무과불급(無過不及)'으로 어느 한쪽으로도 치우치지 않고 지나치지도 덜하지도 않는 것. ㅇ子莫(자막)－노(魯)나라의 현인(賢人).

解說 《정씨유서》 권17에 보이는 정이의 말. 양자(楊子)의 위아설(爲我說)과 묵자(墨子)의 겸애설(兼愛說)을 예로 들고, 그 두 사람이 한편만을 지나치게 고수하여 중을 잃었기 때문에 과오를 범하였음을 역설하고 있다.

30. 시중(時中)이란 어떠한 것인가 하고 질문하니 이렇게 말씀하셨다. "중이라는 것은 가장 알기 어려운 것이다. 반드시 조용히 생각하여 마음으로 통해야 한다. 시험삼아 대청(大廳)으로 말할 것 같으면 곧 그 중앙(中央)이 중이 되는데, 한 가옥(家屋)에서는 대청 가운데가 중이 아니고 당(堂)이 중이 된다. 또 한 나라를 들어 말한다면 곧 당이 중이 아니라 그 나라의 가운데가 중이 된다. 이러한 것들을 미루어 보면 알 수 있을 것이다.

세 번씩이나 자기 집 문앞을 지나면서도 그 문 안에 들어가지 않는 것은 우(禹)와 직(稷)의 시대에 있어서 중이 되나, 누추한 거리에 사는 것은 중이 되지 못한다. 누추한 거리에 사는 것은 안자(顔子)가 살던 시대에 있어서는 중이 되는 것이나, 세 번씩이나 문앞을 지나면서 자기 집에 들어가지 않는 것은 중이 되지 않는다."

原文 問, 時中如何? 曰:中字最難識. 須是默識心通. 且試言一廳, 則中央爲中, 一家則廳中非中, 而堂爲中. 言一國, 則堂非中, 而國之中爲中. 推此類可見矣.

如三過其門不入, 在禹稷之世爲中. 若居陋巷, 則非中也. 居陋巷, 在顔子之時爲中. 若三過其門不入, 則非中也.

註解 ㅇ時中(시중)－때에 따라 그때그때에 알맞은 중이 있다는 것. ㅇ三過其門不入(삼과기문불입)－《맹자》 이루(離婁) 하편에 '우(禹)와 직(稷)은 …… 세 번이나 자기 집 문앞을 지나면서도 들어가지 않았다'고 하였고, 같은 책 등문공(滕文公) 상편에는 우(禹)임금이 치수(治水)사업에 종사하느라고 9년 동안이나 외방에 나가 있었는데 그동안 세 번이나 자기 집 앞을 지나게 되었으나 들어가지 않았다고 하였다. ㅇ顔子(안자)－이름은 회(回), 공지가 제일 아낀 제자. ㅇ陋巷(누항)－누추한 거리. 《논어》 옹야(雍也)편에, 안자는 '한 그릇의 밥과 한 표주박의 물을 마시며 누추한 거리에 살았으나 언제나 즐거웠다'고 하였다.

解說 《정씨유서》 권18에 보이는 정이의 말이다. 시중지도(時中之道)를 설명한 것으로 우(禹)임금의 치수사업과 안회(顔回)의 처신을 그 예로 들어 설명하고 있다.

31. 망령됨이 없는 것을 정성스러움이라 하고, 속이지 않는 것은 그 다

음의 것이다.

原文 **无妄之謂誠, 不欺其次矣.**

註解 o无妄(무망)－망령됨이 없는 것. 실리자연(實理自然) 그대로 한 푼의 거짓도 없는 것.

解說 《정씨유서》 권6에 보인다. 실리자연(實理自然) 그 자체는 털끝만큼의 망령됨이 없는 것으로 그것은 참된 것이며, 그 참된 이치를 알아서 스스로를 속이지 않아 합일의 경지에 이르는 것이 그 다음이 된다는 것이다.

32. 텅 비어 아무런 조짐(兆朕)도 없으나 삼라만상(森羅萬象)이 이미 그 속에 다 갖추어져 있다. 미응(未應)이 먼저가 아니요, 이응(已應)이 뒤가 아니다. 백척(百尺)이나 되는 큰 나무가 밑뿌리로부터 가지 끝 잎사귀에 이르기까지 다 하나로 관통되어 있는 것과 같다.

위쪽의 한 가지 일만이 형체도 없고 조짐도 없어서, 사람이 억지로 안배하고 끌여들여서 제길에 들어서도록 하여야만 된다고는 말할 수 없다. 이미 그것이 제길이라면 또한 그것은 오직 하나의 제길일 뿐인 것이다.

原文 **沖漠無朕, 萬象森然已具. 未應不是先, 已應不是後. 如百尺之木, 自根本至枝葉, 皆是一貫.**

不可道上面一段事, 無形無兆, 卻待人旋安排, 引入來教入塗轍. 旣是塗轍, 卻只是一箇塗轍.

註解 o沖漠無朕(충막무짐)－무형(無形)·무정(無情)·무성(無聲)·무취(無臭)한 것, 즉 태극. o未應(미응)·已應(이응)－미응(未應)은 적연부동(寂

然不動)의 상태로 미발(未發)의 중. 이응은 감이수통(感而遂通)의 상태로 이발(已發). 이것은 체(體), 용(用)의 관계로 이 두 가지는 선후가 없음을 말함. ㅇ塗轍(도철)−도는 길, 철은 수레자국. 여기서는 제길 또는 도리(道理)를 뜻함.

解說 《정씨유서》 권15에 보이는 정이의 말이다. 무형(無形)·무정(無情)·무성(無聲)·무취(無臭)한 태극은 만상(萬象)이 구유(具有)한 이치로 그 체(體)·용(用)의 관계는 선후가 없으며 무한히 유행하는 하나의 이치로써 사람의 작위(作爲)에 의하여 일어나는 것도 아닌 자연 그대로라는 것이다.

33. 가까이 내 몸에 대하여 살펴 볼 것 같으면 모든 이치가 다 그 안에 갖추어져 있다. 구부리고 펴고 가고 오고 하는 뜻도, 다만 코로 호흡하는 데서 찾아볼 수 있다. 구부리고 펴고 가고 오고 하는 것은 곧 이(理)이다. 반드시 이미 구부린 기운이 다시 펴는 기운이 되는 것은 아니다.

낳고 또 낳는 이치[生生之理]는 자연스럽고 쉼이 없다. 복괘(復卦)에 7일에 다시 온다고 말한 것과 같이 그 사이에는 원래 단속(斷續)이 없는 것이다. 양(陽)이 이미 다시 생겨나고, 사물이 극도에 이르면 반드시 다시 본디로 돌아온다. 그 이치는 반드시 이와 같다. 생(生)이 있으면 사(死)가 있고 처음이 있으면 끝이 있다.

原文 近取諸身, 百理皆具. 屈伸往來之義, 只於鼻息之間見之. 屈伸往來只是理, 不必將旣屈之氣, 復爲方伸之氣.

生生之理, 自然不息. 如復卦言七日來復, 其間元不斷續. 陽已復生, 物極必返. 其理須如此. 有生便有死, 有始便有終.

註解 ㅇ屈伸往來(굴신왕래)−굽히고 펴고 가고 오는 것. ㅇ復卦言七日來

復(복괘언칠일래복)－괘에는 육효(六爻)가 있는데, 초효부터 세어서 다시 초효에 돌아오기까지는 일곱효가 있는 것을 말함.

解說 《정씨유서》 권15에 보이는 정이의 말이다. 천지만물의 이치는 다 내 몸 안에 있으며, 내 한 몸에서 조화유행(造化流行)하는 천하의 이치를 다 볼 수 있다는 것이다.

34. 명도(明道) 선생께서 말씀하셨다.

"천지 사이에는 단지 느끼는 감(感)과 그에 대응하는 응(應)이 있을 뿐이다. 그밖에 다시 더 무엇이 있겠는가?"

原文 明道先生曰 : 天地之間, 只有一箇感與應而已. 更有甚事?

解說 《정씨유서》 권15에 보이는 말이다. 《정씨유서》 15에는 정이(程頤)의 말이 실려 있는데 명도(明道) 선생이라고 한 것은 어떤 이유에서인지 알 수 없다. 하늘과 땅 사이에는 오직 음양의 이치만이 있을 뿐이라는 것이다.

35. 인(仁)에 대해서 질문하자 이천(伊川) 선생께서 대답하셨다.

"그것은 여러분들 스스로가 생각하여야 한다. 성현이 인을 말한 것들을 유추하여 종합해 관찰하고 체득해 내야 한다. 맹자께서는 '측은히 여기는 마음이 인이라'고 하셨다. 후인은 마침내 사랑을 가지고 인이라 하게 되었다. 사랑은 그 자체가 정(情)이요, 인 그 자체는 성(性)이다. 어찌 사랑만을 가지고 인이라 할 수 있겠는가?

맹자께서는 '측은히 여기는 마음은 인의 단서(端緖)라' 하셨다. 이미 인의 단서라고 말하였다면 그것을 다시 인이라고는 말할 수 없다. 한유(韓愈)는 말하기를 '널리 사랑하는 것이 인이라' 하였는데 그것은 잘못이다. 인은 진실로 널리 사랑하는 것이다. 그러나 그 널리 사랑하는 것이 곧 인이라고 한다면 또한 옳지 않다."

原文 問仁, 伊川先生曰 : 此在諸公自思之. 將聖賢所言仁處, 類聚觀之, 體認出來. 孟子曰 : 惻隱之心, 仁也. 後人遂以愛爲仁. 愛自是情, 仁自是性. 豈可專以愛爲仁?

孟子言惻隱之心, 仁之端也. 旣曰仁之端, 則不可便謂之仁. 退之言, 博愛之謂仁, 非也. 仁者固博愛. 然便以博愛爲仁, 則不可.

註解 ㅇ仁(인)－인은 애(愛)의 성(性)이라 할 수 있고, 애는 인의 정(情)이라 할 수 있는 것이기 때문에 애를 인이라고 하면 정을 가리켜 성이라고 하는 것이 되어 잘못이다. 인은 성, 즉 체(體)·용(用)을 함께 함유하고 있는 것으로 한되지나 후인들이 사랑을 인이라고 본 것은 잘못이라는 것이다.

解說 《정씨유서》 권18에 보이는 정이의 말. 인(仁)에 대한 그의 개념을 논하고 있다.

36. 인과 마음이 어떻게 다른가를 물으니 대답하셨다. "마음은 비유하건대 곡식의 씨앗과 같다. 생겨나게 하는 본성이 곧 인이요, 양기(陽氣)가 드러나는 것이 정이다."

原文 問 : 仁與心何異? 曰 : 心譬如穀種. 生之性便是仁, 陽氣發處乃情也.

解說 《정씨유서》 권18의 정이의 말. 마음을 씨앗에 비유하여 싹트기 전 성(性)은 인(仁)이요, 싹트면 정이 되는 것으로 미발(未發)의 중과 이발(已發)의 정을 설명한 것이다. 생(生)의 성(性)은 애(愛)의 이(理)요,

싹이 튼 것[陽氣發處], 곧 이발(已發)은 측은의 정이다.

37. 의(義)는 의(宜)로 해석하고, 예(禮)는 별(別)로 해석하고, 지(智)는 지(知)로써 해석한다. 그러면 인(仁)은 무엇이라고 해석해야 할 것인가? 사람들은 깨닫는다고도 해석하고 또는 사람다움이라고도 해석한다. 이것은 다 잘못이다. 공자·맹자가 인을 논한 것을 종합하여 그 대개를 깊이 연구해야 한다. 2, 3년 걸려 그 뜻을 얻는다 해도 늦은 것은 아니다.

原文 **義訓宜, 禮訓別, 智訓知. 仁當何訓? 說者謂, 訓覺, 訓人, 皆非也. 當合孔孟言仁處, 大概硏窮之. 二三歲得之未晩也.**

註解 ㅇ宜(의)－천리당연(天理當然), 사물지의(事物之宜)의 의(宜). 마땅한 이치. ㅇ別(별)－친소(親疎) 상하(上下)의 별(別).

解說 《정씨유서》 권24의 정이의 말. 오상(五常) 중에 의(義)·예(禮)·지(智)·신(信) 등은 해석이 가능하나 인(仁)이라는 것은 너무나 오묘하고 지대하여 오히려 오상의 전체를 포함하고 있는 것으로 알기 어렵다는 것이다. 그러나 알 수 없는 것이 아니라 오랫동안 공부하는 데서 얻어진다는 내용이다.

38. 성(性)은 곧 이(理)다. 천하의 이치는 그 나오는 근원을 살펴보면 선(善) 아닌 것이 없다. 기쁨·노여움·슬픔·즐거움이 나타나지 않은 상태에서는 무엇이 선하지 않겠는가? 감정이 드러나서 절도에 맞으면 또한 선하지 않음이 없다. 감정이 드러나 절도에 맞지 않게 된 연후여야 선하지 않은 것이 이루어진다. 그러므로 무릇 선악(善惡)을 말할 것 같으면 모두 앞에서는 선하다가 뒤에 악해지며, 길흉을 말할 것 같으면 모두 앞에서는 길하다가 뒤에 흉해지며, 시비를 말할 것 같으면 모두 앞에서는 옳다가 뒤에 그릇되게 되는 것이다.

原文 性卽理也. 天下之理, 原其所自, 未有不善. 喜怒哀樂未發, 何嘗不善? 發而中節, 則無往而不善. 發不中節, 然後爲不善. 故凡言善惡, 皆先善而後惡. 言吉凶, 皆先吉而後凶. 言是非, 皆先是而後非.

註解 ㅇ原(원)-근원을 따지다. ㅇ所自(소자)-그 이치가 나오는 곳.

解說 《정씨유서》22 상권의 정이의 말. 성은 곧 천리로서 선하지 않음이 없다는 내용이다.

39. 마음에 선과 악이 있는가 하고 질문하니, 대답하셨다. "하늘에 있어서는 명(命)이 되고, 사물에 있어서는 이치가 되고, 사람에 있어서는 본성이 된다. 몸에 주인이 되는 것은 마음이니, 이 모든 것은 실은 하나이다.

마음은 본래 선한 것이다. 생각을 통해서 나오면 곧 선도 있게 되고 불선(不善)도 있게 되는 것이다. 또 이미 드러나면 이것을 정이라 할 수는 있으나 마음이라고는 할 수 없다. 비유를 든다면 물과 같으니, 단지 물이라고 하는 것이라도 흘러 물줄기가 갈라져서 혹은 동쪽으로 흐르고 혹은 서쪽으로 흘러가면 이때에는 이것을 일컬어 흐름[流]이라고 하는 것과 같다."

原文 問 : 心有善惡否? 曰 : 在天爲命, 在義爲理, 在人爲性. 主於身爲心, 其實一也.

心本善. 發於思慮, 則有善有不善. 若旣發, 則可謂之情, 不可謂之心. 譬如水, 只可謂之水, 至如流而爲派, 或行於東, 或行於西, 卻謂之流也.

註解 ㅇ義(의)-본문은 '재의위리(在義爲理)'로 되어 있으나 여기의 '의'는 '물(物)'의 잘못이 분명하므로(앞 15 참조) 번역은 '사물'이라 하였다.

解說 《정씨유서》 권18의 정이의 말. 마음은 본래 순선무악(純善無惡)한 것인데 칠정(七情)이 발하는 데서 비로소 선과 악이 갈라져 나온다는 것이다.

40. 성은 하늘에서 나오는 것이고, 재질은 기에서 나오는 것이다. 기가 맑으면 재질이 맑고 기가 흐리면 재질이 흐리다. 재질에는 선과 불선이 있으나 성에는 불선이 없다.

原文 **性出於天, 才出於氣. 氣清則才清, 氣濁則才濁. 才則有善有不善, 性則無不善.**

註解 ㅇ才(재)-재질, 곧 기질지성(氣質之性)을 말함.

解說 《정씨유서》 권19의 정이의 말. 성(性)에는 본연지성(本然之性)과 기질지성(氣質之性)이 있는 것으로 본성은 원래 선한 것이나 기질에서 비로소 선·악이 나타난다는 것이다.

41. 본성은 자연히 다 갖추어져 있는 것이다. 신(信)에는 다만 이 본성이 있다. 그러므로 사단(四端)에서 신(信)은 말하지 않은 것이다.

原文 **性者自然完具. 信只是有此者也. 故四端不言信.**

註解 ㅇ完具(완구)-완전히 갖추어져 있는 것. 인·의·예·지·신 모두를 갖추고 있는 것. ㅇ四端(사단)-네 가지 단서. 측은(惻隱)·수오(羞惡)·사양

(辭讓) · 시비(是非)의 네 가지 단서.

解說 《정씨유서》 권9에 보이는 글. 인(仁) · 의(義) · 예(禮) · 지(智)의 사단(四端)을 말하고 신을 말하지 않은 까닭은 성이 위의 네 가지를 완전히 갖추고 있으며, 이 네 가지 덕 속에 신(信)이 있기 때문이라는 것이다.

42. 마음은 생성의 도이다. 이 마음이 있으면 여기에 형태를 갖추어 비로소 생성케 된다. 측은히 여기는 마음은 사람의 생성의 도인 것이다.

原文 **心, 生道也. 有是心, 斯具是形以生. 惻隱之心, 人之生道也.**

解說 《정씨유서》 21 하권의 정이의 말. 천지의 마음은 만물을 내게 하는 도이며, 사람의 마음은 이 천지생생(天地生生)의 덕을 갖춘 것이다. 즉 측은히 여기는 마음은 인(仁)의 발단으로 인은 천지생생의 덕이며, 사람은 이 덕을 갖추어 태어났으므로 사람의 생도(生道)라 한다.

43. 횡거(橫渠) 선생께서 말씀하셨다.

"기(氣)는 성대하게 허공에 가득히 채워져 있어서 오르고 내리며 유동함이 잠시도 머무르거나 그쳐 본 적이 없다. 이 기는 허(虛)하고 실(實)하며 동(動)하고 정(靜)하는 기틀이며, 음 · 양 · 강 · 유(陰陽剛柔)의 시초이다. 떠 올라가는 것은 양의 맑음이요, 가라앉아 내려가는 것은 음의 흐림이다. 그것이 접하여 느끼고 만나고 모여들어 맺힘으로써 비와 바람이 되고 서리와 눈이 된다. 만 가지 물건의 변하는 형태와 산천의 여러 가지 형질(形質)과 찌꺼기 같은 것들이 모두 가르침이 아닌 것이 없다."

原文 **橫渠先生曰：氣坱然太虛, 升降飛揚, 未嘗止息. 此虛實動靜之機, 陰陽剛柔之始. 浮而上者陽之淸, 降而下者陰之濁. 其**

感遇聚結, 爲風雨, 爲霜雪. 萬品之流形, 山川之融結, 糟粕煨燼, 無非敎也.

註解 ㅇ橫渠(횡거)－송나라 철학자 장재(張載). 우주의 본체를 태허(太虛)라고 함. ㅇ坱然(앙연)－가득 차 움직이는 모양. ㅇ流形(유형)－여러 가지로 변하는 형태. ㅇ糟粕(조박)－술지게미와 겨, 찌꺼기. ㅇ煨燼(외진)－불타고 남은 찌꺼기.

解說 장재(張載)의《정몽(正蒙)》태화(太和)편에 보이는 태허설(太虛說)로써, 그는 우주의 본체를 태허인 원기(元氣)로 보았으며, 천지만상(天地萬象)은 모두 태허의 현상이라는 것이다.

44. 움직이는 기(氣)가 흐트러져 섞여 있다가 합해서 엉키어 질(質)을 이루어 사람과 만물의 여러 가지 다른 모양을 낳는다. 음(陰)·양(陽)의 두 기운이 서로 순환하며 그치지 않아 천지의 대의(大義)가 세워진다.

原文 游氣紛擾, 合而成質者, 生人物之萬殊. 其陰陽兩端循環不已者, 立天地之大義.

註解 ㅇ紛擾(분요)－어지러이 섞이는 것. ㅇ萬殊(만수)－만 가지 다른 모양.

解說 장재의《정몽》태화편의 글. 만물의 생성(生成) 변화라는 것은 곧 기(氣)의 이합집산(離合集散)이라는 것이다.

45. 천(天)은 물(物)의 본체가 되어 빠트리는 것이 없으니 인(仁)이 일〔事〕의 본체로써 어디에나 있지 않은 곳이 없는 것과 같다. 예의(禮儀) 3백 가지 절목(節目)과 위의(威儀) 3천 가지 조목(條目) 가운데 그

어느 한 가지도 인이 아닌 것이 없다.

'넓은 하늘 밝으시어 그대와 더불어 나가 다니고 계시며, 넓은 하늘 훤하시어 그대와 더불어 놀러다니고 계시네'라 하였는데 한 가지라도 하늘을 본체로 하지 않는 것이 없다.

原文 **天體物不遺, 猶仁體事而無不在也. 禮儀三百, 威儀三千, 無一物而非仁也.**

昊天曰明, 及爾出王. 昊天曰旦, 及爾游衍. 無一物之不體也.

註解 ㅇ禮儀(예의)-예의 큰 절목(節目). 이 대목은《중용》에 보이는 글임. ㅇ威儀(위의)-곡례(曲禮)로써 조목(條目)이 세분(細分)되어 있다. ㅇ昊天(호천)-밝은 하늘. 이 대목은《시경》대아(大雅) 판(板)에 보이는 구절임. ㅇ出王(출왕)-'왕'은 왕(往)과 통하여 나가 다니는 것. ㅇ旦(단)-훤한 것.

解說 《정몽》천도(天道)편의 글. 우주만상(宇宙萬象)은 모두 천도를 체(體)로 삼고 있으며, 그 천도는 인사에 있어서는 곧 인으로 3천 가지의 예까지도 이 인을 체로 삼지 않은 것이 없다는 것이다.

46. 귀신(鬼神)이라는 것은 두 기운의 양능(良能)인 것이다.

原文 **鬼神者, 二氣之良能也.**

註解 ㅇ二氣(이기)-음양(陰陽)을 가리킴. ㅇ良能(양능)-자연히 그렇게 되는 작용, 작위(作爲)로 되는 작용이 아님.

解說 장재의《정몽》태화(太和)편의 글. 귀신(鬼神)은 다른 것이 아니요, 음양의 영묘(靈妙)한 작용이라는 것이다.

47. 만물이 처음 생겨날 적엔 기(氣)가 매일 와서 더욱 번성하고 자란다. 물체가 생겨나 가득 찬 뒤에는 기는 날로 처음으로 다시 돌아가 흩어지고 없어진다. 기가 오는 것을 신(神)이라 하니, 그것은 펴지기〔伸〕 때문이다. 기가 다시 돌아가 소멸하는 것을 귀(鬼)라고 하니 이는 돌아가기〔歸〕 때문이다.

原文 物之初生, 氣日至而滋息. 物生旣盈, 氣日反而游散. 至之謂神, 以其伸也. 反之謂鬼, 以其歸也.

解說 《정몽》 동물(動物)편의 글. 귀(鬼)와 신(神)의 설명이다. 신은 기가 날로 왕성하여 자라는 것으로 편다는 신(伸)의 의미요, 귀(鬼)는 기(氣)가 극에 이르면 다시 돌아가 흩어지는 것으로 처음으로 돌아간다는 귀(歸)의 의미라는 것이다. 즉 음양 두 기운이 소장(消長)하는 영묘(靈妙)한 작용이 다름아닌 귀신(鬼神)이라는 것이다.

48. 성(性)이라는 것은 만물의 한 가지 근원으로, 나만이 사사로이 얻어서 갖고 있는 것이 아니다. 오직 위대한 사람만이 그러한 도리를 끝까지 터득하여 행할 수 있다. 그러므로 자기가 서면 남과 더불어 같이 서고, 알면 반드시 두루 다 알며, 사랑하면 반드시 고루 다 같이 사랑하며, 이루면 홀로 이루지 않는다. 그 스스로를 가리우고 막아서 자기 근본 이치에 따라야 하는 것을 알지 못하는 사람은 어떻게 하는 수가 없는 사람이다.

原文 性者萬物之一源, 非有我之得私也. 惟大人爲能盡其道. 是故立必俱立, 知必周知, 愛必兼愛, 成不獨成. 彼自蔽塞而不知順吾理者, 則亦末如之何矣.

解說 《정몽》 성명(誠明)편의 글. 성은 곧 이(理)로써 물(物)·아(我)가 곧 하나라는 것을 알아야 한다는 것이다. 그러므로 대인(大人)은 이 근본 이치를 알아 자기만을 세우고 자기만을 사랑하는 사사로움에 빠지지 않고 언제나 전체를 하나로 하는 마음에 서 있음을 강조하고 있다.

49. 하나이므로 신(神)이다. 이것을 사람의 몸에 비유할 것 같으면 사체(四體)는 모두가 하나의 물건이니, 사지(四肢)의 어느 곳을 찔러도 그것을 느끼지 못하는 일이 없다. 마음이 거기에 이른 뒤에 비로소 느끼게 되는 것이 아니다. 이것이 이른바 느껴 마침내 통하게 되고, 가지 않고 이르며, 서두르지 않아도 빠른 것이다.

原文 **一故神. 譬之人身, 四體皆一物. 故觸之而無不覺. 不待心使至此而後覺也. 此所謂感而遂通, 不行而至, 不疾而速也.**

解說 장재의 《역설(易說)》 권11의 글. 만상(萬象)의 조화현상(造化現象)은 다 기의 작용으로 그 묘용(妙用)을 인체(人體)의 사지(四肢)에 비유하여 설명한 것이다.

50. 마음은 성(性)과 정(情)을 통할(統轄)하는 것이다.

原文 **心統性情者也.**

解說 《장자전서(張子全書)》 습유(拾遺)의 글. 성(性)은 마음의 이치로 체(體)가 되는 것이요, 정은 성의 이발(已發)상태로 마음의 용(用)이 된다.

51. 모든 물(物)은 다 성(性)을 가지고 있다. 다만 통하고 가리워지고 열리고 막혀짐에 따라 인물의 구별(區別)이 있게 된다. 또 가리움에 두

껍고 얇은 것이 있어서 지혜 있는 사람과 어리석은 사람의 구별이 있게 된다. 막힌 것은 굳게 닫혀 열 수 없는 것이다. 두껍게 가리운 것은 열 수는 있으나 그것을 열기가 매우 어렵고, 얇게 가리운 것은 열기가 쉽다. 그러나 열기만 하면 천도(天道)에 도달하게 되며 성인과 하나가 된다.

原文 凡物莫不有是性. 由通蔽開塞, 所以有人物之別. 由蔽有厚薄, 故有知愚之別. 塞者牢不可開. 厚者可以開, 而開之也難. 薄者開之也易. 開則達於天道, 與聖人一.

解說 《장자전서(張子全書)》 습유(拾遺)의 글. 물(物)과 사람이 다 하나의 이치로, 천명(天命)인 성(性)은 본래 선한 것이나 기질에 의한 폐(蔽)・색(塞)의 정도가 얇고 두꺼움이 있어 지(知)・우(愚)・현(賢)・불초(不肖)의 차별이 생긴다. 그러나 그 막힘의 심천(深淺)에 따라 명덕(明德)으로 나아가는 길이 쉽고 어려움의 차이가 있을 뿐 종국에 가서 천도(天道)에 합일(合一)되는 점은 마찬가지라는 것을 설명하고 있다.

〈이상의 도체류(道體類) 51조는 태극(太極)이 우주의 본체(本體)로 그것은 곧 성(性)의 본원(本源)이요, 우주의 섭리가 되는 것임을 논한 것이다.〉

근사록 권2

위학류(爲學類) 도합 112조

1. 염계(濂溪) 선생께서 말씀하셨다.

"성인(聖人)은 하늘을 이상으로 삼고, 현인은 성인이 되기를 바라고, 선비는 현인이 되기를 바란다.

이윤(伊尹)과 안연(顔淵)은 위대한 현인이다. 이윤은 그의 군주가 요(堯)와 순(舜)과 같이 되지 못함을 부끄럽게 여겼으며, 어느 한 사람이라도 그에게 합당한 생활을 못하면 자기가 시장에서 매맞는 것같이 여겼다.

안연은 노여움을 다른 사람에게 옮기지 않았으며 과오를 되풀이하지 않았으며, 석달 동안이나 인(仁)에서 어긋나지 않았다.

이윤(伊尹)이 뜻하였던 것에 뜻을 두고 안연(顔淵)이 배웠던 것을 배워서, 이들보다 더 훌륭하게 되면 성인이 되고 이들 정도에 도달하면 현인이 되고, 만약 그에 미치지 못한다 하더라도 훌륭한 이름을 잃지 않을 것이다."

原文 濂溪先生曰 : 聖希天, 賢希聖, 士希賢.

伊尹顔淵大賢也. 伊尹恥其君不爲堯舜, 一夫不得其所, 若撻于市.

顔淵不遷怒, 不貳過, 三月不違仁.

志伊尹之所志, 學顔子之所學, 過則聖, 及則賢, 不及則亦不失於令名.

註解 ㅇ伊尹(이윤)－이름은 지(摯), 자는 윤(尹), 은(殷)의 탕왕(湯王)을 보좌한 현인. 이러한 얘기는 《서경》 열명(說命) 하편에 보임. ㅇ顔淵(안연)－이름은 회(回), 자는 자연(子淵), 공자(孔子)의 수제자. ㅇ撻(달)－매를 맞다. ㅇ不遷怒(불천노)…… －이 대목은 《논어》 옹야(雍也)편에 보이는 글임. ㅇ令名(영명)－아름다운 명성, 훌륭한 이름.

解說 주돈이의 《통서(通書)》 지학(志學)편의 글. 배움에 힘쓰는 정도에 따라 성인도 될 수 있고 현인도 될 수 있다는 뜻으로 배움을 권장한 말이다.

2. 성인의 도(道)가 귀에 들어오고 마음에 남아, 그것을 쌓으면 덕행(德行)이 되고, 그것을 행하면 공업(功業)이 된다. 저 문사(文辭)만을 일삼는 자는 고루하다.

原文 **聖人之道, 入乎耳, 存乎心, 蘊之爲德行, 行之爲事業. 彼以文辭而已者, 陋矣.**

解說 《통서》 누(陋)편의 글. 참된 도덕의 수양과 배움을 중히 여기고 경박한 문사(文辭)에 힘쓰지 말아야 한다는 것이다.

3. 누가 질문하였다. "성인의 문하에 그 제자가 3천 명이었으나 유독 안자(顔子)를 호학(好學)한다고 칭찬하였습니다. 《시경》·《서경》·육예(六藝)는 3천 명의 제자들 모두가 배워서 통달하였습니다. 그런데 안자만이 홀로 좋아한다고 한 것은 어떤 학문입니까?"

이천(伊川) 선생께서 말씀하셨다.

"배워서 성인이 되는 도리이다."

"성인이란 배워서 될 수가 있습니까?"

"그렇다."

"그 배우는 방법은 어떻습니까?"

대답하셨다. "천지가 정기(精氣)를 저축하여, 오행(五行)의 빼어난 것을 얻은 것이 사람이 된다. 그 근본은 참되고〔眞〕 고요〔靜〕하다. 그것이 아직 드러나지 않을 때에는 오성(五性)을 갖추고 있으니, 그것은 인(仁)·의(義)·예(禮)·지(智)·신(信)이다.

형체가 생겨난 뒤에는 외물(外物)이 그 형체에 접촉하여 그 본성(本性)을 움직이고, 그 본성이 움직여서 칠정(七情)이 나오는데, 그것이 희(喜)·노(怒)·애(哀)·구(懼)·애(愛)·오(惡)·욕(欲)이다. 이 정이 치열해져 더욱 방탕하게 되면 그 본성이 훼상된다. 그러므로 깨친 자는 그 정을 단속하여 중(中)에 맞게 하여 그 마음을 바르게 하고 그 성(性)을 기른다. 어리석은 자는 그것을 제어할 줄 몰라 정을 방종하게 하여 사악함에 이르게 되고 그 본성을 속박하여 본성을 잃어버린다.

그러므로 배움의 도는 먼저 본성을 마음에 밝혀 갈 곳을 알고, 그런 연후에 힘써 행하여 배움에 도달하는 길을 추구해야 한다. 이것이 이른바 스스로 밝힘으로써 정성스러워진다는 것이다. 그것을 정성스럽게 하는 방법은, 도를 믿는 것을 독실히 함에 있다. 도를 믿는 것이 독실하면 그것을 행하는 것이 과감해지고, 그것을 행함이 과감해지면 그것을 지킴이 견고해진다. 인(仁)·의(義)·충(忠)·신(信)이 마음에서 떠나지 않아 창졸간에도 반드시 이에 근거를 두고, 곤경에 처해서도 반드시 그것을 유지하며, 나아가고 처신하고 말하고 침묵하는 것을 반드시 이에 따라 하게 되는 것이다.

이를 오래 유지하여 잃지 않으면 삶에 편안하고 행동과 몸가짐 및 응대가 예에 맞으며 사악한 마음이 일어나지 않게 된다.

그러므로 안자가 행할 일이란 곧 예가 아니면 보지 말고, 예가 아니면 듣지 말고, 예가 아니면 말하지 말고, 예가 아니면 움직이지 말라는 것이었다. 공자께서 안자를 칭찬하여 말하기를 '한 가지 선을 얻으면 받들어 가슴 속에 간직하고 잃지 않는다'라고 하셨다. 또 '노여움을 다른 사람에게 옮기지 않고 과오를 되풀이하지 않는다'고도 하셨고, '잘못이 있으면 그것을 알지 못하는 일이 없었으며, 그것을 알면 다시 되풀이하지 않았다'고도 하셨다. 이것이 그의 호학(好學)의 독실함이며 배움의 도인 것이다.

그러나 성인은 생각지 않고서도 터득하고, 힘쓰지 않고도 도에 들어맞는다. 안자는 반드시 생각한 후에 터득하고 힘쓴 후에 도에 들어맞게 되었으나, 성인과의 거리는 조금밖에 떨어지지 않았다. 안자가 성인에 도달하지 못한 것은 도를 지키기만 하였지 완전히 도에 동화되지 못했기 때문이다. 그 호학(好學)하는 마음에 몇 년을 더 주었다면 얼마 안 가서 성인의 경지에 이르렀을 것이다.

후세의 사람들은 이를 통달하지 못하고 성인은 본래 날 때부터 모든 것을 아는 것이지 배워서 된 것이 아니라고 말한다. 그래서 학문의 도를 마침내 잃고 만다. 잘못되는 원인을 자기에게서 구하지 않고 밖에서 구하며, 널리 듣고 배우며 힘써 많은 것을 외우는 공부와 교묘하고 아름다운 문사로써 능사를 삼고 말은 화려하게 잘 꾸미나, 도에 이르는 사람은 드물다. 그래서 오늘날의 배움은 안자(顔子)가 좋아했던 배움과는 다르다."

原文 或問：聖人之門，其徒三千，獨稱顔子爲好學. 夫詩書六藝，三千子非不習而通也.

然則顔子所獨好者，何學也?

伊川先生曰：學以至聖人之道也.

聖人可學而至歟?

曰然.

學之道如何?

曰 : 天地儲精, 得五行之秀者爲人. 其本也, 眞而靜. 其未發也, 五性具焉, 曰, 仁義禮智信.

形旣生矣, 外物觸其形而動其中矣. 其中動而七情出焉, 曰, 喜怒哀懼愛惡欲. 情旣熾而益蕩, 其性鑿矣. 是故覺者約其情, 使合於中, 正其心, 養其性. 愚者則不知制之. 縱其情, 而至於邪僻, 梏其性而亡之.

然學之道, 必先明諸心, 知所往, 然後力行以求至. 所謂自明而誠也. 誠之之道, 在乎信道篤. 信道篤. 則行之果. 行之果, 則守之固. 仁義忠信不離乎心, 造次必於是, 顚沛必於是, 出處語默必於是.

久而弗失, 則居之安, 動容周旋中禮, 而邪僻之心, 無自生矣.

故顔子所事則曰 : 非禮勿視, 非禮勿聽, 非禮勿言, 非禮勿動.

仲尼稱之則曰 : 得一善, 則拳拳服膺而弗失之矣. 又曰 : 不遷怒, 不貳過. 有不善, 未嘗不知, 知之未嘗復行也. 此其好之篤, 學之之道也.

然聖人則不思而得, 不勉而中. 顔子則必思而後得, 必勉而後中. 其與聖人相去一息. 所未至者, 守之也, 非化之也. 以其好學之心, 假之以年, 則不日而化矣.

後人不達, 以謂聖本生知, 非學可至, 而爲學之道遂失. 不求諸己, 而求諸外, 以博聞强記, 巧文麗辭爲工, 榮華其言, 鮮有至於道者. 則今之學, 與顔子所好異矣.

註解 ㅇ六藝(육예)—예절(禮節)·음악(音樂)·활쏘기〔射〕·말타기〔御〕·글쓰기〔書〕·셈하기〔數〕 등을 말함. ㅇ精(정)—만물을 생성하는 음양(陰陽)

의 기(氣). ㅇ五行(오행)－목(木)·화(火)·토(土)·금(金)·수(水). ㅇ自明而誠也(자명이성야)－《중용(中庸)》 21장에 있는 말로써 본문은 '자성명(自誠明), 위지성(謂之性). 자명성(自明誠), 위지교(謂之敎). ……'로 되어 있다.

解說 《정씨문집》 권8(伊川先生文 四)에 보이는 글. 〈안자소호하학론(顔子所好何學論)〉이란 제목이 붙어있다. 참된 배움에 힘을 다하여 노력하면 성인도 될 수 있다고 후학(後學)을 격려한 글이다.

4. 횡거(橫渠) 선생께서 명도(明道) 선생에게 물으셨다.

"본성(本性)을 안정시키려 해도 움직이지 않게 할 수 없고 오히려 외물(外物)에 이끌리니 어찌합니까?"

명도 선생께서 말씀하셨다. "소위 정(定)이라 함은 동(動)도 정이요, 정(靜)도 정한 것이다. 보내고 맞이함도 없고, 안과 밖이 없는 것이다. 만약 외물(外物)을 자기의 밖으로 생각하여 자기를 끌고 그것에 따른다면 이는 자기의 성(性)을 내외(內外)가 있게 만드는 것이다.

또한 성을 밖의 사물에 좇게 한다면, 성이 밖에 있을 때 무엇이 내 안에 있겠는가? 이는 외유(外誘)를 끊으려는 뜻이 있으면서도 성에 안팎이 없다는 것을 모르는 것이다. 안팎을 두 개의 근본으로 하면서 어찌 안정을 말할 수 있겠는가?

천지의 변하지 않는 도는 그 마음이 만물에 두루 미치나 무심(無心)하다. 성인의 항상 불변하는 도는 그 정(情)으로 만사에 순응하나 무정(無情)한 것이다. 고로 군자의 배움은 넓다랗고 크며 매우 공정하여 사물이 오면 순응하지 않음이 없다.

《주역(周易)》에 이르기를 '정(貞)하면 길(吉)하고 뉘우침이 없다. 바삐 왕래하니, 벗들이 너의 생각하는 바에 좇는다'라고 하였다. 실로 열심히 외계의 유혹을 제거하려 해도 그것은 동쪽에서 소멸하면 서쪽에서 생기게 될 것이다. 외유(外誘)를 제거하기 위한 날짜가 부족할 뿐만 아니라, 외유의 단서(端緖)가 무궁함을 생각하면 외유를 제거할 수가 없게 된다.

사람의 정에는 각기 가리워진 것이 있으므로 도에 이르지 못한다. 이는 대개 사심(私心)과 소지(小智)를 쓰기 때문이다. 사리(私利)에 치우치면 뜻있는 행위로 사물에 대응할 수가 없고, 소지(小智)를 쓰면 밝게 깨달아 자연스럽게 될 수 없다.

지금 외물의 누를 싫어하는 마음으로 외물의 누가 없는 경지를 구하려 함은 거울을 뒤집어놓고 비추어지기를 바라는 것과 같다.

《주역》에 '배후(背後)에 멈추니 그 몸의 안정을 얻지 못하고, 마당을 지나가도 사람을 보지 못한다'라고 하였다. 맹자께서도 '지혜를 미워하는 것은 천착(穿鑿)하기 때문이다'라고 하셨다.

밖을 그르다 하고 안을 옳다고 하는 것은 내외(內外)를 둘 다 잊어버리는 것만도 못하다. 둘 다 잊어버리면 깨끗하고 아무 일도 없을 것이다. 아무 일도 없으면 안정되고, 안정되면 밝아진다. 밝아지면 어찌 사물에 대응함에 누(累)가 생길 것인가?

성인의 기뻐함은 사물에 대하여 마땅히 기뻐해야 할 것을 기뻐하고, 성인의 노함은 사물에 대하여 마땅히 노해야 할 것을 노한다. 성인의 기쁨과 노여움은 마음에 매어 있지 않고 사물(事物)에 매어 있다. 그러하니 성인이 어찌 사물에 대응하지 않겠는가? 어찌 밖을 좇는 것을 틀리다 하고 안에 있는 것을 추구하는 것이 옳다고 하겠는가?

지금 자신의 사사로움과 지혜의 사용으로 인한 기쁨과 노여움을 성인의 기쁨과 노여움의 올바름에 비기려 하니 이 얼마나 잘못된 일인가?

사람의 감정이 쉽게 드러나고 제어하기 어려운 것은 오직 노여움의 정(情)이 매우 심하기 때문이다. 다만 노여울 때에 급히 그 노여움을 잊어버리고, 그 이치의 시비를 살펴본다면 외유(外誘)는 미워할 것이 아니라는 것을 알게 될 것이며, 도(道)의 태반을 알게 될 것이다."

原文 橫渠先生問於明道先生曰 : 定性未能不動, 猶累於外物, 何如?

明道先生曰 : 所謂定者, 動亦定, 靜亦定, 無將迎, 無內外. 苟以外物爲外, 牽己而從之, 是以己性爲有內外也.

且以性爲隨物於外, 則當其在外時, 何者爲在內? 是有意於絶外誘, 而不知性之無內外也. 旣以內外爲二本, 則又烏可遽語定哉?

夫天地之常, 以其心普萬物而無心. 聖人之常, 以其情順萬事而無情. 故君子之學, 莫若擴然而大公, 物來而順應.

易曰 : 貞吉悔亡. 憧憧往來, 朋從爾思. 苟規規於外誘之除, 將見滅於東, 而生於西也. 非惟日之不足. 顧其端無窮, 不可得而除也.

人之情各有所蔽, 故不能適道. 大率患在於自私而用智. 自私則不能以有爲爲應迹, 用智則不能以明覺爲自然.

今以惡外物之心, 而求照無物之地. 是反鑑而索照也.

易曰 : 艮其背, 不獲其身, 行其庭, 不見其人. 孟子亦曰 : 所惡於智者, 爲其鑿也.

與其非外而是內, 不若內外之兩忘也. 兩忘則澄然無事矣. 無事則定, 定則明, 明則尙何應物之爲累哉?

聖人之喜, 以物之當喜, 聖人之怒, 以物之當怒. 是聖人之喜怒, 不繫於心, 而繫於物也. 是則聖人豈不應於物哉? 烏得以從外者爲非, 而更求在內者爲是也?

今以自私用智之喜怒, 而視聖人喜怒之正, 爲何如哉?

夫人之情, 易發而難制者, 惟怒爲甚. 第能於怒時, 遽忘其怒, 而觀理之是非, 亦可見外誘之不足惡, 而於道亦思過半矣.

註解 ㅇ定性(정성)–마음을 가라앉혀 본래 성의 선(善)을 잃지 않음을 말

함. ㅇ無內外(무내외)－만물의 이(理)가 모두 나의 성에 갖추어져 있어 사물이 오면 이에 순응하니 내외가 없다는 뜻. ㅇ貞吉悔亡(정길회무)－《역경》 함괘(咸卦) 구사(九四)의 효사(爻辭). 마음을 정고(正固)하게 하여 사의(私意)에 감응함이 없으면 길하고, 만약 마음을 안정치 못하고 끊임없이 왕래하면 너의 생각하는 바에 따라서 그에 유사한 것이 온다는 뜻. 즉 선에 향하면 선우(善友)가 오고 악에 향하면 악우(惡友)가 온다는 뜻. 또는 사심이 있으면 상대방도 사심으로 감응한다는 뜻. ㅇ明覺(명각)－마음의 본식(本識), 시비사정(是非邪正)을 밝게 깨닫는 것을 말함. ㅇ艮其背(간기배)－《역경》 간괘(艮卦)의 단사(彖辭). 마음을 그칠 곳에 그치고 그 보는 바가 오직 이의 위에 있어서 다른 것은 돌보지 않는다는 뜻. 즉 사심이 없는 대공(大公)을 말함. ㅇ所惡於智者(소오어지자)－《맹자》 이루(離婁)편의 글을 인용한 말이다. ㅇ思過半矣(사과반의)－《역경》 계사전(繫辭傳)에 있는 말. 도의 태반을 안다는 뜻.

解說 《정씨문집(程氏文集)》 권2(明道先生文 二)의 〈답횡거장자후선생서(答橫渠張子厚先生書)〉인데 명도 선생이 23세 때에 쓴 글로, 흔히 〈정성서(定性書)〉라 부른다. 정성(定性)하려면 사심없이 크게 공정한 마음으로 사물에 응해야 한다. 즉 이 밖에 물(物)이 없고, 성 밖에 이가 없어서 천하의 물리(物理)가 모두 나의 성에 갖추어져 있으니 우선 정심(正心), 성의(誠意)의 공부를 해야 한다는 것이다.

5. 이천(伊川) 선생이 주장문(朱長文)의 편지에 답하여 말씀하셨다.

"성현들의 말씀은 부득이하여 하시는 것이다. 말씀이 있으면 이치가 밝아지고 말씀이 없으면 천하의 이치가 모자라게 된다. 저 쟁기나 질그릇·쇠붙이로 만드는 그릇과 같이 하나라도 만들어 내지 않으면 인민의 생활에 부족함이 있다. 성현의 말씀은 그만두려 해도 그렇게 될 수 있겠는가? 그러므로 천하의 이치를 모두 다 포함하되 매우 간약(簡約)한 것이다.

후세의 사람들이 책을 읽음에 문장을 우선으로 하고, 평생 문장 공부를 하는 것이 성인보다 많으나, 그것은 있어도 도움이 되지 않고, 없어도 모자랄 것이 없으니, 곧 쓸데없는 군더더기 말이다. 군더더기일 뿐만 아니라 그 요체(要諦)를 얻지 못하여 진리에서 떨어지고 바름을 잃어 오히려 도에 틀림없이 해가 되는 것이다.

보내온 글에 '후인들로 하여금 선(善)을 잊지 않아야 함을 알도록 하고 싶다'라고 하였으니 이것은 세인의 사심이다. 공자(孔子)가 '죽은 후에 이름이 일컬어지지 않을 것을 고민한 것'은 죽은 후에 일컬어질 만한 선이 없을까봐 고민한 것이지, 명성이 없을까봐 고민한 것은 아니다. 명성은 보통사람에게는 격려가 되나 군자가 급급하게 마음에 두고 있는 것은 아니다."

原文 伊川先生答朱長文書曰：聖賢之言, 不得已也. 蓋有是言, 則是理明, 無是言, 則天下之理有闕焉. 如彼耒耜陶冶之器, 一不制, 則生人之道, 有不足矣. 聖賢之言, 雖欲已得乎? 然其包涵盡天下之理, 亦甚約也.

後之人, 始執卷, 則以文章爲先, 平生所爲, 動多於聖人. 然有之無所補, 無之靡所闕, 乃無用之贅言也. 不止贅而已. 旣不得其要, 則離眞失正, 反害於道必矣.

來書所謂欲使後人見其不忘乎善, 此乃世人之私心也. 夫子疾沒世而名不稱焉者, 疾沒身無善可稱云爾. 非謂疾無名也. 名者, 可以厲中人, 君子所存, 非所汲汲.

註解 ㅇ朱長文(주장문)－자는 백원(伯源), 호는 낙포(樂圃), 오현(吳縣) 사람이다. 원우(元祐) 중에 태학박사(太學博士)가 되었으며 문집 3백 권이 있다. ㅇ夫子疾沒世而名不稱焉(부자질몰세이명불칭언)－《논어》 위령공(衛靈公)편에 있는 말.

解說 《정씨문집》 권9(伊川先生文 五)에 실린 글임. 후세 사람은 옛 성인과 달리 이치를 밝히는 공부에 힘쓰지 않고 한갓 명성에만 급급하여 쓸데없는 글공부에만 힘쓰는 것을 경계한 말이다.

6. 안으로 충(忠)과 신(信)을 쌓는 것이 덕(德)을 발전시키는 방법이다. 말을 닦고 뜻을 돈독히 하는 것은 학업을 이어가는 방법이다. 도달할 바를 알고 그것에 이르는 것이 치지(致知)이다. 도달할 바를 아는 것을 추구한 뒤에 그것에 이르게 되는 것이니, 그것을 아는 것이 먼저인 것이다. 그러므로 사물의 기미(幾微)를 알게 되는 것이다. 소위 조리(條理)의 시작은 앎에서 이루어지는 일이라는 것이다.

끝낼 것을 알아 그것을 끝내는 것이 역행(力行)이다. 그 끝낼 바를 알면 힘써 나아가 끝내게 된다. 그것을 지키는 일은 뒤에 오는 것이므로 의를 지킬 수 있게 된다. 소위 조리로써 끝맺음은 성(聖)스러운 일이라는 것이다.

이것이 배움의 시종(始終)이다.

原文 內積忠信, 所以進德也. 擇言篤志, 所以居業也. 知至至之, 致知也. 求知所至, 而後至之. 知之在先, 故可與幾. 所謂始條理者, 知之事也.

知終終之, 力行也. 旣知所終, 則力進而終之. 守之在後, 故可與存義. 所謂終條理者, 聖之事也.

此學之始終也.

註解 ㅇ至(지)－지선(至善)의 곳. ㅇ所謂始條理者(소위시조리자)－《맹자》 만장(萬章) 하편에 나오는 말.

解說 《주역정씨전》 건괘(乾卦) 문언전(文言傳)의 주(注)임. 《주역》 건

괘 문언전의 말을 인용하여 학문하는 도의 시종(始終)을 말하고 있다.

7. 군자는 공경스러움을 위주로 하고 그 마음을 바르게 하며, 의로움을 지키어 그 바깥쪽을 방정(方正)하게 한다. 공경스러움이 서면 마음이 바르게 되고 의로움이 드러나면 바깥쪽이 방정하게 된다. 의로움이 밖으로 드러나게 되는 것이지 바깥쪽에 있는 것은 아니다. 공경스러움과 의로움이 서면 그 덕(德)은 성대(盛大)하게 될 것이다.

크게 되는 것을 바라지 않아도 크게 될 것이다. 덕(德)은 외로운 것이 아니다. 덕(德)은 쓰임이 두루 미치지 않음이 없고, 베풂에 이롭지 않음이 없으니, 누가 그것을 의심하겠는가?

原文 君子主敬以直其内, 守義以方其外. 敬立而内直, 義形而外方. 義形於外, 非在外也. 敬義旣立, 其德盛矣.

不期大而大矣. 德不孤也. 無所用而不周, 無所施而不利, 孰爲疑乎?

註解 ㅇ主敬(주경)－공경스러움을 위주로 하다. 마음을 전일(專一)되게 하는 것을 말함. ㅇ德不孤(덕불고)－《논어》 이인(里仁)편에 '덕은 외롭지 아니하니, 반드시 이웃이 있다(德不孤, 必有隣)'고 하였다.

解說 《주역정씨전》 곤괘(坤卦) 육이(六二) 문언(文言)의 주임. 《주역》의 글을 인용하여 경(敬)과 의(義)로 수양을 하면 위대한 덕에 이를 수 있다고 강조하고 있다.

8. 천리(天理)로써 움직이면 망령됨이 없고, 사람의 욕심으로 움직이면 망령되게 된다. 무망(無妄)의 뜻은 크다. 비록 사심(邪心)이 없다 해도 진실로 정리(正理)에 맞지 않으면, 이는 곧 망령된 것이며, 곧 사악한 마

음인 것이다. 망령됨이 없게 되면 앞으로 나아가서는 안된다. 나아간다면 망령되게 된다. 그러므로 무망괘(無妄卦)의 단전(彖傳)에 말하기를 '올바르지 않으면 재앙이 있다. 나아간다면 불리하다'고 말하고 있는 것이다.

原文 **動以天爲无妄, 動以人欲則妄矣. 无妄之義, 大矣哉. 雖無邪心, 苟不合正理, 則妄也, 乃邪心也. 旣已无妄, 不宜有往. 往則妄也. 故无妄之彖曰 : 其匪正有眚. 不利有攸往.**

註解 ㅇ无妄(무망)—망(妄)은 사악(邪惡)함과 거짓의 뜻으로 무망은《역경》의 괘명(卦名)이다. ㅇ不宜有往(불의유왕)—앞으로 나아가서는 안된다. 본체(本體)를 이미 함양하였으면 그것을 지키고 정양(靜養)해야 한다는 뜻. ㅇ眚(생)—재앙.

解說 《주역정씨전》 무망괘(无妄卦)의 주임. 사심과 사욕으로 일을 해서는 안된다고 가르치고 있다.

9. 사람에게 쌓여있는 덕은 배워서 커지는 것이다. 옛날 성현들의 언행을 많이 듣고, 그분들의 행적을 고구(考究)하여 그 쓰임을 관찰하고, 그분들 의 말씀을 살펴 성현의 마음을 추구하며, 그것을 알고 터득함으로써 덕을 쌓고 이루는 것이다.

原文 **人之蘊蓄, 由學而大. 在多聞前古聖賢之言與行, 考蹟以觀其用, 察言以求其心, 識而得之, 以蓄成其德.**

註解 ㅇ蘊蓄(온축)—마음속에 덕이 쌓이는 것.

解說 《주역정씨전》 대축괘(大畜卦) 상전(象傳)의 주에 보이는 글임.《역경》의 글을 인용하여 성현의 언행을 살피고 체득해야 함을 강조한 말

이다.

10. 함괘(咸卦)의 상전(象傳)에 '군자는 허심(虛心)으로 다른 사람을 받아들인다'라고 하였다.

정전(程傳)에는 '마음을 사심이 주관하지 않으면 교감(交感)하여 통하지 않는 것이 없게 된다'라고 풀이하고 있다. 자기 도량(度量)에 따라서 받아들이고 합당한 것만 가리어 받아들이는 것은, 교감이 있으면 반드시 통하는 성인의 도가 아니다.

함괘(咸卦) 구사(九四)에 "정(貞)하면 길(吉)하고 뉘우침이 없다. 바삐 끊임없이 왕래하면 벗들이 따라와 너의 생각에 좇는다."라고 하였다.

정전(程傳)에는 "감(感)이란 사람이 감동(感動)하는 것이다. 그러므로 함괘는 모두 사람의 몸을 바탕으로 괘상(卦象)을 취하였으니, 사(四)는 마음의 위치에 해당하나 마음에 감동한다고 말하지 않은 것은, 교감하는 것이 바로 마음이기 때문이다.

감(感)의 도에는 통하지 않는 것이 없다. 만약 사심이 관계되어 있다면 곧 감통(感通)에 해가 되니 이른바 뉘우침이라는 것이다. 성인이 천하의 마음을 감화시킴은 마치 추위와 더위 및 비가 오고 햇볕이 나는 것 같이 통하지 않고 호응하지 않는 것이 없게 되는 것이니 이는 정(貞)하기 때문일 따름이다.

정이란 마음을 비워 사심이 없는 것을 말한다. 만약 분주히 왕래하며 그의 사심(私心)으로 감동시킨다면 생각이 미치는 것은 감동할 수 있을 것이나, 미치지 못하는 것은 감화되지 않을 것이다.

사심이 관계되어 있는 상태로 한 모퉁이의 한 가지 일을 주관한다면 어찌 널리 통하지 않는 곳이 없게 될 수 있겠는가?"라고 하였다.

原文 咸之象曰：君子以虛受人.

傳曰 : 中無私主, 則無感不通. 以量而容之, 擇合而受之, 非聖人有感必通之道也.

其九四曰 : 貞吉悔亡. 憧憧往來, 朋從爾思.

傳曰 : 感者, 人之動也. 故咸皆就人身取象. 四當心位, 而不言咸其心, 感乃心也.

感之道無所不通. 有所私係, 則害於感通, 所謂悔也. 聖人感天下之心, 如寒暑雨暘, 無不通, 無不應者, 亦貞而已矣.

貞者, 虛中無我之謂也. 若往來憧憧然, 用其私心以感物, 則思之所及者, 有能感而動, 所不及者, 不能感也.

以有係之私心, 旣主於一隅一事, 豈能廓然無所不通乎?

註解 ㅇ咸(함)-《주역》 함괘의 함(咸)은 감(感)의 뜻이다. ㅇ以量而容之(이량이용지)-자기 마음의 도량의 대소에 따라 용납하는 것. 자기 마음을 허(虛)하게 하지 못함을 뜻함. ㅇ四當心位(사당심위)-육효(六爻)를 사람의 신체 각 부분에 비긴다면 사효(四爻)는 심위에 해당한다.

解說 《주역정씨전》 함괘(咸卦)의 상전(象傳) 주의 글. 《주역》을 인용하여 군자는 마음속에 사심(私心)이 없어야 한다고 말하고 있다.

11. 군자는 간난(艱難)에 봉착하게 되면 반드시 스스로를 반성하여 자기에게 잘못이 있어서 간난을 초래하였는가 생각해 보아야 한다. 옳지 못한 점이 있으면 그것을 고쳐야 하고, 마음에 부족한 점이 없으면 더욱 힘쓸 것이니, 이것이 스스로 덕(德)을 닦는 것이다.

原文 君子之遇艱阻, 必思自省於身, 有失而致之乎. 有所未善, 則改之, 無歉於心, 則加勉, 乃自修其德也.

註解 ㅇ艱阻(간조)－간난. ㅇ歉(겸)－만족스럽지 않은 것.

解說 《주역정씨전》 건괘(蹇卦) 상전(象傳)의 주에 보이는 글. 《주역》을 인용하여 군자가 간난에 처하였을 때 처신하는 도리를 말하고 있다.

12. 일에 밝지 않으면 곧 움직여도 갈 곳이 없고, 움직임이 없으면 밝음은 쓸 데가 없다.

原文 **非明, 則動無所之. 非動, 則明無所用.**

解說 《주역정씨전》 풍괘(豐卦) 초구(初九)의 주에 있는 글. 밝음이란 지(知)이고 움직임은 행하는 것이니, 둘 중에 하나라도 없으면 안된다. 지행합일(知行合一)을 말하고 있다.

13. 습성이란 거듭 익히는 것이다. 때때로 반복하여 생각하고 풀어냄으로써 마음속에 두루 스며들게 되면 기뻐진다. 선(善)을 다른 사람에게까지 미치게 하여 믿고 따르는 사람이 많아짐으로 즐거워지는 것이다. 비록 다른 사람에게 선이 미치게 하는 것을 즐긴다 하더라도, 남들이 옳게 보아주지 않는 경우가 있으나 걱정이 없는 것이 이른바 군자이다.

原文 **習, 重習也. 時復思繹, 浹洽於中, 則說也. 以善及人, 而信從者衆, 故可樂也. 雖樂於及人, 不見是而無悶, 乃所謂君子.**

註解 ㅇ思繹(사역)－생각하고 풀어내다. ㅇ浹洽(협흡)－물이 속까지 젖어드는 것. ㅇ說(열)－기뻐하다.

解說 《논어》 학이(學而)편의 첫 구절 습(習)자를 주석 설명한 것이다. 《경설(經說)》 권6 논어해(論語解)의 글이다.

14. 옛날의 학자는 자기를 위하여 공부하였으니 자기에게 얻는 것이 있기를 바란다. 오늘의 학자는 남 때문에 하니 남에게 알려지기를 바란다.

原文 **古之學者爲己, 欲得之於己也. 今之學者爲人, 欲見知於人也.**

解說 출처 불명. 단 주희(朱熹)의 《논어집주(論語集註)》에는 이 말을 '정자왈(程子曰)'하고 인용하고 있다. 어떻든 이 글은 《논어》 헌문(憲問)편 '고지학자(古之學者)……'에 대한 해설이다.

15. 이천(伊川) 선생께서 방도보(方道輔)에게 말씀하셨다.

"성인의 도(道)는 평탄하기가 대로와 같으나 학자들은 성인의 문에 들어서지 못함을 근심한다. 그 문에 들어서면 멀어서 도달하지 못할 곳이 없게 된다. 그 문에 들어서기를 추구하면서 어찌 경서(經書)로써 하지 아니할 것인가?

오늘날 경서를 공부하는 사람은 매우 많으나 '구슬을 사려 하다가 그 상자만을 사오는 것' 같은 폐단이 있으니, 사람마다 모두 그러하다. 경서는 도가 담겨 있는 것이다. 그 문구를 외우고 그 글뜻을 풀이하나 도에 이르지 못하면 쓸데없는 찌꺼기가 될 뿐이다.

선생에게 바라건대 경서에서 도를 추구하기에 힘쓰고 또 힘쓰시오. 후일에 우뚝 도가 앞에 선 것을 보면 기뻐서 자기도 모르게 손발이 춤을 출 것이며, 스스로 더욱 노력을 하지 않고 배길 수 없게 될 것이다."

原文 伊川先生謂方道輔曰 : 聖人之道, 坦如大路, 學者病不得其門耳. 得其門, 無遠之不可到也. 求入其門, 不由於經乎?

今之治經者, 亦衆矣. 然而買櫝還珠之蔽, 人人皆是. 經, 所以載道也. 誦其言辭, 解其訓詁, 而不及道, 乃無用之糟粕耳.

覬足下由經以求道, 勉之又勉, 異日見卓爾有立於前, 然後不知手之舞, 足之蹈, 不加勉而不能自止矣.

註解 ㅇ方道輔(방도보)－이름은 원채(元寀), 이천(伊川)의 친구. ㅇ買櫝還珠(매독환주)－《한비자(韓非子)》 외저설(外諸說)에 있는 말. 초(楚)나라 사람이 정(鄭)나라 사람에게 구슬을 파는데 목란(木蘭)의 상자를 만들어 주옥으로 장식하여 그 속에 구슬을 넣어 팔았더니, 정나라 사람이 그 상자의 아름다움을 보고 상자만 사고 구슬은 돌려주었다는 이야기에서 나온 말. ㅇ糟粕(조박)－술찌끼. ㅇ覬(기)－바라다. ㅇ足下(족하)－상대방을 높이어 부르는 말. ㅇ卓爾(탁이)－우뚝 서있는 모양.

解說 《정씨유문(程氏遺文)》에 보이는 글이다. 이 글은 방도보(方道輔)에게 올바른 학문을 권한 것이다.

16. 명도(明道) 선생께서 말씀하셨다.

"'말을 잘 닦고 그의 정성스러운 뜻을 세운다'고 한 말을 자세히 생각하여 깨달아야 한다. 그의 말을 잘 닦고 살피는 데에는 바로 정성스러운 뜻이 세워져야만 한다는 말이다. 만약 말을 수식하는 데 마음을 쓴다면 이것은 거짓이 된다.

만약 그의 말을 닦고자 하여 올바로 자기의 정성스러운 뜻을 세운다면, 그것이 바로 자신의 공경스러움으로 마음을 곧게 하고 의로움으로써 몸가짐을 방정하게 하는 실질적인 일을 체득하는 것이 된다. 도는 넓고 넓으니, 어디서부터 손을 써야 할 것인가? 오직 정성스러운 뜻을 세워야만 비로소 몸을 둘만한 곳이 있게 된다. 몸을 둘만한 곳이 있어야 학업을 닦을 수 있다.

종일 쉬지 않고 힘쓰는 것은 무슨 일에나 중요한 일이다. 그러나 오직 충신(忠信)을 쌓아 덕을 발전시키는 것이 실제로 손을 써야 할 곳이다. 그의 말을 잘 닦고 정성스러운 뜻을 세우는 것이 실제로 학업을 닦는 일이다."

原文 明道先生曰：修辭立其誠, 不可不子細理會. 言能修省言辭, 便是要立誠. 若只是修飾言辭爲心, 只是爲僞也.

若修其言辭, 正爲立己之誠意, 乃是體當自家敬以直內, 義以方外之實事. 道之浩浩, 何處下手? 惟立誠, 纔有可居之處. 有可居之處, 則可以修業也.

終日乾乾, 大小大事. 却只是忠信所以進德, 爲實下手處, 修辭立其誠, 爲實修業處.

註解 ㅇ修辭立其誠(수사입기성)－《역경》 건괘(乾卦) 문언전(文言傳)에 있는 말. 자기의 말을 잘 닦고 정성스러운 뜻을 세운다는 뜻. ㅇ修省(수성)－언사를 닦고 말 가운데 거짓이 있나 없나를 살핌. ㅇ體當(체당)－체득(體得)하다. ㅇ浩浩(호호)－매우 넓은 모양. ㅇ下手(하수)－손을 쓰나. 착수하다. ㅇ乾乾(건건)－쉬지 않고 힘쓰는 모양. 이 구절은《역경》 구삼(九三) 효사(爻辭)에 보임.

解說 《정씨유서》 권1에 보이는 정호의 말.《역경》 건괘(乾卦) 문언전(文言傳)의 뜻을 밝혀 수사(修辭) 입성(立誠)의 중요함을 역설하였다.

17. 이천(伊川) 선생께서 말씀하셨다.

"도에 뜻을 두는 일에 간절한 것이 실로 뜻을 정성스럽게 하는 것이다. 만약 급박하게 서둘러 도리에 맞지 않으면 도리어 정성스럽지 않은 것이 된다. 실질적인 도리 가운데에는 자연히 느슨하고 다급한 것이 있으니, 급박하게 서두르는 것은 용납되지 않는다. 이것은 하늘과 땅의 변화를 보면 알 수 있는 일이다."

原文 伊川先生曰 : 志道懇切, 固是誠意. 若迫切不中理, 則反爲不誠. 蓋實理中自有緩急, 不容如是之迫. 觀天地之化, 乃可知.

註解 ㅇ迫切(박절)－급박하게 서두르는 것.

解說 《정씨유서》 권1에 보이는 정이의 말. 공부는 도(道)에 뜻을 두고 정성스런 마음으로 간절히 해야 되며, 서둘러 일을 이루려고 욕심내면 도리에 어긋나게 된다는 것이다.

18. 맹자(孟子)는 재주가 높아 그를 본받아 배우려면 의거할 곳이 없다. 학자들은 응당 안자(顔子)를 본받아야 한다. 성인에게로 가까이 들어갈 수가 있고 또한 힘을 쓸 곳이 있게 되기 때문이다. 또 말씀하시기를 "학자가 배움에 잘못이 없으려면 반드시 안자(顔子)를 본떠야 한다."고 하시었다.

原文 孟子才高, 學之無可依據. 學者當學顔子. 入聖人爲近, 有用力處. 又曰 : 學者要學得不錯, 須是學顔子.

解說 《정씨유서》 권2 상과 같은 책 권3에 보이는 글을 합쳐놓은 것임. 맹자(孟子)는 천자(天資)가 초매(超邁)하여 배우기 어렵고, 안자는 천자가 순수하고 공부함이 치밀하여 본뜨기가 좋다고 말하고 있다.

19. 명도(明道) 선생께서 말씀하셨다.

"외사(外事)를 생략하고 오직 선(善)을 밝히고 정성스런 마음을 발전시켜야 한다. 그러면 문장은 비록 이치에 맞지 않더라도 멀리 벗어나지 않을 것이다. 지키는 것이 단단하지 않으면 아득하기만 하고 성과가 없을 것이다."

原文 明道先生曰：且省外事, 但明乎善, 惟進誠心. 其文章雖不中, 不遠矣. 所守不約, 泛濫無功.

註解 ㅇ外事(외사)－성심(誠心) 이외의 일을 가리킴. 뒤에 있는 문장(文章) 같은 것을 가리킴. ㅇ不約(불약)－중심이 없는 것. 단단하지 못한 것. ㅇ泛濫(범람)－아득히 넓은 것.

解說 《정씨유서》 권2 상의 정호의 말. 위의제도(威儀制度) 같은 것들보다 정성스러운 마음이 중요하다고 강조하고 있다.

20. 학자가 인(仁)의 본체를 체득하여 실로 자기에게 갖추어져 있게 하려면 오직 의리(義理)로써 자신을 길러야 한다. 경전의 뜻을 추구하는 것 같은 것도 모두가 자신을 기르려는 뜻이 있는 것이다.

原文 學者識得仁體, 實有諸己, 只要義理栽培. 如求經義, 皆栽培之意.

註解 ㅇ栽培(재배)－자신을 기르다, 수양을 하는 것.

解說 《정씨유서》 권2 상에 보임. 정씨 두 형제 중 누구의 말인지는 모른다. 인(仁)의 본체는 사람의 마음속에 갖추어져 있으니 이를 의리(義理)로 길러야 한다는 뜻이다.

21. 예전에 주돈이(周敦頤) 선생에게서 공부할 때, 선생님은 늘 안자

(顏子) · 중니(仲尼)가 즐거워했던 것과, 그 즐거워했던 것이 무슨 일이었는가를 찾도록 하셨다.

原文 昔受學於周茂叔, 每令尋顏子仲尼樂處, 所樂何事?

解說 《정씨유서》 권2 상에 보임. 정씨 두 형제 중 누구의 말인지는 모른다. 주돈이가 제자들을 가르칠 적에 《논어》 옹야(雍也)편과 술이(述而)편에 있는 내용을 직접 말하지 않고 제자들로 하여금 스스로 터득하도록 하였다는 것이다.

22. 착안하는 바와 목표하는 바는 멀고 커야만 한다. 그러나 그것을 실행함에 있어서는 반드시 역량을 헤아려 점진적으로 해나아가야 한다. 뜻이 커서 마음이 수고롭고 역량이 작아 책임이 무겁게 느껴지면 아마도 마침내 일에 실패하게 될 것이다.

原文 所見所期, 不可不遠且大. 然行之, 亦須量力有漸. 志大心勞, 力小任重, 恐終敗事.

解說 《정씨유서》 권2 상에 보임. 정씨 두 형제 중 누구의 말인지는 모른다. 목표는 크고 멀게, 그러나 실행할 수 있도록 해야 한다.

23. 친구들과의 공부는 특히 서로 관찰하여 장점을 배우는 일을 많이 하는 것보다 더 좋은 것은 없다.

原文 朋友講習, 更莫如相觀而善工夫多.

解說 《정씨유서》 권2 상에 보임. 정씨 두 형제 중 누구의 말인지는 모

른다. 《역경》의 태괘(兌卦) 상전(象傳)의 '군자이붕우강습(君子以朋友講習)'이란 말을 인용하여 말한 것이다.

24. 반드시 마음을 크게 하여 널리 트이도록 해야 한다. 비유컨대 9층의 대(臺)를 쌓을 때 반드시 기초를 크게 해야만 되는 것과 같다.

原文 **須是大其心使開闊. 譬如爲九層之臺, 須大做脚始得.**

解說 《정씨유서》 권2 상에 보임. 정씨 두 형제 중 누구의 말인지는 분명치 않다. 마음을 크게 하지 않으면 규모가 작아 작은 성공에 만족하여 크게 될 수 없다는 말이다.

25. 명도(明道) 선생께서 말씀하셨다.

"순(舜)이 밭 가운데서 기용된 것으로부터 손숙오(孫叔敖)가 바닷가에서 등용된 것에 이르기까지, 만약 그들처럼 큰 일을 이루려면 또한 반드시 그런 길(간난)을 지나야 한다."

原文 **明道先生曰 : 自舜發於畎畝之中, 至孫叔敖擧於海, 若要熟, 也須從這裏過.**

註解 ㅇ畎畝(견묘)－밭이랑. 순은 임금이 되기 전 역산(歷山, 山東省) 아래에서 밭갈고 농사지었다. ㅇ孫叔敖(손숙오)－초(楚)나라 장왕(莊王) 때의 재상. 바닷가에서 고기잡이하다가 임용되었다.

解說 《정씨유서》 권3에 보이는 정호의 말. 직접 여러 가지 간난을 겪은 뒤에라야 얻는 게 있다는 말임. 《맹자》 고자(告子) 하편에 보이는 글을 근거로 한 것이다. 판본에 따라서는 '손숙오거이해(孫叔敖擧於海)' 대

신 '백리해거어시(百里奚擧於市)'가 들어있는데, 다같이 《맹자》에 보이는 글이다.

26. 증삼(曾參)은 결국 노둔(魯鈍)함으로써 도(道)를 얻었다.

原文 參也竟以魯得之.

解說 《정씨유서》 권3에 보이는 정이의 말. 노둔(魯鈍)은 성실(誠實)의 뜻이며 배움에는 무엇보다 성실이 중요하다는 말이다.

27. 명도 선생은 글을 읽고 외는 것과 많은 것을 아는 것을 완물상지(玩物喪志)하는 것으로 보았다.

原文 明道先生以記誦博識, 爲玩物喪志.

註解 ㅇ玩物喪志(완물상지)－물건을 너무 좋아하여 가지고 놀다가 본심을 잃는 것을 말함. 《서경》 여오(旅獒)편에 보이는 말임.

解說 《정씨유서》 권3에 보이는 말. 문장을 외우고 여러 가지를 많이 아는 것은 오히려 성인의 도를 추구하는 공부에 해가 된다고 말하고 있다.

28. 예의와 음악은 나아가고 되돌아오는 적절한 경지에 놓여 있어야 성정(性情)의 올바름을 얻는다.

原文 禮樂只在進反之間, 便得性情之正.

解說 《정씨유서》 권3에 보이는 정호의 말. 이 대목은 《예기》 악기(樂記)에서 "음악은 안에서 움직이는 것이고, 예의는 밖에서 움직이는 것이

다. ……예의는 앞으로 나아가는 것을 무늬로 삼고, 음악은 차서 되돌아오는 것을 무늬로 삼는다."고 한 말을 바탕으로 한 것이다.

29. 아버지와 아들 및 임금과 신하의 관계란 천하의 정해진 이치로 천지간에 이것을 피할 곳은 없다. 편안히 천분(天分)을 지키고 사심이 없다면, 비록 한 가지 불의를 행하고 한 무고한 사람을 죽이는 일이라 할지라도 하지 않게 된다. 만약 조금이라도 사사로움이 있다면 곧 이는 왕자(王者)의 일이 아니다.

原文 父子君臣, 天下之定理, 無所逃於天地之間. 安得天分, 不有私心, 則行一不義, 殺一不辜, 有所不爲. 有分毫私, 便不是王者事.

註解 ○天分(천분)－하늘이 내려준 사람의 분수, 사람의 본분.

解說 《정씨유서》 권5에 보임. 정호와 정이 중 누구의 말인지 모른다. 천리(天理)를 지키고 사심(私心)이 없다면 한 가지 불의를 행하여 천하를 얻는다 하더라도 그것을 행하지 않는다는 말이다.

30. 성(性)을 논(論)하고 기(氣)를 논하지 않으면 제대로 갖추어지지 않게 되고, 기를 논하고 성을 논하지 않으면 분명하지 않게 된다. 그러나 이것들을 둘로 나누는 것은 옳지 않은 것이다.

原文 論性不論氣, 不備. 論氣, 不論性, 不明. 二之則不是.

解說 《정씨유서》 권6에 보임. 정호와 정이 중 누구의 말인지 분명치 않다. 성(性)은 기(氣)의 이(理)며, 기(氣)는 성(性)의 질(質)이니 둘은

떨어질 수 없는 것이라는 것이다.

31. 학문을 논함에는 이(理)에 밝아야 되고, 정치를 논함에는 반드시 정치의 본체(本體)를 알아야 한다.

原文 **論學, 便要明理, 論治, 便須識體.**

解說 《정씨유서》 권5에 보임. 정호와 정이 중 누구의 말인지 모른다. 학문이나 정치나 근본적인 것을 알아야 한다는 것이다.

32. 증점(曾點)·칠조개(漆雕開)는 이미 도의 대의(大意)를 알았다. 그러므로 성인께서도 그들 의견에 찬동하셨다.

原文 **曾點漆雕開已見大意, 故聖人與之.**

註解 ㅇ曾點(증점)-공자의 제자. 《논어》 선진(先進)편에서, 증점이 "늦은 봄에 ……기(沂)에서 목욕을 하고, 무우(舞雩)에서 바람을 쐬고, 읊조리며 돌아오고 싶다."고 소원을 말한 것을 뜻함. ㅇ漆雕開(칠조개)-《논어》 공야장(公冶長)편에, 공자가 그에게 벼슬살이를 시키려 했을 적에 "나는 아직 자신이 없습니다."하고 대답한 기록을 가리킨다.

解說 《정씨유서》 권6에 보임. 정호와 정이 중 누구의 말인지 분명치 않다. 《논어》의 말을 부연한 것이다.

33. 근본을 반드시 먼저 복돋아주어야 한다. 그런 연후에 나아가야 할 목표를 세울 수 있다. 나아갈 목표가 바르게 되면 학문의 성과가 깊고 낮은 것은 힘쓰고 힘쓰지 않는 데 달려 있게 된다.

原文 根本須是先培壅, 然後可立趨向也. 趨向旣正, 所造淺深, 則由勉與不勉也.

註解 ㅇ培壅(배옹)－북돋는 것, 길러주는 것. ㅇ趨向(추향)－나아갈 향방(向方), 나아가는 목표.

解說 《정씨유서》 권6에 보이는 정이의 말. 마음을 함양한 후에 배움에 나아가 끊임없이 노력해야 한다는 것이다.

34. 경(敬)과 의(義)를 지니고 있으면, 곧바로 올라가 하늘의 덕에 이르게 되는데 이것으로 말미암는 것이다.

原文 敬義夾持, 直上達天德, 自此.

解說 《정씨유서》 권5에 보임. 정호와 정이 중 누구의 말인지 모른다. 경(敬)과 의(義)로써 수양할 것을 권하고 있다.

35. 게으른 마음이 한 번 생겨나면 바로 이는 자포자기(自暴自棄)이다.

原文 懈意一生, 便是自棄自暴.

解說 《정씨유서》 권6에 보임. 정호와 정이 중 누구의 말인지 분명치 않다. 이 대목은 앞 대목과 같이 읽어야 뜻이 더욱 살아난다.

36. 배우지 않으면 곧 늙고 쇠(衰)해진다.

原文 不學, 便老而衰.

解說 《정씨유서》 권7에 보이나 두 형제 중 누구의 말인지 분명치 않다. 배움을 면려한 글이다.

37. 사람이 배움에 진보가 없는 것은, 다만 용기가 없기 때문이다.

原文 **人之學不進, 只是不勇.**

解說 《정씨유서》 권14에 보이는 정호의 말. 배움을 면려한 말이다.

38. 공부하는 사람이 기질(氣質)에 진다든가 습관에 지배당한다면 그의 뜻을 책해야 한다.

原文 **學者爲氣所勝, 習所奪, 只可責志.**

註解 ㅇ所勝(소승)－기가 이기는 것. 곧 학자가 지는 것임. ㅇ責(책)－책하다. 책임을 추궁하다.

解說 《정씨유서》 권15에 보이는 정이의 말. 공부하는 사람은 기질 또는 기분을 잘 다루고 좋은 습성을 길러야 한다는 것이다. 이 대목도 앞 대목과 함께 읽어야 뜻이 더욱 명확해진다.

39. 안이 무거우면 밖의 가벼움을 이길 수 있고, 터득한 것이 깊으면 유혹이 작아짐을 알게 된다.

原文 **內重則可以勝外之輕, 得深則可以見誘之小.**

註解 ㅇ內重(내중)－마음속에 도가 무거움을 말함.

解說 《정씨유서》 권6에 보이나 두 형제 중 누구의 말인지 모른다. 도의(道義)와 이(理)를 깊이 깨달으면 외부 여건으로 말미암은 흔들림이 적어진다는 말이다.

40. 동중서(董仲舒)가 말하였다. "의로움을 바르게 하되 이로움을 꾀하지 말며, 도를 밝히되 공(功)을 따지지 말라."

손사막(孫思邈)은 말하였다. "담(膽)은 크게 하되 마음은 작게 하고, 지혜는 둥글게 하되 행동은 방정(方正)하게 하라." 이 말들은 법도로 삼을 만하다.

原文 董仲舒謂 : 正其義不謀其利, 明其道不計其功.
孫思邈曰 : 膽欲大而心欲小, 智欲圓而行欲方. 可以爲法矣.

註解 ㅇ董仲舒(동중서)－전한(前漢)의 유학자. ㅇ孫思邈(손사막)－수(隋) 당(唐) 간의 사람. 백가(百家)와 음양의약(陰陽醫藥)에 통하였다.

解說 《정씨유서》 권9에 보이나, 두 형제 중 누구의 말인지 모른다. 담(膽)을 크게 하면 의(義)를 위해서 용감해지고 심소(心小)하면 이(理)를 살피는 데 치밀하게 된다고도 말하고 있다.

41. 대저 배움에 있어서 아무 말 없이 스스로 체득하는 것이 자득(自得)이다. 잘 정리하여 늘어놓는 것은 모두가 자득하는 것이 아니다.

原文 大抵學不言而自得者, 乃自得也. 有安排布置者, 皆非自得也.

註解 ㅇ安排布置(안배포치)－잘 정리하여 늘어놓는 것.

解說 《정씨유서》 권11에 보이는 정호의 말. 자득(自得)에 대하여 설명하고 있다.

42. 보고 듣고 생각하고 염려하는 동작이 모두 자연스러운 것이다. 사람은 오직 그 가운데서 참된 것과 망령된 것을 알아야 한다.

原文 視聽思慮動作, 皆天也. 人但於其中, 要識得眞與妄爾.

解說 《정씨유서》 권11에 보이는 정호의 말. 자연스런 움직임 속에서 참된 것과 망령된 것을 분별하여야 한다는 것이다.

43. 명도(明道) 선생께서 말씀하셨다.

"배움이란 오직 벽제(辟除)하여 내부로 가까이 감으로써 자기에게 절실하도록 하는 것일 따름이다. 그러므로 절실한 것을 묻고 가까운 것부터 생각해 나아간다면 인(仁)이 그 가운데에 있게 될 것이다. 말이 충실하고 신용이 있고 행동이 독실하고 공경스러우면 비록 오랑캐의 나라에서도 통하게 될 것이다. 말이 충실하지 않고 신용이 없으며 행동이 독실하지 않고 공경스럽지 않다면 비록 제 고장이라 한들 통하게 되겠느냐?

서있을 때에는 그런 것들이 마치 앞에 있는 것같이 보이고, 수레에 있을 때에는 그런 것들이 멍에에 걸쳐 있는 것같이 보여야 한다. 그렇게 된 연후에야 잘 통하게 될 것이며, 이것이 바로 학문이다. 기질(氣質)이 우미(優美)한 사람은 도리를 모두 알게 되어 찌꺼기들이 모두 변화하여 천지와 동체(同體)가 된다. 그 다음가는 사람은 오직 태도를 장중하고 공경스럽게 갖고 스스로를 기른다. 그러나 도에 이르는 것은 모두 같다."

原文 明道先生曰：學只要鞭辟近裏, 著己而已. 故切問而近思,則仁在其中矣. 言忠信, 行篤敬, 雖蠻貊之邦行矣. 言不忠信, 行不篤敬, 雖州里行乎哉?

立則見其參於前也, 在輿則見其倚於衡也. 夫然後行, 只此是學. 質美者明得盡, 査滓便渾化, 卻與天地同體. 其次, 惟莊敬持養. 及其至則一也.

註解 ㅇ鞭辟(편벽)－채찍으로 소리를 내어 벽제(辟除)하는 것. ㅇ著己(착기)－자기에게 절실한 것. ㅇ立則見(입즉견)－서있을 때에는 충신독경(忠信篤敬)이 앞에 있는 것같이 보이다. ㅇ衡(형)－멍에. ㅇ査滓(사재)－찌꺼기, 불순한 것.

解說 《정씨유서》 권11에 보이는 정호의 말. 충신(忠信)과 독경(篤敬)의 중요성을 말하였다.

44. 충(忠)과 신(信)은 덕으로 나아가는 근거이고, 말을 닦고 그의 정성스러움을 세우는 것은 학업을 하는 근거인데, 건(乾)의 도이다. 공경스러움으로 마음을 바르게 하고 의로움으로 밖의 태도를 방정(方正)하게 하는 것은 곧 곤(坤)의 도이다.

原文 **忠信, 所以進德, 修辭立其誠, 所以居業者, 乾道也. 敬以直內, 義以方外者, 坤道也.**

註解 ㅇ居業(거업)－학업에 종사하는 것. ㅇ內(내)－자기의 내부, 곧 마음. ㅇ外(외)－자기의 외부, 곧 몸가짐.

解說 《정씨유서》 권11에 보이는 정호의 말. 《주역》의 건곤(乾坤) 두 괘(卦)의 문언전(文言傳)을 해설한 것으로, 수덕(修德)하는 요령을 말한

것이다.

45. 사람이 배움을 시작할 때는 반드시 힘쓸 곳을 알아야 하고, 이미 배우고 난 뒤에는 반드시 힘을 실천으로 옮길 곳을 알아야 한다.

原文 **凡人才學, 便須知著力處. 旣學, 便須知得力處.**

註解 ㅇ著力(착력)-힘쓰다, 노력하다. ㅇ得力(득력)-힘을 터득하다. 배운 것을 실천하는 것.

解說 《정씨유서》 권12에 보이는 정호의 말. 착력처(著力處)란 활쏘기의 표적과 같은 것이요, 득력처(得力處)란 표적에 명중시키는 것과 같다.

46. 어떤 사람이 밭을 가꾸는 데 지혜와 힘을 쓰며 매우 수고를 하였다. 선생께서 말씀하셨다. "《역경》 고괘(蠱卦)의 상전(象傳)에 '군자는 백성을 진작시키고 덕을 기른다'고 하였다. 군자의 일은 오직 이 두 가지가 있을 뿐, 나머지 다른 일은 없다. 이 두 가지 일은 자기를 위하고 남을 위하는 도이다."

原文 **有人治園圃, 役知力甚勞. 先生曰 : 蠱之象, 君子以振民育德. 君子之事, 惟有此二者, 餘無他焉. 二者, 爲己爲人之道也.**

解說 《정씨유서》 권14에 보이는 정호의 말. 《역경》 고괘(蠱卦)의 상전(象傳)을 인용하여, 군자의 도는 자기와 남을 위하는 것임을 강조하고 있다.

47. 넓게 배우고 뜻을 돈독히 하며, 절실한 것부터 묻고 가까운 것부터

생각하는 데에, 어찌하여 그 가운데 인(仁)이 있다고 말하신 것입니까? 학자는 그것을 생각하여 터득해야 한다. 그것을 이해하면 곧 위아래로 관통하는 도가 된다.

原文 博學而篤志, 切問而近思, 何以言仁在其中矣? 學者要思得之. 了此, 便是徹上徹下之道.

註解 ㅇ博學而篤志(박학이독지)…… -《논어》 자장(子張)편에 나오는 말. ㅇ徹上徹下之道(철상철하지도)-위로도 통하고 아래로도 통하는 도, 곧 상하를 관통하는 도를 말한다.

解說 《정씨유서》 권14에 보이는 정호의 말. 《논어》 자장(子張)편을 인용하여 도에 이르는 길을 밝힌 것이다.

48. 뜻이 원대하되 강인하지 않으면 서기 어렵고, 강인하되 원대하지 않으면 제대로 처신할 수 없다.

原文 弘而不毅, 則難立. 毅而不弘, 則無以居之.

註解 ㅇ弘而不毅(홍이불의)-《논어》 태백(泰伯)편의 "선배는 뜻이 원대하고 강인하지 않으면 안된다(士不可以不弘毅)."고 한 말을 근거로 한 것이다.

解說 《정씨유서》 권14에 보이는 정호의 말. 뜻은 원대함과 강인함을 겸비해야 한다는 말이다.

49. 이천(伊川) 선생께서 말씀하셨다.

"옛날의 학자는 여유가 있고 부드러우며 늘 만족하였고 앞뒤의 차례가 있었다. 오늘날의 학자는 다만 한바탕 말만 하고 고원(高遠)한 것에만 힘쓸 뿐이다.

나는 늘 두원개(杜元凱)의 말을 좋아한다. 그는 '강과 바다가 만물을 적시고 비가 땅을 기름지게 하는 것같이 하면, 언젠가 얼음이 녹듯 확 풀리어, 마음이 기쁜 듯이 이치에 잘 따르게 될 것이다. 이런 연후에 소득이 있게 될 것이다'라고 말했다.

오늘날의 학자는 흔히 자유(子游)와 자하(子夏)는 작아서 배울 상대가 못 된다고 한다. 그러나 자유와 자하의 한마디 말과 한 가지 일은 모두가 실질적인 것이다. 후세의 학자들은 고원(高遠)한 것만 좋아하니 마치 마음은 천리 밖에서 놀고 자기 몸은 그대로 이곳에 있는 것과 같다."

原文 伊川先生曰：古之學者, 優柔厭飫, 有先後次序. 今之學者, 却只做一場話說, 務高而已.

常愛杜元凱語. 若江海之浸, 膏澤之潤, 渙然冰釋, 怡然理順, 然後爲得也.

今之學者, 往往以游夏爲小, 不足學. 然游夏一言一事, 卻總是實. 後之學者, 好高, 如人游心於千里之外, 然自身却只在此.

註解 ㅇ優柔(우유)－여유가 있고 부드러운 것. ㅇ厭飫(염어)－배부른 것. 만족스러운 것. ㅇ杜元凱(두원개)－이름은 예(預), 진(晉)의 무장(武將)이며 학자. 《좌전(左傳)》의 주를 썼다. ㅇ若江海之浸(약강해지침)…… －《좌전》 두예의 서문에 나오는 말. ㅇ膏澤(고택)－단비. 비가 내리는 것. ㅇ怡然(이연)－기쁜 모양. ㅇ游夏(유하)－공자의 제자인 자유(子游)와 자하(子夏).

解說 《정씨유서》 권15에 보임. 공부하는 데는 착실함이 중요하다는 말이다.

50. 수양해서 수명을 늘이는 것이나, 나라가 잘 다스려져 하늘에 천명

(天命)이 영원하도록 비는 것이나, 보통사람이 성인이 되는 것이나, 모두 공부를 하여 상당한 정도에 이르면 자연히 그러한 응험이 있는 것이다.

原文 **修養之所以引年, 國祚之所以祈天永命, 常人之至於聖賢, 皆工夫到這裏, 則自有此應.**

註解 ㅇ修養(수양)－마음을 닦고 몸을 잘 보양하는 것. ㅇ國祚(국조)－나라의 행운, 나라가 잘 다스려지는 것. ㅇ祈天永命(기천영명)－《서경》 소고(召誥)에 있는 말임.

解說 《정씨유서》 권15에 보이는 정이의 말. 계속해서 공부하고 노력하면 개인의 행복과 나라의 안녕도 이루어지고 그 자신도 성인이 될 수 있다는 말이다.

51. 충(忠)과 서(恕)는 공평(公平)함의 근거가 된다. 덕(德)에 이르면 스스로 충(忠)과 서(恕)의 덕을 지니게 될 것이요, 그것이 지극해지면 공평하게 되는 것이다.

原文 **忠恕, 所以公平. 造德, 則自忠恕, 其致則公平.**

註解 ㅇ忠恕(충서)－자기의 성실함을 다하는 것이 충(忠)이고 자기의 마음을 미루어 남을 생각해 주는 것이 서(恕)이다. 《논어》 이인(里仁)편에서 증자(曾子)가 '일이관지(一以貫之)'하는 공자의 도는 '충(忠)과 서(恕)'를 뜻한다고 말하고 있다.

解說 《정씨유서》 권15에 보이는 정이의 말. 충(忠)과 서(恕)의 덕은 대공지평(大公至平)함을 강조하고 있다.

52. 인의 도는 요컨대 한 개의 공(公)자로 풀이할 수 있다. 공은 바로 인의 이(理)이니 공을 바로 인이라 말해서는 안된다. 공평하면 사람이 그것을 체득하기 때문에 인이 된다. 오직 공평(公平)하면 물아(物我)를 아울러 비쳐보게 된다. 그러므로 인은 서(恕)할 수 있는 바탕이며 사랑할 수 있는 바탕이 된다. 서(恕)는 인(仁)을 베푸는 것이요, 사랑은 인(仁)의 작용이다.

原文 仁之道, 要之只消道一公字. 公只是仁之理, 不可將公便喚做仁. 公而以人體之, 故爲仁.

只爲公則物我兼照. 故仁, 所以能恕, 所以能愛. 恕則仁之施, 愛則仁之用也.

註解 ㅇ只消(지소)－오직 ……하기만 하면 된다. ㅇ用(용)－쓰임, 작용.

解說 《정씨유서》 권15에 보이는 정이의 말. 공평(公平)과 인(仁)과의 관계를 설명하고 있다.

53. 오늘날의 공부를 하는 사람들은 산기슭을 올라가는 것 같다. 길이 길고 평탄한 곳에서는 활보하지 않는 사람이 없으나 험한 곳을 만나면 멈추고 만다. 반드시 굳세고 과감하게 전진해야 한다.

原文 今之爲學者, 如登山麓. 方其迤邐, 莫不闊步, 及到峻處, 便止. 須是要剛決果敢以進.

解說 《정씨유서》 권17에 보이는 정이의 말. 배움에 힘써야 할 것을 격려하고 있다.

54. 사람들은 힘써 행해야 한다고 말하나 이는 오직 천근(淺近)한 말에 불과하다. 사람이 이미 모든 일의 마땅히 하여야 할 것을 알았다면 더 이상 마음을 쓸 필요가 없다. 마음을 쓰자마자 이는 곧 사심(私心)이 된다. 이런 의기(意氣)가 얼마나 오래 갈 수 있겠는가?

原文 **人謂要力行, 亦只是淺近語. 人旣能知見一切事皆所當爲, 不必待著意. 纔著意, 便是有箇私心. 這一點意氣, 能得幾時了?**

註解 ㅇ著意(착의)－마음을 쓰다. ㅇ了(료)－끝나다.

解說 《정씨유서》 권17에 보이는 정이의 말. 마땅히 하여야 할 일의 중요성을 논한 대목이다.

55. 알면 반드시 좋아할 것이요, 좋아하면 반드시 구할 것이요, 구하면 반드시 얻을 것이다. 옛사람들은 이런 배움을 종신(終身)의 일로 삼았다. 과연 넘어지거나 갑작스런 순간에도 반드시 그렇게 할 수가 있다면 어찌 도리를 터득하지 못하겠는가?

原文 **知之必好之, 好之必求之, 求之必得之. 古人此箇學是終身事. 果能顚沛造次必於是, 豈有不得道理?**

註解 ㅇ顚沛(전패)－넘어지다. ㅇ造次(조차)－갑작스러운 것, 다급한 순간.

解說 《정씨유서》 권17에 보이는 정이의 말. 《논어》 옹야(雍也)편의 '지지자(知之者), 불여호지자(不如好之者)'라는 말을 근거로 학자들에게 배움의 도리를 말하고 있다.

56. 옛날의 학문은 하나였다. 오늘의 학문은 이단(異端)을 포함시키지 않고도 세 가지가 있다. 첫째는 문장(文章)의 학문이요, 둘째는 훈고(訓詁)의 학문이요, 셋째는 유가(儒家)의 학문이다. 도로 나아가려면 유가의 학문을 버리고는 할 수 없다.

原文 **古之學者一, 今之學者三, 異端不與焉. 一曰文章之學, 二曰訓詁之學, 三曰儒者之學. 欲趨道, 舍儒者之學不可.**

解說 《정씨유서》 권18에 보이는 정이의 말. 문장(文章)과 훈고(訓詁)는 말류(末流)의 학문이고 유가(儒家)의 학문이야말로 도에 도달할 수 있는 유일한 길이라는 것이다.

57. 누가 질문하였다. "글을 짓는 것은 도를 해칩니까?"

대답하셨다. "해친다. 무릇 글이란 뜻을 집중하지 않으면 훌륭하게 되지 않는다. 만약 뜻을 집중한다면 그 뜻은 여기에 국한되니 어찌 천지와 같이 그 마음을 크게 할 수 있겠는가? 《서경(書經)》에 '물건을 애완(愛玩)하면 뜻을 잃게 된다'고 하였다. 글을 짓는 것 또한 물건을 애완하는 것이다.

여여숙(呂與叔)의 시(詩)에 '학문은 두원개(杜元凱)같이 하면 곧 버릇이 되고, 문장은 사마상여(司馬相如)처럼 지으면 배우와 같이 된다. 홀로 공문(孔門)에 서서 아무 한 일 없고, 다만 안회(顔回)가 마음을 깨끗이 하고 공부한 경지에 미치지 못하네'라 했다. 이 시는 매우 좋은 시이다. 옛날 학자들은 오직 정성(情性)을 함양하는 데 힘썼고 기타의 것은 배우지 않았다. 오늘의 글쓰는 자들은 오로지 글을 잘 짓기에만 힘써 사람의 귀와 눈을 즐겁게 하려 한다. 사람들을 즐겁게 하려 하니 배우가 아니고 무엇인가?"

또 질문하였다. "옛날 분들도 글짓기를 배웠습니까?"

대답하셨다. "사람들은 육경(六經)을 보고 곧 성인도 문장을 지었다고 생각하나, 이는 성인이 흉중에 쌓여 있는 것을 나타내는 것이 자연스럽게 문장이 된다는 것을 알지 못하고 하는 것이다. 이른바 덕이 있는 사람은 반드시 말이 있다는 것이다."

다시 질문하였다. "자유(子游)와 자하(子夏)를 문학(文學)으로 칭찬한 것은 어째서입니까?"

대답하셨다. "자유와 자하가 언제 붓을 잡고 글짓기를 배웠는가? 또한 하늘의 변화 모양을 관찰하여 시절의 변화를 살피고, 사람들의 사는 모습을 관찰하여 천하를 교화(敎化)시키는 일이 어찌 잘 지은 글일 수 있겠느냐?"

原文 問：作文害道否?

曰：害也. 凡爲文, 不專意則不工. 若專意, 則志局於此. 又安能與天地同其大也? 書曰：玩物喪志. 爲文亦玩物也.

呂與叔有詩, 云：學如元凱方成癖, 文似相如始類俳. 獨立孔門無一事, 只輸顔氏得心齋. 古之學者, 惟務養情性, 其他則不學. 今爲文者, 專務章句, 悦人耳目. 旣務悦人, 非俳優而何?

曰：古者學爲文否?

曰：人見六經, 便以謂聖人亦作文. 不知聖人亦攄發胸中所蘊, 自成文耳. 所謂有德者, 必有言也.

曰：游夏稱文學, 何也?

曰：游夏亦何嘗秉筆, 學爲詞章也? 且如觀乎天文以察時變, 觀乎人文以化成天下, 此豈詞章之文也?

註解 ㅇ專意(전의)－뜻을 오로지 하다. 뜻을 집중하다. ㅇ書曰(서왈)－《서

경》 여오(旅獒)편의 글. ㅇ呂與叔(여여숙)－여대림(呂大臨), 여숙은 그의 자. 이정(二程)에게 배웠으며 원우(元祐) 중에 태학박사(太學博士)가 되었다. ㅇ元凱(원개)－진(晉)나라 두예(杜預), 공부를 많이 하고 《좌전(左傳)》의 주(注)를 써서 유명하다. ㅇ成癖(성벽)－버릇이 되다. 훈고(訓詁)에만 힘써 참된 학문은 하지 못한 것을 뜻함. ㅇ相如(상여)－사마상여(司馬相如), 한(漢)초 부(賦)의 대가. ㅇ顏氏(안씨)－공자의 제자 안회(顏回). ㅇ心齋(심재)－마음의 모든 욕심을 없애고 마음을 순일허정(純一虛靜)하게 하는 것. ㅇ有德者必有言(유덕자필유언)－《논어》 헌문(憲問)편에 있는 말이다. ㅇ游夏稱文學(유하칭문학)－《논어》 선진(先進)편에 '문학자유자하(文學子游子夏)'라고 공문사과(孔門四科) 중에 문학에는 자유(子游)와 자하(子夏)를 들고 있다. ㅇ人文(인문)－사람들의 사는 모습, 사람들의 문화.

解說 《정씨유서》 권18에 보이는 정이의 말. 옛사람의 올바른 학문과 오늘날의 학자들이 문학을 하는 것은 본질적으로 다르며, 오늘날 학자들이 하는 문학은 올바른 공부인 도의 추구에 해가 된다고 말하고 있다.

58. 마음을 기르는 일은 반드시 공경스러움으로써 해야 하고, 학문을 발전시키려면 올바른 앎을 얻어야 한다.

原文 **涵養須用敬, 進學則在致知.**

註解 ㅇ涵養(함양)－도덕에 침잠(沈潛)하여 내심(內心)을 수련하고 욕심을 제거하여 마음을 정(靜)하게 기르는 것.

解說 《정씨유서》 권18에 보이는 정이의 말. 마음을 기르는 법과 학문을 발전시키는 방법을 말하고 있다.

59. 1등은 다른 사람에게 양보하고 2등을 하겠다고 말하지 말라. 이와

같이 말한다면 이는 곧 스스로를 버리는 것이다. 비록 인(仁)으로 처신하지 못하고 의를 따르지 못하는 자들의 차등과는 다르나, 자기 스스로 작아지는 점에 있어서는 마찬가지다. 배움을 말하는 데는 도를 뜻으로 삼고, 사람을 말하는 데는 성인으로 뜻을 삼아야 한다.

原文 莫說道將第一等讓與別人, 且做第二等. 才如此說, 便是自棄. 雖與不能居仁由義者, 差等不同, 其自小一也. 言學便以道爲志, 言人便以聖爲志.

註解 ㅇ說道(설도)－말하다.

解說 《정씨유서》 권18에 보이는 정이의 말. 공부하는 사람은 도에 뜻을 두고 성인이 되는 것을 목표로 삼아야 함을 강조하고 있다.

60. 질문하였다. "반드시 올바른 일에 힘쓰려면 공경스러워야만 합니까?"

대답하셨다. "공경스러움은 마음을 기르는 한 가지 일이다. 반드시 올바른 일에 힘쓰려면 반드시 의로움을 모아야 한다. 다만 공경스러움만을 쓸 줄 알고 의로움을 모을 줄 모른다면 전혀 아무 일도 못하게 될 것이다."

또 질문하였다. "의로움은 이치에 맞는 것이 아닙니까?"

대답하셨다. "이치에 맞는 것은 사물에 있고, 의로움은 마음에 있는 것이다."

原文 問 : 必有事焉, 當用敬否?

曰 : 敬是涵養一事. 必有事焉, 須用集義. 只知用敬, 不知集義. 却是都無事也.

又問 : 義莫是中理否?

曰 : 中理在事, 義在心.

註解 ㅇ必有事焉(필유사언)-《맹자》 공손추(公孫丑) 상편에 나오는 말. 반드시 의로운 일에만 힘써야 한다는 뜻임. ㅇ集義(집의)-의를 모으는 것, 의로운 일만을 하는 것.

解說 《정씨유서》 권18에 보이는 정이의 말. 맹자의 말을 인용하여 공경스러움과 의로움을 모으는 일에 대하여 논하고 있다.

61. 질문하였다. "공경스러움과 의로움은 어떻게 구별합니까?"

대답하셨다. "공경스러움은 오직 자기를 지키는 도이고 의로움은 올바른 경우와 그릇된 경우를 아는 것이다. 이(理)를 좇아서 행하면 바로 의로움이 된다. 만약 공경스러움 한 가지만 지키고 의로움을 모을 줄 모르면 또한 전혀 아무 일도 못하게 될 것이다.

예를 들어 효도를 하려 한다면 다만 효(孝)라는 한 글자만을 지켜 가지고는 안될 일이다. 반드시 효도하는 근본이 되는 도리를 알아 봉양을 하려면 어떻게 해야 하는가, 여름은 시원하고 겨울에는 따스하게 해드리려면 어떻게 모셔야 하는가를 안 연후에야 효도를 다할 수 있게 되는 것이다."

原文 問 : 敬義何別?

曰 : 敬只是持己之道, 義便知有是有非. 順理而行, 是爲義也. 若只守一箇敬, 不知集義, 却是都無事也.

且如欲爲孝, 不成只守著一箇孝字. 須是知所以爲孝之道, 所以侍奉當如何, 溫凊當如何, 然後能盡孝道也.

註解 ㅇ持己(지기)－자기를 지니다. 자기를 지키다. ㅇ溫凊(온청)－겨울엔 따스하고 여름엔 시원하게 돌보아 드리는 것.

解說 《정씨유서》 권18에 보이는 정이의 말. 공경스러움과 의로움의 구별을 말하고 공부하는 데 공경스러움과 의로움, 어느 한쪽도 폐해서는 안 된다고 말하고 있다.

62. 학자는 모름지기 실질적인 일에 힘쓰며 명성을 가까이하지 말아야 옳은 것이다. 명성을 가까이할 뜻이 있다면 이는 거짓이 된다. 커다란 근본을 잃었는데 다시 무엇을 배우겠는가? 명성을 위하여 하는 것과 이익을 위하여 하는 것과는 비록 맑고 탁한 것이 다르나, 그 이로운 것을 추구하는 마음은 한가지이다.

原文 學者須是務實, 不要近名方是. 有意近名, 則爲僞也. 大本已失, 更學何事? 爲名與爲利, 淸濁雖不同, 然其利心則一也.

解說 《정씨유서》 권18에 보이는 정이의 말. 실질적인 공부에 힘쓰며 헛된 명성은 멀리해야 한다.

63. 안회(顔回)는 석달 동안이나 그 마음이 인(仁)을 어기지 않았고, 터럭 끝만한 사사로운 뜻이 없었다. 조금이라도 사사로운 뜻이 있으면 이는 인이 아니다.

原文 回也, 其心三月不違仁, 只是無纖毫私意. 有少私意, 便是不仁.

註解 ㅇ回也(회야)－《논어》 옹야(雍也)편에 보이는 말.

解說 《정씨유서》 권22 상에 보이는 정이의 말. 안회의 고사를 인용하여 인(仁)과 사심(私心)을 논한 것이다.

64. 인(仁)한 사람은 어려움에는 남 앞에 서고 이득에는 남보다 뒤진다. 일부러 힘을 내는 것은 모두 남보다 먼저 이익을 얻으려는 것이다. 옛사람들은 오직 인을 행할 줄 알 뿐이었으나, 요새 사람들은 모두 남보다 먼저 이익을 얻으려 한다.

原文 **仁者先難而後獲. 有爲而作, 皆先獲也. 古人惟知爲仁而已, 今人皆先獲也.**

註解 ㅇ先難(선난)－어려운 일에는 남보다 앞서 나아가는 것. ㅇ後獲(후획)－이익은 남보다 뒤에 얻으려 하는 것.

解說 《정씨유서》 권22 상에 보이는 정이의 말. 《논어》 옹야(雍也)편에 있는 '인자선난이후획(仁者先難而後獲), 가위인의(可謂仁矣)'를 인용하여 올바른 도리를 밝히고 있다.

65. 성인(聖人)이 되려는 뜻을 추구하는 사람이어야만 더불어 공부할 수가 있다. 배워서 생각을 올바로 하는 사람이어야만 더불어 도를 향해 나아갈 수 있다. 생각하여 터득하는 것이 있다면 더불어 서있을 수가 있으며, 서서는 올바로 변화한다면 더불어 사리(事理)를 따질 수가 있다.

原文 **有求爲聖人之志, 然後可與共學. 學而善思, 然後可與適道. 思而有所得, 則可與立, 立而化之, 則可與權.**

註解 ㅇ權(권)－일의 경중을 따지다, 저울질하다.

解說 《정씨유서》 권25에 보이는 정이의 말. 《논어》 자한(子罕)편에 있는 말을 인용하여 논리를 전개하고 있다.

66. 옛날의 학자는 자기를 위하여 공부하였고 끝에 가서는 다른 사람들을 성취시켜 주었다. 지금의 학자는 세상의 명성을 위하여 공부하니 끝에 가서는 자기를 잃게 된다.

原文 **古之學者爲己, 其終至於成物. 今之學者爲物, 其終至於喪己.**

註解 ㅇ物(물)－외물(外物), 세상 사람들.

解說 《정씨유서》 권25에 보이는 정이의 말. 《논어》 헌문편(憲問篇)에 '고지학자위기(古之學者爲己), 금지학자위인(今之學者爲人)'을 해설한 것으로 고금 학자들의 공부하는 태도가 다른 것을 논하고 있다.

67. 군자의 배움은 반드시 날로 새로워진다. 날로 새로워진다는 것은 날마다 진보하는 것이다. 날마다 새로워지지 않는 자는 반드시 날마다 퇴보한다. 진보하지 않으면서 퇴보도 하지 않는 경우란 있을 수 없다. 오직 성인의 도만은 진보와 퇴보가 없으니, 이는 도가 극단에 도달해 있기 때문이다.

原文 **君子之學, 必日新. 日新者, 日進也. 不日新者, 必日退. 未有不進而不退者. 惟聖人之道, 無所進退, 以其所造者極也.**

註解 ㅇ日新(일신)－《대학》에 보이는 말. 날로 새로워지는 것. ㅇ所造(소조)－이른 곳, 도달한 곳.

解說 《정씨유서》 권25에 보이는 정이의 말. 배우는 사람에게 자강불식(自强不息)을 권장하는 말이다.

68. 명도(明道) 선생께서 말씀하셨다.
"성격(性格)이 고요한 사람은 공부를 할 수 있다."

原文 **明道先生曰 : 性靜者, 可以爲學.**

解說 《정씨외서(程氏外書)》 권1에 보이는 정호의 말이다. 배움에는 마음의 안정(安靜)이 필요함을 강조하고 있다.

69. 뜻이 넓으나 굳세지 않으면 규율(規律)이 문란하고, 굳세나 넓지 않으면 좁고 고루하게 된다.

原文 **弘而不毅, 則無規矩, 毅而不弘, 則隘陋.**

解說 《정씨외서》 권2에 보이는 정호의 말. 사람의 마음은 넓고도 굳세어야 한다는 것이다.

70. 사람의 본성이 선(善)함을 알고 충(忠)과 신(信)으로 근본을 삼아야 한다. 이것은 큰 것을 먼저 세우는 것이다.

原文 **知性善, 以忠信爲本. 此先立其大者.**

解說 《정씨외서》 권2에 보이는 정호의 말. 본성이 선하다는 것을 알고 충신(忠信)으로 근본을 삼으면 그의 덕이 세워진다는 것이다.

71. 이천(伊川) 선생께서 말씀하셨다.
"사람이 안정되고 중후(重厚)하면 그의 배움이 견고해진다."

原文 **伊川先生曰：人安重，則學堅固.**

解說 《정씨외서》 권6에 보임. 《논어》 학이(學而)편에 '군자부중즉불위(君子不重則不威), 학즉불고(學則不固)'를 달리 표현하여 말한 것이다.

72. 널리 배우고, 자세히 묻고, 신중히 생각하고, 분명하게 분별하고, 독실하게 행하라. 이 다섯 가지 중에 하나라도 버리면 올바른 배움이 아니다.

原文 **博學之，審問之，愼思之，明辨之，篤行之. 五者廢其一，非學也.**

解說 《정씨외서》 권6에 보이는 정이의 말. 《중용(中庸)》에 있는 오달도(五達道)에 대한 설명이다.

73. 장사숙(張思叔)이 질문을 할 때, 그의 이론이 너무 높은 듯하였다. 이천 선생께서는 대답하지 않고 한참 계시다가 말씀하셨다. "높이 쌓으려면 반드시 밑에서부터 시작해야 한다."

原文 **張思叔請問，其論或太高. 伊川不答，良久曰：累高必自下.**

註解 ㅇ張思叔(장사숙)－이름은 역(繹), 하남(河南) 수안(壽安) 사람으로 정자(程子)의 문인이다.

解說 《정씨외서》 권11에 보임. 배움에는 차서(次序)가 있다는 것을 말하고 있다.

74. 명도(明道) 선생께서 말씀하셨다.
"사람이 공부를 하는 데 있어서 먼저 표준을 세우는 것을 피해야 한다. 만약 차근차근 쉬지 않고 나아간다면 스스로 좋은 결과에 이르게 될 것이다."

原文 **明道先生曰 : 人之爲學, 忌先立標準. 若循循不已, 自有所至矣.**

解說 《정씨외서》 권12에 실린 정호가 소백온(邵伯溫, 邵雍의 아들)에게 한 말이다. 학문을 하는 데 있어서 먼저 목표를 세워놓고 그 목표에 도달하기 위하여 순서를 무시하고 급히 서두르면 안된다는 것이다.

75. 윤언명(尹彦明)이 이천(伊川) 선생을 만나 뵌 후 반년 뒤에야 《대학(大學)》과 〈서명(西銘)〉을 읽을 수 있었다.

原文 **尹彦明見伊川, 後半年, 方得大學西銘看.**

註解 o尹彦明(윤언명)-윤돈(尹焞), 자가 언명. 정이의 제자로 덕이 있는 선비로 알려졌다. o西銘(서명)-장재(張載)가 지은 것으로 하늘과 땅을 부모로 삼고 인간사회 전체를 한가족으로 본 유명한 글이다.

解說 《정씨외서》 권12에 실린 글임. 반년이 지난 후에야 《대학》과 〈서명〉을 읽었다 함은 마음을 닦는 일에 더 많은 노력을 기울였음을 뜻할 것이다.

76. 어떤 사람이 무심(無心)을 논하였다.

이천(伊川) 선생께서 말씀하셨다. "무심이라는 것은 옳지 않다. 응당 사사로운 마음이 없는 것만을 논해야 한다."

原文 有人說無心. 伊川曰 : 無心便不是. 只當云無私心.

解說 《정씨외서》 권12에 실린 글임. 무심(無心), 곧 마음이 없다는 것은 말이 되지 않는다. 사사로운 마음이 없는 것만을 문제로 삼아야 옳다는 것이다.

77. 사현도(謝顯道)가 이천(伊川) 선생님을 뵙자, 이천 선생님이 물었다. "근일 공부가 어떠한가?"

대답하였다. "천하에 무엇을 생각하고 무엇을 걱정하겠습니까?"

이천 선생님이 말씀하셨다. "이것은 이것으로써 그러한 이치가 있는 것이지. 자네는 그러나 너무 일찍이 그런 말을 하고 있네."

이천 선생님께서는 곧장 사람을 단련시킬 줄 아신다. 말을 마치시고 나서 "잘 들어맞는 공부를 해야 하네."하고 또 말씀하셨다.

原文 謝顯道見伊川, 伊川曰 : 近日事如何? 對曰 : 天下何思何慮? 伊川曰 : 是則是有此理. 賢却發得太早在.

伊川直是會鍛鍊得人. 說了, 又道, 恰好著工夫也.

註解 ㅇ謝顯道(사현도)－정자(程子)의 제자 사양좌(謝良佐). 자가 현도임. ㅇ天下何思何慮(천하하사하려)－마음이 허정(虛靜)하면 적연부동(寂然不動)하니 무엇을 생각하고 근심하겠느냐고 하는 말이다. ㅇ賢(현)－상대를 지칭하는 말, 자네. ㅇ發(발)－말을 하는 것. ㅇ恰好(흡호)－딱 좋은, 잘 들어맞는.

解說 《정씨외서》 권12에 보이는 글. 사현도는 도(道)의 대체는 알고 있으나 공부가 부족하니 더욱 공부하라고 격려한 말이다.

78. 사현도(謝顯道)가 말하였다.

"이전에 명도 선생님께서 가르칠 때 나는 다만 그 말씀에 따르기만 하였다. 그런데 명도 선생님께서 말씀하시기를 '자네에게 말하는 것은 취한 사람을 부축하는 것 같아서, 한편을 부축해 주면 다른 한쪽이 쓰러진다. 나는 사람들이 한쪽에만 집착하는 것을 두려워한다'고 하셨다."

原文 **謝顯道云：昔伯淳教誨, 只管著他言語. 伯淳曰：與賢說話, 却似扶醉漢. 救得一邊, 倒了一邊, 只怕人執著一邊.**

註解 ㅇ伯淳(백순)－명도(明道)의 자. ㅇ只管(지관)－다만 ……하기만을 한다. ㅇ著(착)－붙다. 따르다.

解說 《정씨외서》 권12에 보이는 글. 중도를 취하지 않고 한쪽으로 치우치면 안된다는 말이다.

79. 횡거(橫渠) 선생께서 말씀하셨다.

"의로움에 정통하여 신묘한 경지로 들어간다는 것은, 일을 내 마음속에서 미리 정리하여, 내 외부가 순조롭기를 추구하는 것이다. 작용을 순조롭게 하여 몸을 편안케 하는 것은, 본시 내 외부를 순조롭게 하여, 내 마음속을 수양하는 것이다.

신묘함을 추궁하여 변화를 알면, 곧 수양은 성대히 자연스럽게 이루어질 것이니, 생각하고 힘씀으로써 억지로 되는 것이 아니다. 그러므로 덕을 높이는 일 이외에 군자로서는 앎에 이를 수가 전혀 없는 것이다."

原文 橫渠先生曰：精義入神, 事豫吾內, 求利吾外也. 利用安身, 素利吾外, 致養吾內也.

窮神知化, 乃養盛自至, 非思勉之能强. 故崇德而外, 君子未或致知也.

註解 ○精義入神(정의입신)－《역경》 계사전(繫辭傳) 하편에 보이는 말. 의로움에 정통(精通)하여 신묘한 경지에 이르는 것을 말함. ○事豫(사예)－일을 미리 정리하는 것. ○求利(구리)－순조롭도록 추구하다. ○利用安身(이용안신)－《역경》 계사전 하편의 글. 행하는 바를 순조롭게 하여 몸을 편안하게 한다는 뜻. ○素利(소리)－본시 순조로운 것. ○窮神(궁신)－신묘함을 추궁하다.

解說 《정몽(正蒙)》 신화(神化)편에 실린 글. 《주역》 계사전(繫辭傳)에 있는 말을 인용하여 지(知)와 행(行)은 서로 돕고 영향을 미친다는 사실을 강조하고 있다.

80. 형체가 이루어진 뒤에 기질(氣質)의 성(性)이 있게 된 것이다. 잘 본원으로 돌아가면 곧 천지의 성(性)이 있게 된다. 그러므로 기질의 성을 군자는 성(性)이라 보지 않는 경우가 있다.

原文 形而後有氣質之性. 善反之, 則天地之性存焉. 故氣質之性, 君子有弗性者焉.

註解 ○形而後有氣質之性(형이후유기질지성)－기(氣)가 모여 사람의 육체를 이루고 그 이후에 기질의 성이 있게 된다. 성(性)은 본래 선(善)한 것이나 기질의 청탁(淸濁)에 따라 선악이 이루어져, 성(性)도 영향을 받게 된다. 이런 성(性)을 기질의 성(性)이라 한다.

解說 《정몽》 성명(誠明)편에 실린 글. 사람은 수양하여 본래의 선한 성으로 돌아갈 수 있다는 것이다.

81. 덕(德)이 기질(氣質)을 이기지 못하면 성(性)은 기질의 명령을 받게 된다. 덕이 그 기질을 이기면 성은 덕의 명령을 받게 된다. 이치를 추궁하며 성을 온전히 하면 곧 성은 천덕(天德)이 되어, 명령은 천리(天理)가 내리게 된다. 기(氣) 중에서 변할 수 없는 것은 죽고 사는 것과 오래 살고 일찍 죽는 것뿐이다.

原文 **德不勝氣, 性命於氣. 德勝其氣, 性命於德. 窮理盡性, 則性天德, 命天理. 氣之不可變者, 獨死生脩夭而已.**

註解 ㅇ德(덕)-사람이 하늘로부터 부여받은 본연의 이(理)를 말함. ㅇ窮理盡性(궁리진성)-《역경》 설괘전(說卦傳)의 말. 천하의 이(理)를 추궁하여 사람의 성(性)을 온전하게 하는 것. ㅇ脩夭(수요)-오래 사는 것과 일찍 죽는 것.

解說 《정몽》 성명(誠明)편에 실린 글. 궁리진성(窮理盡性)의 중요함을 강조하고 있다.

82. 하늘이 아닌 것이 없다. 양(陽)이라는 밝음이 이기면 덕성(德性)이 행해지고, 음(陰)이라는 탁함이 이기면 물욕이 행해진다. 악을 다스리고 선을 온전하게 하는 것은 반드시 배움에서 비롯된다.

原文 **莫非天也. 陽明勝則德性用, 陰濁勝則物欲行. 領惡而全好者, 其必由學乎!**

解說 《정몽》 성명(誠明)편의 글. 사람은 하늘에서 받은 기질의 우열에 따라 총명과 우둔, 선인과 악인으로 결정되는데 본래의 선한 성(性)으로 돌아가는 방법은 배움이라고 말하고 있다.

83. 마음을 크게 하면 천하의 사물에 대하여 체득할 수 있게 된다. 천하 사물을 다 체득하지 못하면 곧 마음에는 외부(外部)가 있게 된다. 세상 사람들의 마음은 보고 들은 것의 협소함에 멈춰 있게 된다. 성인은 그의 본성을 다 발휘하여 보고 듣는 것으로 그 마음을 구속하지 않는다. 그분들은 천하를 보기를 내가 아닌 것이 하나도 없게 본다.

맹자(孟子)가 '그의 마음을 다하면 본성을 알고 하늘을 알게 된다'고 말씀하신 것은 이를 두고 말한 것이다. 하늘은 커서 외부가 없다. 그러므로 마음에 외부가 있으면 하늘의 마음과 합치될 수가 없을 것이다.

原文 **大其心, 則能體天下之物. 物有未體, 則心爲有外. 世人之心, 止於見聞之狹. 聖人盡性, 不以見聞梏其心. 其視天下, 無一物非我.**

孟子謂 ; 盡心則知性知天, 以此. 天大無外. 故有外之心, 不足以合天心.

註解 ㅇ體(체)－주자는 체인(體認)의 뜻으로 해석하여 자기 자신을 사물의 가운데로 합입시켜 그 이(理)를 규명하여 안다는 뜻이라 했다. 또는 사물을 내 마음속에 포용한다는 뜻으로 생각해도 된다. ㅇ梏(곡)－죄인의 손에 채우는 수갑, 구속하는 것. ㅇ盡心則知性(진심즉지성)－《맹자》 진심(盡心) 상편에 보이는 말임.

解說 《정몽》 대심(大心)편의 글. 공부를 함에 있어서는 자신의 마음이 지니고 있는 본성을 다 발휘하는 것이 가장 중요하다고 주장하고 있다.

그래야 본성과 하늘에 대하여도 올바로 알게 된다는 것이다.

84. 공자께서는 네 가지를 하지 않으셨다. 공부를 시작해서 완전한 덕을 이룩하기까지 처음부터 끝까지 성의를 다해야 한다는 가르침이다. 자의(恣意)는 엉뚱한 생각을 일으킨다. 기필코 하려는 것은 기대하는 것이 있다. 고집을 하면 변화하지 않는다. 나만을 생각하면 모가 난다. 이 넷 중의 하나라도 있으면 천지와 비슷하게 되지 않는다.

原文 **仲尼絶四. 自始學至成德, 竭兩端之敎也. 意有思也. 必有待也. 固不化也. 我有方也. 四者有一焉, 則與天地謂不相似矣.**

註解 ㅇ仲尼絶四(중니절사)－《논어》 자한(子罕)편에 '자절사(子絶四), 무의(毋意), 무필(毋必), 무고(毋固), 무아(毋我)'라고 한 말을 가리킨다. 곧 자의(恣意)가 없고, 기필코 하려 하지 않고, 고집이 없고, 나만을 생각하지 않는다는 것이다. ㅇ竭兩端(갈양단)－처음과 끝 양편에 걸쳐 성의를 다하는 것, 곧 시학(始學)으로부터 성덕(成德)에 이르기까지 성의를 다하는 것이다. 역시 《논어》 자한편에서 나온 말.

解說 《정몽》 중정(中正)편의 글. 덕(德)을 이루는 데 없애야 할 나쁜 점들을 말한 것으로 《논어》의 공자가 한 말에 대한 해설이다.

85. 위로 발전한다는 것은 천리(天理)로 되돌아가는 것이고, 아래로 발전한다는 것은 사람의 욕심을 좇는 것이다.

原文 **上達反天理, 下達徇人欲者與.**

註解 ㅇ上達(상달)－위, 곧 높은 경지에 통달하는 것. ㅇ下達(하달)－아래,

곧 나쁜 곳으로 흐르는 것.

解說 《정몽》 성명(誠明)편의 글. 《논어》 헌문(憲問)편에 나오는 '군자상달(君子上達), 소인하달(小人下達)'을 설명한 것이다.

86. 앎이, 높으면 하늘과 같은 것이며, 형이상적(形而上的)인 것이다. 밤낮을 통하여 안다면 그 앎은 높은 것이다. 앎이 그 높이에 이르러도 예(禮)로써 그의 본성을 이루지 않으면 앎이 자기의 것으로 되지 않는 것이다. 그러므로 앎과 예가 본성을 이루면 도의(道義)가 나오게 되는 것이다. 마치 천지의 자리가 잡히고 역(易)이 행해지는 것과 같다.

原文 **知崇, 天也, 形而上也. 通晝夜而知, 其知崇矣. 知及之, 而不以禮性之, 非己有也. 故知禮成性, 而道義出. 如天地位而易行.**

註解 ㅇ知崇(지숭)—형이상(形而上)·통주야(通晝夜)와 함께 《역경》 계사전(繫辭傳) 상편에 나오는 말. '통주야'는 음양(陰陽)·유명(幽明)·사생(死生)·귀신(鬼神) 등에 모두 통달하는 것.

解說 《정몽》 지당(至當)편의 글. 《주역》에 있는 말을 해설한 것으로 앎과 본성의 관계를 특히 설명하고 있다.

87. 곤난이 사람을 발전시키는 까닭은 덕에 대하여 잘 분별을 하고 감응이 빠르게 되기 때문이다. 맹자가 "사람이 덕행과 지혜와 술법과 재지(才智)를 지니게 되는 것은 언제나 재난을 통해서이다."고 말씀하신 것도 이 때문이다.

原文 **困之進人也, 爲德辨, 爲感速. 孟子謂：人有德慧術智者,**

常存乎疢疾, 以此.

註解 ㅇ疹疾(진질)－병, 재난.

解說 《정몽》 삼십(三十)편의 글. 《주역》 계사전(繫辭傳) 하편에 있는 '곤덕지변야(困德之辨也)'를 인용하여 사람은 환난으로부터 지덕(智德)을 얻는다고 말한 것이다.

88. 말함에는 가르침이 있고, 움직임에는 법도가 있고, 낮에는 하는 일이 있고, 밤에는 터득하는 것이 있고, 순식간(瞬息間)에도 보존을 잘해야 한다.

原文 言有教, 動有法, 晝有爲, 宵有得, 息有養, 瞬有存.

解說 《정몽》 유덕(有德)편의 글. 군자는 평소의 언동(言動)에도 배움이 있고, 짧은 순간에도 수양함이 있다는 말이다.

89. 횡거(橫渠) 선생이 〈완고함을 바로잡음〉이란 글을 지어 말씀하셨다. "하늘[乾]을 아버지라 부르고, 땅[坤]을 어머니라 부른다. 나는 여기의 미미한 존재로서 거기에 뒤섞이어 그 가운데 존재한다. 그러므로 천지에 가득 찬 기운이 나의 몸 바로 그 자체이고, 천지를 주재(主宰)하는 이치가 바로 나의 본성(本性)이다. 모든 사람들은 나의 형제이고, 만물은 모두 나의 동류(同類)인 것이다.

위대한 임금은 내 부모님의 맏아들이고, 그 대신들은 맏아들의 가신(家臣)들이다. 나이 많은 이를 존경하는 것은 자기 집의 어른을 어른으로 모시는 근거요, 고아나 어린아이에게 자애로운 것은 나의 아이들을 사랑하는 근거이다. 성인(聖人)은 그 덕이 천지의 덕과 합치되는 사람이고, 현명한 사람은 그 덕이 다른 사람보다 뛰어난 사람이다.

모든 천하의 노쇠하고 지친 사람이나 병들고 상처받은 사람, 형제가 없는 외아들과 늙어서 자식이 없는 사람과 아내가 없는 홀아비와 남편이 없는 과부들은 모두 나의 형제들이면서도 어려운 처지에 놓인 채 의지할 곳조차 없는 사람들인 것이다. 그러므로 그들을 잘 보양(保養)하는 것은 자식이 부모를 공양하는 것과 같고, 즐기면서 걱정하지 않게 되어야 어버이에 대한 순수한 효도도 되는 것이다.

도리를 어기는 것을 패덕(悖德)이라 하고, 인(仁)을 해치는 것을 도적이라 한다. 악함을 돕는 것은 못난 짓이며, 몸으로 할 도리를 실천해 나가는 것을 똑똑한 짓이라 하는 것이다. 변화의 도(道)를 알면 천지의 사업을 잘 이어받을 수 있을 것이고, 신명(神明)을 잘 추궁하면 천지의 뜻을 잘 계승할 수 있게 될 것이다. 아무도 보지 않는 집안 구석에서도 부끄러울 일이 없어야만 욕되는 일이 없게 되며, 자신의 마음을 지키고 본성을 키워나가야만 게으름을 피지 않는 것이다.

맛있는 술을 싫어한 것은 숭백(崇伯)의 아들 우(禹)가 부모를 돌보고 봉양하기 위해서였고, 영재(英才)가 길러진 것은 영곡(潁谷)의 봉인(封人)인 영고숙(潁考叔)의 지극한 효성이 남에게도 영향을 끼쳐 효자를 속출하게 하였기 때문이다. 노력을 게을리하지 않아 마침내 부모님을 기쁘게 한 것은 순(舜)이 이룬 공이고, 참언(讒言)으로 죽게 되었어도 도망가지 않고 팽살(烹殺)의 형(刑)을 기다린 것은 진(晉)나라 태자 신생(申生)의 공경함이다. 부모에게서 받은 몸을 온전히 돌려보낸 사람은 증자(曾子)이고, 부모의 뜻을 따르는 데 용감하고 명령에 순종한 사람은 윤길보(尹吉甫)의 아들 백기(伯奇)이다.

부귀와 복(福)과 은택(恩澤)은 하늘이 나의 삶을 풍부하게 해주는 것이요, 가난하고 천하고 근심과 걱정을 하게 되는 것은 너를 옥처럼 갈고 연마함으로써 너를 완성시키려는 것이다. 살아서 내가 일을 순리대로 하면, 죽은 다음에도 내가 편안할 것이다."

原文 橫渠先生作訂頑曰:

乾稱父, 坤稱母. 予茲藐焉, 乃混然中處. 故天地之塞, 吾其體, 天地之帥, 吾其性. 民吾同胞, 物吾與也.

大君者, 吾父母宗子. 其大臣, 宗子之家相也. 尊高年, 所以長其長, 慈孤弱, 所以幼其幼. 聖其合德, 賢其秀也.

凡天下疲癃殘疾, 惸獨鰥寡, 皆吾兄弟之顚連而無告者也. 于時保之, 子之翼也. 樂且不憂, 純乎孝者也.

違曰悖德, 害仁曰賊. 濟惡者不才, 其踐形惟肖者也. 知化則善述其事, 窮神則善繼其志. 不愧屋漏爲無忝, 存心養性爲匪懈.

惡旨酒, 崇伯子之顧養, 育英材, 潁封人之錫類. 不弛勞而底豫, 舜其功也. 無所逃而待烹, 申生其恭也. 體其受而歸全者, 參乎. 勇於從而順令者, 伯奇也.

富貴福澤, 將厚吾之生也. 貧賤憂戚, 庸玉女於成也. 存吾順事, 沒吾寧也.

註解 ㅇ訂頑(정완)—완고함을 싱정하다, 어리석음을 바로잡아 주는 글. 〈서명(西銘)〉을 가리키는 말이다. ㅇ藐(묘)—작은 것, 미미한 것. ㅇ塞(색)—꽉 차 있는 것, 곧 기(氣). ㅇ帥(수)—장수, 주재(主宰). ㅇ與(여)—함께하는 것, 동류(同類). ㅇ疲癃(피융)—지치고 쇠약한 사람, 병들고 허약한 사람. ㅇ顚連(전련)—좌절(挫折), 어려운 처지에 있는 것. ㅇ告(고)—호소하는 것, 또는 고(靠)와 통하여 의지하는 것. ㅇ肖者(초자)—부모를 닮은 사람, 똑똑한 사람. ㅇ屋漏(옥루)—방의 서남쪽 모퉁이, 방 구석. ㅇ崇伯(숭백)—하(夏)나라 우(禹)임금의 아버지 곤(鯀). ㅇ潁封人(영봉인)—'영'은 영곡(潁谷). '봉인'은 국

경을 관리하는 관리. 여기서는 춘추(春秋)시대의 영고숙(穎考叔)을 말한다. ㅇ錫類(사류)－다른 사람들에게까지 그의 효성의 영향을 끼쳐주는 것. ㅇ底豫(저예)－기뻐하게 되다. ㅇ申生(신생)－춘추(春秋)시대 진(晉)나라 헌공(獻公)의 태자. 헌공의 애희(愛姬)인 이희(驪姬)가 자기 아들을 태자로 만들려고 신생을 모함하여 사형을 당하게 되었다. 신생은 모함임을 알면서도 도망가지 않고 아버지의 뜻을 따라 죽음을 맞이하였다. ㅇ參(삼)－증삼(曾參), 공자의 제자, 효도로 유명한 증자(曾子). ㅇ伯奇(백기)－주(周)나라 태사(太師) 윤길보(尹吉甫)의 아들. 윤길보는 후처(後妻)의 말만 듣고 백기를 내쫓았으나, 백기는 오직 아버지의 말에 순종하였다. ㅇ庸(용)－용(用)의 뜻. ㅇ玉女(옥녀)－너를 옥을 갈고 다듬듯이 해주다. '여'는 여(汝).

解說 장재(張載)의 유명한 글 〈서명(西銘)〉을 인용한 것이다. 본시 장재는 이 글을 써서 〈정완(訂頑)〉이란 제목 아래 자기 서원(書院)의 서쪽 창문 옆에 걸어놓았다. 동쪽에는 다음에 나오는 〈폄우(砭愚)〉라는 글을 내걸었다. 뒤에 정이(程頤)가 이 글을 보고, 그런 제목은 뒤에 사람들의 논쟁의 실마리가 될 것이라 하면서 제목을 〈서명〉과 〈동명(東銘)〉으로 바꾸는 것이 어떻겠느냐고 권유하여, 그 말을 따랐다 한다. 정이는 이 글을 "지극히 순수하여 잡된 것이 없으며, 진한(秦漢) 이래 학자들이 이르지 못한 경지에 이른 글이다."고 찬탄하였다 한다. 북송(北宋) 성리학을 대표하는 글로 유명하다.

90. 또 〈어리석음을 치료함〉이라는 글을 써서 말씀하셨다.

"장난삼아 하는 말도 생각에서 나오는 것이고, 장난치는 행동도 계획에 의하여 이루어지는 것이다. 소리로 드러나고 사지(四肢)로 드러내 보이고서, 자기의 마음으로 한 짓이 아니라고 말한다면 도리에 밝지 못한 것이다. 남들이 자기를 의심하지 않기를 바란다 해도 그렇게 될 수 없는 일이다. 잘못된 말은 본심이 아니고, 잘못된 행동은 진정에서 나온 것이 아니다. 소리를 잘못 내고 그의 사지를 잘못 움직이고도, 자기는 당연한 일을 한 것이라 말하는 것은 자신을 속이는 짓이다. 남들로 하여금 자기를 따르게 하려 한다면 남마저 속이는 것이다.

어떤 사람은 자기의 마음에서 나온 말을 자기의 장난으로 그 허물을 돌리고, 그릇된 생각에서 나온 행동을 자기의 진정에서 나온 것인 양 스스로를 속이기도 한다.

너에게서 나오는 것을 경계할 줄은 모르고, 도리어 그 허물을 너에게서 나오지 않은 것으로 돌리는 것은, 오만함을 자라게 하고 또 옳지 않은 짓을 하게 하는 것이다. 그릇됨이 무엇이 이보다 더 심할 것인가?”

原文 又作砭愚曰：

戱言出於思也, 戱動作於謀也. 發於聲, 見乎四支, 謂非己心, 不明也. 欲人無己疑, 不能也. 過言非心也, 過動非誠也. 失於聲, 繆迷其四體, 謂己當然, 自誣也. 欲他人己從, 誣人也.

或者謂出於心者, 歸咎於己戱, 失於思者, 自誣爲己誠.

不知戒其出汝者, 歸咎其不出汝者, 長傲且遂非, 不知孰甚焉.

註解 ㅇ砭(폄)－돌침, 돌침을 놓아 병을 고치다. ㅇ四支(사지)－사지(四肢), 팔다리. ㅇ繆迷(유미)－잘못되고 미혹됨. ㅇ咎(구)－허물.

解說 장재(張載)의 〈동명(東銘)〉이다. 앞의 〈서명〉만큼 유명하지는 못하지만 역시 북송 성리학을 대표할만한 글이다.

91. 자기 자신을 수양하려면 먼저 돈후(敦厚)와 자중(自重)으로 자기 자신을 지켜야 한다. 돈후 자중하고 배울 줄 알면 덕이 발전하여 고루(固陋)해지지 않는다. 충(忠)과 신(信)으로 덕을 발전시키려면, 벗을 존경하고 어진 사람과 다급히 사귀어야 한다. 자기보다 훌륭한 사람과 친해지

고자 하는 것보다 잘못을 고치기에 인색하지 않는 것이 더 낫다.

原文 **將脩己, 必先厚重以自持. 厚重知學, 德乃進而不固矣. 忠信進德, 惟尚友而急賢. 欲勝己者親, 無如改過之不吝.**

解說 《정몽》 건칭(乾稱) 하편의 글. 《논어》 학이(學而)편의 '군자는 중후하지 않으면 위엄이 없고, 배움도 굳게 되지 않는다(君子不重則不威, 學則不固)'를 해설한 것임. 다만 '고(固)'의 해석은 주자(朱子)를 따르지 않고 하안(何晏)의 《집해》를 따른 것이다.

92. 횡거(橫渠) 선생께서 범손지(范巽之)에게 말씀하셨다. "우리들은 옛분들보다 못한데 그 병폐의 근원은 어디에 있는가?"

손지(巽之)가 거기에 대하여 가르침을 요청하자, 선생님께서 말씀하셨다. "이것은 깨닫기 어렵지 않다. 이 말을 한 것은 학자들이 항상 뜻을 지니어 잊지 않기를 바라는 뜻에서이다. 마음을 여유있게 지니고 이에 점점 젖어들게 되기 바랐던 것이다. 어느 날이고 깨끗하게 되어 큰 잠으로부터 깨어나게 될 것이기 때문이다."

原文 **橫渠先生謂范巽之曰 : 吾輩不及古人, 病源何在? 巽之請問, 先生曰 : 此非難悟. 設此語者, 蓋欲學者存意之不忘. 庶游心浸熟. 有一日脫然, 如大寐之得醒耳.**

註解 ㅇ范巽之(범손지)－이름은 육(育), 장재(張載)의 문인. ㅇ庶(서)－바라다. ㅇ游心(유심)－마음을 여유있게 지니는 것. ㅇ脫然(탈연)－깨끗이 벗어나는 모양. ㅇ大寐(대매)－큰 잠, 깊은 잠.

解說 《장자전서(張子全書)》 습유(拾遺)에 보이는 글. 성현이 되기를

바라며 오래 노력하면 그에 도달할 날이 있다는 것이다.

93. 마음을 확립(確立)시킬 줄 모른다면 생각을 많이 하여 의심을 불러일으키는 것을 싫어해야 한다. 마음을 확립시킬 줄 안다면 도리를 강구하고 일을 처리하는 것이 정세(精細)하지 못함을 싫어해야 한다. 도리를 강구하고 일을 처리하고 생각을 하는 것은 학술(學術) 안의 일이 아닌 것이 없으니, 비록 그 일에 부지런하다 할지라도 어찌 잘못일 수 있겠는가? 선(善)을 추구하는 데에 다급한 까닭은 내 마음을 의심 없는 경지에 세우고자 하기 때문이다. 그렇게 된 뒤에야 큰 강물이 터지듯 내가 나아가는 방향으로 유리하게 될 것이다.

자기 뜻을 겸손히 가지고 제때에 힘쓰기를 민첩히 한다면 그의 수양은 바로 이루어질 것이다. 그러므로 비록 공자처럼 재능이 아름다운 사람이라 하더라도 역시 민첩하게 그것을 추구해야 한다. 지금 남만 못한 자질(資質)을 가지고 서서히 자연스럽게 가는 대로 맡겨두어도 된다는 말은 들어본 일이 없다.

原文 未知立心, 惡思多之致疑. 旣知所立, 惡講治之不精. 講治致思, 莫非術內, 雖勤而何厭? 所以急於可欲者, 求立吾心於不疑之地. 然後若決江河, 以利吾往.

遜此志, 務時敏, 厥修乃來. 故雖仲尼之才之美, 然且敏以求之. 今持不逮之資, 而欲徐徐以聽其自適, 非所聞也.

註解 ㅇ惡(오)－싫어하다. ㅇ講治(강치)－이치를 강구(講究)하고 일을 처리하는 것. ㅇ術(술)－학술, 학문. ㅇ可欲者(가욕자)－선(善)을 말함. 《맹자(孟子)》 진심(盡心) 하편에 '가욕위선(可欲謂善)'이라 하였다. ㅇ不逮(불체)－남을 따라가지 못하는 것, 남만 못한 것. ㅇ聽(청)－버려두다, 따르다.

解說 《장자전서(張子全書)》 습유(拾遺)에 보이는 글.

94. 선(善)을 밝힘이 배움의 근본이다. 이를 굳게 지키면 곧 자립(自立)하게 되고, 이를 확충하면 덕이 크게 되고, 이를 가벼이 보면 덕이 작아진다. 사람으로서는 도를 넓혀 가기만 하면 그뿐이다.

原文 **明善爲本. 固執之乃立, 擴充之則大, 易視之則小. 在人能弘之而已.**

解說 《장자전서(張子全書)》 습유(拾遺)에 보이는 글. 《중용》·《논어》·《맹자》의 문장을 뒤섞어 이룬 글이다.

95. 지금 오직 덕성(德性)을 존중하고 학문을 추구하는 데에만 마음을 두고, 매일 스스로 학문을 하는 데 배반되는 일은 없었는가, 덕성면에 있어서 게을리한 일은 없는가 반성해야 한다. 이렇게 하는 뜻도 역시 글을 널리 공부하고 예로써 단속한다는 것이며, 하급의 것을 배워서 상급의 경지에 이른다는 것이다. 이런 방법으로 경계하고 채찍질하여 1년만 지난다면 어찌 발전하지 않겠느냐?

매일 반드시 다소라도 유익한 일을 추구하고, 자기에게 결여(缺如)된 것을 알아 작은 선하지 못한 점이라도 고칠 수 있어야 한다. 이것이 덕성(德性)에 있어서 도움이 되는 것이다. 책을 읽는 데 있어서는 의리(義理)를 추구해야 하고, 책을 엮을 적에는 반드시 귀착점(歸着點)에 대한 이해가 있어야 하며, 부질없이 베끼기만 하고 지나쳐서는 안된다. 또 이전 사람들의 말과 행한 일을 많이 알아야 한다. 이것이 학문상 도움이 되는 것이다.

짧은 시간이라도 한가히 지내는 일이 없어야 한다. 매일 이처럼 하여

3년만 되면 진보가 있게 될 것이다.

原文 今且只將尊德性而道問學爲心, 日自求於問學者有所背否, 於德性有所懈否. 此義亦是博文約禮, 下學上達. 以此警策一年, 安得不長?

每日須求多少爲益, 知所亡, 改得少不善, 此德性上之益. 讀書求義理, 編書須理會有所歸著, 勿徒寫過. 又多識前言往行, 此問學上益也.

勿使有俄頃閒度. 逐日似此三年, 庶幾有進.

註解 ㅇ道問學(도문학)－학문의 길을 추구하는 것. ㅇ懈(해)－게을리하다. ㅇ博文約禮(박문약례)－학문을 널리 하고 예로써 단속하다. 《논어(論語)》 옹야(雍也)편에 보이는 말. ㅇ下學上達(하학상달)－하급의 것을 공부하여 상급의 경지에 이른다. 《논어》 헌문(憲問)편에 보이는 말. ㅇ編書(편서)－옛분의 책을 읽어 중요한 대목을 모아 따로 다시 책을 엮는 것. ㅇ歸著(귀착)－귀착(歸着). ㅇ俄頃(아경)－극히 짧은 동안. ㅇ庶幾(서기)－아마도 ……하게 될 것이다.

解說 《장자전서(張子全書)》 습유(拾遺)에 보이는 글. 성리학적인 학문 방법을 강조한 말이다.

96. 천지를 위하여 뜻을 세우고, 백성을 위하여 도를 세우고, 옛 성인을 위하여 도통(道統)이 끊어진 학문을 계승하고, 만세(萬世)를 위하여 태평성세(太平盛世)를 연다.

原文 爲天地立心, 爲生民立道, 爲去聖繼絶學, 爲萬世開太平.

註解 ㅇ立心(입심)－천지는 만물을 화육(化育)하는 것으로 마음을 삼고

있다. 그 마음을 내 마음으로 삼아 만물을 위한다는 것이다.

解說 《장자전서(張子全書)》 습유(拾遺)에 보이는 글. 장재가 자기 학문의 목표를 요약하여 말한 대목이다.

97. 내가 학자들에게 먼저 예(禮)를 배우도록 한 것은 오직 예를 배우면 세속의 모든 얽매어 있는 습성을 제거할 수 있기 때문이다. 비유를 들면 덩굴풀에 얽힌 나무는 그 얽매임이 풀리면 곧 위로 자라 올라가게 되는 것과 같다. 진실로 모든 세습(世習)을 제거할 수만 있다면 곧 자연히 깨끗이 벗어나게 될 것이다. 또한 예를 배우면 마음을 지키어 안정시킬 수가 있을 것이다.

原文 **載所以使學者先學禮者, 只爲學禮, 則便除去了世俗一副當習熟纏繞. 譬之延蔓之物, 解纏繞卽上去. 苟能除去了一副當世習, 便自然脫灑也. 又學禮, 則可以守得定.**

註解 ㅇ載(재)－횡거(橫渠)의 이름. ㅇ一副當(일부당)－한 벌, 여기서는 일체(一切)의 뜻. ㅇ習熟(습숙)－습성, 아주 익숙해진 버릇. ㅇ纏繞(전요) 감기어 있는 것, 얽매인 것. ㅇ延蔓(연만)－덩굴이 뻗다, 덩굴풀이 뻗다. ㅇ脫灑(탈쇄)－벗어나 깨끗해지는 것.

解說 《장자전서》 어록(語錄)의 글. 세속의 폐풍누습(弊風陋習)이 습성이 됨을 경계한 말로, 예(禮)를 배움으로써 이를 제거할 수 있다고 하였다.

98. 반드시 마음을 넓히어 너그럽고 즐겁고 공평하게 하여 도를 추구해야만 도를 볼 수 있다. 하물며 덕성은 스스로가 넓고 큰 것임에랴? 《역경》에 '신묘(神妙)함을 추궁하여 변화를 아는 것이 덕의 성함이

다'라고 하였다. 어찌 얕은 마음으로 도를 터득할 수 있겠는가?

原文 **須放心寬快, 公平以求之, 乃可見道. 況德性自廣大? 易曰 : 窮神知化, 德之盛也. 豈淺心可得?**

註解 ㅇ放心(방심)—마음을 넓게 지니는 것. ㅇ寬快(관쾌)—너그럽고 즐거운 것. ㅇ窮神知化(궁신지화)—《역경》 계사전(繫辭傳) 하편에 있는 말.

解說 장재의 《역설(易說)》 계사전(繫辭傳)의 해설에 보이는 글. 사람의 덕성(德性)은 본래 광대하니 넓은 마음으로 도를 추구해야 한다는 것이다.

99. 많은 사람이 나이 많아 성숙하게 되면 아랫사람에게 물으려 하지 않으므로 종신토록 알지 못하고 만다. 또한 남들보다 도의(道義)를 먼저 깨달았다고 자처하기 위해서는 모르는 것이 있다고 말하면 안되므로, 아랫사람에게 물으려 하지 않게 된다. 물으려 하지 않는 데서 마침내 여러 가지 폐단이 생기고, 사람들과 자신을 속이게 된다. 어찌 종신토록 모르고 지내야 하겠는가?

原文 **人多以老成則不肯下問, 故終身不知. 又爲人以道義先覺處之, 不可復謂有所不知, 故亦不肯下問. 從不肯問, 遂生百端, 欺妄人我. 寧終身不知?**

註解 ㅇ百端(백단)—여러 가지 폐단. ㅇ欺妄(기망)—속이는 것.

解說 《장자전서》 습유(拾遺)에도 보이는 글. 《논어》 공야장(公冶長)편에 나오는 불치하문(不恥下問)의 뜻을 해설한 것이다. 헛되이 교만하여

아랫사람에게 묻기를 부끄럽게 여기면 안된다고 말하고 있다.

100. 많이 듣는 것만으로는 천하의 일을 다 알기 힘들다. 만약 많이 듣는 것으로 천하의 변화에 대응한다면 곧 그 방법은 자기가 전에 알고 있던 일에는 대처할 수 있을 것이나 만약 헤아리지 못했던 일로 놀라게 되면 곧 궁지에 몰리게 된다.

原文 多聞不足以盡天下之故. 苟以多聞而待天下之變, 則道足以酬其所嘗知. 若劫之不測, 則遂窮矣.

解說 《장자전서》 습유(拾遺)에도 보이는 글. 듣고 아는 것이 많은 것보다는 일관된 도리를 파악하는 것이 더 중요하다는 것이다.

101. 학문의 크게 이로운 점은 기질의 변화를 스스로 추구함에 있다. 그렇지 않으면 배움은 모두 사람에게 폐해가 되어 끝내 도를 밝혀내지 못하여 성인의 깊은 뜻을 발견하지 못하게 될 것이다.

原文 爲學大益, 在自求變化氣質. 不爾, 皆爲人之弊, 卒無所發明, 不得見聖人之奧.

註解 ㅇ變化氣質(변화기질)-기질의 비뚤어진 것을 교정하여 변화시킨다. ㅇ不爾(불이)-그렇지 않으면, 그렇게 하지 못하면. ㅇ奧(오)-깊은 뜻, 심오한 진리.

解說 《장자전서》 어록(語錄)에 보이는 글. 학문의 중요한 점은 자기의 기질을 교정하여 인격을 도야함에 있다는 것이다.

102. 사물의 조리(條理)는 자세히 살펴야 하고 마음은 넓게 해야 한다.

原文 **文要密察, 心要洪放.**

註解 ㅇ文(문)－사물의 문리(文理), 즉 조리(條理), 사리를 말함. ㅇ洪放(홍방)－넓게 하다, 널리 지니다.

解說 장재의 《경학이굴(經學理窟)》 권2, 예악(禮樂)에 보이는 글. 《중용(中庸)》에 있는 문리밀찰(文理密察)을 원용한 말이다.

103. 의혹(疑惑)을 모르는 것은 오직 착실히 공부하지 않은 때문이다. 착실히 공부하면 반드시 의혹이 있게 된다. 통하지 않는 점이 있을 것이니 그래서 의혹이 생기는 것이다.

原文 **不知疑者, 只是不便實作. 旣實作, 則須有疑. 有不行處, 是疑也.**

註解 ㅇ實作(실작)－착실히 공부하는 것.

解說 《경학이굴》 권2, 기질(氣質)에 보이는 글. 착실히 또는 실질적으로 공부하는 것의 중요성을 강조하고 있다.

104. 마음이 넓고 크면 만사가 다 통하고, 마음이 좁으면 백사(百事)가 모두 병이 된다.

原文 **心大則百物皆通, 心小則百物皆病.**

解說 《경학이굴》 권2, 기질(氣質)에 보이는 글. 마음이 넓어야 공평(公平) 정대(正大)하게 되어 만사에 통달하게 된다는 것이다.

105. 사람이 비록 일이 있어 공부할 겨를이 없다 하더라도 마음으로는 배움의 뜻을 잊지 말아야 한다. 마음에 그 뜻을 잊지 않으면 비록 일상적인 일을 접한다 하더라도 곧 실지로 행하는 것이 도가 아닌 것이 없게 된다. 만약 마음에 배움의 뜻을 잊고 있다면 종신토록 공부를 한다 하더라도 이는 단지 속된 일이 되고 말 뿐이다.

原文 **人雖有功, 不及於學, 心亦不宜忘. 心苟不忘, 則雖接人事, 卽是實行, 莫非道也. 心若忘之, 則終身由之, 只是俗事.**

註解 ㅇ有功(유공)－일이 있는 것. ㅇ人事(인사)－일상적인 일. ㅇ由之(유지)－지(之)는 배움을 말함, 공부를 하는 것.

解說 《경학이굴》 권3, 의리(義理)에 보이는 글. 실제로 학문에 종사하지 못하더라도 올바른 배움의 뜻을 잃지 않으면 어디서나 배움은 이룩된다는 것이다.

106. 자기의 안팎을 합치시키고, 남과 나를 평등히 보아야 한다. 그래야 도의 대체(大體)를 보게 된다.

原文 **合內外, 平物我, 此見道之大端.**

註解 ㅇ合內外(합내외)－자신의 내외표리(內外表裏)를 합하여 하나로 여기다. ㅇ平物我(평물아)－자기와 남과의 구별을 하지 않는 물아일체(物我一體)를 말함. ㅇ大端(대단)－대체(大體), 위대한 단서(端緖).

解說 《경학이굴》 권3, 의리(義理)에 보이는 글. 마음의 표리일치(表裏一致)와 물아일체(物我一體)의 중요성을 강조하고 있다.

107. 공부를 함에 먼저 출세하는 일에 뜻을 두면 배움에 해가 된다. 그런 뜻을 지니면, 반드시 이리저리 따져 새로운 생각을 만들어 내어 사고를 일으키게 된다. 덕(德)이 이루어지지 않았는데 먼저 출세하는 일을 일로 삼는 것은 뛰어난 목수를 대신하여 나무를 깎는 것과 같은 것이니 손을 다치지 않는 일이 드물다.

原文 **旣學而先有以功業爲意者, 於學便相害. 旣有意, 必穿鑿創意, 作起事端也. 德未成, 而先以功業爲事, 是代大匠斲, 希不傷手也.**

註解 ㅇ功業(공업)－출세하는 일, 벼슬하는 일. ㅇ穿鑿創意(천착창의)－여러 가지로 일을 따져보고 새로운 생각을 만들어 내는 것. ㅇ事端(사단)－사고(事故). ㅇ大匠(대장)－뛰어난 목수. ㅇ斲(착)－나무를 깎는 것. ㅇ希(희)－희(稀), 드물다.

解說 《경학이굴》 권3, 의리(義理)에 보이는 글. 올바른 배움에만 힘써야지, 출세나 벼슬을 먼저 생각하면 안된다고 말하고 있다.

108. 속으로 일찍이 근심하기를, 공자와 맹자가 돌아가신 뒤, 여러 선비가 떠들썩하기만 하였지 요점으로 돌아가 그 근원을 추궁할 줄은 모르고 있다는 것이다. 용감히 진실로 공부하겠다고 나서는 이도 미치지 못하는 자질로 후세에 알려지기에만 급급하고 있다. 현명한 사람이 한 번 보면 그들 배 속을 들여다보는 것 같으니 실로 그들은 자기 역량을 모른다는 것을 알 것이다. 이제 그 폐단을 다스리고 나의 성심을 묵묵히 기르려 하나, 돌이켜보건대 걱정이 되는 것은 시일과 힘이 부족하여 다른 일

을 할 수 없다는 것이다.

原文 竊嘗病, 孔孟旣沒, 諸儒囂然, 不知反約窮源. 勇於苟作, 持不逮之資, 而急知後世. 明者一覽, 如見肺肝然, 多見其不知量也. 方且創艾其弊, 默養吾誠. 顧所患, 日力不足, 而未果他爲也.

註解 ㅇ囂然(효연)—시끄러운 모양. ㅇ反約(반약)—요점으로 되돌아가다. ㅇ窮源(궁원)—근원을 추궁하다. ㅇ勇於苟作(용어구작)—용감하게 진실로 공부를 하겠다고 나서는 것. ㅇ見肺肝(견폐간)—폐와 간을 들여다보다, 배 속을 들여다보다. ㅇ創艾(창예)—잘 다스리다.

解說 《장자전서》 습유(拾遺)에도 보이는 글. 공부하는 사람이 외면의 공적(功績)과 명성에만 급급하면 공부는 실속이 없게 된다는 것이다.

109. 학문이 미숙한데도 변(變)을 말하기 좋아한다면 반드시 끝내는 근심이 있게 됨을 알 수 있다. 대개 변(變)은 가벼이 논의해서는 안된다. 만약 갑자기 변(變)을 이야기한다면 곧 공부방법이 올바르지 않음을 알 수 있다.

原文 學未至而好語變者, 必知終有患. 蓋變不可輕議. 若驟然語變, 則知操術已不正.

註解 ㅇ變(변)—상도(常道)가 아닌 권변(權變), 곧 때와 경우에 따라 처리하는 임기응변의 계책. ㅇ驟然(취연)—갑자기. ㅇ操術(조술)—학문 방법.

解說 《경학이굴》 권3, 의리(義理)에 보이는 글. 상도(常道)의 도리를 배우기도 전에 임기응변하는 것을 좋아하면 그의 공부는 바르지 못하게

된다는 것이다.

110. 사실이 가리워져 진실이 보이지 않는 것은 오직 그가 발전을 추구하지 않기 때문이다. 사람이 그의 도의(道義)를 터득한 것과 이룬 정도를 말하려 하지 않는 것은 진실을 보지 못하기 때문이며, 안회(顔回)가 공자의 말에 기뻐하지 않는 것이 없었던 것과는 다른 것이다.

原文 **凡事蔽蓋不見底, 只是不求益. 有人不肯言其道義所得所至, 不得見底, 又非於吾言無所不說.**

註解 ㅇ蔽蓋(폐개)-가리어진 것. ㅇ見底(견저)-바닥을 보다, 진실을 보다. ㅇ於吾言無所不說(어오언무소불열)-《논어》 선진(先進)편에 나오는 말로 안회(顔回)는 공자(孔子)의 말을 듣고 기뻐하지 않는 것이 없었다는 뜻.

解說 《경학이굴》 권3, 의리(義理)에 보이는 글. 자기가 행한 일을 숨기지 않아야 자기의 과오를 다른 사람으로부터 시정받을 수 있으며, 따라서 발전이 있는 것이다. 또 설사 어느 정도 성취가 있다 하더라도 남에게 알리지 않으면 조그만 발전에 스스로 만족하여 큰 발전이 없게 된다는 뜻이다.

111. 귀와 눈을 밖으로 써서 바깥일에 종사하게 하면 이는 실로 스스로를 타락시키는 것이다. 자신을 다스리려 하지 않고 오직 남의 잘하고 못하는 것만을 말하여 자기 자신을 반성할 수 없게 된다.

原文 **耳目役於外, 攬外事者, 其實是自惰. 不肯自治, 只言短長, 不能反躬者也.**

註解 ㅇ攬(람)-잡다, 종사하다. ㅇ外事(외사)-자기 외부의 일, 자기의 마음의 수양과 관계없는 일임. ㅇ惰(타)-떨어지다, 타락하다. ㅇ短長(단장)-남의 단점과 장점.

解說 《경학이굴》 권3, 의리(義理)에 보이는 글. 자기 자신을 수양하기에도 급한데 쓸데없는 일에 힘쓰면 안된다는 말이다.

112. 공부하는 사람은 뜻이 작고 기(氣)가 가벼우면 매우 좋지 않다. 뜻이 작으면 만족하기 쉽고 만족하기 쉬우면 발전할 수가 없다. 기가 가벼우면 모르는 것을 아는 것으로 생각하고 아직 배우지 않은 것을 배운 것으로 생각하게 된다.

原文 學者大不宜志小氣輕. 志小則易足, 易足則無由進. 氣輕則以未知爲已知, 未學爲已學.

解說 《경학이굴》 권4, 학대원(學大原) 하권에 보이는 글. 뜻은 크고 기는 중후하게 지녀야만 공부에 큰 발전이 있을 수 있다는 말이다.

근사록 권 3

치지류(致知類) 도합 78조

1. 이천(伊川) 선생께서 주장문(朱長文)에게 보낸 답장 편지에 말씀하셨다.

"마음이 도에 통한 연후에야 옳고 그름을 판별할 수 있는 것이니, 그것은 마치 저울을 가지고 무겁고 가벼움을 재는 것과 같다. 맹자의 이른바 '말을 듣고 그의 속까지 안다'는 말씀이 바로 이것이다.

마음이 도에 통하지 못하였는데도 옛사람들의 옳고 그름을 헤아리는 것은 저울을 갖지도 않고 무겁고 가벼움을 재려는 것과 같다. 그의 눈의 힘을 다하고 마음의 지혜를 수고롭게 하여 비록 때로는 맞힌다 하더라도 이것은 역시 옛사람의 이른바 '억측하여 자주 맞히는 것'이니 군자는 이것을 귀하게 여기지 않는다."

原文 伊川先生答朱長文書曰：心通乎道，然後能辨是非，如持權衡以較輕重．孟子所謂知言是也．

心不通於道，而較古人之是非，猶不持權衡而酌輕重．竭其目力，勞其心智，雖使時中，亦古人所謂億則屢中，君子不貴也．

註解 ㅇ朱長文(주장문)－자는 백원(伯原), 호는 낙포(樂圃). 손태산(孫泰山)의 제자. ㅇ權衡(권형)－저울. ㅇ較(교)－견주다, 재다. ㅇ知言(지언)－《맹

자》 공손추(公孫丑) 상편에 보이는 말. 말을 듣고 그의 마음속까지 모두 이해한다는 뜻으로 쓰고 있다. ㅇ酌(작)－헤아리다, 재다. ㅇ億則屢中(억즉루중)－억(億)은 억측으로, 자기 마음속으로 미루어 생각하는 것. 《논어》 선진(先進)편에 공자가 자공(子貢)은 '억측한 것이 자주 들어맞는다', 그래서 재물을 잘 불린다고 말하고 있다.

解說 《정씨문집(程氏文集)》 권9(伊川先生文 五)에 보이는 글. 사물의 당연한 이치인 도에 통하지 않고서는 옳고 그름을 판별할 수 없다는 것이다.

2. 이천 선생께서 문인(門人)에게 답하는 글에 말씀하시었다.

"공자(孔子)와 맹자의 제자들이라고 어찌 다 현인(賢人) 철인(哲人)이었겠는가? 진실로 평범한 무리들이 많았다. 이 평범한 무리들이 성현(聖賢)을 관찰하면 알지 못하는 것이 많았다. 오직 그들은 감히 자기 자신을 믿지 않고 그 스승을 믿었으니, 그러므로 추구하여 터득하는 것이 있었다.

그런데 지금 제군(諸君)들은 내 말에 조금이라도 맞지 않는 점이 있으면 바로 비리고 다시는 생가지 않으니 마침내 내 생각과는 다르게 된다. 바로 버리는 것은 옳지 않으니, 다시 거듭 생각해 보도록 해야 한다. 이것이 곧 앎을 이르게 하는 방법이다."

原文 伊川先生答門人曰：孔孟之門, 豈皆賢哲? 固多衆人. 以衆人觀聖賢, 弗識者多矣. 惟其不敢信己而信其師. 是故求而後得.

今諸君於頤言纔不合, 則置不復思, 所以終異也. 不可便放下, 更且思之. 致知之方也.

解說 《정씨문집(程氏文集)》 권9(伊川先生文 五)에 보이는 글. 〈답문인

서(答門人書)〉의 치지(致知), 즉 앎에 이르는 방법을 논한 것이다. 자기 생각과 다르다고 해서 버릴 것이 아니라 거듭 깊이 생각함으로써 앎의 길에 나아가야 한다는 것이다.

3. 이천 선생께서 횡거(橫渠) 선생에게 답하는 글에 말씀하시었다.

"논술(論述)한 것에는 대체적으로 고심하고 노력을 다한 자취는 있으나, 너그럽고 온후한 기상이 없습니다. 밝은 예지(叡智)로 비추어 생각하고 따져서 이런 결론에 이른 것이 아닌 것 같습니다. 그러므로 의견이 자주 치우쳐지고 말에는 막히는 곳이 많으며, 약간 이론이 흔들린 경우도 가끔 있습니다.

거듭 바라건대 생각을 완전히 기르고 의리에 마음을 둔다면 언젠가는 저절로 이치에 통달하게 될 것입니다."

原文 **伊川先生答橫渠先生曰：所論大概有苦心極力之象，而無寬裕溫厚之氣．非明睿所照，而考索至此．故意屢偏，而言多窒，小出入時有之．**

更願完養思慮，涵泳義理．他日自當條暢．

解說 《정씨문집(程氏文集)》 권9(伊川先生文 五)에 보이는 〈답횡거선생서(答橫渠先生書)〉이다. 치지(致知)에 이르는 길은 마음을 쓰고 힘을 다하여 억지로 고구(考究)하고 천착하는 데 있는 것이 아니라 의리에 마음을 두고 사색을 하여 이치에 통달하는 데 있다는 내용이다.

4. 진리를 터득하였는가 터득하지 못했는가를 알려면 마음의 기색을 살펴봐야 한다. 생각하여 터득한 것이 마음속에 기쁘고 강물이 흐르는 것같이 여유가 있으면 실지로 터득한 것이다. 생각하여 터득한 것이 있

다고 해도 마음의 기색이 수고롭고 지쳤으면 실지로 터득하지 못한 것이다. 억지로 미루어 헤아린 것일 뿐이다.

일찍이 어떤 사람이 말하기를 "근래에 도를 배우는 데 생각을 쓰다 보니 마음이 허해졌다."고 하였다. 내 생각으로는 사람의 혈기(血氣)에는 본래 허실(虛實)이 있어서, 질병(疾病)이 오는 것은 성현(聖賢)도 면치 못하는 것이다. 그러나 옛부터 성현이 배움으로 말미암아 마음에 병이 들었다는 말은 아직 들어본 일이 없다.

原文 欲知得與不得, 於心氣上驗之. 思慮有得, 中心悅豫, 沛然有裕者, 實得也. 思慮有得, 心氣勞耗者, 實未得也. 强揣度耳.

嘗有人言, 比因學道, 思慮心虛. 曰 : 人之血氣, 固有虛實, 疾病之來, 聖賢所不免. 然未聞, 自古聖賢, 因學而致心疾者.

解說 《정씨유서》 권2 상에 보이나, 정씨 두 형제 중 누구의 말인지 확실치 않다. 다만 뒤의 두 조목과 함께 앞머리에 '이천왈(伊川曰)'이란 말이 붙어있는 판본이 있다.

성인의 도를 추구하는 공부에는 아무리 마음을 써도 병이 되지는 않는다는 주장이다.

5. 오늘날 귀신과 괴상한 일 및 특이한 이론을 잡되이 믿는 것은 오로지 먼저 이치를 밝혀 보지 않았기 때문이다. 만약 사물 하나하나의 이치를 규명한다면 언제 끝날 때가 있겠는가? 모름지기 배움으로 이치를 규명하여야 할 것이다.

原文 今日雜信鬼怪異說者, 只是不先燭理. 若於事上一一理會, 則有甚盡期? 須只於學上理會.

解說 《정씨유서》 권2 하의 글. 정씨 두 형제 중 누구의 말인지는 확실치 않다. 학문을 하는 데는 무엇보다도 격물궁리(格物窮理)하여 그 근본 이치를 잘 이해해야 한다는 것이다.

6. 공부는 생각하는 데에 그 근원을 두는 것이다.

原文 學原於思.

解說 《정씨유서》 권6에 보이는 글로 두 형제 중 누구의 말인지 알 수 없다. 이치를 구명(究明)하는 데 있어서는 사색을 하여야만 한다는 것이다.

7. 이른바 하루에 한 번, 또는 한 달에 한 번 인(仁)에 이른다는 것과 오래도록 잠시도 인으로부터 떠나는 일이 없는 것과는 그 보이는 모습이 비록 서로 비슷하다 할지라도 그 뜻과 기상이 크게 다른 것이다. 모름지기 마음을 다하고 말없이 깨달아, 오랫동안 완미(玩味)하고 추구하면 거의 스스로 얻어지게 되는 것이다.

그러므로 공부하는 사람은 성인을 배우지 않으려면 말려니와 성인을 배우고자 한다면 성인의 기상(氣象)을 완전히 잘 완미(玩味)해야만 할 것이다. 오직 명분상으로만 이해하는 것은 옳지 않은 것이다. 그렇게 하는 것은 단지 그 글만을 강론(講論)하는 것일 뿐이다.

原文 所謂日月至焉, 與久而不息者, 所見規模, 雖略相似, 其意味氣象迥別. 須潛心默識, 玩索久之, 庶幾自得.

學者不學聖人則已, 欲學之, 須熟玩味聖人之氣象. 不可只於名上理會. 如此只是講論文字.

註解 ㅇ日月至焉(일월지언)-《논어(論語)》 옹야(雍也)편에 나오는 말로 인

(仁)을 행함에 어떤 사람은 하루에 한 번, 어떤 사람은 한 달에 한 번 행하는데, 안자(顔子)는 석 달을 인(仁)에서 어긋남이 없었다고 한 것을 의미한다. ㅇ規模(규모)－겉모양. ㅇ潛心(잠심)－마음으로 생각을 다하는 것.

解說 《정씨유서》 권5의 정이의 말. 인(仁)을 실천하려면 마음으로 인을 추구하며 묵묵히 꾸준하게 노력해야만 성공할 수 있게 된다는 것이다.

8. "충(忠)과 신(信)으로 덕에 나아가는 일은 진실로 힘쓸 수 있는 일이지만, 앎에 이르는 길은 심히 어려운 것 같습니다."하고 질문하니, 이천 선생께서 말씀하셨다.

"공부를 하는 사람은 마땅히 힘써야 한다. 그러나 모름지기 완전히 알고 난 후에야 비로소 제대로 행동을 할 수 있는 것이네. 만약 알지 못하면 단지 요임금을 언뜻 보고 그의 행한 일만을 배우는 것과 같네. 요임금이 뛰어난 총명(聰明)과 예지(叡智)가 없었다면 어떻게 그의 몸가짐과 움직임 하나하나가 다 예에 맞을 수 있었겠는가? 자네가 말한 것 같은 것은 그것을 착실히 믿고 굳게 지키는 것이지 본시부터 갖고 있는 것이 아닐세.

아직 앎에 이르지 못하고 뜻을 정성스럽게 하고자 하는 것은 순서를 뛰어넘는 것이네. 힘써 행하는 일을 어찌 오래도록 지속할 수 있겠는가?

오로지 이(理)를 비추어 밝히기만 한다면 저절로 이(理)에 따르는 것이 즐거워질 것일세. 성(性)은 본래 선(善)한 것이니 이(理)를 따라 행동하기만 하면 이를 따라 일을 처리하는 것은 본래 어려운 것이 아닐세. 단지 사람들이 알지 못하기 때문에 억지로 일을 처리하게 되어 어렵다고 말하는 것일세.

앎에는 꽤 많은 차등이 있고 상당한 깊고 얕음의 차이가 있네. 공부하는 사람은 모름지기 진실로 알아야만 하네. 올바른 길을 알게 되면 곧 태연히 행동할 수 있게 되는 것이네.

내 나이 20이 되던 해에 경전(經典)의 글뜻을 해석한 것이 지금과 다름이 없네. 그러나 생각해 보니 금일에 깨달아 터득한 의미와 젊었을 때에 터득한 것과는 스스로 다른 것이네."

原文 問：忠信進德之事, 固可勉强, 然致知甚難. 伊川先生曰：

學者固當勉强. 然須是知了, 方行得. 若不知, 只是覰卻堯, 學他行事. 無堯許多聰明睿智, 怎生得如他動容周旋中禮? 如子所言, 是篤信而固守之, 非固有之也.

未致知, 便欲誠意, 是躐等也. 勉强行者, 安能持久?

除非燭理明, 自然樂循理. 性本善, 循理而行, 是順理事, 本亦不難. 但爲人不知, 旋安排著, 便道難也.

知有多少般數, 煞有深淺. 學者須是眞知. 纔知得是, 便泰然行將去也.

某年二十時, 解釋經義, 與今無異. 然思, 今日覺得意味, 與少時自別.

註解 ㅇ勉强(면강)－힘쓰다, 노력하다. ㅇ行得(행득)－행동할 수 있다. ㅇ覰卻(처각)－언뜻 보다. ㅇ未致知(미치지)…… －《대학》에 '욕성기의자(欲誠其意者), 선치기지(先致其知)'라는 말이 있다. 먼저 앎에 이른 다음에 뜻을 성성스럽게 하는 것으로 그 순서가 바뀌면, 곧 아직 앎에도 이르지 못하고 행동으로 나아간다면 그것이 지속되지 못한다는 의미다. ㅇ躐等(엽등)－등급을 뛰어넘다, 순서를 뛰어넘다. ㅇ安排(안배)－일을 하도록 하는 것. ㅇ般數(반수)－등급. ㅇ煞(쇄)－상당한, 많은.

解說 《정씨유서》 권18의 정이의 말. 먼저 알고 후에 행동해야 올바른 행동이 가능하다는 것이다. 무엇보다도 참된 앎에 도달한 다음 이에 따른 행동이 있어야 한다는 것이다.

9. 한 가지 사물(事物)에는 한 가지의 이치가 있는 것이니, 모름지기 그 이치를 추궁해야 할 것이다. 이치를 추궁하는 데에는 또 여러 가지 방법이 있다. 혹은 책을 읽어 그 속의 의리를 밝혀내기도 하고, 혹은 고금(古今)의 인물을 논하여 그 옳고 그름을 가려내기도 하며, 혹은 사물(事物)을 접(接)하여 그것을 합당하게 처리하기도 하는 것이다. 이것 모두가 궁리이다.

어떤 이가 "격물(格物)이란 사물 하나하나의 이치를 연구한다는 것입니까, 그렇지 않으면 단지 한 가지 사물의 이치를 연구함으로써 만 가지 이치를 다 알게 된다는 것입니까?"하고 질문하자 이렇게 대답하셨다. "어떻게 바로 전체를 관통하게 될 수 있겠는가? 한 가지 사물의 이치를 연구하여 모든 이치에 통달하게 되는 것은 비록 안자 같은 사람이라 하더라도 감히 그렇게 말할 수가 없는 것일세. 모름지기 오늘 한 가지를 연구하고 내일 또 한 가지를 연구하여야만 하네. 그런 공부를 거듭 쌓아 많아진 연후에야 활짝 스스로 관통하는 때가 있게 되는 것일세."

原文 凡一物上有一理, 須是窮致其理. 窮理亦多端. 或讀書講明義理, 或論古今人物, 別其是非, 或應接事物, 而處其當. 皆窮理也.

或問 : 格物, 須物物格之, 還只格一物, 而萬理皆知? 曰 : 怎得便會貫通? 若只格一物, 便通衆理, 雖顏子亦不敢如此道. 須是今日格一件, 明日又格一件, 積習旣多, 然後脫然自有貫通處.

註解 ㅇ多端(다단)-방법이 많다, 갈래가 많다. ㅇ處其當(처기당)-그것을 합당하게 처리하다. ㅇ格物(격물)-《대학》에 '치지재격물(致知在格物)'이라 한 것의 격물(格物)이다. 격(格)은 이른다[至]는 뜻으로 사물의 이치에 궁리하여 이름을 의미한다. ㅇ脫然(탈연)-깨끗해지는 모양, 활짝.

解說 《정씨유서》 권18의 정이의 말. 사물의 이치를 캐어 앎에 이르는

궁리에 관하여 논한 것이다.

이 조목에는 다음과 같은 본주(本注)가 달려 있다. '궁리(窮理)에 힘쓴다는 것은 천하만물의 이치를 다 연구함을 말하는 것은 아니다. 또 한 가지 이치만을 궁리하면 모든 것을 터득하게 되는 것도 아니다. 오직 쌓고 또 쌓은 연후에야 자연히 관통되게 되는 것이다.'

10. 생각하면 밝게 된다. 생각을 오래 하고 나면 밝음이 저절로 생겨나는 것이다. 만약 한 가지 일에 대하여 생각해서 이치를 터득하지 못하면 또 다른 일로 바꾸어 생각하라. 한 가지 일에 대한 생각만 오로지 지키면 안된다. 대개 사람의 지식이란 어느 한 곳에서 가려지게 되면 비록 힘써 생각하더라도 통하지 않는 것이다.

原文 **思曰睿. 思慮久後, 睿自然生. 若於一事上思未得, 且別換一事思之. 不可專守著這一事. 蓋人之知識, 於這裏蔽著, 雖强思亦不通也.**

註解 ㅇ睿(예)－밝음, 사려(思慮)의 밝음.

解說 《정씨유서》 권18의 정이의 말. 깊이 생각하여 이치를 캐는 데서 밝은 사려가 온다는 것이다. 그리고 생각하는 방법은 한 가지 일에만 집착하지 말고, 다른 여러 가지 일에 대하여도 생각해야 한다는 것이다.

11. 어떤 사람이 질문하였다. "학문에 뜻을 두고 있으나 지식이 가리어지고 고루하며 능력이 미치지 못하는 경우, 어찌해야 합니까?"

대답하셨다. "오직 앎을 이르게 하여야 한다. 만약 지식이 밝아진다면 역량은 저절로 진전되는 것이다."

原文 問 : 人有志於學, 然知識蔽固, 力量不至, 則如之何?
曰 : 只是致知. 若知識明, 則力量自進.

解說 《정씨유서》 권18의 정이의 말. 앎을 이르게 하는 길을 밟아 하나하나 지식을 계발(啓發)하여 나가야 한다는 것이다. 앎을 이르게 하려면 사물에 대한 이치를 연구해야 함은 앞에서 이미 여러번 밝혔다.

12. 질문하였다. "사물을 둘러보고 자기를 살핀다는 것은 또한 사물을 보고는 되돌리어 자기 몸을 반성한다는 뜻이 아닙니까?" 대답하셨다. "반드시 그와 같이 말할 필요는 없다. 사물과 나는 하나의 이치이니 곧 저것을 밝히면 바로 이것도 분명해진다는 것이다. 이것은 안팎이 합치되는 도(道)인 것이다."

또 질문하였다. "앎에 이름을 먼저 사단(四端)에서 구하면 어떠하겠습니까?" 대답하셨다. "그것을 정(情)과 성(性)에서 구하는 것은 참으로 몸에 절실한 것이다. 그러나 풀 한 포기, 나무 한 그루에도 다 이치가 있으니 모름지기 이것을 잘 살펴야 할 것이다."

原文 問 : 觀物察己, 還因見物反求諸身否? 曰 : 不必如此說. 物我一理, 纔明彼, 卽曉此. 此合內外之道也.

又問 : 致知先求之四端, 如何? 曰 : 求之情性, 固是切於身. 然一草一木, 皆有理, 須是察.

註解 ㅇ觀物察己(관물찰기)－사물을 둘러보고 자기를 살피는 것. ㅇ彼(피)·此(차)－저것은 물(物)을 가리키고, 이것은 자기를 의미한다. ㅇ四端(사단)－《맹자》 공손추(公孫丑) 상편에 나오는 것으로, 측은(惻隱)은 인(仁)의 단(端), 수오(羞惡)는 의(義)의 단(端), 사양(辭讓)은 예(禮)의 단(端), 시비(是非)는 지(智)의 단(端)으로, 이것이 사단(四端)이다. ㅇ求之情性(구지정

성)—사단(四端)에서 구한다는 것은 곧 정성(情性)에서 구하는 것이라는 것.

解說 《정씨유서》 권18의 정이의 말. 이치는 하나로 만물(萬物)에 있는 것이 곧 내 몸, 내 마음에 있는 것이다. 이 이치를 잘 관찰해야 앎에 이르게 된다는 것이다.

13. 생각하면 밝아지고, 밝음은 성덕(聖德)을 만든다. 생각을 다하는 것은 우물을 파는 것과 같다. 처음에는 흐린 물이지만 오래 지나고 나면 점차 맑은 물이 솟아나오는 것이다. 사람의 생각하는 것도 처음은 모두가 혼탁하지만 오래 가면 저절로 명쾌해지는 것이다.

原文 **思曰睿, 睿作聖. 致思如掘井, 初有渾水, 久後稍引動得清者出來. 人思慮, 始皆溷濁, 久自明快.**

註解 ○睿(예)—생각이 지극하여 밝은 경지. 이 구절은 《서경》 홍범(洪範)편에 보이는 말임. ○致思(치사)—생각을 지극한 데까지 다하는 것. ○渾水(혼수)—흐린 물, 탁한 물. ○引動(인동)—끌리어 움직이다. 계속 솟아나옴을 뜻함.

解說 《정씨유서》 권18에 보이는 정이의 말. 끊임없는 사색(思索)을 강조한 말인데, 비유가 재미있다.

14. 질문하였다. "어떻게 하는 것을 근사(近思)라고 합니까?" 대답하셨다. "같은 종류의 것들을 미루어 나아가는 것이다."

原文 **問 : 如何是近思? 曰 : 以類而推.**

註解 ○近思(근사)—가까운 일부터 생각하는 것. 《논어》 자장(子張)편의

'절문이근사(切問而近思)'에서 나온 말이다. ㅇ以類而推(이류이추)－같은 것들을 미루어 나아가 다른 일의 이치까지도 아는 것.

解說 《정씨유서》 권22 상에 보이는 정이의 말. 근사(近思)의 의미를 밝힌 것으로 자기 주위의 가까운 사실들을 관찰하는 데로부터 점차 먼 데까지 확충하여 미루어 나아가며 생각한다는 것이 곧 근사라는 것이다.

15. 공부하는 사람은 먼저 의문을 제기할 줄 알아야 한다.

原文 **學者先要會疑.**

註解 ㅇ會(회)－ ……을 할 줄 알다.

解說 《정씨유서》 권11에 보이는 정이의 말. 공부하는 것은 먼저 의심나는 것을 찾아 풀어나가는 데서부터 시작해야 한다는 것이다.

16. 횡거(橫渠) 선생께서 범손지에게 대답하셨다.

"질문한 요괴(妖怪)나 간사한 귀신에 대하여는 말하기 어려운 것은 아니오. 생각컨대 말한다 해도 반드시 믿어주지는 않을 거요. 맹자께서 논하신 대로 본성(本性)에 대하여 알면 하늘에 대하여도 알게 되오. 학문이 하늘에 대하여 아는 경지에 이르면 물건이 생겨난 근원이 당연히 사실대로 스스로 드러나게 될 것이오. 물건의 근원을 알게 되면 곧 물건들이 있어야만 하는가 없어야 하는가 모든 것을 마음으로 깨우치게 될 것이오. 또한 남의 말을 들은 뒤에야 알게 되는 것이 아니오.

여러분들이 논한 일은 오직 그것을 지키어 잃지 않도록 해야 하는 것이오. 이단(異端)에 위협받는 일이 없도록 쉬지 않고 발전한다면, 곧 요괴 같은 것은 따질 필요도 없을 것이며, 이단에 대하여도 공격할 필요조

차 없게 될 것이오. 1년이 넘지 않아 우리의 도(道)가 이기게 될 것이오.
만약 그것을 한이 없는 것이라 하여 버려두거나 알 수가 없는 일이라고 밀어놓는다면, 곧 학문은 의문으로 어지러워지고, 지혜는 만물에 대하여 어둡게 되어, 사설(邪說)이 쉴새없이 닥쳐 마침내는 스스로 버틸 수가 없게 되어 요망함에 빠져 버리게 될 것이 틀림없는 일이오."

原文 橫渠先生答范巽之曰：所訪物怪神姦, 此非難語. 顧語未必信耳.

孟子所論, 知性知天. 學至於知天, 則物所從出, 當源源自見. 知所從出, 則物之當有當無, 莫不心諭, 亦不待語而後知.

諸公所論, 但守之不失, 不爲異端所劫, 進進不已, 則物怪不須辨, 異端不必攻. 不逾期年, 吾道勝矣.

若欲委之無窮, 付之以不可知, 則學爲疑撓, 智爲物昏, 交來無間, 卒無以自存, 而溺於怪妄必矣.

註解 ㅇ物怪神姦(물괴신간)－괴상한 물건과 간사한 귀신, 요괴. ㅇ孟子(맹자)－진심(盡心) 상편에 보이는 말. ㅇ物所從出(물소종출)－물건이 생겨난 근원. ㅇ源源(원원)－샘물이 솟아 흐르는 모양, 자연스럽게 있는 그대로를 뜻함. ㅇ諭(유)－깨우치다. ㅇ所論(소론)－논한 것, 올바른 의견. ㅇ疑撓(의요)－의심으로 꺾여지다, 의심으로 어지러워지다. ㅇ交來無間(교래무간)－쉴새없이 사설(邪說)이 덮쳐오다.

解說 이 글은《장씨전서(張氏全書)》권13 문집(文集)에 있는 글〈답범손지서(答范巽之書)〉임. 성리학자들의 요괴나 요물에 대한 태도를 잘 밝혀주는 글이다.

17. 자공이 말하기를 "선생님께서 성(性)과 천도(天道)에 대하여 말씀

하시는 것은 들어볼 수가 없는 일이었다."고 하였다. 이미 선생님의 말씀하신 것에 대하여 말하고 있으니, 선생님은 곧 평소에 늘 거기에 대하여 말씀하셨던 것이다.

성인 문하의 학자들은 인(仁)의 실천을 자기의 임무라 여기어, 구차히 아는 것을 터득했다고 하지 않고 반드시 완전히 깨달아야만 들었다고 하는 것이다. 그 때문에 이런 말이 있는 것이다.

原文 子貢謂, 夫子之言性與天道, 不可得而聞. 旣言, 夫子之言, 則是居常語之矣.

聖門學者, 以仁爲己任, 不以苟知爲得, 必以了悟爲聞. 因有是說.

註解 ㅇ子貢(자공)－공자(孔子)의 제자. 이 자공의 말은《논어(論語)》공야장(公冶長)편에 보인다. ㅇ居常(거상)－평소에 늘, 평상시에.

解說 장재(張載)의《어록(語錄)》에 보이는 말. 성(性)이나 천도(天道) 같은 것을 이기(理氣)와 함께 학문의 명제(命題)로 삼은 것은 송(宋)대 성리학이 이루어지면서부터이다. 공자는 실제로 성이나 천도 같은 문제는 얘기한 일이 없다. 장재는 자기네 학문을 공자 학문의 정통(正統)이라 믿었기 때문에《논어》의 이 대목을 이처럼 돌려서 해설하고 있는 것이다.

18. 의리의 학문은 반드시 깊이 잠겨 있는 태도로 공부하여야 비로소 이루어지는 것이다. 얕고 쉽고 가볍고 들뜬 상태에서는 잘 될 수가 없는 것이다.

原文 義理之學, 亦須深沈, 方有造. 非淺易輕浮之可得也.

解說 장재의《경학이굴》권3의 의리(義理)에 보이는 글임.

19. 학문을 하면서 사리(事理)를 추구할 수 없는 것은 오직 마음이 거칠기 때문이다. 안자 같은 이도 성인의 경지에는 이르지 못하였는데, 그것은 마음이 거칠었기 때문이다.

原文 **學不能推究事理, 只是心麤. 至如顔子, 未至於聖人處, 猶是心麤.**

註解 ㅇ推究(추구)－추구하다, 연구하다. ㅇ麤(추)－거친 것, 정세(精細)하지 못한 것.

解說 장재의 《경학이굴》 권3의 의리(義理)에 보이는 글임.

20. 넓게 글을 배운 사람은 습감괘(習坎卦)의 '마음이 형통한다'는 것을 터득해야 한다. 대개 사람은 험악하고 어려운 일을 경험한 뒤에야 그 마음이 형통하게 되는 것이다.

原文 **博學於文者, 只要得習坎心亨. 蓋人經歷險阻艱難, 然後其心亨通.**

註解 ㅇ習坎心亨(습감심형)－습감(習坎)은 《역경》의 괘(卦) 이름으로 험난(險難)에 빠진다는 뜻이 있다. 심형(心亨)은 마음이 형통(亨通)한다는 뜻으로 그 괘사(卦辭)에 보이는 말이다.

解說 《경학이굴》 권4 학대원(學大原) 하권의 글. 마음이 형통(亨通)해져 참 앎의 단계에 이르는 것은 갑작스레 오는 것이 아니라 많은 험로(險路)를 거쳐 쉬지 않고 거듭 노력하는 데서 이루어진다는 것이다.

21. 뜻과 이치에 대하여 의심이 생기면 곧 옛 소견은 씻어버리고 새로

운 뜻을 가져오도록 해야 한다. 마음속에 열려지는 바가 있으면 곧 그것을 필기해 놓아야 한다. 생각을 하지 않는다면 다시 그 마음이 막히게 될 것이다.

그리고 반드시 벗들의 도움을 받아야만 한다. 하루 동안 벗들과 토론을 하면 하루 동안만큼 생각이 달라진다. 반드시 날마다 이처럼 공부를 하여 오래 가면 스스로 발전을 깨닫게 될 것이다.

原文 義理有疑, 則濯去舊見, 以來新意. 心中有所開, 卽便箚記. 不思則還塞之矣.

更須得朋友之助. 一日間, 朋友論著, 則一日間, 意思差別. 須日日如此講論, 久則自覺進也.

註解 ㅇ濯去(탁거)－씻어 버리다. ㅇ箚記(차기)－필기(筆記)하는 것. ㅇ論著(논착)－토론하다, 논의하다.

解說 《경학이굴》 권4 학대원(學大原) 하권에 보이는 글. 공부는 회의(懷疑)의 추구가 중요하고, 다시 그런 문제들을 학우들과 토론하는 습관을 지녀야 학문이 발전한다는 것이다.

22. 충분히 생각을 해 나가다가 설명할 수 없는 곳에 이르게 되면, 비로소 다시 자세히 생각하고 밝게 분별하여야만, 이것이 공부를 잘 하는 것이 되는 것이다. 고자(告子) 같은 사람은 말할 수 없는 단계에 이르면 거기서 그치고 다시 추구하지 않았다.

原文 凡致思, 到說不得處, 始復審思明辨, 乃爲善學也. 若告子則到說不得處, 遂已, 更不復求.

解說 《장자전서》 습유(拾遺)에도 보이는 글. 참다운 학문이 이루어지기 위해서는 그 생각이 막히는 자리에 가서 처음부터 다시 거듭 생각하고 밝혀 보아야 한다는 것이다.

23. 이천 선생께서 말씀하셨다.

"모든 글을 보는 데 있어서는 모름지기 먼저 그 글의 의미를 밝히고 나서 그 글 속에 담긴 대의(大義)를 추구해야 한다. 그 글의 의미를 밝히지 못하고 그 대의를 알 수는 없는 것이다."

原文 **伊川先生曰：凡看文字，先須曉其文義，然後可求其意. 未有文義不曉，而見意者也.**

註解 ㅇ文字(문자)－글 또는 책을 가리킴. ㅇ文義(문의)－문장의 의미, 문장의 뜻. ㅇ意(의)－글을 쓴 뜻, 대의(大義).

解說 《정씨유서》 권22 상에 보이는 정이의 말임. 글뜻을 먼저 밝히어야 그 글의 대의(大義)도 알 수 있게 된다는 것이다.

24. 배우는 사람은 스스로 터득하여야 한다. 육경(六經)은 넓고 아득하여 금방 그 뜻을 다 알기가 어렵다. 먼저 그 들어가는 경로를 발견한 연후에 각자 한 가지 범위와 목표를 세워야 자기에게로 돌아가 그것을 추구할 수 있게 되는 것이다.

原文 **學者要自得. 六經浩渺，乍來難盡曉. 且見得路徑後，各自立得一箇門庭，歸而求之，可矣.**

註解 ㅇ浩渺(호묘)－넓고 아득한 모양. ㅇ乍來(사래)－갑자기. ㅇ路徑(노경)－들어가는 길, 공부 방법. ㅇ門庭(문정)－공부의 범위와 목표.

解說 《정씨유서》 권22 상에 보이는 정이의 말임. 글을 읽음에 있어 스스로 깨달아 길을 발견해서 참뜻을 추구해야 한다는 것이다.

25. 글을 풀이함에 있어서 그의 마음을 평이하게 지니면 자연히 이치가 드러나게 된다. 이치는 오직 사람의 이치여서 매우 분명하다. 마치 한 줄기 뻗어 있는 평탄한 도로와 같다. 《시경》에 '주(周)나라의 길은 숫돌과 같고, 그 곧음은 화살같다'고 하였는데, 바로 이것을 말한 것이다.

어떤 이가 "성인(聖人)의 말씀은 천근(淺近)하게 그것을 보아서는 안 되겠지요?"하고 질문하자 말씀하시기를 "성인의 말씀에는 자연히 천근한 것도 있고 심원(深遠)한 것도 있다. 천근한 것을 어찌 억지로 심원하게 뜻을 따지고 해석하게 할 수가 있겠는가?"고 하셨다.

양자(揚子)가 말하기를 "성인의 말씀은 멀기가 하늘과 같고, 현인의 말은 가깝기가 땅과 같다."고 하였는데, 나는 이것을 고쳐서 "성인의 말씀은 그 멀기가 하늘과 같고 그 가깝기가 땅과 같다."고 말하고 싶다.

原文 凡解文字, 但易其心, 自見理. 理只是人理, 甚分明, 如一條平坦底道路. 詩曰 : 周道如砥, 其直如矢. 此之謂也.

或曰 : 聖人之言, 恐不可以淺近看他. 曰 : 聖人之言, 自有近處, 自有深遠處. 如近處, 怎生强要鑿敎深遠得?

揚子曰 : 聖人之言, 遠如天, 賢人之言, 近如地. 頤欲改之, 曰 : 聖人之言, 其遠如天, 其近如地.

註解 ㅇ平坦底道路(평탄저도로)－평탄한 길. ㅇ詩曰(시왈)－《시경》 소아(小雅) 대동(大東)편의 구절임. ㅇ砥(지)－숫돌. ㅇ鑿(착)－따지고 해석하는 것. ㅇ揚子(양자)－한(漢)대의 양웅(揚雄). 그의 《법언(法言)》에 보이는 말.

ㅇ頤(이)－정이의 이름, 자기를 가리킴.

解說 《정씨유서》 권18에 보이는 정이의 말. 우리가 안다는 것은 곧 사람의 이치를 안다는 것으로 그 이치는 어디에나 두루 있는 것이다. 이러한 이치를 글을 통해서 이해하되 스스로 터득해야 한다는 것이다.

26. 학자로서 글뜻에 얽매이지 않는 사람은 또 글뜻에서 완전히 등을 돌려 멀리 가려 하고, 글뜻을 잘 이해하려는 사람은 또 글뜻에 얽매여 붙어 통하지 않게 된다. 자탁유자(子濯孺子)가 장수 노릇을 했을 때의 일을 맹자는 오직 그 스승을 배반하지 않은 뜻만을 취하고 있는데, 사람들은 반드시 거기에서 임금을 섬기는 도리를 이해하려고 하는 것 같은 것이다.

또 만장(萬章)이 순(舜)이 창고 지붕을 수리하던 일과 샘을 치던 일을 질문했을 때 맹자는 오직 그에 관한 대체적인 뜻만을 대답하고 있는데, 사람들은 반드시 샘을 치다가 샘으로부터 어떻게 나왔는가, 창고 지붕을 수리하다가 또 어떻게 지붕에서 내려왔는가를 알려고 하는 것 같은 것이다.

그와 같이 공부를 하면 부질없이 마음과 힘만을 쓰게 될 따름이다.

原文 學者不泥文義者, 又全背却遠去, 理會文義者, 又滯泥不通. 如子濯孺子爲將之事, 孟子只取其不背師之意, 人須就上面理會事君之道如何也.

又如萬章問舜完廩浚井事, 孟子只答他大意, 人須要理會浚井如何出得來, 完廩又怎生下得來.

若此之學, 徒費心力.

註解 ㅇ泥(니)－구니(拘泥)되다, 얽매이다. ㅇ子濯孺子(자탁유자)－춘추(春

秋)시대 정(鄭)나라의 대부로, 활의 명수(名手). 그가 정나라 군사들을 이끌고 위(衛)나라를 칠 때, 위나라에서는 유공지사(庾公之斯)로 하여금 나가 싸우게 하였다. 유공지사는 자탁유자의 활의 제자의 제자였다. 이들이 만났을 때 자탁유자는 병이 나서 활을 잡을 수조차도 없는 형편이었다. 유공지사는 자탁유자를 만나자 "나는 선생의 제자의 제자이다. 그러나 지금은 임금의 명을 받고 있으니 선생을 쏘지 않을 수가 없다."고 하면서, 화살촉을 떼어버린 화살을 네 대 쏘기만 하고 그 자리를 떠났다 한다. 이 얘기는 《맹자》 이루(離婁) 하편에 보인다. ㅇ完廩浚井(완름준정)－순임금의 아버지는 계모와 이복동생의 말만 듣고, 순을 죽이려고 창고에 올라가 지붕을 수리하도록 하고는 사다리를 치우고 불을 질렀고, 또 샘에 들어가 샘을 치게 하고는 위에서 돌과 흙으로 샘을 메워 버렸다. 그러나 순은 매번 살아 나왔다. 《맹자》 만장(萬章) 상편에 보이는 기록인데, 모두 순이 어떻게 살아 나왔는지는 쓰여있지 않다.

解說 《정씨유서》 권18에 있는 글로, 정이(程頤)의 말. 올바로 책을 읽는 법을 논하고 있다. 특히 글뜻에 얽매이지 말 것을 강조하고 있다.

27. 책을 보는 데 있어서 서로 비슷한 것을 가지고 그 뜻에 얽매이어서는 안된다. 그렇지 않으면 곧 한 자 한 자가 서로 가로막게 된다. 마땅히 그 문세(文勢)의 아래 위 뜻을 잘 꿰뚫어봐야 한다. 보기를 들면 '충실한 것이 아름답다'고 할 때, 시(詩)에서 아름답다고 하는 것과는 같지 않은 것이다.

原文 凡觀書, 不可以相類泥其義. 不爾則字字相梗. 當觀其文勢上下之意. 如充實之謂美, 與詩之美不同.

註解 ㅇ泥(니)－구니(拘泥), 얽매이는 것. ㅇ相梗(상경)－서로 막다, 서로 방해하다.

解說 《정씨유서》 권18에 보이는 정이의 말. 책을 읽는 데 있어서는 그 글뜻의 유사(類似)점에 잘못 빠져들어가 전체의 뜻을 그르침이 없도록 해야 한다는 것이다.

28. 질문하였다. "영중(瑩中)은 전에 문중자(文中子)를 좋아했습니다. 어떤 이가 《역경》 공부하는 방법을 묻자, 문중자는 '종일 쉬지 않고 열심히 공부하면 된다'고 하였습니다. 이 말은 문왕(文王)이 성인이 된 까닭을 가장 잘 표현한 것으로, 오직 쉬지 않고 해야 할 따름입니다."

선생님이 말씀하셨다. "경서의 뜻을 해설하는 데 있어서는 오직 한 절 한 절 밀고 나가기만 한다면 그것을 다 알게 될 것임이 분명하다. 종일 쉬지 않고 열심히 공부하는 방식으로는 《역경》은 다 터득하지 못한다. 그 한 마디 만을 따른다면 오직 건괘(乾卦) 구삼(九三)의 효사(爻辭)를 이해하는 데에만 효과가 있을 것이다. 만약 건건(乾乾)을 쉬지 않고 노력하는 것이라 이해하고 쉬지 않고 노력하는 것이 도(道)라 한다면, 그대로 조금씩 밀고 나가면 자연히 다 아는 데까지 갈 것이다. 다만 이치에 있어서는 그렇게 될 수가 없는 것이다."

原文 問 : 瑩中嘗愛文中子. 或問學易, 子曰 : 終日乾乾可也. 此語最盡文王所以聖, 亦只是箇不已.

先生曰 : 凡說經義, 如只管節節推上去, 可知是盡. 夫終日乾乾, 未盡得易. 據此一句, 只做得九三使. 若謂乾乾是不已, 不已又是道, 漸漸推去, 自然是盡. 只是理不如此.

註解 ㅇ瑩中(영중)－북송(北宋) 때의 진관(陳瓘, 1057~1124)의 자. 호는 요옹(了翁). 태학박사(太學博士) 벼슬을 하였고, 저술로 《요옹역설(了翁易說)》·《존요집(尊堯集)》이 있다. ㅇ文中子(문중자)－책 이름, 10권, 《중설(中

說)》이라고도 부르고, 본시 수(隋)나라 때 왕통(王通)의 저술로 알려졌었으나, 실은 그의 아들 복교(福郊)와 복치(福畤)가 지은 것이라 한다. ㅇ子曰(자왈)－《문중자》 주공(周公)편에 보이는 말. ㅇ終日乾乾(종일건건)－《역경》 건괘(乾卦) 구삼(九三) 효사(爻辭)에 보이는 말. ㅇ只做得(지주득)－오직 ……을 터득할 수 있게 된다.

解說 《정씨전서(程氏全書)》 권19에 보이는 정이의 말. 《문중자》에서는 '종일 쉬지 않고 노력하기만 하면' 《역경》을 제대로 터득하게 된다고 하였는데, 정이는 그렇게 생각하지 않았다. 공부뿐만이 아니라 생각하고 이해하는 능력도 함께 지니고 있어야 한다고 생각한 때문일 것이다.

29. 공자(孔子)가 냇가에서 말씀하시기를 "지나가고 있는 것은 저와 같다."고 하신 것은, 도의 체(體)가 그와 같음을 말씀하신 것이다. 이 가운데서 모름지기 스스로 터득하여 알아야 한다.

장역(張繹)이 말하였다. "그것은 바로 무궁하다는 것이다." 선생님께서 말씀하셨다. "실로 무궁이라고 말할 수 있겠다. 그러나 어찌 무궁 한 가지만으로 곧 도를 알았다고 말할 수 있겠느냐?"

原文 **子在川上曰：逝者如斯夫. 言道之體如此. 這裏須是自見得.**

張繹曰：此便是無窮. 先生曰：固是道無窮. 然怎生一箇無窮, 便道了得他.

註解 ㅇ子在川上(자재천상)－《논어》 자한(子罕)편에 보이는 말.

解說 《정씨유서》 권19에 보이는 정이의 말. 강물이 쉴새없이 흐르는 것과 같은 무궁하게 변화하는 도의 이치를 자득해야 한다는 의미다.

30. 지금 사람들은 책을 제대로 읽을 줄 모른다. 예를 들면 "《시경》 3백 편을 외웠으되, 그에게 정사를 맡기면 일에 통달하지 못하고, 사방에 사신으로 가서는 전문적으로 응대하지 못한다면, 비록 많이 외웠다 한들 무슨 소용이 있겠느냐?"고 하셨다. 반드시 《시경》을 읽지 않았을 적에는 정사에 통달하지 못하고, 전문적으로 응대하지 못하다가도, 《시경》을 읽은 뒤에는 곧 정사에 통달하게 되고 사방에 가서도 전문적으로 응대할 수 있게 되어야만 비로소 《시경》을 읽은 것이 되는 것이다.

"사람이면서도 주남(周南)과 소남(召南)을 공부하지 않았다면 그는 마치 담 벽을 마주보고 있는 것과 같을 것이다."고 하셨다. 반드시 《시경》을 읽지 않았을 적에는 담 벽을 마주보고 있는 것 같다가도, 《시경》을 읽고 난 뒤에는 곧 담 벽을 마주보고 있는 것 같지 않아야만 비로소 책을 읽은 효험이 있는 것이다.

대체로 책을 읽는 데 있어서는 오직 이것만이 바로 방법이 되는 것이다. 만약 《논어》를 읽는다면, 옛날 읽지 않았을 때도 이러한 사람이었고, 읽고 난 뒤에도 또 그대로 이런 사람이라면 곧 제대로 책을 읽을 줄 모르는 것이다.

原文 今人不會讀書. 如誦詩三百, 授之以政, 不達, 使於四方, 不能專對, 雖多亦奚以爲? 須是未讀詩時, 不達於政, 不能專對, 旣讀詩後, 便達於政, 能專對四方, 始是讀詩.

人而不爲周南召南, 其猶正牆面. 須是未讀詩時, 如面牆, 到讀了後, 便不面牆, 方是有驗.

大抵讀書, 只此便是法. 如讀論語, 舊時未讀, 是這箇人, 及讀了後來, 又只是這箇人, 便是不會讀也.

註解 ㅇ誦詩三百(송시삼백)－《시경》 3백 편을 외우다. 《시경》에는 도합 306

편의 시가 실려있어, 옛날에는 흔히《시경》을 '시삼백'이라 불렀다. 이 말은《논어》자로(子路)편에 보인다. ㅇ專對(전대)-주(周)나라 시대에는 다른 나라에 사신으로 가면 상대방 임금이나 책임자를 만나 외교담판을 벌이기 전에 먼저 시를 한 수나 한 구절씩 주고받아 서로 상대방의 의중을 알았다. 외교적인 마찰을 없애는 수단이었을 것이다. ㅇ周南召南(주남소남)-《시경》의 첫머리 두 국풍(國風). 이 대목은《논어》양화(陽貨)편에 보인다.

解說 《정씨유서》권19에 보이는 정이의 말. 성리학자들은 책을 읽는 것도 단순히 지식을 얻기 위한 것이 아니었다. 성인(聖人) 지향(指向)의 한 가지 수양 방법이었다.

31. 무릇 글을 읽는다는 것은 7년, 30년, 백년을 두고 할 사업과 같으니 모두 마땅히 그것을 어떻게 이루어야 하는가를 생각해야만 유익하게 되는 것이다.

原文 **凡看文字, 如七年必世百年之事, 皆當思其如何作爲, 乃有益.**

註解 ㅇ必世(필세)-《논어》자로편에 '……만일 왕자가 있으면 반드시 1세(世), 즉 30년이 걸린 뒤에라야 이룰 수 있을 것이다……'란 말이 보인다.

解說 《정씨유서》권22 상에 보이는 정이의 말. 글 공부의 방법을 설명하고 있다.

32. 경전을 해석함에, 같지 않은 해석이라도 해로운 것은 아니다. 다만 그 요긴한 곳만은 같지 않아서는 안된다.

原文 **凡解經, 不同無害. 但緊要處, 不可不同爾.**

解說 출처가 분명치 않은 글이다. 사람에 따라 경전을 해석하는 견해는 다를 수가 있으나, 경전의 요점이 되는 사항의 해석만은 서로 다를 수가 없다는 것이다.

33. 윤돈(尹焞)이 처음 와서 공부하는 방법에 대하여 질문하자, 선생님께서 말씀하셨다.

"자네가 학문하는 방법을 알려면 모름지기 책을 읽어야 한다. 책은 반드시 많이 읽어야 되는 것은 아니다. 무엇보다 그 책의 대의(大義)를 알아야 한다. 많이 읽고도 그 대의를 알지 못하면 한갓 책방이나 같은 것이다. 나는 젊어서 책을 많이 읽으려고 욕심을 냈는데 지금 와서는 많은 것을 잊어버렸다. 모름지기 성인의 말씀을 완미(玩味)하여 마음속에 기억한 연후에 힘써 행한다면 스스로 얻어지는 바가 있을 것이다."

原文 **焞初到, 問爲學之方, 先生曰 : 公要知爲學, 須是讀書. 書不必多看, 要知其約. 多看而不知其約, 書肆耳. 頤緣少時讀書貪多, 如今多忘了. 須是將聖人言語玩味, 入心記著. 然後力去行之, 自有所得.**

註解 ㅇ焞(돈)－윤돈(尹焞). 자는 언명(彦明). 호는 화정처사(和靖處士). 정이의 제자임. ㅇ約(약)－요점, 대의(大義). ㅇ書肆(서사)－책방, 서점.

解說 출처가 분명치 않은 글이다. 독서의 방법을 논한 것으로 많이 읽기만 하면 되는 것이 아니라 모름지기 성인의 말뜻을 완미(玩味)하여, 그 요점을 파악하고 기억했다가 그 아는 바를 역행(力行)하는 것만이 독서의 실(實)을 얻는 방법이라는 것이다.

34. 처음 공부를 시작하는 학자가 학문의 길로 들어가는 법을 제시한

것으로는《대학(大學)》만한 것이 없다. 그밖에는《논어》와《맹자》만한 것이 없다.

原文 初學入德之門, 無如大學. 其他莫如語孟.

註解 ㅇ入德之門(입덕지문)－공부의 길로 들어서는 문, 공부를 시작하는 방법을 밝힌 것. ㅇ語孟(어맹)－《논어(論語)》와《맹자(孟子)》.

解說 《정씨유서》 권22 상에 보이는 정이의 말. 이런 견해 때문에, 뒤에 주희(朱熹)에 이르러《예기(禮記)》의 한 편이었던《대학(大學)》과《중용(中庸)》이《논어》·《맹자》와 함께 '사서(四書)'로 엮어져, 유학(儒學)의 기본경전으로 격상(格上)하게 된다.

35. 배우는 사람은 먼저 반드시《논어》와《맹자》를 읽어야 한다.《논어》·《맹자》를 완전히 터득하면 스스로 요령이 생기게 된다. 그리고 나서 다른 경전을 보면 매우 힘이 덜 들 것이다.《논어》·《맹자》는 자나 저울과 비슷하다. 이것으로써 사물의 길이와 무게를 잰다면 저절로 길이와 무게를 알 수 있게 된다.

原文 學者先須讀語孟. 窮得語孟, 自有要約處. 以此觀他經, 甚省力. 語孟如丈尺權衡相似. 以此去量度事物, 自然見得長短輕重.

註解 ㅇ語孟(어맹)－《논어》와《맹자》. ㅇ要約處(요약처)－요점, 요령. ㅇ丈尺(장척)－길이를 재는 자. ㅇ權衡(권형)－무게를 다는 저울.

解說 《정씨유서》 권18에 보이는 정이의 말.《논어》·《맹자》를 무엇보다도 먼저 읽고 그 요령(要領)을 얻은 다음 다른 경전을 읽어야 한다는

것이다.

36. 《논어》를 읽는 사람은 여러 제자들이 물은 것을 곧 자기가 묻는 것으로 삼고, 성인이 그에 대답한 것을 지금 자기 귀로 듣는 것으로 삼으면 자연히 터득하는 것이 있게 될 것이다. 만약 《논어》·《맹자》 속에서 깊이 뜻을 추구하고 완미(玩味)한다면 장차 매우 훌륭한 기질을 함양하여 이루게 될 것이다.

原文 **讀論語者, 但將諸弟子問處, 便作己問, 將聖人答處, 便作今日耳聞, 自然有得. 若能於論孟中, 深求玩味, 將來涵養成甚生氣質.**

註解 ○深求(심구)-깊이 뜻을 추구하다. ○甚生(심생)-매우 싱싱한, 매우 훌륭한.

解說 《정씨유서》 권22 상에 보이는 글. 《논어》는 공자와 제자들간에 주고받은 문답이 중심을 이루고 있는데, 이 문답은 《논어》를 읽는 사람인 자기와 공자와의 문답으로 생각하여 읽으면 올바른 뜻을 터득하게 될 것이라는 것이다.

37. 《논어》와 《맹자》를 읽을 적에는 반드시 익히 읽으면서 완미(玩味)를 해야 한다. 성인의 말씀이 자신에게 절실해져야 한다. 다만 한바탕 얘기로 받아들여서는 안된다. 사람들이 오직 이 두 가지 책을 자신에게 절실하도록 읽는다면 평생토록 얻는 게 매우 많을 것이다.

原文 **凡看語孟, 且須熟玩味. 將聖人之言語切己. 不可只作一場話說. 人只看得此二書切己, 終身儘多也.**

註解 ㅇ切己(절기)－자기에게 절실한 것. ㅇ一場話說(일장화설)－한바탕 얘기를 하는 것, 한바탕 얘기라고 해설하는 것. ㅇ儘多(진다)－얻는 것이 매우 많은 것, 소득이 많은 것.

解說 《정씨유서》 권22 상에 보이는 정이의 말로, 《논어》와 《맹자》를 읽을 적에 숙독(熟讀)하고 완미(玩味)하여 자기에게 절실한 문제를 논한 말로 받아들여야 함을 강조하고 있다.

38. 《논어》는 그것을 읽은 뒤에 전혀 아무런 일도 없는 듯한 사람이 있고, 그것을 읽은 뒤에 그 중에서 한두 구절 좋아하는 말을 얻는 사람이 있으며, 그것을 읽고 난 뒤에 그것을 좋아할 줄 아는 사람이 있고, 그것을 읽고 난 뒤에 자기도 모르게 좋아서 손발을 흔들며 춤을 추게 되는 사람이 있다.

原文 **論語有讀了後, 全無事者, 有讀了後, 其中得一兩句喜者, 有讀了後, 知好之者, 有讀了後, 不知手之舞之, 足之蹈之者.**

註解 ㅇ不知手之舞之足之蹈之(부지수지무지족지도지)－자기도 모르는 중에 손을 흔들고 발을 구르며 좋아서 춤을 추는 것. 이 표현은 《시경(詩經)》 대서(大序)와 《맹자》 이루(離婁) 상편에 보이는 것을 빌린 것이다.

解說 《정씨유서》 권19에 보이는 정이의 말이다. 주희는 이 대목의 내용이 좋다고 생각한 듯 《논어집주(論語集註)》의 서론에도 인용하고 있다.

39. 배우는 사람은 마땅히 《논어》·《맹자》를 근본으로 삼아야 한다. 《논어》·《맹자》를 완전하게 읽고 나면 육경(六經)은 공부하지 않고도 알 수 있게 된다.

글을 읽는 사람은 마땅히 성인이 경전(經典)을 지은 뜻과 성인이 마음을 쓴 곳과 성인이 성인이 되는 까닭, 그리고 내가 이르지 못하는 까닭과 내가 아직 터득하지 못하고 있는 것 등등을 잘 살펴보아야 한다.

글자 한 구절 한 구절의 뜻을 추구하고, 낮에는 그것을 외우며 완미(玩味)하고 밤에는 그것을 생각하며, 마음을 가라앉히고 기운을 편안히 하여 의심나는 것이 있으면 그대로 남겨둔다면 곧 성인의 뜻을 알 수 있게 될 것이다.

原文 學者當以論語孟子爲本. 論語孟子旣治, 則六經可不治而明矣.

讀書者, 當觀聖人所以作經之意, 與聖人所以用心, 與聖人所以至聖人, 而吾之所以未至者, 所以未得者.

句句而求之, 晝誦而味之, 中夜而思之, 平其心, 易其氣, 闕其疑, 則聖人之意見矣.

解說 《정씨유서》 권25에 보이는 정이의 말이다. 계속 《논어》와 《맹자》의 중요성을 강조하고 있다.

40. 《논어》·《맹자》를 읽고 도를 알지 못한다면, 이른바 '비록 많이 읽었다 하더라도 무슨 소용이 있겠는가'라고 하는 상태가 된다.

原文 讀論語孟子, 而不知道, 所謂雖多亦奚以爲.

解說 《정씨유서》 권6에 보이는 말. 두 형제 중 누구의 말인지 확실치 않다.

41. 《논어》와 《맹자》는 오직 충분히 읽기만 하면 곧 자연히 뜻이 충족

(充足)되게 된다. 공부하는 사람은 반드시 그 뜻을 완미(玩味)해야 한다. 만약 그 말만을 풀이하면 뜻에 대한 이해가 모자라게 된다.

나는 처음에는 이 두 가지 책의 주석(註釋)을 썼으나, 뒤에 거기에 대하여 생각해 보니 또 부질없는 짓 같았다. 다만 약간의 옛 선비들이 잘못 이해하였던 곳들만은 정리할 필요가 있다고 여겨졌다.

原文 論語孟子, 只剩讀著, 便自意足. 學者須是玩味. 若以語言解著, 意便不足.

某始作此二書文字, 旣而思之, 又似剩. 只有些先儒錯會處, 卻待與整理過.

註解 ㅇ剩讀著(잉독저)－남아날 정도로 충분히 읽기만 하면. ㅇ二書文字(이서문자)－두 책에 대한 글, 곧 두 책에 대한 주해(註解). ㅇ剩(잉)－남아나는 것, 부질없는 것.

解說 《정씨외서》 권5에 보이는 정이의 말이다.

42. 질문하였다. "《논어》·《맹자》의 요긴한 곳만을 읽는다면 어떠하겠습니까?"

이천 선생께서 대답하셨다. "물론 좋은 일이다. 그러나 터득하는 것이 있다 하더라도 종내 그 속까지 철저히 알지는 못한다. 대개 우리의 도는 불교에서처럼 한 번 보고 깨달아 공적(空寂)을 따라가게 되는 것과는 다르다."

原文 問 : 且將語孟緊要處看, 如何?

伊川曰 : 固是好. 然若有得, 終不浹洽. 蓋吾道非如釋氏, 一見了, 便從空寂去.

註解 ㅇ緊要處(긴요처)－요긴한 곳, 중요한 곳. ㅇ浹洽(협흡)－속까지 다 스며드는 것. 속까지 철저히 아는 것. ㅇ空寂(공적)－허공적멸(虛空寂滅). 불교의 교리.

解說 《정씨외서(程氏外書)》 권12에 보이는 정이의 말이다. 계속 《논어》와 《맹자》의 올바른 공부방법을 역설하고 있다.

43. '시로써 흥취를 일으킨다'는 것은 성정을 읊조리며 도덕 가운데 빠져 즐김으로써 감동을 받는 것이다. 그것은 공자(孔子)께서 "나는 점(點)에게 찬동한다."고 하신 기상(氣象)이 있게 되는 까닭인 것이다.

原文 **興於詩者, 吟咏性情, 涵暢道德之中, 而歆動之. 有吾與點也之氣象.**

註解 ㅇ興於詩(흥어시)－《논어》 태백(泰伯)편에 '시로써 흥취를 일으키게 되고, 예로써 자립하게 되고, 악으로써 자기를 완성시키게 된다.(子曰 ; 興於詩, 立於禮, 成於樂.)'라 한 말이 보인다. ㅇ涵暢(함창)－빠져서 즐기다, 젖어들어 즐기다. ㅇ歆動(흠동)－감동되다. ㅇ吾與點也(오여점야)－《논어》 선진(先進)편에서 인용한 말. '점'은 공자의 제자 증삼(曾參)의 아버지 증석(曾晳). 부자가 공자에게 배웠다. 공자가 여러 명의 제자들과 함께 있다가 제자들에게 "만약 뜻대로 된다면 무슨 일을 하겠는가?"고 물었다. 다른 제자들은 모두 정치적인 큰 포부를 얘기하였는데, 끝머리에 증석이 "늦은 봄에 봄옷을 지어 입고, 어른 대여섯 명과 아이들 6, 7명과 어울리어, 기수(沂水)에서 목욕하고, 무에서 바람을 쐬고, 읊조리며 돌아오는 것입니다.(莫春者, 春服旣成, 冠者五六人, 童子六七人, 浴乎沂, 風乎舞雩, 詠而歸.)"고 대답하자, 공자가 '나는 점에게 찬동한다'고 한 말이다.

解說 《정씨외서》 권3에 보이는 말. 두 형제 중 누구의 말인지는 확실치 않으나, 《시경》을 읽고 공부하는 방법을 설명한 말이다.

44. 사현도가 말하였다.

"정명도 선생님은 《시경》에 대하여 잘 말씀해 주신다. 선생님은 전혀 시 한 장(章)을 해석하거나 한 구절을 풀이하시지 않는다. 다만 여유있게 완미(玩味)하고 위아래로 읊으시면서 바로 사람들로 하여금 터득하는 것이 있도록 하신다.

'저 해와 달 바라보니, 내 시름 그지없네. 길은 먼데 언제나 오시게 되려나!'라고 한 것은 생각이 절실함을 노래한 것이라 하셨다. 끝머리에 '여러 군자들이여! 덕행을 모르지는 않겠지요? 남을 해치지 않고 탐욕을 부리지 않으면, 무슨 일이나 잘 되지 않을까요?'라고 한 것은 올바름으로 귀착하는 것이라 하셨다."

또 말하였다. "정명도 선생님은 늘 《시경》을 얘기할 적에 전혀 한 글자에 대한 해석도 하시지 않는다. 때로는 한두 글자만을 바꾸어 분명히 드러내며 읽음으로써 곧 사람들로 하여금 깨닫도록 하신다."

또 말하였다. "옛사람들은 이런 까닭에 친히 배우는 것을 귀하게 여겼던 것이다."

原文 謝顯道云 : 明道先生善言詩. 他又渾不曾章解句釋. 但優游玩味, 吟哦上下, 便使人有得處.

瞻彼日月, 悠悠我思. 道之云遠, 曷云能來? 思之切矣. 終曰, 百爾君子, 不知德行. 不忮不求, 何用不臧? 歸于正也.

又云 : 伯淳嘗談詩, 並不下一字訓詁. 有時只轉卻一兩字, 點掇他念過, 便教人省悟.

又曰 : 古人所以貴親炙之也.

註解 ○謝顯道(사현도)－정자(程子)의 제자 사양좌(謝良佐), 현도는 그의 자. ○渾(혼)－전혀. ○瞻彼日月(첨피일월)－이하의 시는 《시경》 패풍(邶風)

웅치(雄雉) 시의 제3장임. ㅇ忮(기)-남을 해치는 것. ㅇ不求(불구)-탐욕을 부리지 않는 것. ㅇ臧(장)-선(善), 잘 되는 것. ㅇ伯淳(백순)-정호(程顥)의 자. ㅇ轉卻(전각)-돌리어 다른 글자로 바꾸는 것. ㅇ點掇(점철)-분명히 지적하는 것. ㅇ親炙(친자)-직접 배우는 것.

解說 《정씨외서》 권12에 보이는 말. 사현도(謝顯道)의 《상채어록(上蔡語錄)》에서 뽑은 것이다. 《시경》을 올바로 읽고 이해하는 방법을 알려주고 있다.

45. 명도(明道) 선생께서 말씀하셨다.
"공부하는 사람은 《시경》을 읽지 않을 수 없다. 《시경》을 읽으면 곧 사람으로 하여금 한층 품격이 높아지도록 한다."

原文 **明道先生曰 : 學者不可以不看詩. 看詩, 便使人長一格價.**

註解 ㅇ長一格價(장일격가)-품격이 한층 더해지다.

解說 《정씨외서》 권12에 실린 앞 대목에 이어지는 말이다.

46. 문(文)을 근거로 말을 해쳐서는 안된다. 문(文)은 문자(文字)의 문(文)이다. 한 개의 글자는 문(文)이고, 구절을 이루면 말이 된다. 《시경》을 해석하는 데 한 글자의 뜻이 잘 통하지 않으면 다른 뜻으로 옮겨가 해석해야 한다. 보기로 '유주불현(有周不顯)'의 경우와 같아서, 본시 글을 지을 때부터 그래야만 되도록 지어졌던 것이다.

原文 **不以文害辭. 文, 文字之文. 擧一字則是文, 成句是辭. 詩**

爲解一字不行, 却遷就他說. 如有周不顯, 自是作文, 當如此.

註解 ㅇ不以文害辭(불이문해사)−글자를 근거로 말뜻을 해치지 않는다.《맹자》만장(萬章) 상편에 보이는 말. ㅇ一字不行(일자불행)−한 글자의 뜻이 잘 통하지 않는 것. ㅇ却遷就他說(각천취타설)−다른 뜻으로 옮겨가 해석하다. ㅇ有周不顯(유주불현)−《시경》대아(大雅) 문왕(文王)편에 나오는 말. '불현(不顯)'은 '밝게 드러나지 않다'로 풀이하는 것이 보통의 방식이나, 뜻이 통하지 않음으로 반문(反問) 형식으로 바꾸어 '밝지 않은가?' 곧 '주나라의 덕이 밝게 드러나지 않는가?'로 풀이한다.

解說 《정씨외서》 권1에 보이는데, 두 형제 중 누구의 말인지 확실치 않다. 시를 보는 법을 밝힌 것이다. '유주불현(有周不顯)'이란 말이 글자대로 해석하면 의미가 통하지 않는 것처럼 글자에 얽매여 내용을 그르치는 일이 있어서는 안된다는 것이다.

47. 《서경(書經)》을 읽는 데는 모름지기 2제(帝), 3왕의 도를 잘 살펴야 한다. 예를 들면 2전(典)에서는 요(堯)가 백성을 다스린 방법과 순(舜)이 임금을 섬긴 방법을 추구해야 한다

原文 **看書須要見二帝三王之道. 如二典, 卽求堯所以治民, 舜所以事君.**

註解 ㅇ二帝(이제)−요(堯)와 순(舜). ㅇ三王(삼왕)−하(夏)의 우왕(禹王), 은(殷)의 탕왕(湯王), 주(周)의 문왕(文王), 무왕(武王)을 가리킨다. ㅇ二典(이전)−요전(堯典)과 순전(舜典).

解說 《정씨유서》 권24에 보이는 정이의 말. 《서경》을 읽는 데 대한 주의할 문제를 밝힌 것이다.

48. 《중용(中庸)》이라는 책은 공문(孔門)에 전해 내려온 것으로 자사(子思)와 맹자(孟子)에게서 이루어졌다. 그 책은 비록 잡된 기록이나 정(精)과 조(粗)를 나누지 않고 한꺼번에 논술하고 있다. 지금 사람들은 도를 말하면서, 대부분이 높은 것을 말할 적에는 낮은 것은 빠뜨려 버리고 근본을 말할 적에는 말단을 빠뜨려 버리고 만다.

原文 **中庸之書, 是孔門傳授, 成於子思孟子. 其書雖是雜記, 更不分精粗, 一滾說了. 今人語道, 多說高便遺卻卑, 說本便遺卻末.**

註解 ㅇ子思(자사)－공자의 손자 공급(孔伋), 《중용》의 작자라 하나 확실한 증거는 없다. ㅇ一滾(일곤)－한꺼번에. ㅇ遺卻(유각)－빠뜨리다, 빠뜨려 버리다.

解說 《정씨유서》 권15에 보이는 정이의 말. 《중용(中庸)》이 어떤 책인가, 그리고 도(道)는 어떻게 이해하여야 하는가를 설명하고 있다.

49. 이천 선생께서는 《역전(易傳)》 서(序)에서 이렇게 논하고 있다.

"역(易)은 변역(變易)이라는 뜻이다. 때에 따라 변하고 바뀌면서 도를 좇는 것이다. 이 책의 성격은 크고 넓어 모든 것이 다 갖추어져 있다. 성명(性命)의 이치에 따르고 밝음과 어둠의 원인에 통하며, 사물(事物)의 실정을 다 드러내어 만물을 이루고 모든 변화를 이룩하는 도를 보이려는 것이다. 성인이 후세를 걱정하심이 지극하다 할 수 있겠다.

옛날과는 비록 멀리 떨어졌으나 남겨진 경전(經典)은 지금까지도 전해지고 있는 것이다. 그러나 이전의 학자들은 그 뜻을 잃어버리고 말만 전하였으며, 후세의 학자들은 말만을 외우고 그 맛은 잊어버렸다. 그래서 진(秦)나라 이후로는 올바로 전하는 것도 없게 된 것이다. 내가 천년 후에 태어나 올바른 학문이 묻히어 없어질 것을 애석히 여겨, 장차 뒷사람들로 하여금 흐름을 따라 그 근원을 추구하도록 하려는 것이, 이 《역전(易傳)》을 지은 까닭인 것이다.

《역(易)》에는 성인(聖人)의 도(道) 네 가지가 있다. 말을 하는 사람은 그 글귀를 숭상하고, 움직이는 사람은 그 변화를 귀하게 여기고, 그릇을 만드는 사람은 그 형상을 귀하게 여기고, 복서(卜筮)를 하는 사람은 그 점(占)을 숭상하는 것이다. 길하고 흉하고 없어지고 자라나고 하는 이치와 나아가고 물러서고 존재하고 없어지는 도가 다 글귀에 갖추어져 있다. 글귀를 미루어 괘(卦)를 생각하면 변화를 알 수 있다. 형상과 점(占)은 그 가운데 있는 것이다.

군자가 거처함에는 그 형상을 보고 그 글귀를 완미(玩味)하며, 움직임에는 그 변화를 보고 그 점(占)을 완미(玩味)한다. 글귀의 뜻은 터득하면서도 《주역》의 본뜻에는 통달하지 못하는 사람은 있으나, 글귀의 뜻을 터득하지 못하고 《주역》의 본뜻에 통달하게 되는 사람은 없다.

지극히 미묘한 것은 이(理)이고 뚜렷이 나타나는 것은 형상이다. 체(體)와 용(用)이 한 가지 근원이어서 분명한 것과 은미(隱微)한 것에도 차이가 없다. 그 모이고 통하는 이치를 관찰하여 그 전례(典禮)를 행하는 일은 곧 글귀에 갖추어 있지 않는 것이 없다.

그러므로 잘 공부하는 사람은 말을 추구하되 반드시 가까운 데로부터 시작한다. 가까운 것을 쉽다고 깔보는 사람은 말을 알지 못하는 사람이다. 내가 해설하는 것은 글귀이다. 글귀를 근거로 하여 《주역》의 본뜻을 터득하는 것은 독자에게 달린 일이다."

原文 伊川先生易傳序曰：易變易也. 隨時變易, 以從道也. 其爲書也, 廣大悉備. 將以順性命之理, 通幽明之故, 盡事物之情, 而示開物成務之道也. 聖人之憂患後世, 可謂至矣.

去古雖遠, 遺經尙存. 然而前儒失意以傳言, 後學誦言而忘味.

自秦而下, 蓋無傳矣. 予生千載之後, 悼斯文之湮晦, 將俾後人沿流而求源. 此傳所以作也.

易有聖人之道四焉. 以言者尙其辭, 以動者尙其變, 以制器者尙其象, 以卜筮者尙其占. 吉凶消長之理, 進退存亡之道, 備於辭. 推辭考卦, 可以知變. 象與占, 在其中矣.

君子居則觀其象, 而玩其辭, 動則觀其變, 而玩其占. 得於辭不達其意者有矣, 未有不得於辭而能通其意者也.

至微者理也. 至著者象也. 體用一源, 顯微無間. 觀會通以行其典禮, 則辭無所不備.

故善學者, 求言必自近. 易於近者, 非知言者也. 予所傳者辭也. 由辭以得意, 則存乎人焉.

註解 ㅇ易傳(역전)－정이가 지은 《역경》 주해서. 모두 4권. ㅇ性命(성명)－하늘에게서 받은 본성과 하늘의 작용(내려주는 것). ㅇ故(고)－까닭, 원칙. ㅇ開物成務(개물성무)－만물을 이루고 변화를 이룩하는 것. ㅇ湮晦(인회)－묻히고 없어지는 것. ㅇ卜筮(복서)－거북점과 역점을 치는 것. ㅇ顯微(현미)－형상과 이치를 가리킴. ㅇ會通(회통)－여러 가지 이치가 하나로 모이고, 한 가지 이치가 모든 일에 통하는 것.

解說 정이가 《역전서(易傳序)》에서 역(易)의 의미와 천지만물이 운행 전변하는 이치의 체용(體用)관계를 설명한 내용이다.

50. 이천(伊川) 선생께서 장굉중(張閎中)에게 답하는 글에서 말씀하셨다.

"내가 아직 역전을 전하지 않는 것은 스스로 헤아리니 정력이 아직 쇠하지 않아 아직도 좀더 진전이 있기를 바라서일세. 자네 편지에 역

(易)의 의리(義理)는 본시 수(數)에서 생긴 것이라 하였으나, 그것은 잘못이네. 이(理)가 있은 다음에 형상이 있고, 형상이 있은 다음에 수(數)가 있네. 역(易)은 형상을 근거로 이(理)를 밝히고 형상을 근거로 수(數)를 알게 되네. 글귀의 뜻을 터득하면 형상과 수(數)가 그 가운데 있게 되는 것일세.

반드시 형상의 은미(隱微)함을 캐고[窮] 수(數)의 극히 작은 것까지 궁구(窮究)하려는 것은, 바로 흐름을 찾으려 하면서 말류(末流)를 좇는 것과 같네. 점술가(占術家)들이나 숭상할 일이지 유학자가 할 일은 아닌 것일세."

原文 伊川先生答張閎中書曰:

易傳未傳, 自量精力未衰, 尚覬有少進爾. 來書云: 易之義, 本起於數, 則非也. 有理而後有象, 有象而後有數. 易因象以明理, 由象以知數. 得其義, 則象數在其中矣.

必欲窮象之隱微, 盡數之毫忽, 乃尋流逐末. 術家之所尚, 非儒者之所務也.

註解 ㅇ張閎中(장굉중)－정이천(程伊川)의 문인(門人). ㅇ覬(기)－바라다. ㅇ毫忽(호홀)－극히 미소한 것. 지극히 작은 수의 단위임. ㅇ術家(술가)－점술가(占術家).

解說 《정씨문집》 권9(伊川先生文 五)에 보이는 글임. 역(易)에서의 본(本)·말(末)인 이(理)와 상(象)·수(數)에 대해서 설명한 것으로 역(易)을 읽는 데는 근본이 되는 이치를 꿰뚫어봐야 한다는 것이다.

51. 때를 알고 형세를 아는 것이 《역경》을 배우는 중대한 방법이다.

原文 **知時識勢, 學易之大方也.**

解說 《역전》, 쾌괘(夬卦) 구이(九二) 상전(象傳)에 단 주(注). 역(易)을 배우는 사람은 마땅히 시세(時勢)의 변해 가는 현상을 보고 그 속에서 이치를 발견해야 한다는 것이다.

52. 《역경》 대축(大畜)괘의 첫 효(爻)와 둘째 효는 건체(乾體)로 강건하지만 앞으로 나아가기에는 부족하다. 넷째 효와 다섯째 효는 음(陰)으로 부드러워 멈출 수가 있다. 시기의 성쇠(盛衰)와 형세의 강약(强弱)에 대하여는 《역경》을 배우는 사람이 마땅히 깊이 알아야만 하는 것이다.

原文 **大畜初二, 乾體剛健, 而不足以進. 四五陰柔, 而能止. 時之盛衰, 勢之强弱, 學易者, 所宜深識也.**

註解 ㅇ大畜(대축)-《역경》의 괘(卦) 이름. ㅇ初二(초이)-양효(陽爻)는 구(九)로 표시하므로, 초구(初九)와 구이(九二). ㅇ四五(사오)-음효(陰爻)는 육(六)으로 나타내므로, 육사(六四)와 육오(六五).

解說 이 글은 《주역정씨전(周易程氏傳)》 대축(大畜)괘의 구이(九二) 상전(象傳)의 주(注)에 보인다. 《역경》의 글 해석보다는 끝머리의 교훈 때문에 이 글을 여기에 인용했을 것이다.

53. 여러 괘의 둘째 효(爻)와 다섯째 효는 비록 그 자리에 합당하지 않은 것이라 하더라도 대부분의 경우 중앙에 자리잡고 있다 하여 훌륭하게 여겨진다. 셋째 효와 넷째 효는 비록 그 자리에 합당하다 하더라도 간혹 중앙에 있지 않다 하여 지나친 것으로 여겨진다.

중앙은 언제나 바른 것보다도 중히 여겨진다. 대체로 중앙은 올바름으로부터 어긋나지 않지마는, 올바름은 반드시 중앙이 아닌 것이다. 천하의 이치는 중앙보다도 훌륭한 것이란 없으니, 구이(九二)와 육오(六五)를 통해서 그것을 알 수 있다.

原文 諸卦二五, 雖不當位, 多以中爲美. 三四雖當位, 或以不中爲過.

中常重於正也. 蓋中則不違於正, 正不必中也. 天下之理, 莫善於中, 於九二六五可見.

註解 ㅇ二五(이오)ㅡ둘째 효는 윗괘의 중간, 다섯째 효는 아래괘의 중간이다. 그리고 삼사(三四)는 윗괘의 아래효와 아래괘의 첫 효이다.

解說 《주역정씨전》 진괘(震卦) 육오(六五)의 주(注)에 보이는 글. 이 대목도 《역경》의 해석보다는 중(中)과 정(正)의 원리를 밝히는 데 목적이 있는 듯하다.

54. 질문하였다. "호(胡)선생님은 구사(九四)를 태자(太子)라고 풀이하고 계신데, 아마도 괘의 본뜻은 아니겠지요?"

선생님이 말씀하셨다. "그래도 무방하다. 오직 어떻게 쓰는가만을 보면 된다. 태자로서 합당할 적에는 곧 태자가 되도록 하는 것이다. 구사(九四)는 임금에 가깝기 때문에 곧 태자라 하여도 그릇되지 않는다. 다만 한 가지에만 구애될 필요는 없다. 만약 한 가지 일만을 고집한다면 곧 384효가 다만 384건의 일이 되고 말 것이다."

原文 問 : 胡先生解九四作太子, 恐不是卦義.

先生云 : 亦不妨. 只看如何用. 當儲貳則做儲貳使. 九四近君,

便作儲貳亦不害. 但不要拘一. 若執一事, 則三百八十四爻, 只作得三百八十四件事, 便休了.

註解 ㅇ胡先生(호선생)－호원(胡瑗, 993~1059), 자는 익지(翼之), 안정선생(安定先生)이라 불리었다. ㅇ九四(구사)－넷째 자리에 있는 양효(陽爻). ㅇ儲貳(저이)－태자. ㅇ便休了(변휴료)－곧 그만이다.

解說 《정씨유서》 권19에 보이는 정이의 말. 《역경》에 대한 이해 방법을 말한 것으로 보인다.

55. 《역경》을 읽으려면 때를 알아야 한다. 육효(六爻)는 모든 사람들에게 유용하다. 성인에게는 자연히 성인으로서의 쓰임이 있고, 현인에게는 자연히 현인으로서의 쓰임이 있으며, 중인(衆人)에게는 자연히 중인으로서의 쓰임이 있고, 배우는 사람에게는 자연히 학자(學者)로서의 쓰임이 있으며, 임금은 임금으로서의 쓰임, 신하(臣下)는 신하로서의 쓰임이 있어 그 어디에도 통하지 않는 곳이란 없다.

이에 누가 질문하였다. "곤(坤)괘는 신하의 일인데 임금에게도 쓰일 데가 있습니까?" 선생님께서 대답하셨다. "어찌 쓰임이 없겠는가? 후덕(厚德)하여 만물을 싣는 것 같은 것이 그것이니 임금이 어찌 그것을 쓰지 않겠는가?"

原文 看易, 且要知時. 凡六爻, 人人有用. 聖人自有聖人用, 賢人自有賢人用, 衆人自有衆人用, 學者自有學者用, 君有君用, 臣有臣用, 無所不通.

因問 : 坤卦是臣之事, 人君有用處否? 先生曰 : 是何無用? 如厚德載物, 人君安可不用?

註解 ㅇ厚德載物(후덕재물)－《역경》 곤(坤)괘의 상전(象傳)에 "군자는 후덕(厚德)함을 가지고 물(物)을 싣는다."고 하였다. 땅이 만물을 싣는 그러한 후덕(厚德)이 곧 임금의 쓰임이 되어야 하는 것이라는 의미.

解說 《정씨유서》 권19에 보이는 정이의 말. 역(易)의 이치는 통하지 않는 데가 없어 인사(人事)에서 보면 때에 따라 사람에 따라 그때 그 사람에게 다 들어맞는 이치가 있다는 것이다.

56. 《역경》의 안에서는 오직 반복(反復)과 왕래(往來)와 상하(上下)를 말하고 있을 따름이다.

原文 易中只是言反復往來上下.

註解 ㅇ反復(반복)－음양(陰陽)이 서로 되풀이 되는 것. ㅇ往來(왕래)－이해관계가 서로 엇바뀌는 것. ㅇ上下(상하)－강유(剛柔)가 서로 올라갔다 내려왔다 하는 것.

解說 《정씨유서》 권14에 보이는 정호의 말이다. '빈복(反復)'이 반복(反覆)으로 되어 있는 판본도 있으나, 어떻든 현대인으로서는 그 뜻을 분명히 이해하기 쉽지 않다.

57. 《역경》을 짓자 하늘과 땅의 어두움과 밝음으로부터 곤충·초목·미물에 이르기까지 그 이치에 들어맞지 않는 것이 없게 되었다.

原文 作易, 自天地幽明, 至於昆蟲草木微物, 無不合.

註解 ㅇ天地幽明(천지유명)－하늘과 땅의 어둡고 밝은 것. 어두운 유(幽)

는 땅, 밝은 명(明)은 하늘로 보기도 한다.

解說 《정씨외서》 권7에 보이는데, 누구의 말인지는 분명치 않다. 《역경》의 이치는 어디에나 적용된다는 역리(易理)의 편재성(遍在性)을 나타낸 말이다.

58. 지금 사람들은 《역경》을 읽기는 하지만 모두 역이 어떤 것인지는 알지 못하고, 다만 겉으로 나타나는 뜻을 천착할 뿐이다. 만약 읽어도 잘 알지 못하면, 겉으로 나타나는 뜻에 하나의 덕을 보태도 많아지는 것을 알지 못하고, 겉으로 나타나는 뜻에 하나의 덕을 감해도 그 적어지는 것을 알지 못한다. 비유컨대 만약 소반에 대하여 알지 못하면 다리 하나를 빼도 그 적어지는 것을 알지 못하고, 다리 하나를 더해도 그 많아지는 것을 알지 못하는 것과 같다. 만약 안다면 스스로 더 보탤 수도 뺄 수도 없을 것이다.

原文 **今時人看易, 皆不識得易是何物, 只就上穿鑿. 若念得不熟, 與就上添一德, 亦不覺多, 就上減一德, 亦不覺少. 譬如不識此丌子, 若減一隻脚, 亦不知是少, 若添一隻, 亦不知是多. 若識則自添減不得也.**

解說 《정씨외서》 권5에 보이는 정이의 말. 지금 사람은 《역경》을 읽으면서도 그 역의 오묘한 이치를 꿰뚫어보지 못한다는 말이다.

59. 유정부가 이천 선생님에게 음양(陰陽)의 헤아릴 수 없는 것을 신(神)이라 말하는 것에 대하여 질문하자, 이천 선생님이 말씀하셨다. "그대는 의문이 나서 묻는 건가, 그렇지 않으면 어려운 문제를 골라 묻는 건가?"

原文 游定夫問伊川, 陰陽不測之謂神. 伊川曰 : 賢是疑了問, 是揀難底問?

註解 ㅇ游定夫(유정부)－유작(游酢, 1053~1132). 정부는 그의 자이며, 이정자(二程子)의 제자. ㅇ賢(현)－2인칭.

解說 《정씨외서》 권12에 보이는 글.

60. 이천 선생이 《역전(易傳)》을 제자들에게 보이면서 말씀하셨다.

"오직 칠부[七分]만을 해설한 것이니, 후세 사람들은 다시 반드시 스스로 연구하여 터득해야만 한다."

原文 伊川以易傳示門人曰 : 只說得七分, 後人更須自體究.

註解 ㅇ體究(체구)－체찰(體察) 고구(考究)하다, 연구하여 터득하다.

解說 《정씨외서》 권11에 보이는 글. 정이도 《역경》의 뜻에 대하여는 충분한 자신이 없었던 듯도 하고, 한편 점의 원리는 말로 충분히 설명하기 어려운 것임을 뜻하는 듯도 하다.

61. 이천 선생께서 《춘추전(春秋傳)》 서(序)에 말씀하셨다.

"하늘이 사람을 내었으니 그 중에는 반드시 뛰어난 사람이 있어서 그가 나와 군주가 되어, 그들을 다스려 쟁탈(爭奪)이 없게 하고, 그들을 인도하여 잘 생산하고 양육(養育)하게 하며, 그들을 잘 교화(敎化)시켜 윤리를 밝힌다. 그런 연후에 인도(人道)가 서게 되고 천도(天道)가 이루어지며 지도(地道)가 공평해지는 것이다.

요·순 이전까지는 성현들이 대대로 나와서 때에 맞게 모든 일을 행하였다. 세상 풍기(風氣)를 합당하게 하여 순조롭게 하였으며, 천시(天時)에 앞서 사업을 개발하지 않았으며, 각각 때에 맞추어 정치를 하였던 것이다. 삼왕(三王)이 번갈아 일어나자 천하의 중요한 세 가지 법이 갖추어지고, 자(子)·축(丑)·인(寅)으로 정월(正月)을 삼고 충(忠)·질(質)·문(文)이 더욱 숭상되어서 인도(人道)가 갖추어지고 천운(天運)이 두루 운행되게 되었다.

성왕(聖王)이 다시는 나오지 않자, 천하를 다스리는 사람이 비록 옛 성인의 자취를 본받고자 했으나 역시 사사로운 뜻으로 망령된 짓이 행해질 따름이었다. 사리가 어긋나게 되어 진(秦)나라는 해(亥)를 내세워 정월(正月)을 삼기에 이르렀고, 도에서 어긋나게 되었다. 한(漢)나라는 오로지 지혜와 권력만을 가지고 천하를 유지하였다. 어찌 다시 선왕(先王)의 도(道)를 알았다고 하겠는가?

공자는 주(周)나라 말년에 성인이 다시는 나오지 않게 되어, 하늘을 따르고 때에 호응하는 다스림이 다시는 있을 수가 없게 되었다고 여기셨다. 이에 《춘추(春秋)》를 지어 여러 왕이 바꿀 수 없는 위대한 법도가 되게 하였다. 이른바 삼왕(三王)의 도에 비추어 보아도 그릇됨이 없고, 하늘과 땅 사이에 세워도 어긋남이 없으며, 귀신에게 물어도 의심스러운 점이 없고, 백세(百世) 후의 성인을 기다려도 미혹됨이 없다고 하는 것이다.

그러므로 옛 학자들의 해설에 이르기를 '제자인 자유(子游)·자하(子夏)도 한마디도 더 보탤 수 없었다' 하였다. 《춘추》의 글귀에는 더 보탤 필요도 없는 것이다. 이는 자유와 자하가 거기에 대하여 이해할 수가 없었음을 말하는 것이다. 그에 관한 도는 오직 안자(顔子)만이 일찍이 그것을 들어 알고 있었을 따름이다. '하(夏)나라의 역법(曆法)을 쓰고 은(殷)나라의 수레를 타며 주(周)나라의 예관(禮冠)을 쓰고 음악은 순임금의 소무(韶舞)를 쓰도록 하라' 하였으니, 이것이 준칙(準則)이었던 것이다. 후세에는《춘추》를 사서(史書)로 보아 선악을 포폄(褒貶)하였다고 말할 뿐, 세상을 다스리는 위대한 법이 되고 있는 사실에 이르러서는 알지 못한다.

《춘추》에는 대의(大義)가 수십 가지나 있다. 그 뜻이 비록 중대하다 하더라도 명백하기가 해나 별과 같으므로 알기 쉽다. 오직 미묘한 말과 숨겨져 있는 뜻 및 때에 따라 그 마땅함을 따르는 것들이란 알기 어려운 것이다. 혹은 억누르고, 혹은 놓아주기도 하고, 혹은 보태어 주고, 혹은 빼앗기도 하며, 혹은 나아가게 하고 혹은 물러나게 하고, 혹은 은미하게 숨기고, 혹은 분명하게 드러내기도 하였다. 그러나 모두 의리가 안정되고 문질(文質)이 알맞았으며 너그럽고 사나움이 적절하였고 시비의 공정함을 이루었으니,《춘추》는 사리를 재는 저울이며 도를 헤아리는 규범이 된 것이다.

여러 가지 사물을 관찰한 연후에야 그 조화(造化)의 신묘함을 알게 되고, 많은 재목을 모아놓은 다음에야 집짓는 용처를 안다. 한 가지 일과 한 가지 뜻에서 성인의 마음씀을 살피고자 하는 것은 뛰어난 지혜가 있는 사람이 아니면 불가능한 것이다. 그러므로《춘추》를 공부하는 사람은 반드시 마음을 여유있고 널리 지니어 묵묵한 가운데 마음으로 통하게 된 연후에야 그 오묘함을 알게 된다. 후세의 왕들도《춘추》의 의미를 안다면 비록 덕이 우(禹)·탕(湯)에 미치지 못한다 하더라도 삼대(三代)의 다스림을 본받을 수는 있을 것이다.

진(秦) 이후로 그 학문이 전하지 않게 되었다. 나는 성인(聖人)의 뜻이 후세에 밝혀지지 않음을 슬프게 생각하여 〈전(傳)〉을 지어 그것을 밝히려는 것이다. 후인으로 하여금 그 글에 통하고 그 뜻을 추구하여 그 뜻을 터득하고 그 쓰임을 본받게 하면 삼대의 다스림을 다시 회복시킬 수 있을 것이다. 이 〈전〉이 비록 성인의 깊은 뜻을 다 나타냈다고는 할 수 없으나 아마도 공부하는 사람이 그 문으로 들어갈 수는 있게 될 것이라 믿는다."

原文 伊川先生春秋傳序曰：

天之生民, 必有出類之才, 起而君長之. 治之而爭奪息, 導之而生養遂, 教之而倫理明. 然後人道立, 天道成, 地道平.

二帝而上, 聖賢世出, 隨時有作. 順乎風氣之宜, 不先天以開人, 各因時而立政. 暨乎三王迭興, 三重旣備, 子丑寅之建正, 忠質文之更尚, 人道備矣, 天運周矣.

聖王旣不復作, 有天下者, 雖欲倣古之跡, 亦私意妄爲而已. 事之繆, 秦至以建亥爲正, 道之悖, 漢專以智力持世. 豈復知先王之道也?

夫子當周之末, 以聖人不復作也, 順天應時之治, 不復有也. 於是作春秋, 爲百王不易之大法. 所謂考諸三王而不繆, 建諸天地而不悖, 質諸鬼神而無疑, 百世以俟聖人而不惑者也.

先儒之傳曰：游夏不能贊一辭. 辭不待贊也. 言不能與於斯耳. 斯道也, 惟顏子嘗聞之矣. 行夏之時, 乘殷之輅, 服周之冕, 樂則韶舞. 此其準的也. 後世以史視春秋, 謂褒善貶惡而已. 至於經世之大法, 則不知也.

春秋大義數十. 其義雖大, 炳如日星, 乃易見也. 惟其微辭隱義, 時措從宜者, 爲難知也. 或抑或縱, 或與或奪, 或進或退, 或微或顯. 而得乎義理之安, 文質之中, 寬猛之宜, 是非之公, 乃制事之權衡, 揆道之模範也.

夫觀百物, 然後識化工之神, 聚衆材, 然後知作室之用. 於一事一義, 而欲窺聖人之用心, 非上智不能也. 故學春秋者, 必優游涵泳, 默識心通, 然後能造其微也. 後王知春秋之義, 則雖德非禹湯, 尙可以法三代之治.

自秦而下, 其學不傳. 予悼夫聖人之志, 不明於後世也. 故作傳以明之, 俾後之人通其文, 而求其義, 得其意, 而法其用, 則三代可復也. 是傳也, 雖未能極聖人之蘊奧, 庶幾學者得其門而入矣.

註解 ㅇ春秋傳(춘추전)－《정씨경설》 권4에 실려 있는 정이의 저술. ㅇ生養遂(생양수)－낳고 기르고 하는 것을 뜻대로 잘 하도록 해주는 것. ㅇ二帝(이제)－요(堯)와 순(舜). ㅇ三王(삼왕)－우(禹)·탕(湯)·문무(文武)의 삼대(三代)의 왕. ㅇ三重(삼중)－예의·제도·인륜(人倫)의 세 가지 중요한 것. ㅇ子丑寅之建正(자축인지건정)－하(夏)·은(殷)·주(周) 3대의 정월. 주(周)는 자월(子月), 은(殷)은 축월(丑月), 하(夏)는 인월(寅月)임. ㅇ忠質文(충질문)－하(夏)의 예는 충(忠)을, 은(殷)의 예는 질박함〔質〕을, 주(周)의 예는 화려함〔文〕을 숭상한 것을 가리킴. ㅇ先儒之傳(선유지전)－사마천(司馬遷)의 《사기(史記)》 공자세가(孔子世家)를 가리킴. ㅇ游夏不能贊一辭(유하불능찬일사)－자유(子游)·자하(子夏)는 공자의 제자 중에 가장 학문에 뛰어났던 사람인데, 그들도 《춘추》의 글귀에는 한마디도 더 보탤 수 없었다는 것. ㅇ辭不待贊也(사부대찬야)－《춘추》의 글귀는 성인(聖人)이 쓴 것으로 어떠한 사람의 개정도 용납되지 않는다는 것. ㅇ與於斯(여어사)－이에 대하여 이해하다. ㅇ行夏之時(행하지시)－이하 소무(韶舞)까지는 《논어》 위령공(衛靈公)편의 글임. ㅇ時(시)－역법(曆法). ㅇ輅(로)－천자의 수레. ㅇ冕(면)－대부(大夫) 이상 사람들이 쓰던 예관(禮冠). ㅇ韶舞(소무)－순임금의 음악. ㅇ揆(규)－헤아리다, 재다. ㅇ造(조)－이르다.

解說 《정씨경설(程氏經說)》 권4에 실린 〈춘추전서(春秋傳序)〉의 전문이다. 《춘추》의 대의와 그것을 읽는 법 등을 자상히 설명하고 있다.

62. 《시경》과 《서경》은 도가 실린 글이고, 《춘추》는 성인의 쓰임이다. 《시경》과 《서경》이 약방문(藥方文) 같은 것이라면 《춘추》는 약을 써

서 병을 고치는 것이다. 성인의 쓰임은 완전히 이 책에 있다. 이른바 '행하는 일을 실음으로써 심각하고 절실하고 밝게 드러내는 것이 좋다'는 것이다.

《춘추》에는 거듭하여 말하고 있는 것들이 있는데, 정벌(征伐)과 회맹(會盟)과 같은 종류의 것들이다. 책으로 이루어놓고자 하였기 때문에 형세가 그러할 수밖에 없었다.

그러니 일마다 각각 다른 뜻을 추구하려 하면 안된다. 다만 한 글자가 다른 것이 있거나 혹은 위아래의 글에 다른 점이 있다면 곧 그 뜻도 반드시 달라야 한다.

原文 詩書載道之文, 春秋聖人之用. 詩書如藥方, 春秋如用藥治病. 聖人之用, 全在此書. 所謂不如載之行事, 深切著明者也.

有重疊言者, 如征伐盟會之類. 蓋欲成書, 勢須如此.

不可事事各求異義. 但一字有異, 或上下文異, 則義須別.

註解 ㅇ所謂(소위)—이하는 사마천(司馬遷)의 《사기(史記)》 태사공자서(太史公自序)의 말을 인용한 것임.

解說 《정씨유서》 권2 상에 보이는 글. 두 형제 중 누구의 말인지 확실치 않으나 여기에서는 정이의 말로 보고 있는 듯하다. 유가 경전에 대한 정이의 독특한 견해를 보여주는 글이다.

63. 오경(五經)에 《춘추(春秋)》가 있는 것은 법에 시비를 가린 판례(判例)가 있는 것과 같다. 율령(律令)은 오직 그 법의 내용을 말하는 것이나, 그 판례에 이르러 비로소 법의 쓰임을 볼 수 있는 것이다.

原文 五經之有春秋, 猶法律之有斷例也. 律令唯言其法, 至於

斷例, 則始見其法之用也.

解說 《정씨유서》 권2 상에 보이는 글. 앞 조목 '춘추성인지용(春秋聖人之用)'의 주로 붙어 있는 것이니, 정이가 쓴 것인 듯하다.

64. 《춘추》를 공부하는 것은 매우 좋다. 한 구절이 한 가지 일이기 때문에 옳고 그름이 바로 거기에 드러난다. 이것은 궁리(窮理)의 요체(要諦)인 것이다. 그렇지만 다른 경서라고 어찌 궁리를 할 수가 없겠는가? 다만 다른 경서가 그 뜻을 논하는 데 비하여 《춘추》는 그 행하여진 일을 근거로 하기 때문에 옳고 그름이 비교적 뚜렷이 드러난다. 그러므로 궁리의 요체가 되는 것이다.

일찍이 공부하는 사람은 반드시 먼저 《논어》와 《맹자》를 읽고 다시 다른 경서를 한 가지 읽은 다음에 《춘추》를 읽어야 한다고 말한 일이 있다. 먼저 의리(義理)란 것을 알아야만 비로소 《춘추》를 읽을 수 있게 되는 것이다.

《춘추》는 무엇을 기준으로 하여야 하는가? '중용'보다 더 좋은 것이 없다. '중용'에 대하여 알고자 한다면 저울질보다 더 좋은 것이란 없다. 반드시 때에 맞고 중간이 되어야 하기 때문이다. 만약 손과 발에 못이 박힐 정도로 일하는 것과 문을 닫고 밖에 나가지 않는 것 두 가지 사이에서 중간을 취하라면 곧 중간이 찾아지지 않는다. 만약 손과 발에 못이 박히도록 일할 적에는 곧 그 속에서 중간을 찾아야 한다. 문을 닫고 밖에 나가지 않을 경우에도 바로 그 속에서 중간을 찾아야 한다.

저울질을 한다는 것은 저울과 저울추를 다루는 것을 뜻한다. 어떤 것을 저울질이라 하는가? 뜻을 따지고 때를 따지는 것이다. 오직 뜻에 대하여 얘기를 하였다면 뜻 이상의 것에 대하여는 더 얘기하기가 어렵다. 거기에 대하여는 사람에 따라 스스로 어떻게 되는 것인가 살펴야만 한다.

原文 學春秋亦善. 一句是一事, 是非便見於此. 此亦窮理之要. 然他經豈不可以窮理? 但他經論其義, 春秋因其行事, 是非較著, 故窮理爲要.

嘗語學者, 且先讀論語孟子, 更讀一經, 然後看春秋. 先識得箇義理, 方可看春秋.

春秋以何爲準? 無如中庸. 欲知中庸, 無如權. 須是時而爲中, 若以手足胼胝閉户不出, 二者之間取中, 便不是中. 若當手足胼胝, 則於此爲中. 當閉户不出, 則於此爲中.

權之爲言, 秤錘之義也. 何物爲權? 義也, 時也. 只是說得到義. 義以上更難說. 在人自看如何?

註解 ㅇ準(준)-표준, 기준. ㅇ權(권)-저울, 저울질. ㅇ胼胝(변지)-손발에 박히는 못. ㅇ秤錘(칭추)-저울과 저울추.

解說 《이정유서》 권15에 보이는 정이의 말이다. 여기서는 《춘추》를 읽는 방법에 대하여 설명하고 있다. 뒤에 주희(朱熹)도 다른 경서에 앞서 '사서(四書)'를 먼저 읽어야 한다고 강조하고 있다.

65. 《춘추(春秋)》는 전(傳)이 사적(事蹟)을 조사하는 공안(公案)이고 경(經)이 시비를 가리는 판단(判斷)인 셈이다.

原文 春秋, 傳爲案, 經爲斷.

解說 《정씨유서》 권15에 보이는 정이의 말임. 여기의 '전'은 《좌씨(左氏)》·《공양(公羊)》·《곡량(穀梁)》의 삼전(三傳)을 말한다.

66. 역사책을 읽는 데 있어서는 한갓 사적(事蹟)만을 기억해서는 안되

며 모름지기 그 치란(治亂)과 안위(安危) 및 흥폐(興廢)와 존망(存亡)의 이치를 알아야 하는 것이다. 만약 고제기(高帝紀)를 읽는다면 곧 모름지기 한(漢)나라 4백년 동안 처음부터 끝까지 다스려지고 어지러웠던 일이 어떠했는가를 알아야 하는 것이다. 이것이 바로 공부하는 것이다.

原文 凡讀史, 不徒要記事迹. 須要識其治亂安危, 興廢存亡之理. 且如讀高帝紀, 便須識得漢家四百年, 終始治亂, 當如何. 是亦學也.

註解 ㅇ高帝紀(고제기)－《사기(史記)》의 고제기(高帝紀).

解說 《정씨유서》 권18에 보이는 정이의 말이다. 역사책을 읽는 법을 말하고 있다.

67. 선생님께서는 역사책을 읽을 적마다 그것을 반쯤 읽고는 책을 덮어 놓고 생각하여 그 성공과 실패를 헤아린 연후에 다시 읽으셨다. 합당하게 여겨지지 않는 곳이 있으면 또 자세히 생각해 보셨다. 그 사이에는 다행하여 성공한 경우도 많고 불행하여 실패한 경우도 많다. 지금 사람들은 단지 성공한 것들만을 보고 옳다고 여기고 실패한 것은 곧 잘못된 것이라 여기고 있다. 성공한 것 중에도 옳지 않은 일이 많으며 실패한 것 중에도 옳은 일이 많다는 사실을 알지 못하고 있다.

原文 先生每讀史, 到一半, 便掩卷思量, 料其成敗, 然後卻看. 有不合處, 又更精思. 其間多有幸而成, 不幸而敗. 今人只見成者, 便以爲是, 敗者便以爲非. 不知成者煞有不是, 敗者煞有是底.

解說 《정씨유서》 권19에 보이는 정이의 말. 계속 역사를 공부하는 방

법을 논하고 있다.

68. 역사책을 읽음에는 모름지기 성현이 써놓은 다스려지고 어지러워지는 기틀과 현인이나 군자들의 활동과 처신에 대하여 잘 살펴보아야 한다. 이것이 바로 사물에 대하여 연구한다는 격물(格物)이다.

原文 **讀史, 須見聖賢所存治亂之機, 賢人君子出處進退. 便是格物.**

註解 ㅇ機(기)－기틀, 징조. ㅇ出處進退(출처진퇴)－활동과 처신.

解說 《정씨유서》 권19에 보이는 정이의 말. 계속 역사를 공부하는 방법을 논하고 있다.

69. 원우(元祐) 연간(1086~1093)에 어떤 손님이 이천 선생님을 찾아뵈었다. 그때 안석과 책상 사이에는 다른 책이란 없고 오직 막 간행된 《당감(唐鑑)》 일부만이 있었다. 선생님께서 말씀하셨다. "근래에 이 책을 보았는데, 삼대(三代) 이후로 이만한 의론을 편 책은 없다."

原文 **元祐中, 客有見伊川者. 几案間無他書, 惟印行唐鑑一部. 先生曰 : 近方見此書, 三代以後, 無此議論.**

註解 ㅇ元祐(원우)－송(宋) 철종(哲宗)의 연호. ㅇ几案(궤안)－몸을 기대어 앉는 안석과 책상. ㅇ唐鑑(당감)－송나라 범조우(范祖禹, 1041~1098)가 지은 당(唐)나라 역사에 관한 책, 모두 24권. ㅇ三代(삼대)－하(夏)·은(殷)·주(周)의 세 왕조.

解說 이 글은 《정씨외서》 권12에 보이는 정이의 말이다. 《당감》은 사

마광(司馬光)이 《자치통감(資治通鑑)》을 지을 때, 범조우가 당(唐)대의 역사를 분담했었는데, 당나라 역사 중에서 특히 그의 마음을 끈 일들을 모아서 책으로 엮은 것이다. 시대는 고종(高宗)으로부터 선종(宣宗)에 이르는 기간이며, 중요한 일들을 드러내놓고 논평을 한 것이다. 범조우는 사마광의 제자이며, 《당감》에는 원우(元祐) 원년의 자서(自序)가 붙어 있다.

70. 횡거 선생께서 말씀하셨다.

"괘(卦)의 순서에 성인(聖人)의 깊은 뜻이 없다고 말하면 안된다. 지금 한 가지 물건을 놓으려 해도 그 놓을 자리를 살피는데, 하물며 성인의 역(易)에 있어서야 어떠하였겠는가? 그 속에 지극히 정묘(精妙)한 의미는 없다 하더라도 대개는 모두 뜻을 가지고 있는 것이다. 성인의 책을 볼 때에는 두루 빠짐없이 세밀하게 살펴야 할 것이다. 위대한 목수의 솜씨를 어찌 한 자루의 도끼를 가지고 알 수 있겠는가?"

原文 **橫渠先生曰：序卦不可謂非聖人之蘊. 今欲安置一物, 猶求審處. 況聖人之於易? 其間雖無極至精義, 大概皆有意思. 觀聖人之書, 須遍布細密如是. 大匠豈以一斧可知哉?**

註解 ㅇ序卦(서괘)－《역경》64괘의 순서. 그 순서의 이치가 쓰인 서괘전(序卦傳)이 있다. ㅇ蘊(온)－깊은 뜻. ㅇ遍布(편포)－두루 빠짐없이. ㅇ大匠(대장)－위대한 목수.

解說 장재(張載)의 《역설(易說)》 하 서괘전(序卦傳)의 해설에 보이는 글. 진(晉)나라 한강백(韓康伯)의 《역경》 서괘전의 견해를 반박한 것이다. 성인의 글은 평범한 것 같은 데도 깊은 의미가 있으니 마땅히 널리 자세하게 살펴보아야 한다는 것이다.

71. 천관(天官)의 직책은 반드시 품고 있는 마음이 넓고 커야만 비로소 이해할 수가 있다. 대체로 그 규모가 지극히 크기 때문에, 만약 그러한 마음을 갖지 않고 사사건건 빈틈없이 일을 추구한다면 그의 마음을 모은다 하더라도 그와 같이 크게는 절대로 되지 못할 것이다.

불교에서는 천지를 작게 보고 있으니, 지극히 크다고 할 것이다. 그러나 일찍이 컸던 일이란 없었으니, 곧 하는 일을 처리하지 못할 것이다. 만약 그들에게 1전(錢)의 돈을 주어도 반드시 어쩔 줄을 모를 것이다.

또 말하였다. 재상(宰相)의 직무는 이해하기 어렵다. 대체로 그만한 큰 마음과 흉회(胸懷)로 감싸지 못한다면, 이것을 기억하면 다시 저것은 잊어버리는 형편이 될 것이다. 그처럼 무한한 천하의 일은 용과 뱀을 잡고 호랑이와 표범을 때려잡듯이 해야만 한다. 마음과 힘을 써서 이해하여야만 되는 것이다.

그 밖의 다섯 종류의 관직은 이해하기 쉬운 것이니, 오직 한가지 직책이기 때문이다.

原文 **天官之職，須襟懷洪大，方看得．蓋其規模至大，若不得此心，欲事事上致曲窮究，湊合此心，如是之大，必不能得也．**

釋氏錙銖天地，可謂至大．然不嘗爲大，則爲事不得．若畀之一錢，則必亂矣．

又曰：太宰之職難看．蓋無許大心胸包羅，記得此，復忘彼．其混混天下之事，當如捕龍蛇，搏虎豹．用心力看，方可．

其他五官便易看，止一職也．

註解 ㅇ天官(천관)-《주례(周禮)》의 천관(天官)은 총재(冢宰), 곧 재상에 속하는 관직이다. ㅇ襟懷(금회)-품고 있는 마음, 심회(心懷), 흉회(胸懷). ㅇ致曲(치곡)-빈틈없이 자세한 것. ㅇ湊合(주합)-끌어모으다. ㅇ釋氏(석

씨)－불교, 부처. ㅇ錙銖(치수)－두 가지 모두 극히 작은 무게의 단위. ㅇ畀(비)－주다. ㅇ太宰(태재)－재상(宰相), 천관(天官)의 첫째 자리 벼슬. ㅇ包羅(포라)－모두를 감싸다. ㅇ混混(혼혼)－샘물이 끊임없이 솟아 흐르는 모양. ㅇ五官(오관)－《주례》의 관직은 천(天)·지(地)·춘(春)·하(夏)·추(秋)·동(冬)의 여섯 종류로 나뉘어져 있어, 천관을 뺀 나머지 다섯 종류의 관직을 뜻한다.

解說 장재의 《경학이굴(經學理窟)》 권1 주례(周禮) 대목에 보이는 글로, 재상의 직책의 광대함을 강조한 말이다.

72. 옛사람 중에 시를 잘 이해한 사람으로는 오직 맹자가 있다. 그는 자기 마음을 가지고 작자의 뜻을 대했던 것이다. 시인(詩人)의 뜻은 지극히 평이(平易)하므로, 힘들고 어렵게 시의 뜻을 추구할 필요가 없다. 지금 힘들고 어렵게 시의 뜻을 추구한다면 이미 그의 본심을 잃는 것이니 어찌 시인의 마음을 알 수 있겠는가?

原文 古人能知詩者, 惟孟子. 爲其以意逆志也. 夫詩人之志至平易, 不必爲艱險求之. 今以艱險求詩, 則已喪其本心, 何由見詩人之志?

註解 ㅇ以意逆志(이의역지)－《맹자》 만장(萬章) 상편에 "그러므로 시를 해설하는 사람은 문자를 근거로 말을 해쳐서도 안되고, 말을 근거로 뜻을 해쳐서도 안된다. 마음으로 뜻을 맞아들인다면, 그것이 제대로 된 것이다.(故說時者, 不以文害辭, 不以辭害志. 以意逆志, 是爲得之.)"라 말하고 있다.

解說 《경학이굴》 권1 시서(詩書) 대목에 있는 글. 시인의 정성(情性)은 온후하고 평이하여, 본래 평이한 말로 나타낸다. 지금 어렵고 힘든 마음으로 시의 뜻을 추구한다면 마음이 이미 협소(狹小)해지고 말아 시인

의 뜻을 알아볼 길이 없게 된다는 것이다.

73. 상서(尙書)는 알기 어렵다. 마음과 흉회(胸懷)가 그와 같이 크기가 어려운 것이다. 단지 그 글뜻만을 해석하고자 한다면 어려울 것이 없다.

原文 **尙書難看. 蓋難得胸臆如此之大. 只欲解義, 則無難也.**

解說 《경학이굴》 권1 시서(詩書) 대목에 있는 글. 상서(尙書)는 곧 《서경(書經)》으로 그 심오한 의미를 다 읽어 알기란 힘든 것이라는 말이다.

74. 책을 적게 읽으면 생각하여 글의 정세(精細)한 뜻을 생각하여 터득할 길이 없다. 책은 사람들의 마음을 유지(維持)하게 하는 것이다. 한동안 책을 읽지 않으면 일시 덕성(德性)이 해이해진다. 책을 읽으면 그 마음이 항상 있게 되고, 책을 읽지 않으면 끝내 의리를 알아볼 수 없게 되고 만다.

原文 **讀書少, 則無由考校得義精. 蓋書以維持此心. 一時放下, 則一時德性有懈. 讀書則此心常在, 不讀書則終看義理不見.**

註解 ㅇ考校(고교)－고찰하다, 생각하여 터득하다. ㅇ放下(방하)－책을 놓아두고 읽지 않는 것. ㅇ懈(해)－게을러지다. 해이해지다.

解說 《경학이굴》 권3 의리(義理) 대목에 보이는 글. 독서하는 방법을 논하고 있다.

75. 글은 반드시 암송해야 한다. 정세(精細)한 생각은 주로 밤중에, 또는 가만히 앉아 있을 때 하여야만 잘 된다. 암기(暗記)하지 못하면 생각이 일어나지 않는다. 그러나 의리(義理)의 근원을 관통한 뒤에는 글을

암기하기가 쉽다.

글을 읽는 까닭은 자기의 의심나는 것을 풀어 주고 자기가 아직 통달하지 못한 것을 밝히기 위한 것이다. 읽을 적마다 새로운 것을 더 알게 되면 배움이 진전되어 나아가는 것이다. 의심이 없던 곳에 의심이 생기면 이것이 곧 진전인 것이다.

原文 書須成誦. 精思多在夜中, 或靜坐得之. 不記則思不起. 但通貫得大原後, 書亦易記.

所以觀書者, 釋己之疑, 明己之未達. 每見每知新益, 則學進矣. 於不疑處有疑, 方是進.

註解 ㅇ記(기)－암기하다, 외우다. ㅇ大原(대원)－위대한 근원, 의리(義理)의 근원. ㅇ未達(미달)－통달하지 못한 것.

解說 《경학이굴》 권3 의리(義理) 대목에 보이는 글. 책을 읽는 까닭을 설명하고 있다.

76. 육경(六經)은 모름지기 두루 다 돌아가며 읽어 이해해야 한다. 의리는 지극히 무궁한 것이다. 자기의 학문이 한 단계 올라서야지만 또 다른 견해가 생기게 될 것이다.

原文 六經須循環理會. 義理亻盡無窮. 待自家長得一格, 則又見得別.

註解 ㅇ循環理會(순환이회)－여섯 가지 경전을 돌려가면서 모두 읽고 이해하는 것. ㅇ儘(진)－지극히, 매우. ㅇ長得一格(장득일격)－한 단계 더 발전하다.

解說 《경학이굴》 권3 의리(義理) 대목에 보이는 글. 육경을 읽는 법을 설명한 말이다.

77. 《중용(中庸)》에 나오는 글귀 같은 것들은 곧바로 반드시 한 구절 한 구절 이해하여 그 말들을 서로 관련시켜 뜻을 밝히도록 해야 한다.

原文 **如中庸文字輩, 直須句句理會過, 使其言互相發明.**

註解 ㅇ輩(배)－……같은 것들, ……등. ㅇ直須(직수)－곧바로 반드시.

解說 《경학이굴》 권3 학대원(學大原) 하에 보이는 글. 《중용》을 읽고 이해하는 방법을 설명한 것이다.

78. 《춘추(春秋)》라는 책은 옛날에는 없었던 것으로 공자가 직접 지은 것인데 오직 맹자(孟子)만이 그것을 잘 알았다. 이치에 밝고 뜻에 정밀하지 않고는 거의 배울 수 없는 책이다. 옛날 학자들은 거기에 미치지 못하면서 이 책을 공부했으므로 그들의 이론에 천착(穿鑿)이 많았다.

原文 **春秋之書, 在古無有. 乃仲尼所自作, 惟孟子能知之. 非理明義精, 殆未可學. 先儒未及此而治之, 故其説多鑿.**

註解 ㅇ惟孟子(유맹자)－《맹자》 이루(離婁) 하편에서 “왕자의 발자취가 없어지자 시가 없어졌고, 시가 없어진 뒤에야 《춘추》가 지어졌다.(王者之迹熄而詩亡, 詩亡然復春秋作.)”라 하고 있다. 여기의 ‘시’는 《시경》의 시를 가리킨다.

解說 《장자전서(張子全書)》 습유(拾遺)에 보이는 글. 《춘추》의 가치와 읽는 법을 얘기하고 있다.

근사록 권4

존양류(存養類) 도합 70조

1. 어떤 이가 질문하였다. "성인은 배워서 될 수 있습니까?" 염계 선생께서 말씀하셨다. "될 수 있지요." "요령이 있습니까?" "있어요." "무엇인지 여쭙겠습니다."

"한결같은 것이 요령이오. 한결같은 사람은 욕심이 없어요. 욕심이 없으면 조용히 있을 적에는 마음은 텅 비고 움직임은 곧습니다. 고요히 마음이 비어있으면 일에 밝아지고, 일에 밝으면 사리에 통달하게 됩니다. 움직임이 곧으면 공정하게 되고, 공정하면 시야가 넓어지게 됩니다. 일에 밝고 사리에 통달하며, 공정하고 시야가 넓으면 거의 성인이라 할 수 있지요."

原文 **或問 : 聖可學乎? 濂溪先生曰 : 可. 有要乎? 曰 : 有. 請問焉.**

曰 : 一爲要. 一者, 無欲也. 無欲則靜虛動直, 靜虛則明, 明則通. 動直則公, 公則溥. 明通公溥, 庶矣乎!

註解 ㅇ靜虛(정허)－고요히 있을 적에는 마음이 텅 비는 것. ㅇ溥(부)－넓은 것, 시야가 넓은 것임. ㅇ庶矣(서의)－거의 되다, 성인에 가까운 것.

解說 주돈이(周敦頤)의 《통서(通書)》 성학(聖學)편에 보이는 글. 송대

부터 유가에서는 일반사람들도 공부하고 노력하기만 하면 누구나 성인이 될 수 있다고 믿었다. 따라서 성리학의 학문 목표는 성인지향(聖人志向)의 도를 추구하는 데 있게 되었다.

2. 이천 선생님께서 말씀하셨다.
"양(陽)이 처음 생겨날 적에는 매우 미세하여, 안정을 취한 뒤에야 자랄 수가 있다. 그러므로 복괘(復卦)의 상전(象傳)에 이르기를 '옛 임금들은 이를 근거로 동짓날엔 관문을 닫았다'고 한 것이다."

原文 **伊川先生曰：陽始生甚微，安靜而後能長．故復之象曰：先王以至日閉關．**

註解 ㅇ復(복)－《역경》의 복괘(復卦). 첫 효(爻)만이 양(陽)이고 나머지 다섯 효는 음(陰)이어서, 양이 막 생겨나는 것이다. ㅇ閉關(폐관)－관소(關所)의 문을 닫아 장사꾼이나 여행자가 다니지 못하게 함으로써 나라를 안정시켰다는 것이다.

解說 정이의 《역전(易傳)》의 복괘 상전의 주를 인용한 글이다.

3. 움직이고 쉬고 절제(節制)하고 발산(發散)하는 것은 양생(養生)을 하는 방법이다. 먹고 마시며 옷을 입는 것은 육체를 기르는 방법이다. 올바른 몸가짐과 의로운 행동을 하는 것은 덕을 기르는 방법이다. 자기를 미루어 남에게까지 미치게 하는 것은 사람들을 기르는 방법이다.

原文 **動息節宣，以養生也．飮食衣服，以養形也．威儀行義，以養德也．推己及物，以養人也．**

註解 ㅇ節宣(절선)-절제하는 것과 밖으로 발산(發散)하는 것, 사람의 욕심이나 기운 같은 것을 두고 하는 말이다. ㅇ推己及物(추기급물)-자기 생각이나 자기의 처지를 미루어 남의 형편을 생각해 주는 것, 자기 못지않게 남에 대하여 배려(配慮)하는 것을 뜻한다.

解說 《역전》의 이괘(頤卦) 진하(震下) 간상(艮上)의 괘도(卦圖) 설명에 보이는 글. 특히 공자의 사상 서(恕)를 뜻하는 끝머리의 '추기급물(推己及物)'의 강조가 인상적이다.

4. 말을 신중히 함으로써 그의 덕을 기르고, 먹고 마시는 것을 조절함으로써 그의 몸을 길러야 한다. 일 중에 지극히 가까운 것으로서 우리와의 관련이 지극히 큰 것으로 말과 음식보다 더한 것은 없다.

原文 **愼言語以養其德, 節飮食以養其體. 事之至近, 而所繫至大者, 莫過於言語飮食也.**

解說 《역전》 이괘(頤卦) 상전(象傳)의 해설에 보이는 말임.

5. '우레가 백 리 사방을 놀라게 한다 하더라도 제기와 제물을 잃지 않는다' 하였다. 크게 벼락이 쳐서 두려울 적에도 편안히 스스로를 잃지 않을 수 있는 것은 오직 정성스럽고 공경스런 마음이 있어야 할 따름이다. 이것이 벼락이 칠 때에 대처하는 도리이다.

原文 **震驚百里, 不喪匕鬯. 臨大震懼, 能安而不自失者, 惟誠敬而已. 此處震之道也.**

註解 ㅇ震(진)-우레, 벼락이 치는 것. ㅇ匕鬯(비창)-'비'는 솥이나 그릇으

로부터 제물(祭物)을 떠내는 숟가락, 곧 제기(祭器)를 대표한다. '창'은 검은 수수를 원료로 향초(香草)를 써서 빚어낸 술로 제물(祭物)을 대표한다.

解說 《역전》에서 진괘(震卦)의 괘사(卦辭)를 해설한 말. 첫머리에 인용한 글은 진괘 괘사의 글이다.

6. 사람들이 그가 멈춰있어야 할 곳에 편안히 있을 수가 없는 것은 욕망에 의하여 움직이기 때문이다. 욕망이 앞에서 끌고 있는데도 그가 머물 것을 추구한다는 것은 될 수가 없는 일이다.

그러므로 간(艮)의 도에 있어서는 마땅히 '그의 등쪽에 멈추어야 한다'. 보고 있는 물건은 앞에 있고 등쪽은 그것을 등지고 있는 것이어서 그것은 보지 못하는 것이다. 보지 못하는 곳에 멈추게 되면 곧 그의 마음을 어지럽힐 욕망이 없게 되어 그의 멈춤이 편안하게 되는 것이다.

'그의 몸을 얻지 못하게 되면' 그의 몸을 보지 못하는 것이니, 나를 잊게 되는 것을 뜻한다. 내가 없다면 곧 잘 머물게 된다. 내가 없을 수가 없다면 잘 머물 수 있는 도리는 없는 것이다.

'그의 뜰에 가서도 그 사람을 보지 못한다'고 하였다. 마당과 뜰 사이는 매우 가깝다. 그러나 등쪽에 있다면 비록 매우 가깝다 하더라도 보이지 않는다. 그것은 물건들과 교섭(交涉)을 갖지 않음을 말한다. 밖의 물건과 교섭이 없으면 마음속에 욕망이 싹트지 않는다. 이렇게 하여 멈춘다면, 곧 멈추는 도리를 터득하게 되어 멈춤에 있어서 탈이 없게 될 것이다.

原文 人之所以不能安其止者, 動於欲也. 欲牽於前, 而求其止不可得也.

故艮之道, 當艮其背. 所見者在前, 而背乃背之, 是所不見也. 止於所不見, 則無欲以亂其心, 而止乃安.

不獲其身, 不見其身也, 謂忘我也. 無我則止矣. 不能無我, 無可止之道.

行其庭, 不見其人. 庭除之間, 至近也. 在背則雖至近不見, 謂不交於物也. 外物不接, 內欲不萌. 如是而止, 乃得止之道. 於止爲无咎也.

註解 ㅇ止(지)－멈추다, 처신(處身)함을 뜻한다. ㅇ艮其背(간기배)－《역경》 간괘(艮卦) 괘사(卦辭)에 보이는 말, 그의 등쪽에 멈추다. ㅇ不獲其身(불획기신)－그의 몸을 얻지 못하다, 역시 간괘 괘사임. ㅇ庭除(정제)－마당과 뜰. ㅇ无咎(무구)－탈이 없다, 간괘 괘사 끝머리에 보이는 말.

解說 《역전》 간괘(艮卦) 괘사(卦辭)의 해설임. 이를 빌어 사람들에게 올바로 처신하는 도리를 말하고 있다.

7. 명도 선생님께서 말씀하셨다.

"만약 본심을 지키며 본성(本性)을 기르지 못한다면 오직 말만 하는 것이 된다."

原文 明道先生曰 : 若不能存養, 只是說話.

註解 ㅇ存養(존양)－《맹자(孟子)》 진심(盡心) 상편에 '그의 본심(本心)을 보존하고 그의 본성(本性)을 기르는 것이 하늘을 섬기는 방법이다'고 한 말에서 나온 말이다.

解說 《정씨유서》 권1에 보이나, 두 형제 중 누구의 말인지 분명치 않다.

8. 성현들의 수많은 말들은 오직 사람들로 하여금 이미 방만(放漫)해진 마음을 단속하여 되돌아와 다시 몸 안으로 들어오도록 하려는 것이다.

스스로 바른 길을 찾아서 발전시켜 갈 수만 있다면, '낮은 것을 배워서 높은 것에까지 통달하게 되는 것이다'.

原文 聖賢千言萬語, 只是欲人將已放之心, 約之使反復入身來. 自能尋向上去, 下學而上達也.

註解 ㅇ約之(약지)－그것을 단속하다. ㅇ向上(향상)－발전하는 것. ㅇ下學而上達(하학이상달)－하급의 것을 배워서 상급의 것에까지 통달하다.《논어》헌문(憲問)편에 보이는 말임.

解說 《정씨유서》권1에 보이나 정씨 형제 중 누구의 말인지 모른다.

9. 이유가 질문하였다. "언제나 일을 당했을 적에는 곧 마음을 잡아 잘 지켜야 하는 뜻을 알 수 있습니다. 일이 없을 적에 어떻게 하면 마음을 지키어 본성을 기르는 일에 익숙할 수 있습니까?"

대답하셨다. "옛날 사람들은 귀로써 듣는 음악과 눈으로 보는 예와 왼편으로 갔다 오른편으로 갔다하고 서있거나 앉아있는 것에 대하여, 소반이나 바리 또는 안석이나 지팡이 등에 명문(銘文)을 새겨놓고 훈계로 삼으며 일상생활에 언제나 마음을 길렀지요. 지금은 이런 것을 모두 폐지하고 오직 이치와 뜻을 근거로 마음을 기르고 있어요. 그러나 마음을 함양(涵養)하는 뜻만을 잘 유지해도 오래 가면 곧 스스로 익숙해질 거요. 공경함으로써 마음을 곧게 지니는 것이 바로 함양의 뜻이오."

原文 李籲問：每常遇事, 卽能知操存之意, 無事時, 如何存養得熟?

曰：古之人, 耳之於樂, 目之於禮, 左右起居, 盤盂几杖, 有銘有戒, 動息皆有所養. 今皆廢此, 獨有理義之養心耳. 但存此涵養意, 久則自熟矣. 敬以直内, 是涵養意.

註解 ㅇ李籲(이유)-자는 단백(端伯), 정자(程子)의 제자. 두 정자의 말을 기록하여 《사설(師說)》이라 하였다. 《정씨유서》 권1이 바로 그것이다. ㅇ操存(조존)-《맹자》 고자(告子) 상편의 '공자께서 말씀하시기를 잡아두면 잘 보존되고 버려두면 망쳐진다. 때도 없이 출입을 하고 그 향하는 곳을 알지 못하는데, 오직 그것은 마음을 두고 말하는 것이다'고 한 말에서 인용한 말임. ㅇ盤盂(반우)-소반과 바리. ㅇ動息(동식)-움직이고 쉬고 하는 것, 일상(日常).

解說 《정씨유서》 권1에 보이는 글. 이유가 모은 것이기 때문에 자기의 이름을 들어 쓰고 있는 것이다. 다만 두 정자 중 누구의 말인지는 알 수가 없다.

10. 여대림(呂大臨)이 말하였다. "생각이 많은 것이 걱정입니다. 그걸 몰아낼 수가 없습니다."

대답하였다. "그것은 마치 부서진 집 안에서 도적을 막는 거나 같지요. 동쪽에서 한 놈이 들어와 쫓아내기도 전에 서쪽에서도 또 한 놈이 오게 되지요. 왼편 오른편과 앞뒤로 다 쫓아낼 겨를이 없어요. 대체로 사방이 비어 허술하면 도적은 본시 들어오기 쉬운 거고, 주인으로서 안정되게 지킬 방법이 없는 거지요.

또 빈 그릇에 물을 붓는 거나 같아서 물은 자연스럽게 들어가게 되지요. 만약 한 그릇에 물을 가득 담고 그것을 물속에 넣는다면 물이 어떻게 더 들어갈 수가 있겠어요? 대체로 가운데에 주인이 있는 것은 물건이 차 있는 거나 같아서, 속이 차 있으면 밖으로부터 걱정이 들어갈 수가 없어서 자연히 무사하게 되지요."

原文 呂與叔嘗言：患思慮多，不能驅除.

曰：此正如破屋中禦寇. 東面一人來，未逐得，西面又一人至矣. 左右前後，驅逐不暇. 蓋其四面空疏，盜固易入，無緣作得主定.

又如虛器入水，水自然入. 若以一器，實之以水，置之水中，水何能入來? 蓋中有主則實，實則外患不能入，自然無事.

註解 ㅇ呂與叔(여여숙)－여대림(呂大臨), '여숙'은 자, 정자의 제자. ㅇ禦寇(어구)－도적을 막다. ㅇ空疏(공소)－텅 비고 허술한 것. ㅇ無緣(무연)－방법이 없다, 길이 없다. ㅇ主定(주정)－주인으로 안정시키다, 주관하고 안정시키다.

解說 《정씨유서》 권1에 보이는 말. 다만 두 형제 중 누구의 말인지는 알 수가 없다.

11. 형서(邢恕)에게 말하였다.

"우리는 언제나 반드시 정력을 아끼고 길러야만 한다. 정력이 약간 부족하기만 해도 권태롭게 되며, 접하는 일들을 모두 억지로 하고 성의가 없게 된다. 손님을 대접할 적에도 하는 말에 그대로 나타나거늘, 하물며 큰일을 당했을 적에야 어떠하겠는가?"

原文 邢和叔言：吾曹常須愛養精力. 精力稍不足則倦，所臨事皆勉强而無誠意. 接賓客語言尚可見，況臨大事乎?

註解 ㅇ邢和叔(형화숙)－형서(邢恕), 자가 '화숙'. 정자의 제자. ㅇ吾曹(오조)－우리, 우리들.

解說 《정씨유서》 권1에 보이며, 정씨 두 형제 중 누구의 말인지 알 수

없다. 문장을 보면 형화숙이 한 말처럼 보이므로 앞머리에 '여(與)'자가 있어야 옳다고 주장하는 이가 있는데 옳은 말이다.

12. 명도 선생님께서 말씀하셨다.
"공부하는 사람은 그의 마음을 완전히 체득해야 한다. 배움이 미진하다 하더라도 닥쳐오는 사물 같은 것에는 대응하지 않으면 안된다. 다만 자기의 분수와 한계를 따라서 거기에 대응하기만 하면 비록 올바로 들어맞지는 않는다 하더라도 멀리 차이가 나지는 않을 것이다."

原文 **明道先生曰 : 學者全體此心. 學雖未盡, 若事物之來, 不可不應. 但隨分限應之, 雖不中不遠矣.**

註解 ㅇ全體(전체)－완전히 체득하다. ㅇ分限(분한)－자기의 분수와 한계.

解說 《정씨유서》 권2 상에 보이는 글이다.

13. '일상생활에선 공손하고, 일을 처리함에는 공경스럽고, 남과 어울릴 적에는 충실해야 한다.' 이것은 위로도 통하고 아래에도 통하는 말이다. 성인께선 본시 딴 말씀은 하시지 않으신다.

原文 **居處恭, 執事敬, 與人忠. 此是徹上徹下語. 聖人元無二語.**

註解 ㅇ居處恭(거처공)－이하는 《논어》 자로(子路)편에 보이는 말. ㅇ徹上徹下(철상철하)－위로도 통하고 아래로도 통하는 것, 곧 어디에나 통용되는 것. ㅇ二語(이어)－두 가지 말, 딴 말, 헛된 말.

解說 《정씨유서》 권2 상에 보이는 정호의 말. 공자의 말을 다시 한 번

강조한 것이다.

14. 이천 선생님께서 말씀하셨다.

"공부하는 사람은 반드시 공경히 그의 마음을 지켜야지 급박하게 그것을 추구해서는 안된다. 마땅히 깊고 두텁게 길러서 그 사이에 잠기어 노닐게 된 다음에야 스스로 터득할 수가 있게 된다. 다만 급박하게 마음을 추구한다면 오직 자기의 사사로운 것이 되어 끝내 도에 통달하기에는 부족하게 된다."

原文 **伊川先生曰：學者須敬守此心，不可急迫．當栽培深厚，涵泳於其間，然後可以自得．但急迫求之，只是私己，終不足以達道．**

註解 ㅇ涵泳(함영)－잠기어 노닐다, 젖어서 행동하다. ㅇ私己(사기)－자기만을 생각하는 사사로운 마음.

解說 《정씨유서》 권2 상에 보이는 글. 다만 누구의 말인지는 확실치 않다.

15. 명도 선생님께서 말씀하셨다.

" '생각에 사악함이 없다' '공경하지 않는 일이 없다'고 했는데, 오직 이 두 구절을 좇아서 행하기만 하면 어찌 잘못이 있을 수가 있겠는가? 잘못이 있게 되는 것은 모두가 공경스럽지 못하고 바르지 않은 것으로 말미암는다."

原文 **明道先生曰：思無邪，毋不敬，只此二句，循而行之，安得有差？有差者，皆由不敬不正也．**

註解 ㅇ思無邪(사무사)－《논어》 위정(爲政)편에 공자가 "《시경》의 시들은

한마디로 표현하면 생각에 사악함이 없는 것이다."고 하였다. 그리고 '사무사'란 이 말은 본시 《시경》 노송(魯頌) 경(駉)편에 보이는 것이다. 주희는 《집주(集註)》에서 정자의 말이라 인용하며, '사무사'는 '성(誠)'을 뜻한다 하였다.
ㅇ毋不敬(무불경)-《예기(禮記)》 곡례(曲禮) 상편에 보이는 구절.

解說 《정씨유서》 권2 상에 보이는 정호의 말이다.

16. 지금 공부하는 사람들은 공경스러우면서도 스스로 만족하지 못하고 또 편안하지 못한 것은 오직 마음이 덜 익었기 때문이다. 또한 너무나 공경스런 태도로 일하는 것을 중히 여기기 때문이기도 하다. 이처럼 공경스러우면서도 예가 없다면 수고롭기만 하게 되는 것이다. 공경이란 것은 사사로이 공경스럽게 한다는 공경스러움이다. 예라는 것은 형식적인 예가 아니고 그것은 자연스러운 도리인 것이다.

오직 공경스럽기만 하고 자연스러운 도리는 지키지 않기 때문에 자유롭지 못하게 되는 것이다. 반드시 공경스러우면서도 편안해야 한다. 지금 용모를 반드시 단정하게 하고 말을 반드시 바르게 하는 것은, 홀로 그의 몸을 잘 보전하려는 것을 말하는 것도 아니고 사람들에게 어떻다고 말해 주기를 바라고 하는 것도 아니다. 다만 하늘의 이치가 마땅히 이러해야 하므로 본시부터 사사로운 뜻은 없이 오직 이치를 따를 뿐인 것이다.

原文 今學者, 敬而不自得, 又不安者, 只是心生. 亦是太以敬來做事得重. 此恭而無禮則勞也. 恭者, 私爲恭之恭也. 禮者, 非體之禮, 是自然底道理也.

只恭而不爲自然底道理, 故不自在也. 須是恭而安. 今容貌必端, 言語必正者, 非是道獨善其身, 要人道如何. 只是天理合如此, 本無私意, 只是箇循理而已.

註解 ㅇ自得(자득)－스스로 터득하다, 스스로 만족하는 것. ㅇ生(생)－생생한 것, 덜 익은 것. ㅇ體之禮(체지례)－형식적인 예, 형식을 위주로 하는 예. ㅇ自在(자재)－자유로운 것. ㅇ道(도)－말하다.

解說 《정씨유서》 권2 상에 보이는 글. 정씨 형제 중 누구의 말인지는 알 수가 없다. 공경스런 몸가짐과 예의의 관계를 논한 말이다.

17. 지금 의리에 뜻을 두고 있으면서도 마음이 안락하지 못한 것은 어째서인가? 그것은 바로 한가지 자라도록 돕는 것이 남아나기 때문이다. 비록 마음이란 '그것을 잡아두면 존속하고 버려두면 망실되는 것'이지만, 그러나 그것을 너무 심하게 유지한다면 바로 반드시 일이 있어서 그것을 바르게 하는 것처럼 된다. 또한 반드시 그대로 유지해가야 한다.

그처럼 조장(助長)하게 되는 것은 오직 그의 덕이 외롭기 때문이다. '덕이 있는 사람은 외롭지 않고 반드시 이웃이 있게 된다'. 그의 덕이 성해지면 자연히 장해(障害)가 없게 되고 좌우로 도의 근원을 만나게 될 것이다.

原文 **今志於義理而心不安樂者, 何也? 此則正是剩一箇助之長. 雖則心操之則存, 舍之則亡, 然而持之太甚, 便是必有事焉而正之也. 亦須且恁去.**

如此者, 只是德孤. 德不孤, 必有鄰. 到德盛後, 自無窒礙, 左右逢其原也.

註解 ㅇ剩(잉)－남아나다. ㅇ助之長(조지장)－자라도록 돕는 것, 조장(助長)하는 것. ㅇ心操之則存(심조지즉존)－이하의 글은《맹자》고자(告子) 상편의 공자의 말을 인용한 것임. ㅇ恁去(임거)－그대로 유지해 가다, 자연스럽

게 편안히 가다. ㅇ德不孤(덕불고)－이 대목은《논어》이인(里仁)편에 보이는 말임. ㅇ窒礙(질애)－장해(障害), 장애(障礙). ㅇ原(원)－도의 근원.

解說 《정씨유서》 권2 상에 보이나, 두 형제 중 누구의 말인지는 알 수 없다.

18. 공경스러우면서도 실수가 없는 것, 바로 이것이 기쁨·노여움·슬픔·즐거움이 드러나지 않은 것으로, 이것을 '중(中)'이라 한다. 공경스러움을 '중'이라 할 수는 없다. 그러나 공경스러우면서도 실수가 없다면 곧 '중'의 근거가 되는 것이다.

原文 敬而無失, 便是喜怒哀樂未發, 謂之中. 敬不可謂中. 但敬而無失, 卽所以中也.

註解 ㅇ敬而無失(경이무실)－《논어》 안연(顏淵)편에 보이는 말. ㅇ喜怒(희로)……謂之中(위지중)－《중용》에 보이는 구절.

解說 《정씨유서》 권2 상에 보이는데, 정씨 형제 중 누구의 말인지는 분명치 않다. 계속 '공경스러움'의 중요성을 논하고 있다.

19. 사마자미는 일찍이 〈좌망론(坐忘論)〉을 썼는데, 그것은 이른바 '앉아있어도 달려가는 것'을 말한다.

原文 司馬子微嘗作坐忘論, 是所謂坐馳也.

註解 ㅇ司馬子微(사마자미)－사마승정(司馬承貞, 655~715), 자가 '자미'이고, 호는 백운(白雲). 당(唐)나라 때의 학자. ㅇ坐忘論(좌망론)－몸의 힘을

빼고 총명과 지혜를 버리고 앉아서 대도(大道)를 추구하는 수양(修養) 방법. 본시는 《장자(莊子)》 대종사(大宗師)편에 보이는 말이다. ㅇ坐馳(좌치)－마음이 안정되지 못한 것. 몸은 앉아서 가만히 있어도 마음은 딴 곳으로 달려가는 상태이다. 《장자》 인간세(人間世)편에 보이는 말.

解說 《정씨유서》 권2 상에 보이는데, 두 형제 중 누구의 말인지 알 수 없다. 도가사상을 비판하는 말이다. 본시 '좌망'과 '좌치'는 같은 것이라 보기 어려운 것이나, 모두가 도에 어긋나는 올바른 심신(心身)의 상태가 아님을 강조한 듯하다.

20. 정호가 옛날에 장안의 창고 가운데 한가히 앉아있었다. 긴 낭하의 기둥들을 보고 마음속으로 그것을 헤아렸다. 그리고 나서는 의심을 하지 않고 있다가, 다시 그것들을 헤아려 보니 수가 맞지 않았다. 하는 수 없이 사람을 시켜 하나하나 소리를 내면서 그것을 헤아려 보도록 하였다. 그 결과 처음에 헤아렸던 수와 차이가 없었다. 그래서 마음이 집착을 지닐수록 더욱 불안정하게 된다는 것을 알게 되었다.

原文 **伯淳昔在長安倉中閒坐. 見長廊柱, 以意數之. 已尚不疑, 再數之不合. 不免令人一一聲言數之, 乃與初數者無差. 則知越著心把捉, 越不定.**

註解 ㅇ伯淳(백순)－정호(程顥)의 자. ㅇ以意(이의)－뜻으로, 마음속으로. ㅇ不免(불면)－……함을 면할 수가 없었다, 하는 수 없이. ㅇ越(월)……越(월)－……을 할수록 ……하다. ㅇ著心(착심)－마음을 두다. ㅇ把捉(파착)－집착을 하다.

解說 《정씨유서》 권2 상의 말. 확실치는 않으나 정이의 말인 듯하다.

올바른 마음가짐에 대한 교훈이다.

21. 사람의 마음은 중심을 잡는 것이 일정치 않으면 마치 무자위 바퀴처럼 되어, 흐르고 돌고 흔들리어서 잠시도 멈춰있지 않게 된다. 느끼게 되는 것은 만 가지이기 때문에, 만약 한 곳으로 중심을 잡지 못하면 어찌하려 해도 어쩔 수가 없게 된다.

장천기가 옛날에 이런 말을 하였다. "스스로 몇 년 동안을 약정하여 자신이 침상에 올라가서는 곧 일에 대하여 생각하지 않도록 하였다. 일에 대하여 생각하지 않게 된 뒤에는 반드시 억지로 내 마음을 잡아 묶어두고 또 반드시 한가지 형상에 머물도록 하여야만 하였다." 모두가 자연스럽지 못한 일이다.

사마광(司馬光)은 말하기를 "나는 술법을 터득하였다. 오직 중(中)자를 외기만 하면 된다."고 하였는데, 이것은 또 '중'에 매이고 속박되는 것이다. 그런데 '중'도 어떤 형상의 것이 아닌가?

어떤 사람에게 가슴속에 늘 두 사람이 있는 것 같았다. 선한 일을 하려면 마치 악함이 사이에 끼어있는 듯하였고, 선하지 않은 짓을 하려면 또 마치 그것을 부끄러워하고 싫어하는 마음이 있는 듯하였다. 본시부터 두 사람은 있지 않았으나, 이처럼 마치 서로 싸우는 듯한 징험(徵驗)이 있었던 것이다. 그의 뜻을 견지하며 기운이 어지러워질 수가 없도록 한다면, 여기에 큰 효험이 있게 될 것이다. 요컨대 성현(聖賢)들은 반드시 마음의 병을 앓는 일이 없을 것이다.

原文 人心作主不定, 正如一箇翻車, 流轉動搖, 無須臾停. 所感萬端, 若不做一箇主, 怎生奈何.

張天祺昔嘗言, 自約數年, 自上著牀, 便不得思量事. 不思量事後, 須强把他這心來制縛, 亦須寄寓在一箇形象. 皆非自然.

君實自謂：吾得術矣. 只管念箇中字. 此又爲中所繫縛, 且中亦何形象?

有人胸中常若有兩人焉. 欲爲善, 如有惡以爲之間, 欲爲不善, 又若有羞惡之心者. 本無二人, 此正交戰之驗也. 持其志, 使氣不能亂, 此大可驗. 要之, 聖賢必不害心疾.

註解 ㅇ作主(작주)－주인노릇을 하다, 중심을 잡다. ㅇ翻車(번거)－높은 곳으로 물을 퍼 올리는 무자위. ㅇ須臾(수유)－짧은 동안, 잠시. ㅇ怎生奈何(즘생내하)－어떻게 한다 하더라도 어찌하는 수가 없다. ㅇ張天祺(장천기)－장전(張戩), '천기'는 그의 자, 장재(張載)의 아우임. ㅇ牀(상)－침대, 침상. ㅇ制縛(제박)－제어하여 묶어두는 것, 잡아 묶는 것. ㅇ寄寓(기우)－기탁(寄託)하다, 담아두다. ㅇ君實(군실)－사마광(司馬光, 1019~1086)의 자. 그는 철종(哲宗) 때 재상을 지냈고, 《자치통감(資治通鑑)》이란 명저도 남겼다. ㅇ只管(지관)－오직 ……을 하기만 하다. ㅇ驗(험)－징험(徵驗), 효험(效驗).

解說 《정씨유서》 권2 하에 보이나 두 형제 중 누구의 말인지 분명치 않다. 마음을 올바로 다루는 법에 대하여 말한 것이다. 신유학의 수양에 있어서는 마음가짐이 무척 중시된다.

22. 명도 선생님께서 말씀하셨다.

"나는 글씨를 쓸 적에 매우 공경히 한다. 글씨를 잘 쓰기 위해서가 아니라 오직 그것이 학문이기 때문이다."

原文 **明道先生曰：某寫字時甚敬. 非是要字好. 只此是學.**

解說 《정씨유서》 권3에 보이는 정호의 말이다.

23. 이천 선생님께서 말씀하셨다.

"성인은 일들을 기억하려 하지 않는다. 그러므로 늘 그것을 기억하고 있다. 지금 사람들이 일에 대하여 잊는 것은 그들을 기억하려 하기 때문이다. 일을 기억하지 못하면 일을 정세(精細)히 처리하지 못한다. 모두 수양이 완전하고 굳지 못한 데서 나오는 결과이다."

原文 **伊川先生曰：聖人不記事, 所以常記得. 今人忘事, 以其記事. 不能記事, 處事不精, 皆出於養之不完固.**

註解 ㅇ記事(기사)－일에 대하여 기억하다. ㅇ處事(처사)－일을 처리하다, 일에 대처하다.

解說 《정씨유서》 권3에 보이는 정이의 말.

24. 명도 선생님이 전주에 계실 적에, 다리를 수리하다가 한 개의 긴 들보감이 부족하여 그것을 민간에 널리 구한 일이 있었다. 그 뒤로 밖에 출입을 하다가 숲의 나무가 좋은 것을 보면 반드시 헤아리고 재보는 마음이 일어났다. 그래서 그것을 얘기하며 공부하는 사람들에게 경계토록 하였는데, 곧 '마음에는 한 가지 일을 두고 있으면 안된다'는 것이었다.

原文 **明道先生在澶州日, 修橋, 少一長梁, 曾博求之民間. 後因出入, 見林木之佳者, 必起計度之心. 因語以戒學者, 心不可有一事.**

註解 ㅇ澶州(전주)－지금의 하북성(河北省) 복양현(濮陽縣). ㅇ計度(계도)－헤아리고 재는 것.

解說 《정씨유서》 권3에 보이는 글이다.

25. 이천 선생님께서 말씀하셨다.

"도로 들어가는 데 있어서는 공경함보다 더 좋은 것은 없다. 앎을 이룩하면서도 공경스럽게 처신하지 않는 사람이란 없었다. 지금 사람들은 마음의 중심이 불안정하여, 마음을 대하기를 도적 보듯이 하여 제어하는 수가 없다. 일이 마음에 누를 끼치는 것이 아니라 바로 마음이 일에 누를 끼치게 되는 것이다. 천하에는 한 가지 사물도 없어도 괜찮은 것이란 없다는 것을 알아야만 할 것이니, 그것들을 미워해서는 안되는 것이다."

原文 **伊川先生曰：入道莫如敬. 未有能致知而不在敬者. 今人主心不定, 視心如寇賊, 而不可制. 不是事累心, 乃是心累事. 當知天下無一物是合少得者, 不可惡也.**

註解 ㅇ入道(입도)－도로 들어가다, 곧 학문을 하는 것. ㅇ致知(치지)－앎을 이룩하다. 격물치지(格物致知)의 '치지'임. ㅇ累(루)－누를 끼치다. ㅇ合少得(합소득)－없어도 좋은 것.

解說 《정씨유서》 권3에 보이는 글. 계속 마음을 다스리는 방법에 대한 말들임.

26. 사람에게는 오직 한 가지 천리(天理)가 있어야 한다. 그런데도 그것을 터득하지 못하고 있다면 또 어떻게 사람노릇을 하겠느냐?

原文 **人只有一箇天理. 卻不能存得, 更做甚人也?**

註解 ㅇ存得(존득)－잘 터득하다, 마음에 두다.

解說 《정씨유서》 권18에 보이는 정이의 말. '천리'가 바로 도이며, 학문

의 목표는 바로 그것을 추구하는 것이다.

27. 사람이 생각하는 것이 많으면 스스로 편안할 수가 없게 되고, 오직 그의 마음의 중심이 불안정하게 된다. 마음의 중심을 안정되게 하려면 오직 일을 하는 데에 몰두하여야 한다. 임금이 인(仁)에 몰두하는 것과 같은 종류의 것이다. 순(舜)임금이 사흉(四凶)을 처형한 것 같은 것은 사흉이 이미 악한 짓을 하여 순임금은 그것을 따라서 처형한 것이다. 순임금이 어찌 다른 생각까지 했겠는가?

사람이 일을 하는 데에 몰두하지 않으면 오직 다른 일들을 끌어들이어 사물(事物)로 하여금 각각 사물에 마음을 붙일 수가 없도록 한다. 사물이 각각 사물에 마음을 붙이게 되면 곧 그것이 사물을 부리는 것이다. 사물에 끌려서 일을 하게 된다면 곧 그것은 사물에 부림을 받는 것이다. 사물이 있다면 반드시 법칙도 있는 것이니, 반드시 일에 몰두하여야만 한다.

原文 人多思慮, 不能自寧, 只是做他心主不定. 要作得心主定, 惟是止於事. 爲人君止於仁之類. 如舜之誅四凶, 四凶已作惡, 舜從而誅之. 舜何與焉?

人不止於事, 只是攬他事, 不能使物各付物. 物各付物, 則是役物. 爲物所役, 則是役於物. 有物必有則, 須是止於事.

註解 ㅇ心主(심주)－마음의 주인노릇을 하다, 마음의 중심을 잡다. ㅇ止於事(지어사)－일에 머물다, 일에 몰두하는 것. ㅇ誅四凶(주사흉)－사흉을 처형하다. '사흉'은 환두(驩兜)·공공(共公)·곤(鯀)·삼묘(三苗). 《서경(書經)》 순전(舜典)에 순임금이 이들 '사흉'을 처형한 기록이 보인다. ㅇ何與(하여)－어찌 다른 생각을 하였겠느냐? ㅇ攬(람)－잡다, 잡아 끌어들이다. ㅇ付物(부물)－사물(事物)에 붙다, 사물에 마음을 두다.

解說 《정씨유서》 권15에 보이는 정이의 말이다. 사람이 사물을 대하는 마음가짐에 대하여 설교한 말이다.

28. 사람들을 움직이지 못하는 것은 오직 정성이 부족하기 때문이다. 일에 대하여 싫증이 나는 것은 모두가 정성이 없는 경우이다.

原文 不能動人, 只是誠不至. 於事厭倦, 皆是無誠處.

註解 ㅇ動人(동인)-사람들을 움직이다, 사람을 감동시키다. ㅇ無誠處(무성처)-성의가 없는 경우.

解說 《정씨유서》 권5에 보이는 글이나, 두 형제 중 누구의 말인지는 알 수 없다.

29. 안정된 뒤에 만물을 보면 자연히 모두 봄뜻이 있게 된다.

原文 靜後見萬物, 自然皆有春意.

註解 ㅇ春意(춘의)-봄뜻, 만물이 소생하려는 기운, 생기(生氣).

解說 《정씨유서》 권6에 보이나 두 형제 중 누구의 말인지 알 수 없다.

30. 공자께서는 인(仁)을 해설함에 있어 오직 말씀하시기를 "집 문을 나서면 큰손님을 대하듯 행동하고, 백성을 부릴 적에는 큰 제사를 받들듯이 하라."고 하셨다. 그러한 기상(氣象)을 볼 것 같으면 곧 반드시 마음은 넓고 몸은 여유가 있으며, 동작과 용모의 움직임이 예에 들어맞고 자연스럽다. 다만 홀로 있을 적에 신중히 하는 것이 바로 이것을 지키는

방법인 것이다.

성인께서는 자기를 수양함에 공경함으로써 하여 백성들을 안락케 하신다. 독실히 공경하여 천하가 평화롭게 된다. 오직 위아래가 한결같이 공경스러우면 곧 하늘과 땅이 자연스런 자리를 잡게 되고, 만물은 스스로 자라나며, 기운은 모두 잘 조화를 이루게 된다. 그러면 네 가지 영물(靈物)이 어찌 나타나지 않겠느냐? 이것이 믿음을 체득하고 순리를 이룩하는 길이니, 총명(聰明)과 예지(叡智)가 모두 여기에서 나오게 되는 것이다. 이렇게 함으로써 하늘을 섬기고 하나님을 모시는 것이다.

原文 孔子言仁只說：出門如見大賓，使民如承大祭. 看其氣象，便須心廣體胖，動容周旋，中禮自然. 惟愼獨，便是守之之法.

聖人修己以敬，以安百姓，篤恭而天下平. 惟上下一於恭敬，則天地自位，萬物自育，氣無不和. 四靈何有不至? 此體信達順之道. 聰明睿知皆由此出，以此事天饗帝.

註解 ㅇ孔子言仁(공자언인)－이하 '승대제(承大祭)'에 이르기까지 《논어》 안연(顔淵)편에 보이는 글임. ㅇ體胖(체반)－몸이 살찌다, 몸에 여유가 있는 것. ㅇ周旋(주선)－움직이는 것. ㅇ愼獨(신독)－홀로 있을 적에 신중히 행동하는 것, 아무도 없는 곳에서도 삼가는 것. ㅇ修己以敬(수기이경)－《논어》 헌문(憲問)편에 보이는 공자의 말. ㅇ篤恭(독공)－독실(篤實)히 공경하다. 《중용》에 보이는 구절임. ㅇ天地(천지)……自育(자육)－《중용》에 보이는 구절임. ㅇ四靈(사령)－네 가지 영물, 곧 기린〔麟〕·봉황〔鳳〕·거북〔龜〕·용(龍). 이것들은 태평성대에만 나타난다 하였다. ㅇ體信達順(체신달순)－믿음을 체득하고 순조로움을 이룬다. 《예기(禮記)》 예운(禮運)편에 보이는 말. ㅇ饗帝(향제)－하느님께 제사를 올리며 모시는 것.

解說 《정씨유서》 권6에 보이는데 두 정자 중 누구의 말인지 알 수 없

다. 계속 마음의 수양방법에 대하여 논한 말이다.

31. 마음을 지니고 수양하는 일에 익숙해진 뒤에야 태연히 행동을 하게 되고 곧 발전이 있게 될 것이다.

原文 **存養熟後, 泰然行將去, 便有進.**

註解 ㅇ行將去(행장거)－행동하여 나아가다, 계속 행동하다.

解說 《정씨유서》 권6에 보이는 글이나, 두 형제 중 누구의 말인지 알 수 없다.

32. 방구석에 대하여도 부끄러울 일이 없으면 곧 마음이 편안해지고 몸도 안락해진다.

原文 **不愧屋漏, 則心安而體舒.**

註解 ㅇ屋漏(옥루)－방의 서북쪽 모퉁이, 방의 아랫목 구석. ㅇ舒(서)－펴지다, 안락해지다.

解說 《정씨유서》 권6에 보이나, 두 형제 중 누구의 말인지는 알 수 없다.

33. 마음은 가슴속에 있어야만 한다.

原文 **心要在腔子裏.**

註解 ㅇ腔子(강자)－가슴, 배.

解說 《정씨유서》 권7에 보이나, 두 형제 중 누구의 말인지 모른다. '가슴속'이란 자신의 몸속이며, 자신이 수양을 통해서 통제하는 것을 뜻할 것이다.

34. 오직 밖으로 약간의 틈만 있다면, 곧 마음은 그곳을 통하여 도망치게 된다.

原文 只外面有些隙罅, 便走了.

註解 ㅇ隙罅(극하)－틈, 틈새. ㅇ走(주)－도망치다, 달아나다.

解說 《정씨유서》 권7에 보이나, 두 형제 중 누구의 말인지 알 수 없다. 계속 마음을 닦는 법을 강조하고 있다.

35. 사람의 마음은 언제나 살아있어야만 하니, 그러면 막히는 데 없이 두루 흘러다니어 한 구석에 정체(停滯)되는 일이 없게 된다.

原文 人心常要活, 則周流無窮, 而不滯於一隅.

註解 ㅇ無窮(무궁)－공간·시간상으로 끝나는 곳이나 막히는 데가 없는 것.

解說 《정씨유서》 권5에 보이는 글. 정씨 형제 중 누구의 말인지 알 수 없다.

36. 명도 선생님께서 말씀하셨다.

"하늘과 땅의 자리가 마련되고 변화가 그 속에서 행해지고 있는 것은 오직 모든 것이 공경스럽기 때문이다. 공경스러우면 중간에 끊이는 일이 없다."

原文 明道先生曰：天地設位，而易行乎其中，只是敬也．敬則無間斷．

註解 ㅇ設位(설위)－자리가 마련되다, 위치가 잡히다. ㅇ易(역)－자연의 변역(變易), 변화. '천지(天地)……기중(其中)'은《역경》계사전(繫辭傳) 상에 보이는 구절임.

解說 《정씨유서》 권11에 보이는 글. 자연의 변화를 '공경함'이라 풀이하는 정호의 태도가 도학적(道學的)이다.

37. 공경스럽지 않은 일이 없다면, 하나님을 모실 수가 있다.

原文 毋不敬，可以對越上帝．

註解 ㅇ對越(대월)－대양(對揚)과 같은 말로, 상대를 따라 잘 모시는 것. 《시경》 주송(周頌) 청묘(淸廟)의 '대양재천(對揚在天)'이란 표현을 그대로 빌린 것임.

解說 《정씨유서》 권11에 보이는 정호의 말임.

38. 공경함은 온갖 사악(邪惡)함을 이긴다.

原文 敬勝百邪．

解說 《정씨유서》 권11에 보이는 정호의 말임.

39. 공경스러움으로써 속마음을 곧게 하고, 의로움으로써 밖의 몸을

방정(方正)히 하는 것이 인(仁)이다. 만약 공경스러움으로써 속마음을 곧게 하려고 든다면 곧 곧아지지 않을 것이다. 반드시 일에 힘써야 할 것이지만 결과를 기대하지 말아야 곧게 되는 것이다.

原文 **敬以直內, 義以方外, 仁也. 若以敬直內, 則便不直矣. 必有事焉而勿正, 則直也.**

註解 ㅇ有事(유사)-일에 힘쓰다, 종사함이 있다. ㅇ勿正(물정)-결과를 기대하지 않는 것. '필유(必有)……물정(勿正)'은 《맹자》 공손추(公孫丑) 상편에 보이는 말임.

解說 《정씨유서》 권11에 보이는 정호의 말임. 계속 '공경함'의 윤리를 강조하고 있다.

40. 마음을 잘 수양하면 내가 한결같이 된다.

原文 **涵養吾一.**

註解 ㅇ涵養(함양)-마음을 잘 수양하는 것. ㅇ一(일)-자기의 마음이나 몸가짐이 한결같아지는 것.

解說 《정씨유서》 권15에 보이는 정이의 말임.

41. 공자께서 냇가에서 말씀하셨다. "지나가고 있는 것들은 이와 같아서, 밤낮을 쉬지 않는다." 한(漢)나라 이래로 유학자들은 모두 이 말의 뜻을 알지 못하였다.

이것은 성인의 마음은 순수하면서도 끊임이 없음을 보여주는 것이다.

순수하면서도 끊임이 없는 것이 천덕(天德)인 것이다. 천덕을 지니고 있어야만 곧 왕도(王道)를 얘기할 수가 있게 된다. 그 요체(要諦)는 오직 홀로 있을 적에도 신중히 하는 데 있다.

原文 子在川上曰：逝者如斯夫，不舍晝夜．自漢以來，儒者皆不識此義．

此見聖人之心，純亦不已也．純亦不已，天德也．有天德，便可語王道．其要只在愼獨．

註解 ㅇ子在川上(자재천상)－이 구절은 《논어》 자한(子罕)편에 보이는 말이다. ㅇ逝者(서자)－가고 있는 것, 흘러가고 있는 것. ㅇ不舍(불사)－쉬지 않다. ㅇ不已(불이)－끊임이 없다, 중단(中斷)이 없다.

解說 《정씨유서》 권14에 보이는 정호의 말. 정호나 주희는 여기에 인용한 공자의 말은 우주의 변화가 잠시도 쉬지 않는 도체(道體)의 본연(本然)을 설파한 것이라는 해석을 하고 있는 것이다.

42. "자기 몸을 잘 지니지 못할 것이니, 이로움이 없을 것이다."고 하였다. 자기를 올바로 세우지 못하면 뒤에 비록 좋은 일을 대하게 되더라도 여전히 사물(事物)에 의한 변화를 받아 천하의 만물들을 자기에게 굴복시킬 수가 없을 것이다. 자기가 올바로 선 뒤에야 스스로 천하의 만물을 제대로 처리할 수가 있게 된다.

原文 不有躬，無攸利．不立己，後雖向好事，猶爲化物，不得以天下萬物撓己．己立後，自能了當得天下萬物．

註解 ㅇ不有(불유)－이 구절은 《역경》 몽괘(蒙卦) 육삼(六三) 효사(爻辭)

에 보이는 말임. ㅇ化物(화물)－사물에 의하여 변화되다, 사물의 영향을 받다. ㅇ撓己(요기)－자기에게 굴복하다, 자기 뜻대로 쓰이다. ㅇ了當(요당)－제대로 처리하는 것.

解說 《정씨유서》 권6에 보이는 글이나 정씨 형제 중 누구의 말인지 알 수 없다.

43. 이천 선생께서 말씀하셨다.

"공부하는 사람들의 병폐는 마음의 생각이 어지러워 안정되지 못하는 것이다. 이것은 천하의 공통적인 병폐이다. 공부하는 사람은 오직 마음을 올바로 세워야만 한다. 이 점에 전적으로 마음을 써야만 한다."

原文 **伊川先生曰 : 學者患心慮紛亂, 不能寧靜. 此則天下公病. 學者只要立箇心. 此上頭儘有商量.**

註解 ㅇ公病(공병)－공통적인 병폐. ㅇ上頭(상두)－위, 점. ㅇ儘有(진유)－전적으로. ㅇ商量(상량)－마음을 쓰다, 주의를 기울이다.

解說 《정씨유서》 권15에 보이는 정이의 말임.

44. 사악함을 막으면 곧 정성스러움은 자연히 존재하게 된다. 밖으로부터 하나의 정성스러움을 잡아다가 존재케 하는 것이 아니다. 지금 사람들은 밖에서 선하지 못한 짓에 힘쓰면서 그 선하지 못한 중에서 선함을 찾아내어 존재케 하려 한다. 그래가지고야 어찌 선으로 들어갈 도리가 있겠는가?

오직 사악함을 막기만 하면 정성스러움은 자연히 존재하게 된다. 그러므로 맹자께서는 성선(性善)을 논함에 있어서 언제나 내부로부터 나오고 있어서, 오직 정성스럽기만 하면 곧 선한 성(性)이 존재케 된다는 것이다. 사악함을 막는데 다시 무슨 노력이 필요하겠는가?

그러나 오직 몸가짐과 움직임을 바르게 하고 생각을 정돈하기만 하면 곧 자연히 공경스러움이 생겨난다. 공경스러움이란 오직 한결같음을 위주로 하는 것이다. 한결같음을 위주로 하면 곧 동쪽으로도 가지 않고 또 서쪽으로도 가지 않게 된다. 그렇게만 되면 오직 '중(中)'에 자리잡게 된다. 이편으로 가지도 않고 저편으로 가지도 않는다는 것이다. 그렇게 되면 오직 '내(內)'에 자리잡게 된다.

이렇게 마음을 유지하면 곧 자연의 천리(天理)가 밝아진다. 공부를 하는 사람은 반드시 공경함으로써 내부를 곧게 하여 이러한 뜻을 잘 수양하여야 한다. 내부를 곧게 하는 것이 근본이 된다.

原文 閑邪則誠自存. 不是外面捉一箇誠將來, 存著. 今人外面役役於不善, 於不善中, 尋箇善來存著. 如此則豈有入善之理?

只是閑邪則誠自存. 故孟子言性善, 皆由內出. 只爲誠便存. 閑邪更著甚工夫?

但惟是動容貌, 整思慮, 則自然生敬. 敬只是主一也. 主一則旣不之東, 又不之西. 如是則只是中. 旣不之此, 又不之彼. 如是則只是內.

存此則自然天理明. 學者須是將敬以直內, 涵養此意. 直內是本.

註解 ㅇ閑邪(한사)－사악함을 막다. 이 구절은《역경》건괘(乾卦) 문언(文言) 구이(九二)에 보임. ㅇ役役(역역)－애쓰는 모양. ㅇ工夫(공부)－노력하는 것, 공부하는 것. ㅇ主一(주일)－한결같음을 위주로 하다, 통일을 위주로 하다.

解說 《정씨유서》권15에 보이는 정이의 말임. 정이는 사람의 본성을

유지하기 위하여 '사악함을 막을 것'을 역설하고, 그 방법으로는 '공경스러움'을 내세우고 있다.

45. 사악함을 막으면 본시 마음은 한결같아진다. 그러니 한결같음을 위주로 하게만 되면 사악함을 막는 일은 말할 필요도 없게 된다. 어떤 이는 한결같음은 알기도 어렵고 공부를 할 수도 없으니 어찌하면 좋겠는가고 말한다.

한결같음이란 별것이 아니다. 오직 가지런히 정돈하고 엄숙한 상태를 지니기만 하면 곧 마음은 한결같아지는 것이다. 한결같아지면 자연히 그릇되고 편벽된 것의 간여(干與)가 없어지게 된다. 이러한 뜻으로 오직 오랫동안 마음을 수양하기만 하면 곧 천리와 자연에 밝아질 것이다.

原文 閑邪則固一矣. 然主一則不消言閑邪. 有以一爲難見, 不可下工夫, 如何?

一者無他. 只是整齊嚴肅, 則心便一. 一則自是無非僻之干. 此意但涵養久之, 則天理自然明.

註解 ㅇ不消言(불소언)-말할 필요도 없다. ㅇ難見(난견)-알기 어렵다, 보기 어렵다. ㅇ非僻(비벽)-그릇된 것과 편벽된 것. ㅇ干(간)-간여(干與), 간섭(干涉).

解說 《정씨유서》 권15에 보이는 정이의 말이다.

46. 어떤 이가 "감동을 받지 않았을 적에는 마음을 어디에 두고 있는지 알 수 있을까요?"하고 말하였다.

거기에 대답하셨다. "마음을 잡고 있으면 존속하고, 버려두면 없어지지

요. 출입하는 데에 일정한 때가 없고, 그 향방도 알 수가 없는 것인데, 다시 어찌 그걸 두고 있는 곳을 알겠소? 오직 잘 잡고 있어야 할 따름이오. 그것을 잘 잡고 있는 도리란 공경함으로써 내부를 곧게 하는 것이오."

原文 **有言, 未感時, 知何所寓?**

曰 : 操則存, 舍則亡. 出入無時, 莫知其鄕, 更怎生尋所寓? 只是有操而已. 操之之道, 敬以直內也.

註解 o感(감)－마음이 느끼는 것. o寓(우)－마음을 두는 곳, 사는 곳. o操(조)－마음을 바르게 잡고 있는 것. o鄕(향)－향(向), 향방(向方).

解說 《정씨유서》 권15에 보이는 정이의 말임.

47. 공경스러우면 곧 스스로 텅 비고 조용해지지만, 텅 비고 조용한 것을 공경스러움이라고 해서는 안 된다.

原文 **敬則自虛靜, 不可把虛靜喚做敬.**

解說 《정씨유서》 권15에 보이는 정이의 말이다.

48. 공부하는 사람이 먼저 힘써야 할 것은 본시부터 마음과 뜻에 있다. 그러나 듣고 본 것과 앎과 생각을 모두 버리려 한다는 사람이 있다면, 그것은 곧 성(聖)스러움을 물리치고 지혜로움을 버리는 짓이다. 그의 생각을 버리려 하고 마음이 어지러워지는 것을 걱정하는 이가 있다면 곧 좌선(坐禪)하여 안정을 시켜야만 할 것이다. 만약 밝은 거울이 여기에 있다면 만물이 모두 비쳐지게 된다. 이것이 거울의 상태(常態)이다. 거기에

비추지 않게 하기는 어렵다. 사람의 마음도 만물과 교감(交感)하지 않을 수가 없는 것이니, 그것으로 하여금 생각하지 않도록 하기는 어려운 것이다.

만약 그것을 면하려 한다면 오직 마음에 중심이 잡혀 있어야만 한다. 어떻게 하는 것이 중심을 잡는 것인가? 공경스러움이 있을 따름이다. 공경스러움이 잡혀 있다면 곧 텅 비게 된다. 텅 비어있다는 것은 사악함이 들어갈 수 없음을 말한다. 중심이 잡혀있지 않으면 가득 차게 된다. 가득 차 있다는 것은 사물(事物)이 닥쳐와 그것을 뺏는 것을 뜻한다. 대체로 사람의 마음이란 두 가지 일에 쓸 수는 없다. 한 가지 일에만 쓰이므로 곧 다른 일은 다시 더 들어갈 수가 없어, 일이 마음의 중심이 되게 되는 것이다.

일이 마음의 중심이 된다 하더라도 그래도 생각이 어지러워지는 걱정이 없을 수 있다. 만약 공경스러움으로써 중심을 삼는다면 또 어찌 그런 걱정이 있겠는가? 이른바 공경스러움이란 것은 한결같음을 중심으로 삼는 것을 공경스러움이라 말하기 때문이다. 이른바 한결같다는 것은 다른 곳으로 가지 않는 것을 한결같다고 말하기 때문이다. 또한 한결같음을 중심으로 삼으려고 수양한다는 뜻이기도 하다. 한결같지 않다면 곧 두 가지 세 가지가 되는 것이다. 감히 속이지 않고, 감히 함부로 하지도 않고, 또한 방 외진 구석에 대하여도 부끄러움이 없다는 것 따위는 모두가 공경을 하는 일인 것이다.

原文 學者先務, 固在心志. 然有謂欲屛去聞見知思, 則是絶聖棄智. 有欲屛去思慮, 患其紛亂, 則須坐禪入定. 如明鑑在此, 萬物畢照, 是鑑之常. 難爲使之不照. 人心不能不交感萬物, 難爲使之不思慮.

若欲免此, 惟是心有主. 如何爲主? 敬而已矣. 有主則虛. 虛謂邪不能入. 無主則實, 實謂物來奪之. 大凡人心不可二用. 用於一事, 則他事更不能入者. 事爲之主也.

事爲之主, 尙無思慮紛擾之患. 若主於敬, 又焉有此患乎? 所謂敬者, 主一之謂敬. 所謂一者, 無適之謂一. 且欲涵泳主一之義. 不一則二三矣. 至於不敢欺, 不敢慢, 尙不愧於屋漏, 皆是敬之事也.

註解 ㅇ絶聖棄智(절성기지)—성스러움을 끊어내고 지혜로움을 버리다.《노자(老子)》에 보이는 말. ㅇ屛去(병거)—물리치다, 내어버리다. ㅇ鑑(감)—거울. ㅇ有主(유주)—주인이 있다, 중심이 있는 것. ㅇ紛擾(분요)—어지러운 것. ㅇ無適(무적)—다른 곳으로 가지 않는 것. ㅇ涵泳(함영)—수양을 잘 하는 것. ㅇ屋漏(옥루)—방안의 서북 모퉁이, 방의 가장 아랫목 구석. 이 구절은《중용》에 보이는 말임.

解說 《정씨유서》 권15에 보이는 정이의 말. 계속 공경을 위주로 하는 마음가짐에 대하여 논하고 있다.

49. 엄격하고 위엄이 있고, 단정하고 공손한 것은 공경의 도가 아니다. 그러나 공경스러움을 이룩하자면 반드시 여기로부터 들어가야 한다.

原文 嚴威儼恪, 非敬之道. 但致敬, 須自此入.

註解 ㅇ嚴威儼恪(엄위엄각)—엄격함[嚴]과 위엄[威]과 단정함[儼]과 공손함[恪]. ㅇ致敬(치경)—공경함에 이르다, 공경함을 이룩하다.

解說 《정씨유서》 권15에 보이는 정이의 말임.

50. 순임금은 애써서 선을 행하셨는데, 사물에 접하기 이전 같은 경우

에는 어떻게 선을 행하였겠는가? 오직 공경스러움을 위주로 하셨는데, 바로 그것이 선을 행하는 것이 된다. 이것으로 볼 것 같으면 성인의 도는 오직 묵묵히 말하지 않는 것만이 아니다.

原文 舜孳孳爲善, 若未接物, 如何爲善? 只是主於敬, 便是爲善也. 以此觀之, 聖人之道, 不是但嘿然無言.

註解 ○孳孳(자자)－애쓰는 모양, 노력하는 모양. ○嘿然(묵연)－묵묵히 말을 하지 않고 있는 것.

解說 《정씨유서》 권15에 보이는 정이의 말이다.

51. 질문하였다. "사람들이 일없이 편히 지낼 적에 육체는 태만하더라도 마음만 태만하지 않다면 괜찮겠습니까?"

대답하셨다. "어찌 두 다리를 쭉 뻗고 앉아있으면서도 마음이 태만하지 않을 수가 있겠느냐? 옛날에 여여숙이 6월에 구씨에 왔었는데, 한가히 지낼 적에 내가 일찍이 엿본 일이 있는데, 언제나 단정히 곧게 앉아있었다. 그만하면 돈독(敦篤)히다고 할 수가 있을 것이다. 공부하는 사람은 반드시 공경스러워야 하지만 다만 지나치게 구속을 해서는 안된다. 지나친 구속을 하면 오래가기가 어렵다."

原文 問 : 人之燕居, 形體怠惰, 心不慢者, 可否?

曰 : 安有箕踞而心不慢者? 昔呂與叔六月中來緱氏, 閒居中, 某嘗窺之, 必見其儼然危坐. 可謂敦篤矣. 學者須恭敬, 但不可令拘迫. 拘迫則難久.

註解 ○燕居(연거)－일없이 편히 지내는 것. ○怠惰(태타)－태만한 것. ○箕

踞(기거)－두 다리를 쭉 뻗고 땅바닥에 앉아있는 것. ㅇ呂與叔(여여숙)－여대림(呂大臨), 여숙은 그의 자. 장재(張載)의 제자였으나, 장재가 죽은 뒤로는 정자(程子)의 문하로 들어갔다. ㅇ緱氏(구씨)－지금의 하남성(河南省) 언사현(偃師縣) 남쪽에 있던 고을 이름. ㅇ儼然(엄연)－엄정한 모양, 단정한 모양. ㅇ危坐(위좌)－곧게 앉아있는 것. ㅇ拘迫(구박)－지나치게 구속하는 것.

解說 《정씨유서》 권18에 보이는 정이의 말임.

52. "생각이 비록 많다 하더라도 올바름에서 나온 것이라면 모두 해롭지 않은 것입니까?"

대답하였다. "종묘에 있을 적 같은 경우에는 공경스러움을 위주로 하고, 조정에서는 장중(莊重)함을 위주로 하고, 군대에서는 엄정(嚴正)함을 위주로 하는데, 그래야 옳은 것이다. 만약 그것들이 때에 맞지 않게 발휘되어서 어지러이 법도가 없게 된다면 비록 바르다 하더라도 역시 그릇된 것이다."

原文 **思慮雖多, 果出於正, 亦無害否?**

曰 : 且如在宗廟則主敬, 朝廷主莊, 軍旅主嚴, 此是也. 如發不以時, 紛然無度, 雖正亦邪.

註解 ㅇ紛然(분연)－어지러운 모양.

解說 《정씨유서》 권18에 보이는 정이의 말이다.

53. 소계명이 질문하였다. "기쁨·노여움·슬픔·즐거움 같은 감정이 드러나기 전에 '중'을 추구하는 것은 괜찮습니까?"

대답하셨다. "안된다. 이미 기쁨·노여움·슬픔·즐거움의 감정이 드러나기 전에 '중'을 추구하려고 하였으니, 또한 그것은 이미 생각하는 것이다. 이미 생각하였다면 그것은 곧 이미 드러난 것이다. 막 드러나면 바로 그것을 '화(和)'라고 하지 그것을 '중'이라고 할 수는 없는 것이다."

또 질문하였다. "여학사는 마땅히 기쁨·노여움·슬픔·즐거움의 감정이 드러나기 전에 추구해야 한다고 하였는데, 어떻습니까?"

대답하셨다. "만약 기쁨·노여움·슬픔·즐거움의 감정이 드러나기 전에 마음을 잡아두고 수양한다고 하면 곧 괜찮다. 만약 기쁨·노여움·슬픔·즐거움의 감정이 드러나기 전에 '중'을 추구한다고 한다면 곧 그것은 안되는 것이다."

또 질문하였다. "공부하는 사람은 기쁨·노여움·슬픔·즐거움의 감정이 드러날 적에는 본시 노력하여 적절히 억제하여야만 할 것입니다. 그것들이 드러나기 전에는 마땅히 어떻게 공부하여야 하겠습니까?"

대답하셨다. "기쁨·노여움·슬픔·즐거움의 감정이 드러나기 전에야 다시 어떻게 추구하겠느냐? 오직 평소에 마음을 수양하기만 하면 곧 되는 것이다. 마음의 수양을 오래 하게 되면 곧 기쁨·노여움·슬픔·즐거움의 감정이 드러나는 것이 자연히 절도에 들어맞게 될 것이다."

질문하였다. "'중'의 상태에 있을 적에는 귀에는 들리는 게 없고 눈에는 보이는 게 없게 됩니까?"

대답하셨다. "비록 귀로는 듣는 것이 없고 눈으로는 보는 것이 없다 하더라도 보고 듣는 이치는 그대로 존재하여야만 비로소 제대로 되는 것이다. 자네 말해보게나. 고요히 있을 적에 어떠하던가?"

"그때 사물이 있었다고 하면 안될 것입니다. 그러나 자연히 지각(知覺)만은 작동하고 있었습니다."

말씀하셨다. "이미 지각이 있었다면 또한 그것은 움직인 것이다. 어떻게 고요하다고 말할 수가 있겠느냐? 사람들은 '복(復)에서 하늘과 땅의 마음을 보게 된다'고 한 말을 해설하여, 그것은 모두 지극히 고요하여 하늘과 땅의 마음을 볼 수 있는 것이라고 하는데, 잘못된 것이다. 복괘(復卦)의 맨 밑의 한 획은 바로 움직임인 것이다. 어찌 그것을 고요함이라 할 수가 있겠느냐?"

어떤 이가 질문하였다. "그것은 움직임 위에서 고요함을 구하는 것이 아닙니까?"

대답하셨다. "본시 그러한 거지. 그렇지만 가장 어려운 일이네. 불교에서는 흔히 정(定)을 말하지만, 성인께서는 곧 '처신'을 말씀하셨지. 임금으로서는 인(仁)에 처신하여야 하고, 신하로서는 경(敬)에 처신하여야 한다는 것 같은 종류가 바로 그것일세.

《역경》의 간괘(艮卦)에서는 처신의 뜻을 이렇게 해설하고 있네. '멈추어야 할 곳에 처신한다는 것은 알맞는 곳에 처신한다는 것이다.' 사람들은 대부분 제대로 처신하지 못하네. 대체로 사람들에게는 만물이 모두 갖추어져 있어서, 사물(事物)을 접할 적에 각각 그의 마음이 중히 여기는 것을 근거로 계속 바뀌어지면서 나오게 된다. 이 일이 중요하다는 것을 알게 되자마자 바로 이 일이 나오게 되는 것이다. 만약 사물을 각각 사물에게 맡겨둘 수만 있다면 곧 자연히 나오지 않게 될 것이다."

어떤 이가 질문하였다. "선생님께서는 기쁨·노여움·슬픔·즐거움의 감정이 드러나기 전에 그것을 동(動)자로 표현하시겠습니까, 정(靜)자로 표현하시겠습니까?"

대답하셨다. "그것은 고요함[靜]으로 표현하는 것이 좋을 것이다. 그러나 고요함 속에도 반드시 사물이 있어야만 되는 것이다. 이것이 바로 어려운 것이다. 공부하는 사람은 또 먼저 공경함에 대하여 이해하는 것이 가장 좋을 것이다. 공경할 수만 있다면 곧 이것에 대하여 알게 된다."

어떤 이가 질문하였다. "공경함은 어떻게 공부하여야 합니까?"

대답하셨다. "한결같은 마음을 위주로 하는 것이 가장 좋다."

계명이 질문하였다. "저는 일찍부터 생각이 안정되지 못함을 걱정해

왔습니다. 간혹 한 가지 일을 생각하는 중에 다 끝나지도 않아서 다른 일들이 수없이 또 생겨나곤 합니다. 어떻게 하면 좋습니까?"

대답하셨다. "안된다. 그것이 정성스럽지 못한 근본인 것이다. 반드시 잘 익히어야만 한다. 익히어 오로지 한결같을 수 있게 되었을 적에야 곧 잘 될 것이다. 생각할 때나 일을 처리할 때를 막론하고 언제나 한결같은 마음을 추구해야만 한다."

原文 蘇季明問, 喜怒哀樂未發之前求中, 可否?

曰 : 不可. 旣思於喜怒哀樂未發之前求之, 又卻是思也. 旣思卽是已發. 纔發便謂之和, 不可謂之中也.

又問 : 呂學士言, 當求於喜怒哀樂未發之前, 如何?

曰 : 若言存養於喜怒哀樂未發之前, 則可. 若言求中於喜怒哀樂未發之前, 則不可.

又問 : 學者於喜怒哀樂發時, 固當勉强裁抑. 於未發之前, 當如何用功?

曰 : 於喜怒哀樂未發之前, 更怎生求? 只平日涵養便是. 涵養久, 則喜怒哀樂發自中節.

曰 : 當中之時, 耳無聞, 目無見, 否?

曰 : 雖耳無聞, 目無見, 然見聞之理在, 始得. 賢且說, 靜時如何?

曰 : 謂之有物則不可, 然自有知覺處.

曰 : 旣有知覺, 卻是動也. 怎生言靜? 人說, 復其見天地之心, 皆以謂至靜能見天地之心, 非也. 復之卦, 下面一畫, 便是動也. 安得謂之靜?

或曰 : 莫是於動上求靜否?

曰：固是. 然最難. 釋氏多言定, 聖人便言止. 如爲人君止於仁, 爲人臣止於敬之類, 是也.

易之艮, 言止之義, 曰：艮其止, 止其所也. 人多不能止. 蓋人萬物皆備, 遇事時, 各因其心之所重者, 更互而出. 纔見得這事重, 便有這事出. 若能物各付物, 便自不出來也.

或曰：先生於喜怒哀樂未發之前, 下動字, 下靜字?

曰：謂之靜則可. 然靜中須有物, 始得. 這裏便是難處. 學者莫若且先理會得敬. 能敬, 則知此矣.

或曰：敬何以用功?

曰：莫若主一.

季明曰：昞嘗患思慮不定. 或思一事未了, 他事如麻又生, 如何?

曰：不可. 此不誠之本也. 須是習. 習能專一時便好. 不拘思慮與應事, 皆要求一.

註解 ㅇ蘇季明(소계명)－소병(蘇昞), 계명은 그의 자. 장재(張載)의 제자, 뒤에는 정자(程子)에게서도 공부하였다. ㅇ喜怒哀樂(희로애락)－기쁨·노여움·슬픔·즐거움. 사람의 감정을 뜻한다. 《중용》에 "희로애락(喜怒哀樂)이 드러나지 않은 것을 중(中)이라 하고, 드러나 모두 절도에 맞는 것을 화(和)라 한다."고 하였다. ㅇ纔(재)－……하자마자, 막 ……한 것. ㅇ呂學士(여학사)－여대림(呂大臨, 앞 51에 보임)을 가리킴. ㅇ存養(존양)－마음을 잘 간직하면서 수양하는 것. ㅇ勉强(면강)－힘써 노력하는 것. ㅇ裁抑(재억)－조절하고 억제하는 것, 절제하고 억제하는 것. ㅇ用功(용공)－노력하다, 공부하다. ㅇ怎生(즘생)－어떻게. ㅇ涵養(함양)－마음을 수양하는 것. ㅇ賢(현)－상대를 존중해 줄 때 쓰는 이인칭(二人稱). ㅇ人說(인설)－사람들이 해설하다. 이 아래 구절은 《역경》 복괘(復卦) 단전(彖傳)의 글임. ㅇ復(복)－《역경》 복괘(復

卦). ㅇ釋氏(석씨)－석가모니, 불교. ㅇ艮其止(간기지)－이하의 글은《역경》 간괘(艮卦) 단전(彖傳)의 글임. ㅇ物各付物(물각부물)－사물을 각각 사물에게 맡겨두는 것. ㅇ主一(주일)－한결같음을 위주로 하다, 한결같음을 중심으로 삼다. ㅇ如麻(여마)－삼대 같다, 많이 있는 것을 형용하는 말.

解說 《정씨유서》 권18에 보이는 글. 상당히 긴 글이나 모두 정이의 말이다. 사람의 감정이 드러났을 적과 드러나지 않았을 적의 일을 논하고는 있지만, 모두 마음의 수양에 관한 이론이다.

54. 사람은 꿈을 꾸는 것을 통해서도 자기가 공부한 것이 얕은가 깊은가를 점칠 수가 있다. 만약 꿈속에 넘어졌다면 그것은 바로 마음과 뜻이 불안정하고 마음을 지니고 수양하는 것이 굳건하지 않기 때문이다.

原文 **人於夢寐間, 亦可以卜自家所學之淺深. 如夢寐顚倒, 卽是心志不定, 操存不固.**

註解 ㅇ夢寐(몽매)－잠을 자면서 꿈을 꾸는 것. ㅇ卜(복)－점치다, 미루어 알다. ㅇ操存(조존)－마음을 잘 지니며 수양하는 것.

解說 《정씨유서》 권18에 보이는 정이의 말이다.

55. 질문하였다. "사람의 마음이 연결되어 있는 일이 정말로 선한 것이라면 밤에 꿈을 꾼다 하더라도 해로운 일이 없을 것이 아니겠습니까?"

대답하셨다. "비록 선한 일이라 하더라도 마음은 역시 움직이고 있는 것이다. 무슨 일이나 징조가 있어서 꿈에 그것이 나타난다면 그것은 해가 없을 것이다. 그밖의 경우에는 언제나 함부로 움직이게 된다. 사람의 마음은 반드시 안정되어 있어야 하며, 마음으로 생각하려 할 때에 비로소 생각해야만 되는 것이다. 지금 사람들은 모두 마음에 따르고만 있다."

"마음은 누가 그것을 부리는 것입니까?"

"마음으로 마음을 부리면 된다. 사람의 마음을 멋대로 버려두면 곧 멋대로 놓여나게 된다."

原文 問：人心所繫著之事果善，夜夢見之，莫不害否？

曰：雖是善事，心亦是動．凡事有朕兆入夢者，卻無害．捨此皆是妄動．人心須要定，使他思時方思，乃是．今人都由心．

曰：心誰使之？

曰：以心使心則可．人心自由，便放去也．

註解 ㅇ繫著(계착)－매어 달라붙어 있는 것, 연결되어 있는 것. ㅇ朕兆(징조)－징조. ㅇ捨此(사차)－이것 이외에는. ㅇ自由(자유)－자기 멋대로 하도록 버려두는 것. ㅇ放去(방거)－놓여나 그릇된 방향으로 가는 것.

解說 《정씨유서》 권18에 보이는 정이의 말이다. 꿈에 대하여도 올바른 방향에서 이해하려는 정이의 노력이 돋보인다.

56. 그의 뜻을 잘 유지하며 그의 기운을 난폭하게 하지 않는다면 안팎이 서로 부양(扶養)해 주게 될 것이다.

原文 持其志，無暴其氣，內外交相養也．

解說 《정씨유서》 권18에 보이는 정이의 말이다.

57. 질문하였다. "말을 입밖에 낼 적에는 말씨에 노력을 해야 하는 것

이 아니겠습니까?"

대답하셨다. "반드시 속마음을 수양해야 할 것이니, 그러면 자연히 말씨가 순리(順理)하게 된다. 말을 신중히 하고 함부로 말을 내뱉지 않는 것 같은 일은 또한 노력해야만 할 일이다."

原文 **問：出辭氣，莫是於言語上用工夫否?**

曰：須是養乎中，自然言語順理．若是愼言語，不妄發，此卻可著力．

註解 ㅇ出辭氣(출사기)－말을 입밖으로 내는 것.《논어》태백(泰伯)편에 '말을 입밖에 냄에 있어서는 비루하고 사리에 어긋남을 멀리해야 한다(出辭氣, 斯遠鄙倍矣)'고 한 말에서 따온 말임. ㅇ工夫(공부)－노력하다, 공부하다. ㅇ中(중)－속마음. ㅇ著力(착력)－힘을 쓰다, 노력하다.

解說 《정씨유서》권18에 보이는 정이의 말임.

58. 선생님께서 나에게 말씀하셨다. "나는 타고난 기운이 매우 엷었는데, 30대가 되어서야 점점 성해졌고, 40대 50대가 된 뒤에야 완전해졌다. 지금 나는 태어나 72년이 되었다. 근육과 뼈를 한창 나이 때와 비교해보더라도 손색이 없다."

내가 여쭈었다. "선생님께서는 타고난 기운이 엷었기 때문에 보양(保養)을 철저히 하신 때문이 아니겠습니까?" 선생님께서는 묵묵히 계시다가 말씀하셨다. "나는 삶에 대하여는 잊고서 욕심만 따르는 것을 깊은 치욕으로 여겨왔다."

原文 **先生謂繹曰：吾受氣甚薄，三十而浸盛，四十五十而後完．**

今生七十二年矣. 校其筋骨於盛年, 無損也.

繹曰 : 先生豈以受氣之薄, 而厚爲保生邪? 夫子默然, 曰 : 吾以忘生徇欲爲深恥.

註解 ㅇ繹(역)-장역(張繹), 정이의 제자. 자는 사숙(思叔). 일인칭으로 겸손함을 나타내기 위하여 자기 이름을 쓰고 있다. ㅇ受氣甚薄(수기심박)-타고난 기운이 매우 엷다, 건강이 좋지 못함을 뜻한다. ㅇ浸盛(침성)-점점 성해지다, 점차 건강해지다. ㅇ校(교)-비교하다, 견주다. ㅇ筋骨(근골)-근육과 뼈, 신체를 가리킨다. ㅇ徇欲(순욕)-욕심을 따르다.

解說 《정씨유서》 권21 상에 보이는 장역과 정이의 대화이다.

59. 대체로 마음을 잡고 있는 것이 불안정한 것은 모두가 인(仁)하지 못하기 때문이다.

原文 大率把捉不定, 皆是不仁.

註解 ㅇ把捉(파착)-마음을 꽉 잡고 있는 것.

解說 《정씨유서》 권1에 보이는 말이나, 정자 형제 중 누구의 말인지 알 수 없다.

60. 이천 선생께서 말씀하셨다.

"앎을 이룩하는 것은 수양에 달려있다. 앎을 수양하는 데 있어서는 욕심을 적게 갖는다는 '과욕' 두 글자보다 더 절실한 것은 없다."

原文 伊川先生曰 : 致知在所養, 養知莫過於寡欲二字.

解說 《정씨외서》 권2에 보이는 글로, 정이가 《대학》의 팔조목(八條目)의 하나인 '치지(致知)'를 해설한 것이다.

61. 마음이 안정된 사람은 그의 말이 무겁고도 여유가 있으나, 안정되지 못한 자는 그의 말이 가볍고도 빠르다.

原文 **心定者, 其言重以舒. 不定者, 其言輕以疾.**

註解 ㅇ舒(서)−여유가 있는 것. 더딘 것.

解說 《정씨외서》 권11에 보이는 글이나 두 형제 중 누구의 말인지 알 수 없다.

62. 명도 선생께서 말하셨다.
"사람에게는 404종류의 병이 있으되 모두 자기 뜻대로 어찌 할 수가 없는 것이나 오직 마음만은 자기 뜻대로 움직이게 되어야만 할 것이다."

原文 **明道先生曰 : 人有四百四病, 皆不由自家, 則是心須敎由自家.**

註解 ㅇ四百四病(사백사병)−불교에서 나온 말. 땅·물·불·바람의 네 가지 중 한 가지에서 나는 탈이 101종이어서, 네 가지 모두를 합치면 404종류의 병이 된다는 것이다. ㅇ由自家(유자가)−자기 마음대로 되는 것.

解說 《정씨외서》 권12에 보이는 글이다.

63. 사양좌(謝良佐)가 부구(扶溝)에서 명도 선생을 따라 공부하고 있

었는데, 명도 선생께서 어느 날 그에게 말씀하셨다. "너희들은 여기에서 나를 따르며 공부하고 있는데, 오직 나의 말하는 것만을 배울 따름이다. 그러므로 그 배운 것이 마음과 입을 따라 호응해 주지 않고 있다. 그것들을 어찌하여 실천하지 않느냐?" "어떻게 하면 됩니까?" 대답하셨다. "바로 정좌(靜坐)를 하거라."

이천 선생은 사람들이 정좌하고 있는 것을 볼 적마다 곧 그가 공부를 잘하고 있다고 감탄을 하였다.

原文 謝顯道從明道先生於扶溝. 一日謂之曰 : 爾輩在此相從, 只是學顥言語. 故其學心口不相應. 盍若行之? 請問焉. 曰 : 且靜坐.

伊川每見人靜坐, 便嘆其善學.

註解 ㅇ謝顯道(사현도)—사양좌(謝良佐), 현도는 그의 자. 정호의 제자. ㅇ扶溝(부구)—지금의 하남성(河南省)에 있는 현(縣) 이름. 정호는 그곳의 지사(知事)를 역임한 일이 있다. ㅇ顥(호)—정호의 이름, 자신을 일컫는 말. ㅇ盍若(합약)—어찌하여 ……을 하지 않느냐? ……을 하면 어떻겠느냐?

解說 《정씨외서》 권12에 보이는 글. 《정씨외서》에 따르면 '정좌(靜坐)'에 관한 말은 정자(程子)의 문인 윤화정(尹和靖)이 한 말을 기관(祁寬)이 기록한 것이다.

64. 횡거 선생께서 말씀하셨다.

"공부를 시작하는 요령은 마땅히 '석 달 동안 인(仁)을 어기지 않는 것과 하루나 한 달에 한 번 인에 이르게 되는 차이를 아는 것이다. 그리고 안팎 및 손님과 주인의 분별을 따라 마음과 뜻을 다해 힘쓰고 따르는 일을 쉬지 않아야 한다. 여기에서 벗어나는 것은 아마도 내 능력이 아닌 일일 것이다."

原文 橫渠先生曰：始學之要，當知三月不違，與日月至焉．內外賓主之辨，使心意勉勉循循而不能已．過此，幾非在我者．

註解 ㅇ三月不違(삼월불위)－이 대목은 《논어》 옹야(雍也)편에서 "안회(顔回)는 그의 마음이 석 달을 두고 인을 어기지 않는다. 나머지 사람들은 하루나 한 달에 한 번 인에 이를 따름이다.(回也, 其心三月不違仁. 其餘則日月至焉而已矣)"고 한 공자의 말을 응용한 것이다. ㅇ勉勉(면면)－힘쓰는 모양, 노력하는 모양. ㅇ循循(순순)－차례대로 잘 따르는 모양.

解說 《장자전서(張子全書)》 습유(拾遺)에 《근사록》에서 인용한 글로 실려있으나, 장재(張載)의 문집에는 보이지 않는 글이다.

65. 마음은 맑을 때가 적고 어지러운 때가 늘 많다. 마음이 맑을 적에는 보는 것이 밝고 듣는 것이 분명하며, 손발은 구속하지 않아도 자연히 공손하고 신중하게 된다. 마음이 어지러울 적에는 그 반대가 된다. 그렇게 되는 것은 어째서인가? 대체로 마음 쓰임이 익숙치 못하여 객쩍은 생각이 많고 확실한 마음이 적기 때문이다. 세속적인 마음이 버려지지 않고 성실한 마음이 완성되지 못하고 있기 때문이다.

사람은 또 마음이 굳건해야만 한다. 너무 부드러우면 뜻을 세우지 못하는 경지로 들어가게 된다. 또한 사람들 중에는 나면서부터 기쁨과 노여움의 감정이 없는 사람도 있으나, 그래도 마음은 굳건해야만 한다. 굳건하면 마음을 지키는 것이 안정되어 비뚤어지지 않으며, 도로 나아가는 것이 용감하여진다. 나는 다른 사람들에 견줄 때 스스로 용감한 점이 많다고 여긴다.

原文 心淸時少，亂時常多．其淸時，視明聽聰，四體不待羈束，而自然恭謹．其亂時反是．如此何也？蓋用心未熟，客慮多而常心少也. 習俗之心未去, 而實心未完也.

人又要得剛, 太柔則入於不立. 亦有人生無喜怒者, 則又要得剛. 剛則守得定不回, 進道勇敢. 載則比他人, 自是勇處多.

註解 ㅇ羈束(기속)－구속, 매어두고 묶어두다. ㅇ客慮(객려)－객쩍은 생각, 쓸데없는 생각. ㅇ常心(상심)－일정한 마음, 확실한 마음. ㅇ剛(강)－마음이 굳건한 것. ㅇ不回(불회)－비뚤어지지 않다. ㅇ載(재)－장재의 이름, 자신을 가리킨다.

解說 《경학이굴》 권4 학대원(學大原) 하편에 보이는 글임.

66. 희롱과 농담은 일을 해칠 뿐만이 아니라 뜻까지도 그 기운에 흘러가게 된다. 희롱과 농담을 하지 않는 것은 역시 기운을 유지하는 한 가지 길이다.

原文 戲謔不惟害事, 志亦爲氣所流. 不戲謔, 亦是持氣之一端.

註解 ㅇ戲謔(희학)－희롱과 농담, 장난치고 객쩍은 말을 하는 것. ㅇ一端(일단)－한 가지 길, 한 개의 단서.

解說 《경학이굴》 권3 학대원(學大原) 상편에 보이는 글임.

67. 마음을 바르게 하는 시작은 마땅히 자기의 마음을 엄격한 스승으로 삼는 데서부터 하여야 한다. 모든 동작을 하는 데에 두려워하게 되어야 한다. 그렇게 1, 2년 지나면서 자신을 굳건히 지켜가면 곧 자연히 마음이 바르게 된다.

原文 正心之始, 當以己心爲嚴師. 凡所動作, 則知所懼. 如此一二年, 守得牢固, 則自然心正矣.

註解 ㅇ牢固(뢰고)—굳건한 것, 견고한 것.

解說 《경학이굴》 권3 학대원(學大原) 상편에 보이는 글임.

68. 안정된 연후에야 비로소 밝고 빛나게 된다. 만약 늘 옮겨지고 바꾸어지면서 안정되지 못하다면 어찌 밝고 빛나는 것을 추구하겠는가? 《역경》에서는 대체로 간괘(艮卦)의 '간'을 멈추는 것이라 풀이하고 있다. 멈추어야 밝고 빛나게 된다.

그러므로 《대학》에서는 안정되어야 생각하는 경지에 이르게 된다 하였다. 사람은 마음이 복잡하면 밝고 빛나게 될 수가 없는 것이다.

原文 定然後始有光明. 若常移易不定, 何求光明? 易大抵以艮爲止. 止乃光明.

故大學, 定而至於能慮. 人心多, 則無由光明.

註解 ㅇ移易(이역)—옮겨지고 바뀌어지는 것. ㅇ易(역)—《역경》. 간괘(艮卦) 단전(彖傳)에 '간(艮)은 멈추는 것이다. 때가 멈춰야 할 때엔 멈추고, 때가 행할 때가 되었으면 행하는 것이다. 움직임과 고요함이 그 때를 잃지 않으면 그 도가 밝고 빛나게 된다.(艮, 止也.時止則止, 時行則行, 動靜不失其時, 其道光明.)'라고 한 말을 근거로 한 것이다. ㅇ大學(대학)—《대학》에 '멈출 줄 알아야 안정됨이 있고, 안정된 뒤에야 고요할 수 있고, 고요한 뒤에야 편안할 수 있고, 편안한 뒤에야 생각할 수 있고, 생각한 뒤에야 얻을 수 있게 된다.(知止而后有定, 定而后能靜, 靜而后能安, 安而后能慮, 慮而后能得.)'라고 하였다.

解說 《역설(易說)》 상편 대축(大畜)에 보이는 글임.

69. 움직임과 고요함이 그 때를 잃지 않아야 그 도가 밝고 빛나게 된다. 공부하는 사람은 반드시 움직이고 고요함을 때에 맞도록 하여야만 곧 그의 도가 어둡게 가려지지 않고 밝고 분명해진다.

지금 사람들이 오랫동안 공부를 하면서도 발전을 이루지 못하는 것은 바로 움직임과 고요함에 대하여 알지 못하기 때문이다. 다른 사람이 어지러운 것을 보면 자기 일과는 상관이 없다 하더라도 수양하는 일을 그만두게 된다. 성인의 학문으로부터 그를 본다면 어둡고 무지한 짓이다. 그렇게 평생을 보내면서 그것을 빛나고 밝다고 해도 되겠는가?

原文 **動靜不失其時, 其道光明. 學者必時其動靜, 則其道乃不蔽昧而明白.**

今人從學之久, 不見進長, 正以莫識動靜. 見他人擾擾, 非關己事, 而所修亦廢. 由聖學觀之, 冥冥悠悠. 以是終身, 謂之光明, 可乎?

註解 ㅇ蔽昧(폐매)－어둡게 가려지다. ㅇ從學(종학)－스승을 따라 공부하는 것. ㅇ進長(진장)－발전, 진보. ㅇ擾擾(요요)－어지러운 모양. ㅇ關(관)－관계되는 것. ㅇ冥冥(명명)－어두운 모양. ㅇ悠悠(유유)－무지한 모양.

解說 《역설》 중편 간괘(艮卦) 단전(彖傳)의 설명에 보이는 글임.

70. 돈독하고 텅비고 고요한 것이 인(仁)의 근본이다. 가볍고 함부로 행동하지 않는 것이 바로 돈후한 것이다. 묶이고 닫히거나 어둡고 막혀 있지 않은 것이 바로 텅 비고 고요한 것이다.

이것은 갑자기 깨닫기가 어려운 것이다. 진실로 이 사실을 안다면 반드시 오랫동안 도를 추구하여 실질적으로 그것을 체득하여야만 비로소 그 맛을 알게 되는 것이다. 인(仁)이라는 것도 역시 거기에 익숙해져야 할 따름인 것이다.

原文 敦篤虛靜者, 仁之本. 不輕妄, 則是敦厚也. 無所繫閡昏塞, 則是虛靜也.

此難以頓悟. 苟知之, 須久於道, 實體之, 方知其味. 夫仁亦在乎熟之而已.

註解 ㅇ繫閡(계애)－매이고 닫히다, 매여지고 막히다. ㅇ昏塞(혼색)－어둡고 막혀있는 것. ㅇ頓悟(돈오)－문득 깨닫다, 쉽게 깨닫다. ㅇ實體(실체)－실질적으로 체득(體得)하는 것.

解說 다른 곳에는 보이지 않는 장재의 말이다. '맹자설(孟子說)'이라는 작은 주가 붙어있기도 하나 그런 책은 전하지 않는다. 계속 올바른 마음가짐에 대하여 역설하고 있다.

근사록 권5

극기류(克己類) 도합 41조

1. 염계(濂溪) 선생께서 말씀하셨다.

“군자는 부지런히 애쓰며 정성스러움을 멈추지 않는다. 그러나 노여움을 조심하고 욕망을 막아내며 선한 방향으로 나아가고 잘못은 고쳐나감으로써 그런 처신에 이른다. 건괘(乾卦) ‘건’의 작용은 매우 훌륭하다. 손실과 이득의 중대함이 이보다 더 중한 경우가 없다. 성인의 뜻은 깊은 것이다.

길함과 흉함과 뉘우침과 나쁨은 움직임에서 생겨난다. 아아! 길한 것은 한 가지가 있을 따름이다. 움직임에 신중하지 않을 수가 있겠는가?”

原文 濂溪先生曰：君子乾乾，不息於誠．然必懲忿窒慾，遷善改過，而後至．乾之用，其善是．損益之大，莫是過．聖人之旨深哉！

吉凶悔吝，生乎動．噫！吉一而已．動可不愼乎？

註解 ㅇ乾乾(건건)－게으름피지 않고 힘쓰는 모양.《역경》건괘(乾卦) 구삼(九三)의 효사(爻辭)에 ‘군자는 종일 부지런히 애쓴다.(君子，終日乾乾.)’고 하였다. ㅇ不息(불식)－쉬지 않다, 멈추지 않다. ㅇ懲忿(징분)－분노를 경계하다, 노여움의 감정을 조심하다. ㅇ窒慾(질욕)－욕심을 막다, 욕망을 억누르다. ㅇ損益(손익)－손실과 이득.《역경》손괘(損卦) 상전(象傳)에 ‘군자는 그럼으로써 노여움을 조심하고 욕망을 막는다(君子以懲忿窒欲.)’고 하였고, 익

괘(益卦) 상전(象傳)에서는 '군자는 그럼으로써 선을 보면 옮아가고 잘못이 있으면 고친다(君子以見善則遷, 有過則改.)'라 한 말을 뜻하기도 한다. ㅇ吉凶悔吝(길흉회린)―길함·흉함·뉘우침·나쁨. 《역경》 계사전(繫辭傳)에 여러 번 보이는 말임.

解說 주돈이(周敦頤)의 《통서(通書)》 건손익동(乾損益動) 제31의 글임.

2. 염계 선생께서 말씀하셨다.

"맹자께서 말씀하시기를 '마음을 기르는 데는 욕심을 적게 갖는 것보다 더 좋은 것은 없다'고 하셨다. 내 생각으로, 마음을 기르는 일은 욕심을 적게 갖는 것에 멈추어 그대로 있어서는 안된다. 욕심을 적게 갖는 것에서 욕심이 없는 경지에 이르러야 한다. 욕심이 없으면 정성스러움이 세워지고 밝음이 통하게 된다. 정성스러움이 선다는 것은 현명하게 되는 것이요, 밝음에 통한다는 것은 성인이 되는 것이다."

原文 **濂溪先生曰：孟子曰：養心莫善於寡欲. 予謂養心, 不止於寡而存耳. 蓋寡焉以至於無. 無則誠立明通. 誠立, 賢也. 明通, 聖也.**

註解 ㅇ孟子曰(맹자왈)―《맹자》 진심(盡心) 하편에 보이는 글임. ㅇ寡(과)―욕심을 적게 갖는 것.

解說 주돈이(周敦頤)의 《양심정설(養心亭說)》에 보이는 글이다. 맹자의 욕심을 적게 갖는다는 것은 이목구비의 욕망을 적게 하는 것을 말하고, 주돈이의 무욕은 마음에 사욕(私欲)을 없애는 것을 말한다. 주돈이의 무욕은 맹자의 과욕보다 진일보한 것이다.

3. 이천(伊川) 선생께서 말씀하셨다.

"안연(顔淵)이 '자기를 이겨내고 예로 되돌아가는' 세목(細目)에 대하여 질문하였을 적에, 공자께서는 이렇게 말씀하셨다. '예에 어긋나는 것은 보지 말고, 예에 어긋나는 것은 듣지 말며, 예에 어긋나는 것은 말하지 말고, 예에 어긋나는 경우에는 움직이지 않는 것이다.' 이상 네 가지는 몸의 작용에 관한 것이다. 마음속으로부터 나와서 외부에서 호응하게 되는 것인데, 외부에 대하여 제약(制約)을 가하는 것은 그 마음속을 수양하는 방법인 것이다.

안연이 그 말씀을 실천하겠다고 한 것이 성인으로 나아가게 된 까닭이 되었다. 후세의 성인을 배우고자 하는 사람들은 마땅히 그것을 가슴에 새겨두고 잃지 않도록 하여야 할 것이다. 그래서 잠언(箴言)을 지어 스스로 경계하려는 것이다."

시잠(視箴) : 마음은 본시 텅 빈 것이어서 사물(事物)에 호응하지만 아무런 흔적도 남기지 않는다. 그것을 잡아두는 데 요점이 있으니, 보는 것에 그것을 위한 법칙이 있어야 한다. 밝음을 가리는 것이 앞에 뒤섞여 나타나면 그 속마음은 그리로 옮겨가게 된다. 밖으로부터 그러한 것을 제약(制約)하여야만 그의 내부가 편안해진다. 자기를 이겨내고 예로 돌아가 오래 있으면 정성스럽게 된다.

청잠(聽箴) : 사람이 법도를 지킨다는 것은 천성(天性)에 근본을 둔 것이다. 앎이 유혹하고 사물(事物)이 변화하고 있어 마침내는 그 올바름을 잃게 되는 것이다. 뛰어난 저 선각자(先覺者)들은 처신할 곳을 알아 안정되었던 것이다. 사악함을 막고 정성됨을 지키며 예에 어긋나는 것은 듣지 말아야 한다.

언잠(言箴) : 사람 마음의 움직임은 말을 이용하여 표현된다. 말할 적에는 조급함과 망령됨을 금해야만 속마음이 이에 안정되고 통일된다. 하물며 말은 중추적이고 근본적인 것이기 때문에 전쟁도 일으키고 우호를 이룩하게도 한다. 길함과 흉함 및 영예와 치욕을 모두 그것이 불러들이게 된다. 안이함으로 기울어지면 방만(放漫)하게 되고, 번잡함으로 흐르게 되면 갈갈이 흩어지게 된다. 자기가 멋대로 말하면 사물(事物)은 자기 뜻을 어기게 되고, 도리에 어긋난 말을 하면 자기 뜻과 다르게 된다. 법도에 맞는 것이 아니면 말하지 않고, 교훈이 되는 말을 공경히 받든다.

동잠(動箴) : 명철한 사람은 일의 빌미를 알고, 생각함에 정성을 다한다. 뜻있는 사람은 행동을 엄격하게 하고, 무엇을 하거나 도를 지킨다. 이치를 따르면 여유가 있게 되고, 욕심을 따르면 매우 위태로워진다. 짧은 순간에도 잘 생각하여, 조심조심 스스로를 지킨다. 이렇게 하여 습관이 본성이 되면 성현(聖賢)들과 같은 경지에 이르게 된다.

原文 伊川先生曰 : 顔淵問克己復禮之目, 夫子曰 : 非禮勿視, 非禮勿聽, 非禮勿言, 非禮勿動. 四者, 身之用也. 由乎中而應乎外, 制於外所以養其中也.

顔淵請事斯語, 所以進於聖人. 後之學聖人者, 宜服膺而勿失也. 因箴以自警.

視箴曰 : 心兮本虛, 應物無迹. 操之有要, 視爲之則. 蔽交於前, 其中則遷. 制之於外, 以安其內. 克己復禮, 久而誠矣.

聽箴曰 : 人有秉彜, 本乎天性. 知誘物化, 遂亡其正. 卓彼先覺, 知止有定. 閑邪存誠, 非禮勿聽.

言箴曰 : 人心之動, 因言以宣. 發禁躁妄, 內斯靜專. 矧是樞機, 興戎出好. 吉凶榮辱, 惟其所召. 傷易則誕, 傷煩則支. 己肆物忤, 出悖來違. 非法不道, 欽哉訓辭.

動箴曰 : 哲人知幾, 誠之於思. 志士厲行, 守之於爲. 順理則裕, 從欲惟危. 造次克念, 戰兢自持. 習與性成, 聖賢同歸.

註解 ㅇ顔淵問(안연문)—이 대목은 《논어》 안연(顔淵)편에 나오는 말을

인용한 것임. ㅇ克己(극기)－자기를 이겨내다, 자기 자신을 극복하다. ㅇ身之用(신지용)－몸의 쓰임, 몸의 작용. ㅇ中(중)－가운데, 마음을 가리킴. ㅇ外(외)－몸 밖에서 행해지는, 보고 듣고 말하고 움직이는 것. ㅇ事斯語(사사어)－이 말씀을 실천하겠습니다. 《논어》에는 앞에 '청(請)'자가 하나 더 붙어 있다. 앞의 공자의 말을 듣고 안연이 한 말임. ㅇ服膺(복응)－가슴에 새겨두다, 가슴에 담아놓다. ㅇ箴(잠)－잠언(箴言), 사람들이 경계할 말. 중국에서는 글의 일종으로도 통하였다. ㅇ蔽(폐)－올바름이 가려진 것. ㅇ交(교)－교착(交錯)하다, 많이 나타나다. ㅇ秉彛(병이)－법도를 지키다, 상도(常道)를 지키다. ㅇ卓(탁)－뛰어난 것, 탁월한 것. ㅇ閑邪(한사)－사악함을 막다. ㅇ宣(선)－표현하다, 드러내다. ㅇ發(발)－말을 하는 것. ㅇ躁妄(조망)－조급함과 망령됨. ㅇ靜專(정전)－안정(安靜)되고 통일되다, 고요해지고 오로지 되는 것. ㅇ矧(신)－하물며. ㅇ樞機(추기)－중추(中樞)적이고 근본적인 것. ㅇ興戎出好(흥융출호)－전쟁을 일으키기도 하고 우호를 맺게 하기도 하다. 《서경》 대우모(大禹謨)편에서 따온 말임. ㅇ傷易(상이)－안이함으로 손상받다, 안이함으로 기울다. ㅇ誕(탄)－허탄(虛誕), 방만(放漫). ㅇ支(지)－갈기갈기 갈라지다, 여러 갈래가 나다. ㅇ己肆(기사)－자기 멋대로 말하는 것. ㅇ忤(오)－거스르다, 거역하다. ㅇ悖(패)－도리에 어긋나는 것. ㅇ欽(흠)－공경하다. ㅇ幾(기)－빌미, 조짐. ㅇ造次(조차)－짧은 순간, 갑작스런 순간. ㅇ戰兢(전긍)－전전긍긍(戰戰兢兢), 몹시 조심하는 것. ㅇ同歸(동귀)－같게 귀착되다, 같은 처지가 되다.

解說 《정씨문집》 권8(伊川先生文 四)에 보이는 유명한 〈사잠(四箴)〉이다.

4. 복괘(復卦)의 초구(初九)에 말하였다. "머지 않아 회복될 것이니 뉘우치게 되지 아니할 것이고, 크게 길하다." 그 전(傳)에 이렇게 해설하고 있다. "양(陽)은 군자의 도이기 때문에 '복'은 선으로 되돌아온다는 뜻이 된다. '초(初)'는 '복'의 가장 앞에 있는 것이다. 그래서 머지 않아 회복된다는 것이다. 잃은 다음에야 회복되는 것이 있다. 잃지 않는다면 곧 무슨

회복될 것이 있겠는가? 오직 그것을 잃고 머지 않아 회복될 것이기 때문에 뉘우치게 되지 아니하고 크게 선하며 길한 것이다.

안자(顏子)는 밖으로 드러나는 잘못이 없어, 공자께서 '그는 도에 거의 다다랐다'고 말한 것이며, 그래서 뉘우치게 되는 일이 없는 것이다. 잘못이 형성되기도 전에 이미 고치는데 무슨 뉘우칠 일이 있겠느냐? 힘쓰지 않아도 도에 들어맞고 욕심내는 것이 법도를 벗어나지 않을 수가 없는 이상 잘못은 있게 되는 것이다. 그러나 그는 밝고도 굳세어서, 한 가지 선하지 못한 것이라도 있게 되면 알지 못하는 일이란 없는 것이다. 바로 잘못을 고치지 않는 일이란 일찍이 전혀 없었기 때문에 뉘우치게 되지 아니하는 것이다. 그리고 머지않아 회복되는 것이다.

학문의 도란 다른 곳에 있는 것이 아니다. 오직 선하지 않다고 안다면 곧 속히 그것을 고치어 선에 따르도록 하는 것일 따름인 것이다.

原文 復之初九曰 : 不遠復, 無祗悔, 元吉. 傳曰 : 陽, 君子之道. 故復爲反善之義. 初, 復之最先者也, 是不遠而復也. 失而後有復, 不失則何復之有? 惟失之不遠而復, 則不至於悔, 大善而吉也.

顏子無形顯之過, 夫子謂其庶幾, 乃無祗悔也. 過旣未形而改, 何悔之有? 旣未能不勉而中, 所欲不踰矩, 是有過也. 然其明而剛, 故一有不善, 未嘗不知. 旣知未嘗不遽改, 故不至於悔, 乃不遠復也.

學問之道無他也. 惟其知不善, 則速改以從善而已.

註解 ㅇ復(복)-《역경》 복괘(復卦). ㅇ祗悔(지회)-뉘우침에 이르다, 뉘우치게 되다. ㅇ元吉(원길)-대길(大吉), 크게 길하다. ㅇ傳(전)-《정씨역전(程氏易傳)》을 가리킴. ㅇ顏子(안자)……庶幾(서기)-《역경》 계사전(繫辭傳) 하에 공자께서 말씀하셨다. "안씨(顏氏)네 아들은 도에 거의 다다랐다. 선하지

않은 것이 있으면 일찍이 알지 못한 일이 없다. 그것을 알고는 일찍이 거듭 행한 일이 없다.(顔氏之子, 其殆庶幾乎. 有不善, 未嘗不知, 知之未嘗復行也.)"라 한 말을 근거로 한 것임. ㅇ形顯(형현)－형체로 드러내다, 겉으로 드러나다. ㅇ庶幾(서기)－거의 도에 다다랐다. ㅇ不勉而中(불면이중)－《중용》에 보이는 구절. ㅇ所欲不踰矩(소욕불유구)－《논어》 위정(爲政)편에 보이는 구절. ㅇ遽改(거개)－바로 고치다, 즉시 고치다.

解說 《역경》 복괘(復卦) 초구(初九)의 효사(爻辭) 및 《정씨역전》의 그 상전(象傳)에 보이는 글들이다.

5. 진괘(晉卦)의 상구(上九)에 '그 뿔로써 나아간다. 그것을 써서 고을을 정벌하면, 위태롭기는 하나 길하고 탈이 없을 것이다. 곧으면 나쁠 것이다'고 하였다.

《정전(程傳)》에 말하기를 "사람이 자기를 다스림에 굳셈이 지극하면 도(道)를 지키는 것이 더욱 공고해지고, 나아감이 지극하면 선으로 향함이 더욱 빨라진다.

만약 상구(上九)에서 그런 판단으로 자기를 다스리면 비록 위태롭기는 하겠지만 길하고 허물이 없게 되는 것이다. 엄하고 위태로운 것은 안락하고 화평스런 도는 아니나 자기를 다스림에는 효과가 있을 것이다. 그러나 중화(中和)의 덕이 아니므로 정정(貞正)의 도에는 나쁠 수가 있는 것이다."라고 하였다.

原文 晉之上九, 晉其角. 維用伐邑, 厲吉无咎. 貞吝.

傳曰：人之自治, 剛極則守道愈固, 進極則遷善愈速.

如上九者, 以之自治, 則雖傷於厲, 而吉且无咎也. 嚴厲非安和之道, 而於自治, 則有功也. 雖自治有功, 然非中和之德, 故於貞正之道爲可吝也.

註解 ㅇ晋之上九(진지상구)－《역경》 진괘(晉卦)의 상구(上九). 진(晋)은 진(進)을 뜻한다. 상구(上九)는 양효(陽爻)로써 진괘의 맨 위에 있으므로 강한 뿔이 머리 위에 있는 것과 흡사하다. 고로 뿔과 같은 강용(剛勇)으로 고을의 악도(惡徒)를 정벌하면 비록 위태롭지만 탈없이 길하다는 뜻. ㅇ厲(려)－격렬한 것, 위태로운 것. ㅇ吝(린)－나쁘다, 치욕이 되다.

解說 《정씨역전》 진괘(晉卦) 상구(上九)의 해설에 보이는 글이다. 진(晉)의 상구(上九)는 굳셈과 나아감이 지극해진 상태여서 그 방법으로 움직이면 위험하기는 하지만 결국은 길하게 된다는 뜻이다.

6. 손(損)이란 지나친 것을 덜고 중정(中正)으로 가는 것이며, 부화(浮華)하고 말단적인 것을 덜고 본질적이고 실질적인 것을 이루는 것이다. 천하의 해는 말단적인 것이 이기는 것으로 말미암지 않는 것이란 없다. 높은 집과 무늬를 조각한 담은 가옥에 근본이 있고, 주지육림(酒池肉林)은 음식에 근본이 있고, 지나치게 가혹하고 잔인(殘忍)함은 형벌에 근본이 있고, 무기를 함부로 쓰고 무력을 그릇되게 쓰는 것은 정토(征討)에 근본이 있다.

사람의 욕심이 지나친 것은 모두 몸을 봉양하는 데 근본이 있다. 그러나 멀리 흘러가면 해(害)가 된다. 선왕들이 그 근본을 제정하였으니 이것이 천리(天理)이다. 후인들은 그 말단적인 방향으로 흘렀으니 이것이 인욕(人欲)이다. 손(損)의 뜻은 인욕(人欲)을 덜고 천리(天理)를 회복하게 하는 것이다.

原文 損者, 損過而就中, 損浮末而就本實也. 天下之害, 無不由末之勝也. 峻宇雕牆, 本於宮室, 酒池肉林, 本於飮食, 淫酷殘忍, 本於刑罰, 窮兵黷武, 本於征討.

凡人欲之過者, 皆本於奉養. 其流之遠, 則爲害矣. 先王制其本者, 天理也. 後人流於末者, 人欲也. 損之義, 損人欲以復天理而已.

註解 ㅇ浮末(부말)－부화(浮華)한 것과 말단(末端)의 것. 본실(本實)의 대(對). ㅇ峻宇(준우)－높은 집, 잘 지은 집. ㅇ淫酷(음혹)－지나치게 가혹한 것. ㅇ窮兵(궁병)－무기를 함부로 쓰는 것. ㅇ黷武(독무)－무력을 잘못 쓰는 것.

解說 《정씨역전》 손괘(損卦) 괘사(卦辭)의 해설에 보이는 글임. 천하의 모든 일이 천리(天理)로부터 나오는데, 말단적인 것이 천리를 이겨 본말이 전도되면 해악(害惡)이 생겨난다는 원리를 손괘(損卦)를 인용하여 설명하고 있다.

7. 대체로 사람이란 마음이 바르고 뜻이 정성되면 곧 알맞고 바른 길을 추구할 수가 있게 되어 안으로 충실해지고 밖으로 빛이 나게 되는 것이다. 만약 마음이 끌리는 데가 있다 하더라도 의로움에 비추어 안되는 것만으로 결단을 내린다면 비록 밖으로 행동을 하게 된다 하더라도 그 알맞고 올바른 뜻은 잃지 않아 탈이 없게 될 것이다. 그러나 알맞는 도에 있어서 더욱 빛나고 크게 할 수는 없을 것이다.

대체로 사람의 마음에 한 번 욕심이 생기면 곧 도로부터 떨어지게 된다. 그러므로 쾌괘(夬卦)의 구오(九五)에 이렇게 말하고 있다. "비름풀이 결단을 하였으니, 알맞게 되어 탈이 없을 것이다." 상전(象傳)에는 이렇게 말하였다. "알맞게 되어 탈이 없다는 것은 알맞음이 아직 빛나지 않는다는 것이다." 공자께서 이 점에 대하여 사람들에게 보여주는 뜻이 매우 깊은 것이다.

原文 夫人心正意誠, 乃能極中正之道, 而充實光輝. 若心有所比, 以義之不可而決之, 雖行於外, 不失其中正之義, 可以无咎.

然於中道, 未得爲光大也.

蓋人心一有所欲, 則離道矣. 故夬之九五曰 : 莧陸夬夬, 中行无咎. 而象曰 : 中行无咎, 中未光也. 夫子於此, 示人之意深矣.

註解 ㅇ極(극)-추구하다. ㅇ所比(소비)-친한 것, 끌리는 바. ㅇ夬(쾌)-《역경》 쾌괘(夬卦). ㅇ莧陸(현륙)-비름풀. ㅇ夬夬(쾌쾌)-결단을 내리는 모양. 비름풀은 음기(陰氣)를 싫어하여 그것을 결단하고 끊어버림을 뜻한다는 것이다. ㅇ中行(중행)-알맞게 행동하다, 알맞게 되다. ㅇ象(상)-쾌괘(夬卦)의 상전(象傳). ㅇ夫子(부자)-공자(孔子)를 가리킨다. 옛날 학자들은 상전(象傳)을 비롯한 《역경》의 십익(十翼)은 모두 공자가 지었다고 믿었다.

解說 《역경》 쾌괘(夬卦) 구오(九五)와 상전(象傳)의 글 및 그것을 해설한 《정씨역전》의 글로 이루어진 대목이다.

8. 막 기쁠 적에 멈추는 것은 절제의 뜻이다.

原文 方說而止, 節之義也.

解說 《역경》 절괘(節卦) 상전(象傳) '기뻐하며 험한 곳으로 간다(說而行險)'에 대한 《정씨역전》에서의 해설이다.

9. 절괘(節卦)의 구이(九二)는 부정(不正)한 절제(節制)이다. 강함·알맞음·바름으로 절제하는 것은 분심(忿心)을 없애고 욕심을 막으며 지나침을 덜고 남는 것을 억제하는 것이 바로 그것이다. 부정(不正)한 절제는 인색하여 쓰는 것을 절약하고, 유약(懦弱)하여 행동을 절제하는 것이 바로 그것이다.

原文 節之九二, 不正之節也. 以剛中正爲節, 如懲忿窒欲, 損過抑有餘, 是也. 不正之節, 如嗇節於用, 懦節於行, 是也.

註解 ㅇ節之九二(절지구이)－절괘(節卦)의 구이효(九二爻)는 양효(陽爻)로써 중위(中位)에 있으나 음위(陰位)이므로 부정(不正)한 절제가 된다. ㅇ懲忿(징분)－분한 마음을 억누르다. ㅇ窒欲(질욕)－욕심을 막다. ㅇ嗇(색)－인색한 것. ㅇ懦(유)－유약한 것.

解說 《정씨역전》 절괘(節卦) 구이(九二)에 대한 해설이다. 절제(節制)에는 좋고 나쁜 절제가 있으니 이를 잘 선택해야 한다는 말이다.

10. 사람으로서 남을 이기려는 마음·자랑하는 마음·원망·욕심이 없는 것은 오직 인(仁)한 사람만이 할 수 있다. 그런 것이 있어도 그러한 감정을 억제하여 움직이지 않게 하기 때문이다. 그렇게 하는 것은 매우 어려운 일이다. 그러나 이것을 인(仁)이라 부르는 것은 옳지 않다. 원헌(原憲)의 물음에 공자(孔子)가 답하기를 "그것은 어려운 일임은 알고 있으나 그것이 인인지는 모르겠다."고 하신 것도 이 때문이다. 이런 데서 성인의 가르침이 심오한 것을 알게 된다.

原文 人而無克伐怨欲, 惟仁者能之. 有之而能制其情不行焉. 斯亦難能也. 謂之仁, 則未可也. 此原憲之問, 夫子答以知其爲難, 而不知其爲仁. 此聖人開示之深也.

註解 ㅇ原憲之問(원헌지문)－원헌(原憲)은 공자의 제자로 자는 자사(子思). 《논어》 헌문(憲問)편에 "남을 이기려는 마음·자랑하는 마음·원망·욕심부리는 일 등을 행하지 않으면 가히 인이라 할 수 있습니까?"하고 원헌이

묻자 공자는 "그것은 하기 어려운 일이기는 하나 인(仁)이라고 할 수 있는지 모르겠다."고 대답하였다. ○開示(개시)－교시(敎示), 가르침.

解說 어디에서 인용한 글인지 알 수 없는 대목이다.

11. 명도 선생께서 말씀하셨다.

"의리와 객기(客氣)는 늘 서로 다툰다. 다만 이 두 가지가 없어지고 자라는 분량이 많고 적음을 보고 군자와 소인을 구별할 수 있다. 의리를 터득하는 것이 점점 많아지면 자연히 객기는 소멸되어 점점 적어짐을 알 수 있다. 객기가 완전히 없어진 사람이 크게 현명한 사람이다."

原文 **明道先生曰：義理與客氣常相勝. 只看消長分數多少, 爲君子小人之別. 義理所得漸多, 則自然知得客氣消散得漸少. 消盡者是大賢.**

註解 ○客氣(객기)－쓸데없는 기운. 객기는 사욕(私欲)으로부터 생긴 것으로 왕래하는 객(客)과 같은 것이라는 뜻으로 쓰였다. ○消長(소장)－없어지고 자라는 것. ○分數(분수)－분량.

解說 《정씨유서》 권1에 보이는 글이다.

12. 어떤 사람이 말하였다. "사람들은 부드럽고 너그러워야 함을 모르는 사람이 없습니다. 그러나 일을 당하게 되면 곧 반대로 거칠고 사납게 됩니다."

거기에 대하여 말씀하셨다. "오직 뜻이 기운을 이기지 못하여 기운이 도리어 그의 마음을 움직이기 때문일세."

原文 或人謂：人莫不知和柔寬緩. 然臨事則反至於暴厲. 曰：只是志不勝氣, 氣反動其心也.

註解 ㅇ和柔(화유)—부드러운 것. ㅇ寬緩(관완)—너그러운 것. ㅇ暴厲(폭려)—거칠고 사나운 것.

解說 《정씨유서》 권17에 보이는 정이의 말이다.

13. 사람들이 생각을 물리치지 못하는 것은 오직 인색하기 때문이다. 인색하기 때문에 호연지기(浩然之氣)가 없는 것이다.

原文 人不能祛思慮, 只是吝. 吝故無浩然之氣.

註解 ㅇ祛(거)—물리치다, 버리다. ㅇ吝(인)—인색한 것, 물건에 집착하는 마음. ㅇ浩然之氣(호연지기)—《맹자》 공손추(公孫丑) 상편에 보이는 말. 우주에 걸쳐 있는 넓고 크고 바른 기운.

解說 《정씨유서》 권15에 보이는 정이의 말이다.

14. 노여움은 다스리기 어렵고 두려움도 다스리기 어렵다. 자기를 이겨내면 노여움을 다스릴 수가 있게 되고, 이치에 밝으면 두려움을 이겨낼 수가 있게 된다.

原文 治怒爲難, 治懼亦難. 克己可以治怒, 明理可以治懼.

解說 《정씨유서》 권1에 보이나, 두 형제 중 누구의 말인지는 알 수가

없다.

15. 소옹(邵雍)이 '다른 산의 돌로 옥(玉)을 다듬을 수 있다'는 말을 이렇게 풀이하고 있다. 옥은 부드럽고 윤기가 나는 것이다. 만약 옥 두 개를 가지고 서로 갈면 절대로 갈아지지 않는다. 반드시 다른 거칠고 단단한 물건을 써야만 비로소 갈 수 있다.

비유를 들면 군자와 소인이 함께 있어 소인의 침탈과 능욕을 받는다면 곧 몸을 닦고 반성하며 소인을 두려워하고 피하며, 마음을 다짐하고 참을성을 가지고, 부족한 것은 보충하며 잘못을 미리 막게 된다. 이렇게 하면 도리가 생겨난다.

原文 堯夫解他山之石可以攻玉. 玉者溫潤之物. 若將兩塊玉來相磨, 必磨不成. 須是得他箇麤礪底物, 方磨得出.

譬如君子與小人處, 爲小人侵陵, 則修省畏避, 動心忍性, 增益豫防. 如此, 便道理出來.

註解 ㅇ堯夫(요부)－소옹(邵雍)의 자. 북송(北宋)의 성리학자임. ㅇ他山之石(타산지석)－《시경》 소아(小雅) 학명(鶴鳴)편에 나오는 말. 다른 산에서 난 나쁜 돌도 자기의 옥을 가는 데에 소용이 된다는 뜻. 다른 사람의 하찮은 언행도 자기의 지덕을 연마하는 데 도움이 된다는 말이다. ㅇ攻玉(공옥)－옥을 가는 것. ㅇ麤礪(추려)－거칠고 숫돌처럼 단단한 것. ㅇ侵陵(침릉)－침탈과 능욕. ㅇ修省(수성)－몸을 닦고 반성하다. ㅇ動心忍性(동심인성)－마음으로 다짐하고 참을성을 갖는 것.《맹자》 고자(告子) 하편에 보이는 말임.

解說 《정씨유서》 권2 상에 보이는 글인데, 두 정씨 형제 중 누구의 말인지는 알 수 없다. 군자는 자기보다 못한 것으로부터도 배움을 얻는다는 말이다.

16. 눈은 뾰족한 물건을 두려워한다. 이 일은 그대로 지나칠 수가 없다. 곧 그걸 극복해야만 한다. 방안에 경솔히 뾰족한 물건을 놓아두었다면 반드시 이치로서 그것을 이겨내야 한다. 뾰족하지만 반드시 사람을 찌르지는 않을 것이니, 무슨 두려울 것이 있겠느냐는 것이다.

原文 目畏尖物. 此事不得放過, 便與克下. 室中率置尖物, 須以理勝他. 尖必不刺人也, 何畏之有?

註解 ㅇ尖(첨)-뾰족한 것. ㅇ放過(방과)-그대로 지나치다, 놓아 보내다. ㅇ克下(극하)-극복해 내다. ㅇ率置(솔치)-경솔히 놓아두다.

解說 《정씨유서》 권2 하에 보이나 두 형제 중 누구의 말인지는 확실치 않다.

17. 명도 선생께서 말씀하셨다.

"윗사람을 책하고 아랫사람을 책하면서 중간의 자기만을 용서한다면 어찌 그런 자가 직분을 맡을 수 있겠느냐?"

原文 明道先生曰 : 責上責下, 而中自恕己, 豈可任職分?

解說 《정씨유서》 권5에 보이나 정씨 형제 중 누구의 말인지 알 수 없다.

18. 자기를 버리고 남을 따르는 것은 가장 어려운 일이다. 자기란 내가 갖고 있는 것이기 때문에 비록 애써 그것을 버리려 한다 해도, 여전히 자기를 지키는 것은 굳고, 남을 따르는 것은 가벼울 우려가 있는 것이다.

原文 舍己從人, 最爲難事. 己者我之所有, 雖痛舍之, 猶懼守己者固, 而從人者輕也.

註解 ㅇ痛舍(통사)－애써 버리려 하다. ㅇ猶懼(유구)－여전히 두렵다, 그대로 ……할 우려가 있다.

解說 《정씨유서》 권9에 보이는 말이나, 두 형제 중 누구의 말인지 알 수 없다.

19. 아홉 가지 덕이 가장 훌륭하다.

原文 九德最好.

註解 ㅇ九德(구덕)－《서경》 고요모(皐陶謨)편에 보임. 곧 너그러우면서도 엄격한 것, 부드러우면서도 꿋꿋한 것, 성실하면서도 공손한 것, 잘 다스리면서도 공경스러운 것, 온순하면서도 굳센 것, 곧으면서도 온화한 것, 간략하면서도 세심한 것, 억세면서도 착실한 것, 강하면서도 의로운 것.(寬而栗, 柔而立, 愿而恭, 亂而敬, 擾而毅, 直而溫, 簡而廉, 剛而塞, 彊而義.)

解說 《정씨유서》 권7에 보이나 두 형제 중 누구의 말인지는 알 수가 없다.

20. 배고프면 음식을 먹고 목마르면 물을 마시며, 겨울에는 갖옷을 입고 여름에는 칡 베옷을 입는다. 만약 약간의 사사로이 아끼려는 마음을 거기에 쓴다면 곧 하늘이 내려주신 직무(職務)를 버리는 것이 될 것이다.

原文 飢食渴飮, 冬裘夏葛. 若著些私吝心在, 便是廢天職.

註解 ㅇ著些(착사)—약간의 ……을 쓰다, 적은 ……을 가져오다. ㅇ私吝心(사린심)—사사로이 아끼는 마음, 사사로이 쓰지 않으려는 마음. ㅇ天職(천직)—하늘이 내려준 직책, 자연의 원리를 가리킨다.

解說 《정씨유서》 권6에 보이나, 두 형제 중 누구의 말인지 알 수 없다.

21. 사냥하는 것에 대하여 지금은 그런 것을 좋아하지 않습니다고 스스로 말하였다. 그러자 주돈이(周敦頤)가 말하였다. "어찌하여 말을 그렇게 쉽게 하는가? 다만 그런 마음이 숨기어져 나타나지 않고 있을 뿐일세. 어느 날이고 싹이 트기만 하면 다시 전과 같아질 것일세."

12년 뒤에 사냥하는 것을 보고는 과연 아직도 좋아하는 마음이 없어지지 않았음을 알았다.

原文 **獵, 自謂今無此好. 周茂叔曰 : 何言之易也? 但此心潛隱未發, 一日萌動, 復如前矣.**

後十二年, 因見, 果知未也.

註解 ㅇ獵(렵)—사냥하는 것. ㅇ周茂叔(주무숙)—주돈이(周敦頤), 무숙은 그의 자. ㅇ潛隱(잠은)—밑에 숨기어져 있는 것. ㅇ因見(인견)—사냥하는 것을 보자, 사냥하는 것을 본 탓으로. ㅇ未(미)—아직도 좋아하던 마음이 다 없어지지 않은 것.

解說 《정씨유서》 권7에 보이는 글. 자기의 속마음은 여간해서는 바꾸어지지 않고, 일시적으로 없어진 듯하다가도 기회만 오면 다시 나타난다는 것이다.

22. 이천 선생께서 말씀하셨다.

"대체로 사람은 몸을 갖고 있기 때문에 곧 자기 중심의 사사로운 이치가 있게 된 것이니, 그것이 도와 하나가 되기 어려움은 당연한 것이다."

原文 **伊川先生曰 : 大抵人有身, 便有自私之理, 宜其與道難一.**

註解 ㅇ自私(자사)－자기 중심의 사사로운 마음.

解說 《정씨유서》 권3에 보이며, 자신을 이겨내는 수양의 필요성을 강조하기 위한 말이다.

23. 자기의 죄를 의식하고 자신을 책하는 일은 없을 수가 없다. 그러나 또한 그것을 오랫동안 가슴속에 남겨두어 후회가 되도록 해서는 안 된다.

原文 **罪己責躬不可無. 然亦不當長留在心胸爲悔.**

註解 ㅇ責躬(책궁)－자기 자신을 책하는 것.

解說 《정씨유서》 권3에 보이는 정이의 말이다.

24. 바라는 일은 반드시 거기에 빠지게 하는 것은 아니나, 오직 마음이 기울어지는 곳이 있으면 바로 그것이 바라는 것이다.

原文 **所欲不必沈溺, 只有所向便是欲.**

註解 ㅇ沈溺(침닉)－빠져버리는 것. ㅇ所向(소향)－향하는 곳, 기울어지는 곳.

解說 《정씨유서》 권15에 보이는 정이의 말임.

25. 명도 선생께서 말씀하셨다.
"자로 역시 백세(百世)의 스승이시다."

原文 **明道先生曰 : 子路亦百世之師.**

註解 ㅇ子路(자로)－공자의 제자, 중유(仲由), 자로는 그의 자. 계로(季路)라고도 불렀다. 마음이 활달하고 꾸밈이 없으며 깨끗하나 성격이 너무 과격하여 많은 문제를 일으켰다. 그러나 스승 공자의 사랑도 받았다.

解說 《정씨유서》 권3 습유(拾遺)에 보이는 말임. 《맹자》 진심(盡心) 하편에 '성인은 백세의 스승이다.(聖人, 百世之師也.)'라는 말이 보인다.

26. "사람이 말하는 것이 다급한 것은 기운이 불안정한 때문이 아니겠습니까?"
"거기에 대하여도 마땅히 익혀야만 한다. 익히어 자연스럽게 여유가 있게 되면 바로 기질이 변하는 것이다. 기질이 변하도록 공부를 하면 비로소 효과가 있게 되는 것이다."

原文 **人語言緊急, 莫是氣不定否?**
曰 : 此亦當習. 習到自然緩時, 便是氣質變也. 學至氣質變, 方是有功.

註解 ㅇ緊急(긴급)－매우 다급한 것. ㅇ習(습)－익히다, 공부하다. ㅇ緩(완)－더딘 것, 여유가 있는 것. ㅇ功(공)－공효(功效), 효과.

解說 《정씨유서》 권18에 보이는 정이의 말이다. 그들에게 공부란 책을 읽는 것 못지않게 수양도 중요한 것이었다.

27. 질문하였다. "노여움을 남에게 옮기지 아니하고, 같은 잘못을 거듭 저지르지 않는다는 것은 무엇입니까? 《어록》에 '갑(甲)에 대한 노여움이 있을 때 그것을 을(乙)에게 옮기지 않는다'는 이론이 있는데, 바로 그것입니까?"

이천 선생께서 대답하셨다. "그렇네."

"그렇다면 매우 쉬운 일인데, 어찌 안자(顔子) 정도가 되어야 할 수 있다고 하신 겁니까?"

"오직 대강만을 얘기하였기 때문에 자네들은 곧 쉽다고 말하는 것이네. 그것은 가장 어려운 일이 되지 않을까? 반드시 어찌하여 노여움을 옮기지 아니하였는가를 이해하지 않으면 안되네. 순임금이 사흉(四凶)을 처형한 경우로 말하면, 노여움은 사흉에 대하여만 있었네. 순임금이 무슨 상관이 있겠는가?

대체로 상대방에게 노여워할 만한 일이 있기 때문에 그에 대하여 노하게 되는 것일세. 성인의 마음속에는 본시 노여움이란 없었다네. 마치 밝은 거울처럼 좋은 물건이 앞에 오면 바로 좋게 비추어 보이고, 나쁜 물건이 앞에 오면 바로 나쁘게 비추어 보이게 되는 것이네. 거울에 어찌 좋고 나쁨이 있었겠는가?

세상 사람들은 본시 집안에서 노여운 일이 있던 것을 저자에까지 가서도 그런 기색을 내보이네. 또한 만약 어떤 한 사람에 대하여 노여움이 있을 때 다른 사람과 얘기를 하게 되었다면 노한 기색이 없을 수가 있겠는가? 한 사람에 대하여 노여우면서도 다른 사람에 대하여 노한 빛을 드러내지 않을 수 있다면, 그처럼 참을성이 있는 것은 이미 상당한 의리를 알고 있는 것일세.

성인 같은 분들은 사물(事物)을 따르기만 하지 전혀 노여움을 갖고 있는 것이 아닐세. 이것이야말로 어려운 일이 아니겠는가? 군자는 사물을 부리지만, 소인은 사물에 부림을 당하는 것일세. 지금 기뻐할 만한 일이나 노여워할 만한 일을 보게 된다면, 자신도 약간의 그런 마음을 지니고 그 일을 처리하게 될 것이니, 그것은 매우 수고로운 일일세. 성인의 마음은 고요히 멈춰있는 물과 같다네."

原文 問：不遷怒，不貳過，何也? 語錄有怒甲不移乙之說，是否?

伊川先生曰：是.

曰：若此則甚易，何待顏子而後能?

曰：只被說得粗了，諸君便道易. 此莫是最難? 須是理會得因何不遷怒. 如舜之誅四凶，怒在四凶. 舜何與焉?

蓋因是人有可怒之事而怒之. 聖人之心，本無怒也. 譬如明鏡，好物來時，便見是好，惡物來時，便見是惡. 鏡何嘗有好惡也?

世之人固有怒於室而色於市. 且如怒一人，對那人說話，能無怒色否? 有能怒一人，而不怒別人者，能忍得如此，已是煞知義理.

若聖人因物而未嘗有怒. 此莫是甚難? 君子役物，小人役於物. 今見可喜可怒之事，自家著一分陪奉他，此亦勞矣. 聖人之心如止水.

註解 ㅇ不遷怒(불천노)－《논어》 옹야(雍也)편에서 공자가 한 말. 제자 중 안회(顏回)가 "노여움을 남에게 옮기지 않고, 같은 잘못을 거듭 저지르지 아니하였다.(不遷怒, 不貳過.)"라 하였다. ㅇ語錄(어록)－정이의 《어록》. 그의 《어록》은 생전에 이미 편찬되어 있었다. ㅇ顏子(안자)－안회(顏回). ㅇ粗(조)－거칠게, 대강대강. ㅇ四凶(사흉)－공공(共工)·환두(驩兜)·삼묘(三苗)·곤(鯀). 순임금이 이들을 처형한 기록은 《서경》 순전(舜典)에 보임. ㅇ室(실)－집안, 방안. ㅇ煞(쇄)－매우, 심히. ㅇ因物(인물)－물건을 근거로 하다, 사물을 따르다. ㅇ著一分(착일분)－약간의 기쁨과 노여움의 감정을 드러내는 것. ㅇ陪奉(배봉)－일을 처리하는 것.

解說 《정씨유서》 권18에 보이는 글임. 맑은 마음에 비유한 '명경(明鏡)'과 '지수(止水)'는 《장자(莊子)》 덕충부(德充符)편에 보이는 말이다. 성리학의 도가에서 받은 영향을 느끼게 한다.

28. 사람은 보는 것을 가장 먼저 삼가야 한다. 예에 어긋나는 것인데도 보고 있다면 곧 이른바 '눈을 뜨면 곧 잘못을 저지르는 것'이 된다. 그 다음이 듣는 것, 그 다음이 말하는 것, 그 다음이 움직이는 것이다. 앞뒤로 순서가 있는 것이다.

사람이 자기를 이겨낼 수가 있다면 곧 마음은 넓어지고 몸은 편안해져서, 우러러 보아도 부끄러울 것이 없고 굽혀 보아도 부끄러울 것이 없게 된다. 그 즐거움은 알 수가 있을 것이다. 노력을 그만두면 곧 허전하게 된다.

原文 **人之視最先. 非禮而視, 則所謂開目便錯了. 次聽, 次言, 次動. 有先後之序.**

人能克己, 則心廣體胖. 仰不愧, 俯不怍. 其樂可知. 有息則餒矣.

註解 ㅇ最先(최선)－가장 먼저다, 가장 먼저 삼가야 함을 뜻한다. ㅇ非禮而視(비례이시)－《논어》 안연(顏淵)편에 보이는 말. ㅇ所謂(소위)－이른바, 이하의 말은 당시의 속담인 듯하다. ㅇ體胖(체반)－몸이 살찌다, 몸이 편안함을 뜻한다. 《대학》에 보이는 말. ㅇ仰不愧(앙불괴)－이하 두 구절은 '우러러 하늘에도 부끄러울 것이 없고, 굽히어는 땅에도 부끄러울 것이 없다.(仰不愧於天, 俯不怍於地.)'의 뜻임. ㅇ餒(뇌)－굶주리는 것, 여기서는 마음이 매우 허전한 것에 비긴 말임.

解說 《정씨외서》 권3에 보이나, 두 형제 중 누구의 말인지는 분명치 않다.

29. 성인은 자신을 책하여 남이 느끼도록 하는 경우는 많으나, 남을 책하여 남이 감응하도록 하는 경우는 적다.

原文 **聖人責己感也處多, 責人應也處少.**

註解 ㅇ處(처)－곳, 경우.

解說 《정씨외서》 권7에 보이나, 두 형제 중 누구의 말인지는 분명치 않다.

30. 사양좌(謝良佐)가 이천 선생과 이별한 뒤 1년만에 다시 찾아가서 만났다. 이천 선생께서 말씀하셨다. "서로 떨어져 있은 지 1년인데, 그 사이 무슨 공부를 하였나요?" 사양좌가 대답하였다. "오직 자만심을 버린 것뿐입니다." "어째서요?" "자세히 점검을 해보니 저의 병폐는 모두 여기에 있었습니다. 만약 이 잘못을 억누를 수만 있다면 바로 발전이 있을 수 있을 것 같았습니다."

이천 선생은 머리를 끄떡이셨다. 그리고 그 자리에 있던 동지들에게 말하였다. "이 사람의 학문 방법이 '절실한 것부터 묻고, 가까운 것부터 생각하는 것'이오."

原文 **謝子與伊川先生別一年, 往見之. 伊川曰 : 相別一年, 做得甚工夫? 謝曰 : 也只去箇矜字. 曰 : 何故? 曰 : 子細檢點得來, 病痛盡在這裏. 若按伏得這箇罪過, 方有向進處.**

伊川點頭, 因語在坐同志者曰 : 此人爲學, 切問近思者也.

註解 ㅇ謝子(사자)－사양좌(謝良佐), 자는 상채(上蔡), 정자의 문인. ㅇ矜

字(긍자)—'긍'이라는 글자. '긍'은 뽐내는 것, 자만심. ㅇ檢點(검점)—점검하다, 조사하다. ㅇ按伏(안복)—억눌러 굴복시키다. ㅇ向進(향진)—진보, 발전. ㅇ切問近思(절문근사)—《논어》 자장(子張)편에 "널리 배우고 뜻을 돈독히 하며, 절실한 것부터 묻고 가까운 것부터 생각하면, 인은 그 가운데 있게 될 것이다.(博學而篤志, 切問而近思, 仁在其中矣.)"란 말에서 인용한 구절임.

解說 《정씨외서》 권12에 보이는 글. 본시는 《상채어록(上蔡語錄)》에 있던 것이다.

31. 장역(張繹)이 하인을 욕하며 꾸짖자, 이천 선생께서 말씀하셨다. "어찌하여 마음을 억누르고 성질을 참지 않나?" 장역은 부끄러워하며 사과하였다.

原文 **思叔詬詈僕夫, 伊川曰 : 何不動心忍性? 思叔慙謝.**

註解 ㅇ思叔(사숙)—장역(張繹), 사숙은 그의 자. 정이의 문인임. ㅇ詬詈(구리)—욕하며 꾸짖는 것. ㅇ動心(동심)—마음을 움직이다, 마음을 억누르는 것.

解說 《정씨외서》 권12에 보이는 글임.

32. 현명한 이를 보면 곧 그와 같아지려고 생각하여야 하는데, 올바른 일을 하는 사람들은 모두 그러한 것이다. 현명하지 못한 이를 보면 안으로 스스로에 대하여 반성을 하는데, 대체로 자기에게도 그런 점이 없지 않을 것이기 때문이다.

原文 **見賢便思齊, 有爲者亦若是. 見不賢而內自省, 蓋莫不在己.**

註解 ㅇ思齊(사제)—같아질 것을 생각하다.

解說 《정씨외서》 권2에 보이는 정호의 말임. 《논어》 이인(里仁)편에도 '현명한 이를 보면 그와 같아질 것을 생각하고, 현명치 못한 이를 보면 속으로 자신을 반성한다.(見賢思齊焉, 見不賢而內自省也.)'라 하였다.

33. 횡거 선생께서 말씀하셨다.

"맑고 한결같은 것이 기(氣)의 근본이고, 억지로 취하는 것이 기의 욕망이다. 입과 배가 마시고 먹기를 바라고, 코와 혀가 좋은 냄새와 맛을 바라는 것은 모두가 억지로 취하는 본성인 것이다. 덕을 아는 사람은 만족을 좇을 따름인 것이다. 기호(嗜好)와 욕망으로 그의 마음을 어지럽히지 않는다. 작은 것으로 큰 것을 해치거나 말단적인 것으로 근본적인 것을 잃게 하지 않는다."

原文 **橫渠先生曰：湛一，氣之本．攻取，氣之欲．口腹於飮食，鼻舌於臭味，皆攻取之性也．知德者，屬厭而已．不以嗜欲累其心．不以小害大，末喪本焉爾．**

註解 ㅇ湛一(잠일)－맑고 한결같은 것. ㅇ攻取(공취)－쳐서 빼앗다, 억지로 취하다. ㅇ屬厭(속염)－만족을 따르다, 만족하는 데서 멈추는 것. ㅇ累(루)－누를 끼치다, 어지럽히다.

解說 장재의 《정몽(正蒙)》 성명(誠明)편에 보이는 글임.

34. 작은 악한 것도 반드시 없애면, 선함이 이에 본성을 이룩하게 된다. 악에 대하여 살피는 것이 미진하면 비록 선하다 하더라도 반드시 거칠 것이다.

原文 **纖惡必除，善斯成性矣．察惡未盡，雖善必粗矣．**

註解 ㅇ纖惡(섬악)－작은 악. ㅇ粗(조)－거친 것, 조잡한 것.

解說 《정몽》 성명(誠明)편에 보이는 글임.

35. 인하지 못한 것을 미워함으로 선하지 않은 것을 알지 못하는 일이 없다. 부질없이 인만을 좋아하고 인하지 않은 것을 미워하지는 않는다면, 곧 습성이 잘 살피지 않게 되고 행실은 잘 드러나지 않게 된다.

그러므로 부질없이 선하기는 해도 반드시 철저히 의롭지는 않고, 부질없이 옳다고는 해도 반드시 인에 철저하지는 않게 된다. 인한 것을 좋아하면서 인하지 못한 것은 미워해야만 곧 인의(仁義)의 도에 철저하게 되는 것이다.

原文 惡不仁, 故不善未嘗不知. 徒好仁而不惡不仁, 則習不察, 行不著.

是故徒善未必盡義, 徒是未必盡仁. 好仁而惡不仁, 然後盡仁義之道.

註解 ㅇ不察(불찰)－인과 인하지 못한 것을 잘 살피지 않는 것. ㅇ不著(부저)－선함이나 의로움이 잘 드러나지 않는 것. ㅇ盡(진)－다하다, 철저하다.

解說 《정몽》 중정(中正)편에 보이는 글임.

36. 자기를 책하는 사람은 마땅히 천하의 국가들이 모두가 그릇되었을 리는 없다는 것을 알 것이다. 그러므로 학문이 남을 탓하지 않는 경지에 이르면 학문이 지극한 경지에 이른 것이다.

原文 責己者, 當知無天下國家皆非之理. 故學至於不尤人, 學

之至也.

註解 ㅇ尤人(우인)—남을 탓하다.

解說 《정몽》 중정(中正)편에 보이는 글임.

37. 도를 추구하는 데 마음을 다 기울이고 있을 때 문득 다른 생각에 끌려가게 되는 것은 바로 기(氣) 때문이다. 옛날 버릇이 그대로 있어 거기서 깨끗이 벗어나지 못한다면 결국은 아무런 이익도 없게 될 것이다. 오직 옛날 버릇을 즐기게 되는 것이다.

옛날 사람들은 벗과 거문고·가야금과 책을 구하고자 하여 언제나 여기에 마음을 쓰고 있었다. 오직 성인만이 벗으로부터 이익을 얻게 되는 것이 가장 많음을 알고 있었다. 그래서 벗이 찾아오는 것을 즐기었던 것이다.

原文 **有潛心於道, 忽忽爲他慮引去者, 此氣也. 舊習纏繞, 未能脫灑, 畢竟無益, 但樂於舊習耳.**

古人欲得朋友與琴瑟簡編, 常使心在於此. 惟聖人知朋友之取益爲多, 故樂得朋友之來.

註解 ㅇ潛心(잠심)—마음을 기울이다, 열심히 하다. ㅇ忽忽(홀홀)—문득, 가벼이. ㅇ纏繞(전요)—감기어 있는 것, 남아있는 것. ㅇ脫灑(탈쇄)—깨끗이 벗어나는 것. ㅇ琴瑟(금슬)—거문고·가야금 같은 옛날 현악기. ㅇ簡編(간편)—책. ㅇ樂(락)—《논어》 학이(學而)편에 '벗이 있어 먼 곳으로부터 찾아왔다면 매우 즐겁지 않겠느냐?(有朋自遠方來, 不亦樂乎?)'고 하였다.

解說 이 글은 지금 전하는 《장자전서(張子全書)》에도 보이지 않고, 그

〈습유(拾遺)〉에 여기에서 인용한 글이 보인다.

38. 경박함을 바로 고치고 게으름을 경계하여야 한다.

原文 **矯輕警惰.**

解說 《경학이굴》 권5 기질(氣質)편에 보이는 말임.

39. 인을 이룩하기 어렵다는 것은 오래된 일이다. 사람들마다 그들이 좋아하는 것 때문에 잘못되게 된다. 대체로 사람들은 모두 이익과 욕망을 추구하는 마음이 있는데, 그것은 올바로 공부하는 것과는 서로 어긋나는 것이다. 그러므로 공부하는 사람은 욕심이 적어야 한다.

原文 **仁之難成, 久矣. 人人失其所好. 蓋人人有利欲之心, 與學正相背馳. 故學者要寡欲.**

註解 ○背馳(배치)—서로 반대되는 것, 서로 어긋나는 것.

解說 《경학이굴》 권3 학대원(學大原) 상편에 보이는 글임.

40. 군자는 반드시 다른 사람의 말을 피하여 너무 부드럽거나 너무 약한 태도를 취하지 않는다. 남을 올려보는 데 있어서도 절도가 있어야 한다. 눈길을 보내는 데에도 높고 낮은 차이가 있다. 높은 곳에 눈길을 두면 기가 높아지고, 낮은 곳에 눈길을 두면 마음이 부드러워진다. 그러므로 나라의 임금을 볼 적에는 관복 띠 가운데로부터 눈길을 떼지 않는 것이다.

학자는 먼저 반드시 객기를 없애야 한다. 그의 사람됨이 난폭하면 끝내 발전하지 못할 것이다. '고답적이로다, 자장(子張)의 거동은! 다른 사람과 함께 인을 행하기는 어렵다'는 처지가 된다.

눈이라는 것은 사람이 늘 쓰는 것이며 또한 마음이 늘 거기에 담겨있는 것이다. 보는 눈길의 높고 낮은 것을 시험삼아 보기로 하자. 자기의 공경스럽고 오만한 마음이 반드시 보는 눈길에 드러난다. 그러므로 그의 눈길을 아래로 두고자 하는 사람은 그의 마음을 부드럽게 지니려는 사람인 것이다. 그의 마음이 부드럽다면 곧 남의 말을 듣는 태도가 공경스럽고 신의(信義)가 있게 되는 것이다.

사람들이 벗을 사귀는 것은 편안히 놀기 위해서가 아니라 자기의 인(仁)을 돕기 위한 방법이다. 지금의 벗들은 그 중 부드럽고 잘 보이려 하는 자들을 골라 사귀면서, 어깨를 두드리고 소맷자락을 잡고서 기분이 서로 들어맞는다고 한다. 그러나 한마디 말만 들어맞지 않아도 노여운 기운을 서로 들이댄다. 벗 사이의 사귐은 서로 양보를 하여 싫증나는 일이 없어야 한다. 그러므로 벗 사이에 있어서는 공경을 제일로 내세우면 날로 서로 친해지고 어울리게 될 것이니, 가장 빠른 효과를 얻게 된다.

공자께서 일찍이 말씀하셨다. "내가 보기에 저 아이는 어른들 자리에 잘 앉고, 손윗사람들과 나란히 걸어다니기를 잘합니다. 공부를 하고자 하는 녀석이 아니라 빠른 성취를 바라는 녀석 같습니다." 그러니 공부하는 사람은 먼저 반드시 온유해야만 한다. 온유하면 공부하는 길로 나아갈 수가 있게 될 것이다. 《시경》에는 이렇게 읊고 있다. "온유하고 공손한 사람은 덕의 터전일세." 그런 사람은 이익이 되는 점이 많기 때문인 것이다.

原文 君子不必避他人之言, 以爲太柔太弱. 至於瞻視, 亦有節. 視有上下. 視高則氣高, 視下則心柔. 故視國君者, 不離紳帶之中.

學者先須去其客氣. 其爲人剛行, 終不肯進. 堂堂乎張也, 難與並爲仁矣.

蓋目者人之所常用, 且心常託之. 視之上下, 且試之. 己之敬傲, 必見於視. 所以欲下其視者, 欲柔其心也. 柔其心, 則聽言敬且信.

人之有朋友, 不爲燕安, 所以輔佐其仁. 今之朋友, 擇其善柔以相與, 拍肩執袂, 以爲氣合. 一言不合, 怒氣相加. 朋友之際, 欲其相下不倦. 故於朋友之間, 主其敬者, 日相親與, 得效最速.

仲尼嘗曰 : 吾見其居於位也, 與先生並行也, 非求益者, 欲速成者. 則學者先須溫柔, 溫柔則可以進學. 詩曰 : 溫溫恭人, 維德之基. 蓋其所益之多.

註解 ㅇ他人之言(타인지언)－다른 사람들의 말, 다른 사람들의 비판. ㅇ瞻視(첨시)－올려 보는 것, 상대방을 윗사람으로 모시는 경우임. ㅇ視(시)－보다, 눈길을 보내는 것. ㅇ紳帶(신대)－큰 띠, 관복의 띠. ㅇ客氣(객기)－객쩍게 부리는 혈기, 분수를 모르는 협기(俠氣). ㅇ剛行(강행)－강하게 행동하는 것, 난폭하게 행동하는 것. ㅇ堂堂乎(당당호)－이 말은 《논어》 자장(子張)편에 보인다. ㅇ張(장)－공자의 제자 자장(子張). ㅇ敬傲(경오)－공경스러움과 오만함. ㅇ燕安(연안)－편히 노는 것. ㅇ善柔(선유)－부드럽고 잘 보이려 하는 것, 아첨하는 것. ㅇ拍肩執袂(박견집메)－어깨를 두드리고 옷소매를 잡는 것, 친한 사이의 행동을 뜻함. ㅇ仲尼嘗曰(중니상왈)－이하는 《논어》 헌문(憲問)편에 보이는 글. ㅇ居於位(거어위)－윗자리에 잘 앉는 것. ㅇ求益(구익)－이익을 추구하다, 공부를 하려 하다. ㅇ詩曰(시왈)－《시경》 대아(大雅) 억(抑)편의 글임.

解說 《경학이굴》 권2 기질(氣質)편에 보이는 글. 학문의 방법으로 자기를 잘 다스리어 부드러운 마음과 몸가짐을 지닐 것을 강조하고 있다.

41. 세상에서는 공부를 하지 않기 때문에 남자나 여자나 어려서부터

교만하고 게으르게 망쳐지고, 나이를 먹게 되면 더욱 흉악하게 된다. 오직 자식이나 아우로서의 일을 제대로 해본 일이 없기 때문에, 바로 그의 어버이에 대하여도 이미 남남처럼 되어버리어 아래로 숙이려 들지 않게 되어, 병폐의 근원은 언제나 그대로 있게 된다. 또 그것은 그가 처한 자리에 따라 자라나서, 죽을 때까지도 여전하다.

자식이나 아우가 되어서는 집안을 청소하고 사람들을 응대하는 일에 편히 적응하지 못하고, 벗과의 사이에 있어서는 벗보다 아랫자리에 있지를 못하며, 관청에 우두머리가 있는데도 관청 우두머리 아래로 들어가지 못하고, 재상이 되더라도 천하의 현명한 사람 아랫자리로 들어가지는 못한다. 심지어는 자기 개인의 뜻만을 좇게 되어 의리를 모두 잃게 된다.

오직 그 병의 뿌리가 제거되지 않기 때문에 그가 처하고 그가 접하는 환경에 따라 그것은 자라나게 된다. 사람은 반드시 한 일 한 일에 대하여 병폐를 지워가야만 한다. 그래야 의리가 언제나 이기게 된다.

原文 **世學不講, 男女從幼便驕惰壞了, 到長益凶狠. 只爲未嘗爲子弟之事, 則於其親已有物我, 不肯屈下. 病根常在. 又隨所居而長, 至死只依舊.**

爲子弟, 則不能安灑掃應對. 在朋友, 則不能下朋友. 有官長, 則不能下官長. 爲宰相, 則不能下天下之賢. 甚則至於徇私意, 義理都喪也.

只爲病根不去, 隨所居所接而長. 人須一事事消了病, 則義理常勝.

註解 ㅇ驕惰(교타)－교만하고 게으른 것. ㅇ壞了(괴료)－그릇되어 버리다. ㅇ物我(물아)－물건과 나, 완전히 관계가 없는 남남. ㅇ灑掃(쇄소)－물 뿌리고 빗질하는 것, 집안을 청소하는 것. ㅇ徇私意(순사의)－자기 개인의 뜻을

따라 행동하는 것.

解說 《경학이굴》 권3 학대원(學大原) 상편에 보이는 글. 사람은 자기 본위로 생각하는 병폐를 없애야만 올바른 학문을 이룩하게 된다는 것이다.

근사록 권6

가도류(家道類) 도합 22조

1. 이천(伊川) 선생께서 말씀하셨다.
"젊은이들의 직분이란, 남는 힘이 있으면 곧 글을 공부하는 것이다. 그러한 직분을 닦지 않고 글을 배우는 것은 자기의 발전을 위하는 공부가 아니다."

原文 **伊川先生曰 : 弟子之職, 力有餘則學文. 不修其職而學文, 非爲己之學也.**

註解 ㅇ弟子之職(제자지직)－젊은이들의 직분. ㅇ學文(학문)－책으로 공부하는 것. ㅇ爲己之學(위기지학)－자기의 발전을 위하는 공부. 《논어》 헌문(憲問)편에 보이는 말임.

解說 《정씨경설》 권6 논어해(論語解)에 보이는 글. 《논어》 학이(學而)편에 '제자입즉효(弟子入則孝), 출즉제(出則弟)……행유여력즉이학문(行有餘力則以學文)'이라는 말을 인용하여 말한 것이다.

2. 맹자가 말하기를 "부모를 섬기는 일은 증자(曾子)와 같이 하면 좋다."고 하셨다. 증자의 효도에는 남음이 있다는 뜻은 아니다. 자식의 몸으로 할 수 있는 것이라면 모두 하여야만 되는 것이다.

原文 孟子曰：事親若曾子可也. 未嘗以曾子之孝爲有餘也. 蓋子之身, 所能爲者, 皆所當爲也.

註解 ㅇ孟子曰(맹자왈)－《맹자》 이루(離婁) 상편에 보이는 구절임.

解說 《주역정씨전》 사괘(師卦) 구이(九二)의 해설에 보이는 글임.

3. 어머니가 잘못한 일을 다스리는 데는 지나치게 엄격해서는 안된다. 자식은 어머니를 대할 적에는 마땅히 부드럽고 순하게 돕고 이끌어 드리어 올바른 도리에 맞도록 해야 한다. 순종하지 않고 일을 그르치게 된다면 이는 자식의 죄이다.

여유있는 마음으로 어머니의 뜻에 따르는 일에 어찌 도리가 없겠는가? 만약 자기의 강양(剛陽)의 도를 펴서 급히 어머니의 뜻을 거슬리며 고치려 한다면 은혜와 의리를 손상시키어 끼치는 해가 클 것이다. 또한 어찌 어머니에게 뜻이 받아들여지겠는가? 자기를 굽히고 뜻을 낮추어 유순하게 받들어 모시어 어머니로 하여금 몸을 바르게 하고 일이 올바로 되도록 해드려야 할 따름이다. 강양한 신하가 유약(柔弱)한 군주를 섬기는 일도 그 뜻은 이와 비슷하다.

原文 幹母之蠱, 不可貞. 子之於母, 當以柔巽輔導之, 使得於義. 不順而致敗蠱, 則子之罪也.

從容將順, 豈無道乎? 若伸己剛陽之道, 遽然矯拂, 則傷恩, 所害大矣. 亦安能入乎? 在乎屈己下意, 巽順相承, 使之身正事治而已. 剛陽之臣, 事柔弱之君, 義亦相近.

註解 ㅇ幹母之蠱(간모지고)－어머니의 잘못을 다스리다. 《역경》 고괘(蠱卦),

구이(九二)의 효사(爻辭). 간(幹)은 다스린다는 뜻. 고(蠱)는 잘못, 사고(事故). ㅇ貞(정)–곧은 것, 너무 곧아서 엄격한 것. ㅇ柔巽(유손)–부드럽고 순한 것. ㅇ敗蠱(패고)–일을 망치는 것. ㅇ從容(종용)–여유있는 마음가짐. ㅇ剛陽(강양)–구이(九二)는 양효(陽爻)로 성격이 강하다. ㅇ矯拂(교불)–뜻을 거슬리는 것.

解說 《주역정씨전》 고괘(蠱卦) 구이(九二)의 해설에 보이는 글임. 집에서 어머니를 모시는 도리를 고괘의 구이 효사(爻辭)를 인용하여 설명하고 있다.

4. 고괘(蠱卦)의 구삼(九三)은 양으로서 강(剛)에 처(處)하여 알맞지 않다. 강(剛)이 지나친 것이므로 약간의 뉘우침이 있다. 그러나 손(巽)의 형체로 있으니 순(順)함이 없는 것은 아니다. 순함은 부모님을 섬기는 근본이다. 또한 있는 자리가 올바르므로 큰 탈은 없다. 그러나 약간의 뉘우침이 있으니 이미 부모님을 잘 모시는 도리가 아닌 것이다.

原文 **蠱之九三, 以陽處剛而不中. 剛之過也, 故小有悔. 然在巽體不爲無順. 順, 事親之本也. 又居得正, 故无大咎. 然有小悔, 已非善事親也.**

註解 ㅇ蠱(고)–《역경》 고괘(蠱卦). ㅇ陽處剛(양처강)–양효(陽爻)가 홀수 위치에 있기 때문에 그렇게 말한다. ㅇ巽體(손체)–고괘는 아래쪽이 손(巽)으로 되어 있고, 구삼(九三)은 그 가장 위의 효여서, '손체'라 한 것이다. ㅇ順(순)–손(巽)과 뜻이 통함.

解說 《주역정씨전》 고괘(蠱卦) 구삼(九三)의 해설에 보이는 글. 부모를 섬기는 데는 순종이 근본이 되는 것이라고 고괘의 해설을 이용하여 설명하고 있다.

5. 윤리를 바르게 하고 은의(恩義)를 돈독히 하는 것이 가인(家人)의 도이다.

原文 **正倫理, 篤恩義, 家人之道也.**

註解 ㅇ倫理(윤리)－부자(父子)·부부(夫婦)·형제(兄弟)간의 존비(尊卑)를 말한다. ㅇ家人(가인)－《역경》의 괘 이름. 집안 사람.

解說 《주역정씨전》 가인괘(家人卦)의 해설에서 단전(彖傳)의 뜻을 해설하면서 가내(家內)의 윤리를 말하고 있다.

6. 사람은 집안에 있어서 육친(肉親)인 부자(父子) 사이는 대개 정(情)이 예를 이기고 은애(恩愛)가 의로움을 빼앗는다. 오직 강하게 버티는 사람만이 사사로운 은애 때문에 정리(正理)를 잃지 않을 수가 있다. 그러므로 가인괘(家人卦)의 대요(大要)는 강함을 훌륭한 것으로 하는 것이다.

原文 **人之處家, 在骨肉父子之間, 大率以情勝禮, 以恩奪義. 惟剛立之人, 則能不以私愛失其正理. 故家人卦, 大要以剛爲善.**

解說 《주역정씨전》 가인괘(家人卦)의 육이(六二)를 해설한 글이다. 집안을 다스림에는 사사로운 정애(情愛)에 빠져서는 안된다는 말이다.

7. 가인괘(家人卦)의 상구(上九) 효사(爻辭)에 말하기를 '집안을 다스리는 데에는 반드시 위엄이 있어야 한다'고 했다. 그리고 공자(孔子)께서 다시 경계하여 말씀하시기를 "응당 먼저 자기 몸을 엄하게 해야 한다."고 하셨다. 위엄이 먼저 자기에게 행해지지 않으면 사람들은 원망하고

복종치 않을 것이다.

原文 **家人上九爻辭, 謂治家當有威嚴. 而夫子又復戒云：當先嚴其身也. 威嚴不先行於己, 則人怨而不服.**

註解 ㅇ上九爻辭(상구효사)—가인괘의 상구(上九) 효사. 다음과 같은 글이다. '믿음이 있고 위세가 있으니 마침내 길할 것이다(有孚威如終吉).' ㅇ夫子又復戒(부자우부계)…… —바로 뒤의 상전(象傳)을 말함.

解說 《주역정씨전》 가인괘 상구(上九)는 상전(象傳)의 해설에 보이는 글임. 집안을 다스림에는 위엄이 필요하다는 것이다.

8. 《역경》 귀매괘(歸妹卦)의 구이(九二)는 숨어지내는 사람이 정조(貞操)를 지키어 부부의 언제나 올바라야 할 도를 잃지 않고 있는 것이다. 세상 사람들은 친하게 함부로 어울리는 것을 상도(常道)라 여기고 있다. 그러므로 정조가 있고 정숙한 것을 이상한 것으로 여긴다. 이는 변치 않고 오래 지속되는 도를 모르기 때문이다.

原文 **歸妹九二, 守其幽貞, 未失夫婦常正之道. 世人以媟狎爲常. 故以貞靜爲變常. 不知乃常久之道也.**

註解 ㅇ歸妹(귀매)—《역경》의 괘 이름. ㅇ守其幽貞(수기유정)—숨어지내며 정조(貞操)를 지키는 것. ㅇ媟狎(설압)—버릇없이 함부로 어울리는 것. ㅇ貞靜(정정)—정조를 지키고 정숙한 것. ㅇ變常(변상)—이상한 것.

解說 《주역정씨전》 귀매괘(歸妹卦) 구이(九二) 상전(象傳)의 해설임. 부부간에도 서로 예의를 지키고 조용하고 바르게 지내야 한다는 말이다.

9. 세상 사람들은 사위를 고르는 데는 신중히 하고, 며느리를 고르는 데는 소홀히 한다. 사위의 성질은 알기 쉽고 며느리의 성질은 알기 어렵다. 그들은 관계가 매우 중대한 사람들인데 어찌 소홀히 할 수 있겠는가?

原文 **世人多愼於擇壻, 而忽於擇婦. 其實, 壻易見, 婦難知. 所繫甚重, 豈可忽哉?**

註解 ㅇ壻(서)－사위. ㅇ所繫(소계)－관계, 인연.

解說 《정씨유서》 권1에 보이는 글이나, 두 형제 중 누구의 말인지는 알 수가 없다. 남자는 밖에서 활동하므로 그 성질을 쉽게 알 수 있고 여자는 집안에 있으므로 알기 힘들다. 그러나 며느리의 선택도 중요한 것이므로 소홀히 해서는 안된다는 말이다.

10. 부모가 돌아가신 사람은 자기 생일을 맞으면 슬픔이 두 배가 될 것이다. 그런데 어찌 차마 술상을 벌이고 풍악을 울리겠는가? 만약 부모님이 생존해 계시면 그리 해도 괜찮을 것이다.

原文 **人無父母, 生日當倍悲痛. 更安忍置酒張樂, 以爲樂? 若具慶者可矣.**

註解 ㅇ忍(인)－차마. ㅇ具慶(구경)－부모님이 다 생존해 계시는 것.

解說 《정씨유서》 권6에 보이는 글이나, 두 형제 중 누구의 말인지는 알 수 없다. 자식된 도리를 설명한 글이다.

11. 질문하였다. "행장(行狀)에 이르기를 '본성을 다하고 천명(天命)에 이르는 것은 반드시 효제(孝悌)에 근본을 두어야 한다'고 하였는데, 효제

를 모르고 어찌 본성을 다하고 천명에 이를 수가 있겠습니까?"

대답하셨다. "후세 사람들은 본성과 천명을 별도의 다른 종류의 일이라고 말하고 있다. 그러나 본성과 천명과 효제는 오직 하나로 통하는 것들이다. 효제하는 가운데 본성을 다하고 천명을 이르게 할 수 있는 것이다.

물뿌리고 쓸고, 사람들을 응대(應對)하는 것과 본성을 다하고 천명을 이르게 하는 일은 역시 하나로 통하는 것이어서, 근본과 말단도 없고, 정세(精細)하고 거친 차이도 없다. 그러나 후세 사람들에 의하여 본성과 천명은 별도의 고원(高遠)한 것으로 일러져 왔다. 그러므로 효제(孝悌)를 얘기한 것은 그것이 사람들에게 매우 가까운 것이어서 그렇게 말한 것이다. 지금 세상에도 효제(孝悌)하는 사람이 없는 것은 아니나 본성을 다하고 천명을 이르게 하는 일을 못하는 것은 그것을 행하면서도 모르기 때문이다."

原文 問：行狀云，盡性至命，必本於孝弟．不識孝弟，何以能盡性至命也？

曰：後人便將性命，別作一般事說了．性命孝弟，只是一統底事．就孝弟中，便可盡性至命．

如灑掃應對，與盡性至命，亦是一統底事．卻無有本末，無有精粗．卻被後來人言，性命者，別作一般高遠說．故擧孝弟，是於人切近者言之．然今時非無孝弟之人，而不能盡性至命者，由之而不知也．

註解 ㅇ行狀(행장)－한 개인의 행위와 경력을 적은 글. 여기서는 정이가 쓴 〈명도선생행장(明道先生行狀)〉. ㅇ盡性至命(진성지명)－본성을 다하여 천명(天命)이 이르게 하는 것. ㅇ孝弟(효제)－효제(孝悌). 부모에게 효도하고 윗어른을 공경하는 것. ㅇ一統底事(일통저사)－하나로 통하는 일. ㅇ由之(유지)－그 도리를 따르다, 그것을 행하다.

解說 《정씨유서》 권18에 보이는 정이의 말이다. 효제(孝悌)는 인도지본(人道之本)이며 백행(百行)의 근본이 되는 것으로 이를 근거로 하여야만 사람은 자신의 본성을 다하고 천명을 이르게 할 수 있다는 것이다.

12. 질문하였다. "제오륜이 그의 아들의 병을 겪고 나서 그의 형의 아들의 병을 겪었는데, 자기의 태도가 같지 않자 스스로 말하기를 사사로운 정 때문이라 하였는데, 어떻습니까?"

"편안히 자고 편안히 자지 못한 것은 말할 것도 없고, 오직 일어나 보지도 않은 것과 열 번이나 일어나 가 보았다는 것은 곧 사사로운 정 때문이다. 아버지와 아들 사이의 사랑이란 본시 공정한 것이다. 다른 마음을 쓰기만 하면 바로 사사로운 정이 되는 것이다."

또 질문하였다. "자기 아들과 형의 아들을 대하는 데 차이가 있어야 합니까?"

"성인께서 법을 마련하시기를 '형제들의 자식은 자기 자식이나 같다'고 하였네. 그것은 자기 자식이나 같이 대하기를 바라신 것일세."

또 질문하였다. "천성(天性)에는 본시부터 가볍고 무거운 것이 있습니다. 아무래도 차이가 있을 것 같은데요?"

"오직 지금 사람들은 사사로운 마음으로 그들을 보기 때문이네. 공자께서 말씀하시기를 '아버지와 아들의 도는 천성이다'고 하셨네. 그 말씀은 오직 효도에 대하여 하신 것이기 때문에 아버지와 아들 사이는 천성이라고 한 것일세. 임금과 신하, 형과 아우, 손님과 주인, 친구들 사이 같은 것도 어찌 모두 천성이 아니겠느냐? 오직 지금 사람들은 작게 보아버리고 그것들이 있게 된 근본을 추구하지 않기 때문이네.

자기의 아들과 형의 아들은 다른 점이 얼마나 있겠느냐? 이들은 다같이 한 아버지로부터 나온 사람들이다. 오직 형제들은 육체를 달리하고 있기 때문에 형제를 손과 발처럼 생각하는 것이네. 사람들은 대부분이 육체를 달리하고 있다 하여 자기 아들에 대한 친밀함을 형제들의 아들과는 달리하고 있는 것이다. 매우 옳지 않은 짓일세."

또 질문하였다. "공자께서는 공야장(公冶長)이 남용(南容)만 못하다고 여겼기 때문에 형님의 딸을 남용에게 시집보내고 자기 딸을 공야장에게 시집보냈습니다. 어째서입니까?"

"이것도 자기의 사사로운 마음으로 성인을 보기 때문이다. 일반적으로 사람들이 혐의(嫌疑)를 피하려는 것은 모두 속마음에 부족한 것이 있기 때문일세. 성인은 본시 지극히 공정하시네. 어찌 또 혐의를 피하겠는가?

모든 여자들을 시집보낼 적에는 각각 그의 재능을 헤아리어 맞는 짝을 구하는 것일세. 혹시 형님의 딸이 별로 훌륭하지 않다면 반드시 거기에 어울리는 사람을 골라 그의 짝을 삼아주어야 하네. 자기 딸이 훌륭하다면 반드시 그의 재능이 훌륭한 사람을 골라 그와 짝지어주는 것일세. 어찌 다시 혐의를 피하겠는가?

공자님과 같은 경우는, 혹 그들의 나이가 서로 어울리지 않았기 때문인지, 혹은 시집보내는 시기에 있어서 먼저 보내야 하고 뒤에 보내야 했는지, 모두 알 수가 없네. 공자님께서 혐의를 피하기 위하여 그랬다고 생각하는 것은 크게 옳지 않네. 혐의를 피하는 일 같은 것은 현명한 사람조차도 하지 않을 터인데, 하물며 성인께서 하시겠는가?"

原文 問：第五倫視其子之疾，與兄子之疾，不同. 自謂之私，如何?

曰：不待安寢，與不安寢，只不起與十起，便是私也. 父子之愛，本是公. 才著些心做，便是私也.

又問：視己子與兄子，有間否?

曰：聖人立法曰，兄弟之子，猶子也. 是欲視之猶子也.

又問：天性自有輕重, 疑若有間然.

曰：只爲今人以私心看了. 孔子曰：父子之道, 天性也. 此只就孝上説, 故言父子天性. 若君臣兄弟賓主朋友之類, 亦豈不是天性? 只爲今人小看卻, 不推其本所由來故爾.

己之子與兄之子, 所爭幾何? 是同出於父者也. 只爲兄弟異形, 故以兄弟爲手足. 人多以異形, 故親己之子, 異於兄弟之子, 甚不是也.

又問：孔子以公冶長不及南容, 故以兄之子妻南容, 以己之子妻公冶長, 何也?

曰：此亦以己之私心看聖人也. 凡人避嫌者, 皆內不足也. 聖人自至公, 何更避嫌?

凡嫁女, 各量其才而求配. 或兄之子不甚美, 必擇其相稱者爲之配. 己之子美, 必擇其才美者爲之配. 豈更避嫌耶?

若孔子事, 或是年不相若, 或時有先後, 皆不可知. 以孔子爲避嫌, 則大不是. 如避嫌事, 賢者且不爲, 況聖人乎?

註解 ㅇ第五倫(제오륜)－동한(東漢) 사람, 자는 백어(伯魚). 이 얘기는《후한서(後漢書)》제오륜전(第五倫傳)에 보인다. 형의 아들이 병이 났을 적에는 하루 밤에 열 번이나 일어나 돌보아주러 갔으나 돌아와서는 편안히 잠을 잘 잤고, 자기 아들이 병이 났을 적에는 한 번도 가 보아주지 않았으나 밤새도록 잠을 잘 이루지 못했다 한다. ㅇ安寢(안침)－불안침(不安寢)·불기(不起)·십기(十起)와 함께 모두 제오륜이 했던 일이다. ㅇ才著(재착)－두기만 하면, 쓰기만 하면. ㅇ些心(사심)－조그만 마음. ㅇ有間(유간)－사이가 있다, 차이가 있다. ㅇ孔子曰(공자왈)－《효경(孝經)》성치(聖治)장에 보이는 말. ㅇ小看卻(소간각)－작게 보아 버리는 것. ㅇ所爭(소쟁)－다툴 바, 차이. ㅇ公冶長(공야장)－공자의 제자. 공자가 사위로 삼은 애기는《논어》공야장(公冶

長)편에 보인다. ○南容(남용)-공자의 제자, 이름은 도(縚), 자는 자용(子容). 그를 훌륭하게 보고 형님의 딸을 그에게 시집보낸 얘기도 《논어》 공야장(公冶長)편에 보인다. ○嫌(혐)-혐의(嫌疑).

解說 《정씨유서》 권18에 보이는 정이의 말임. 형제의 자식은 모두 자기 자식과 다름이 없다는 것과 성인은 언제나 당당하고 바르게 행동하지 혐의를 피하려는 생각 같은 것은 하지 않는다는 두 가지 말에 요점이 있다고 할 것이다.

13. 질문하였다. "과부는 사리(事理)에 있어서는 결혼할 수 없는 것 같은데 어째서입니까?"

대답하셨다. "그렇다. 무릇 결혼이란 자신의 배필(配匹)을 구하는 것이다. 만약 절개를 잃은 사람을 자신의 배필로 삼는다면 이는 자기도 절개를 잃게 되는 것이다."

또 질문하였다. "혹 외로운 과부가 가난하여 의탁할 사람이 없으면 재혼해도 됩니까?"

대답하셨다. "그것은 오직 후세에 헐벗고 굶어죽을 것을 두려워하여 그런 말이 있게 된 것이다. 굶어죽는 것은 극히 작은 일이고 절개를 잃는 것은 극히 중대한 일이다."

原文 問：孀婦於理似不可取，如何？

曰：然. 凡取以配身也. 若取失節者以配身，是己失節也.

又問：或有孤孀貧窮，無託者，可再嫁否？

曰：只是後世怕寒餓死，故有是說. 然餓死事極小，失節事極大.

解說 《정씨유서》 권22 하에 보이는 정이의 말임. 부인은 일부종사(一夫從事)해야 하므로 과부의 재혼이 옳지 않다는 것을 강조하고 있다.

14. 병으로 자리에 누워 있는데 이를 하류 의사에게 맡긴다면 이는 자애롭지 않은 부모나 불효자식이 되고 만다. 부모를 섬기는 사람은 또한 의술에 대하여도 몰라서는 안된다.

原文 **病臥於牀, 委之庸醫, 比之不慈不孝. 事親者, 亦不可不知醫.**

註解 ㅇ庸醫(용의)－하류 의사. ㅇ比(비)－대열(隊列)에 끼다, 나란히 하게 되다.

解說 《정씨외서》 권12에 보이는 정호의 말이다. 부모 섬기는 도리를 말했다.

15. 정자(程子)가 아버지의 장례를 치를 때 주공숙(周恭叔)으로 하여금 손님을 접대하게 했다. 손님 중에 술을 마시려는 사람이 있어서 그 말씀을 드리자, 선생님께서 말씀하시기를 "사람을 악에 빠지게 하지 말라." 고 하셨다.

原文 **程子葬父, 使周恭叔主客. 客欲酒, 恭叔以告, 先生曰 : 勿陷人於惡.**

註解 ㅇ父(부)－정향(程珦 : 1006~1090). 정자의 아버지. ㅇ周恭叔(주공숙)－이름은 행기(行己). 정자의 문인.

解說 《정씨외서》 권7에 보이는 글. 여기의 '선생님'은 정이이다. 상례(喪禮)에 술마시는 것은 예의에 어긋난다고 생각한 때문이다.

16. 유모(乳母)를 사는 것은 대체로 부득이한 일이다. 자기 젖을 먹일

수 없으면 반드시 남의 젖을 먹여야 한다. 그러나 자기 자식을 먹이고 남의 자식을 죽이는 것은 도가 아니다. 반드시 부득이한 때는 두 아이의 젖을 세 아이에게 먹이면 뜻밖의 변고(變故)에 대비할 수 있다.

혹시 유모가 병이 나서 죽어도 해가 되지 않고, 또 자기의 자식을 위해서 남의 자식을 죽이지도 않게 된다. 그러나 비용이 많이 들 것이다. 그러나 불행히 그의 자식을 잃게 된다면, 그 해가 어느 것이 더 크겠는가?

原文 買乳婢, 多不得已. 或不能自乳, 必使人. 然食己子, 而殺人之子, 非道. 必不得已, 用二子乳食三子, 足備他虞.

或乳母病且死, 則不爲害. 又不爲己子殺人之子. 但有所費. 若不幸致誤其子, 害孰大焉?

註解 ㅇ乳婢(유비)－유모. ㅇ虞(우)－걱정, 변고(變故).

解說 《정씨외서》 권10에 보이나, 두 정자 중 누구의 말인지 확실치 않다. 자기 자식을 사랑하듯이 남의 자식도 사랑해야 한다는 말이다.

17. 선공(先公) 태중(太中)의 휘(諱)는 향(珦), 자(字)는 백온(伯溫)이다. 전후 다섯 번이나 자식을 책임지고 벼슬자리에 보낼 기회를 얻었으나 아버지 형제들의 자손을 균등히 임관시켰다. 아버지가 없는 여자를 시집보낼 때에는 반드시 그의 힘을 다하여 도왔다. 월급으로 받은 돈은 가난한 친척들에게 나누어 주었다.

백모(伯母) 유씨(劉氏)가 과수(寡守)로 지내자, 공(公)은 봉양하기를 매우 지극히 했다. 그 딸의 남편이 죽자 공(公)은 사촌 누님을 집으로 데려왔는데, 그 누님의 아들을 가르치고 기르기를 자기 아들이나 조카와 똑같이 하였다. 그러는 동안에 누님의 딸이 또 과수(寡守)가 되었다. 공

(公)은 누님이 슬퍼할까 두려워하여 또 조카딸을 데려다 출가시켰다.

이때에는 낮은 벼슬이라 녹봉(祿俸)이 박하였으나 자기를 이겨내고 의(義)로운 일을 행하였으니 사람들은 그렇게 하기는 어려운 일이라고 하였다. 공(公)은 인자하고 남을 먼저 생각하면서도 강단(剛斷)이 있으셨다. 평소에 어린 사람이나 신분이 낮은 사람하고 같이 있을 때에는 그들의 뜻을 상할까 두려워하였으나, 그들이 의리를 범하면 용서하지 않았다. 곁에서 심부름하는 사람들에 대하여는 그들이 먹고 입는 것을 매일 보살펴 주었다.

후씨(侯氏)와 결혼하였다. 후부인(侯夫人)은 시부모님을 모시는데 효도와 부지런함으로 칭찬받았으며 선공(先公)과 서로 대하는 것은 주인과 손님처럼 하였다. 선공(先公)은 부인의 내조를 받아 예의와 공경을 더욱 지극히 하였다. 그리고 부인은 겸양과 순종으로 스스로를 다스리며, 비록 작은 일이라도 자기 마음대로 하지 않고 반드시 사뢴 후에 행하였다. 인자하고 남을 먼저 생각하고 너그럽고 돈후(敦厚)하여 여러 서자(庶子)를 사랑하기를 자기 아들이나 다름없이 하였다. 아버지 사촌형제의 어린 아들이 고아가 되자 부인은 늘 자기 아들같이 돌보아 주었다.

집을 다스림에는 법도가 있어 엄하지 않으면서도 잘 정리되었다. 노비들을 때리는 것을 싫어하였으며 어린 노비는 아들 딸처럼 여겼다. 여러 아들이 혹 노비를 욕하고 꾸짖으면 반드시 훈계하시기를 "귀천은 비록 다르나 사람은 다 마찬가지다. 네가 이와 같은 나이였을 때, 이런 일을 할 수 있었느냐?"라고 하셨다. 선공(先公)이 노하는 일이 있으면 반드시 너그럽게 풀어 드렸다. 다만 자기 아들이 잘못이 있을 때에는 그것을 감싸주지 않으셨다. 항상 말씀하시기를 "아들이 불초(不肖)하게 되는 것은 어머니가 그 잘못을 덮어 주어 아버지가 모르기 때문이다."고 하셨다.

부인의 아들이 여섯이었으나 오직 두 아들만 살아 남았다. 그 아들에 대한 자애는 지극하다 하겠다. 그러나 그들을 가르치는 방도에 있어서는 조금도 관용이 없으셨다. 아들이 겨우 서너 살 때, 걷다가 넘어지면 집 사람들이 뛰어가 안아 일으키며 아이가 놀라 울까 두려워하였다. 그러나 부인은 언제나 꾸짖어 책망하기를 "네가 만약 침착하다면 어찌 넘어지겠느냐?"라고 하셨다. 밥 먹을 때에는 언제나 옆자리에 앉게 하셨다. 음식의 맛을 보며 국의 간을 맞추면 언제나 꾸짖어 못하게 하시며 말씀하시기를 "어려서부터 욕심대로 채우려 하면 커서는 어찌하겠느냐?"고 하셨다.

비록 심부름꾼이라 하더라도 나쁜 말로 그들을 꾸짖지 못하도록 하였다. 그러므로 우리 형제는 평생토록 음식과 의복을 가리지 않았으며 나쁜 말로 사람들을 꾸짖을 줄 몰랐다. 이는 본성이 그러한 것이 아니라 가르쳐서 그렇게 된 것이다.

남과 다투게 되면 비록 정당한 경우라도 편들어주지 않으셨다. 말씀하시되 "자기를 굽히지 못하는 것이 걱정이지, 자기 주장을 펴지 못하는 것은 걱정될 것 없다."고 하셨다. 아들이 자라자 언제나 훌륭한 스승과 벗을 좇아 놀도록 하셨다. 비록 살림은 가난하나 간혹 손님을 초대하려 하면 기쁘게 준비해 주셨다.

부인은 7,8세 때 고시(古詩)를 외우시며 말씀하시기를 "여자는 밤에 외출을 않는다. 밤에 외출할 때는 밝은 등불을 들어야 한다."고 하셨다. 이로부터 날이 저물면 다시는 방 밖에 나가지 않으셨다. 자라서 글을 좋아하셨으나 글을 짓지는 않으셨으며, 세상의 부녀자가 글과 글씨로 사람들에게 이름이 전해 내려오는 것을 보고는 매우 옳지 않은 일이라 생각하셨다.

原文 先公太中, 諱珦, 字伯溫. 前後五得任子, 以均諸父子孫. 嫁遣孤女, 必盡其力. 所得俸錢, 分贍親戚之貧者.

伯母劉氏寡居, 公奉養甚至. 其女之夫死, 公迎從女兄以歸. 教養其子, 均於子姪. 旣而女兄之女又寡, 公懼女兄之悲思, 又取甥女以歸嫁之.

時小官祿薄, 克己爲義, 人以爲難. 公慈恕而剛斷. 平居與幼賤處, 惟恐有傷其意. 至於犯義理, 則不假也. 左右使令之人, 無日不察其飢飽寒燠.

娶侯氏. 侯夫人事舅姑, 以孝謹稱, 與先公相待如賓客. 先公賴其内助, 禮敬尤至. 而夫人謙順自牧, 雖小事未嘗專, 必稟而後行. 仁恕寬厚, 撫愛諸庶, 不異己出. 從叔幼孤. 夫人存視, 常均己子.

治家有法, 不嚴而整. 不喜笞扑奴婢, 視小臧獲如兒女. 諸子或加呵責, 必戒之曰 : 貴賤雖殊, 人則一也. 汝如是大時, 能爲此事否? 先公凡有所怒, 必爲之寬解. 唯諸兒有過, 則不掩也. 常曰 : 子之所以不肖者, 由母蔽其過, 而父不知也.

夫人男子六人, 所存惟二. 其慈愛可謂至矣. 然於敎之之道, 不少假也. 纔數歲, 行而或踣, 家人走前扶抱, 恐其驚啼. 夫人未嘗不呵責, 曰 : 汝若安徐, 寧至踣乎? 飮食常置之坐側. 嘗食絮羹, 皆叱止之曰 : 幼求稱欲, 長當何如?

雖使令輩, 不得以惡言罵之. 故頤兄弟, 平生於飮食衣服無所擇, 不能惡言罵人. 非性然也, 敎之使然也.

與人爭忿, 雖直不右. 曰 : 患其不能屈, 不患其不能伸. 及稍長, 常使從善師友遊. 雖居貧, 或欲延客, 則喜而爲之具.

夫人七八歲時, 誦古詩, 曰 : 女子不夜出, 夜出秉明燭. 自是日暮, 則不復出房閤. 旣長, 好文而不爲辭章. 見世之婦女, 以文章筆札傳於人者, 則深以爲非.

註解 ㅇ先公太中(선공태중)－정이의 선고(先考) 태중대부(太中大夫) 향

(珣). ○諱(휘)－죽은 사람의 이름. ○任子(임자)－관도(官途)에 있는 사람에게 그 자식을 보증하고 추천하여 사관(仕官)하도록 하는 것. ○諸父(제부)－아버지의 형제들. ○分贍(분섬)－재물을 나누어 돕는 것. ○從女兄(종여형)－백모의 딸. ○甥女(생녀)－조카딸. ○恕(서)－남을 먼저 생각하는 마음. ○不假(불가)－용서하지 않는 것. ○自牧(자목)－스스로를 다스리다. ○存視(존시)－돌보아 주는 것. ○笞扑(태복)－매질을 하는 것. ○臧獲(장획)－남복(男僕)을 장(臧), 여복(女僕)을 획(獲)이라 함. ○絮羹(서갱)－국의 간을 맞추는 것을 말함. ○不右(불우)－편들거나 도와주지 않는 것.

解說 이 대목 전반(前半) '취후씨(娶侯氏)' 이전은 《정씨문집》 권12(伊川先生文 八) 선공태중가전(先公太中家傳)에서, 그 뒤는 같은 책 같은 권의 상곡군군가전(上谷郡君家傳)에서 뽑아 인용한 것이다. 내용은 이천 선생의 아버지 태중(太中)과 어머니 후부인(侯夫人)의 행실을 기록한 글이다.

18. 횡거(橫渠) 선생이 일찍이 말씀하셨다.
"부모를 모시고, 제사를 받드는 일을 어찌 남을 시켜서 할 수 있겠느냐?"

原文 橫渠先生嘗曰：事親奉祭, 豈可使人爲之?

解說 이 글은 여대림(呂大臨)의 장자행장(張子行狀)에 보인다.

19. 순(舜)이 부모를 섬김에, 부모를 기쁘게 못해 준 것은 아버지는 완고(頑固)하고 어머니는 어리석어 인정(人情)에 벗어났었기 때문이다. 만약 보통사람의 성질을 지니어 그분들이 사랑하고 미워하는 것이 조금도 도리를 해치지 않는 경우라면 반드시 부모에게 순종해야 한다.

부모가 좋아하는 옛 친구는 반드시 극력 초대하여 부모를 즐겁게 해야 한다. 부모의 손님을 모시는 데는 반드시 온 힘을 다해 일을 해야 하고 또한 집에 있고 없음을 헤아리지 않아야 한다. 그러나 봉양하는 데 있어서 억지로 수고롭게 한다는 것을 알지 못하게 해야 한다. 만약 자식들이 하는 일이 쉽지 않음을 알게 하면 매우 불안해질 것이다.

原文 舜之事親, 有不悅者, 爲父頑母嚚, 不近人情. 若中人之性, 其愛惡略無害理, 姑必順之.

親之故舊所喜者, 須極力招致, 以悅其心. 凡於父母賓客之奉, 必極力營辨, 亦不計家之有無. 然爲養, 又須使不知其勉强勞苦. 苟使見其爲而不易, 則亦不安矣.

解說 이 글은 《장자전서》 습유(拾遺)에도 보이는데, 이곳으로부터 인용한 것이다. 부모를 섬기는 데는 순종이 중요한 것이며 마음을 편안하게 해드리는 것이 중요하다는 말이다.

20. 《시경》 사간(斯干) 시에 이렇게 읊고 있다 "형과 아우가 사이좋게 지내나, 서로 비슷한 점은 없네." 이것은 형제는 마땅히 서로 사이좋게 지내되 서로 본뜰 필요는 없다는 것이다. 유(猶)는 비슷하다는 뜻이다. 인정은 대체로 무엇을 베푼 다음 보답이 없으면 그만두는 폐단이 있다. 그래서 은애(恩愛)는 오래가지 못하는 것이다. 서로 본뜰 필요는 없다. 자기편에서 베풀기만 하면 되는 것이다.

原文 斯干詩言 : 兄及弟矣, 式相好矣, 無相猶矣. 言兄弟宜相好, 不要相學. 猶, 似也. 人情, 大抵患在施之不見報則輟. 故恩不能終. 不要相學. 己施之而已.

註解 ㅇ斯干(사간)－《시경》 소아(小雅)에 있는 시. ㅇ式(식)－조사. ㅇ猶(유)－장재는 비슷하다[似]의 뜻으로 풀고 있으나, 동한(東漢) 정현(鄭玄)의 《전(箋)》에서는 우(尤)의 뜻이라 하였으니, 형제가 서로 '탓하지 않는다'로 풀이함이 좋을 듯하다. 주희(朱熹)는 《집전(集傳)》에서 '모(謀)' 곧 '꾀하다'의 뜻으로 풀고 있다. ㅇ學(학)－흉내내다, 본뜨다. ㅇ輟(철)－그만두다, 중지하다.

解說 이 글도 《장자전서》 습유(拾遺)에 들어있다. 《시경》의 해석이 그다지 적절하지 못한 듯하다.

21. "사람으로서 주남과 소남을 공부하지 않으면 그는 마치 담벽을 마주 대하고 서있는 거나 같을 것이다." 늘 이 말에 대하여 깊이 생각해 보는데, 정말로 그러하다. 이 말을 따라서 행동하지 않으면 매우 일에 소원하게 되어 앞으로 발전을 하지 못한다. 대체로 지극히 친숙하고 지극히 가까운 일 중에 이보다 더 심한 것이란 없다. 그러므로 반드시 여기에서부터 시작하여야 할 것이다.

原文 **人不爲周南召南, 其猶正牆面而立. 常深思此言, 誠是. 不從此行, 甚隔著事, 向前推不去. 蓋至親至近, 莫甚於此. 故須從此始.**

註解 ㅇ周南(주남)－소남(召南)과 함께 《시경》 15국풍(國風) 중의 첫머리. 두 국풍으로 《시경》을 대표하고 있다. 그리고 여기에 인용한 말은 《논어》 양화(陽貨)편에 보이는 공자의 말이다. ㅇ正牆面(정장면)－바로 담벽을 대하는 것. ㅇ隔著(격저)－떨어져 있는 것, 소원(疏遠)한 것.

解說 《장자전서》 습유(拾遺)에 보이는 말.

22. 하녀나 하인은 처음 와서는 본시 부지런히 힘쓰고 공경하는 마음을 품고 있다. 만약 그들을 더욱 삼가며 이끌어주면 곧 더욱 삼가게 되나, 태만히 하면 곧 그들의 본심을 버리고 바로 그 습성이 성격이 되어버린다.

그처럼 벼슬하는 사람은 잘 다스리는 조정으로 들어가면 그의 덕이 날로 발전하고, 어지러운 조정으로 들어가면 그의 덕은 날로 후퇴하게 된다. 오직 상급자에게 배울 만한 것이 있는가 배울 만한 것이 없는가에 달려있게 되는 것이다.

原文 **婢僕始至者, 本懷勉勉敬心. 若到所提掇更謹, 則加謹, 慢則棄其本心, 便習以性成.**

故仕者入治朝, 則德日進, 入亂朝, 則德日退. 只觀在上者有可學無可學爾.

註解 ㅇ勉勉(면면)－부지런히 힘쓰는 모양. ㅇ提掇(제철)－잡아 끌어주는 것. ㅇ只觀(지관)－오직 ……을 보다, 오직 ……에 달려있다.

解說 《경학이굴》 권3 의리(義理)에 보인다. 하인들 다루는 법을 벼슬살이하는 법에 연결시키고 있어 절실한 공감은 일지 않는다.

근사록 권7

출처류(出處類) 도합 39조

1. 이천 선생께서 말씀하셨다.

"현명한 사람이라면 아랫자리에 있으면서 어찌 스스로 나아가 임금에게 써주기를 요구하겠는가? 만약 스스로 요구한다면 절대로 믿고 써줄 리가 없다. 옛사람들이 반드시 임금이 경의를 표하고 예의를 극진히 다한 뒤에야 나아간 것은, 자기를 존대(尊大)하고자 함이 아니었다. 대개 임금의 덕을 존중하고 도를 즐기는 마음이 이와 같지 못하면 더불어 뜻있는 일을 할 수 없기 때문이다."

原文 **伊川先生曰：賢者在下, 豈可自進以求於君? 苟自求之, 必無能信用之理. 古之人, 所以必待人君致敬盡禮, 而後往者, 非欲自爲尊大. 蓋其尊德樂道之心, 不如是, 不足與有爲也.**

註解 ㅇ致敬盡禮(치경진례)—임금이 현명한 사람에게 경의를 표하고 예의를 극진히 다하여 벼슬해 줄 것을 요청하는 것. ㅇ有爲(유위)—뜻있는 일을 하는 것.

解說 《주역정씨전》에서 몽괘(蒙卦) 단전(彖傳)을 풀어 말한 것으로, 군자는 출사를 신중히 해야 한다는 뜻이다.

2. 군자는 때를 기다리면서 안정(安靜)하여 스스로를 지켜야 한다. 마음으로는 비록 기다리려 한다 해도 조용히 일생 동안 그대로 살려고 하여야만 비로소 올바른 도를 따르게 될 것이다. 비록 자신이 나아가지 않는다 하더라도 마음이 움직이는 사람은 올바른 도에 안주할 수 없을 것이다.

原文 君子之需時也, 安靜自守. 志雖有須, 而恬然若將終身焉, 乃能用常也. 雖不進, 而志動者, 不能安其常也.

註解 ○需時(수시)－때를 기다리는 것. 수(需)는 《역경》 수괘(需卦)에서 인용한 것임. ○須(수)－기다리다. ○恬然(염연)－고요한 모양. ○常(상)－올바른 도

解說 《주역정씨전》에서 수괘(需卦) 초구(初九) 상전(象傳)의 뜻을 해설한 것으로, 때를 기다리는 군자의 마음가짐을 논하고 있다.

3. "비(比)는 길하다. 근원을 따져 시초(蓍草)점을 쳐서, 크고 오래가고 곧다면 탈이 없을 것이다."

이에 대한 《정전(程傳)》에 말하였다. "사람들이 서로 친하게 지내는 데에는 반드시 그 도가 있을 것이다. 진실로 그 도를 따르지 않는다면, 곧 뉘우침과 탈이 있게 될 것이다. 그러므로 반드시 근원을 미루어 점을 쳐서 그가 친하게 지낼 상대를 결정하여 그와 친하게 지내야 하는 것이다. 친하게 지내는 사람이 크고 오래가고 곧다면 곧 탈이 없게 되는 것이다.

'크다는 것〔元〕'은 임금으로서의 도를 말하고, '오래 가는 것〔永〕'이란 변함없이 오래 감을 말하고, '곧은 것〔貞〕'이란 올바른 도에 맞는 것을 말한다. 윗사람이 아랫사람을 친근히 할 때 반드시 이 세 가지 조건을 갖추어야 하고, 아랫사람이 윗사람을 따를 적에도 반드시 이 세 가지 조

건을 추구해야만 곧 탈이 없게 되는 것이다."

原文 比, 吉. 原筮, 元永貞, 无咎.

傳曰 : 人相親比, 必有其道. 苟非其道, 則有悔咎. 故必推原占, 決其可比者而比之. 所比, 得元永貞, 則无咎.

元謂有君長之道, 永謂可以常久, 貞謂得正道. 上之比下, 必有此三者, 下之從上, 必求此三者, 則无咎也.

註解 ㅇ比吉(비길)-'무구(无咎)'까지 《역경》 비괘(比卦)의 괘사(卦辭)이다. ㅇ原筮(원서)-근원을 따져 시초점(蓍草占, 또는 易占)을 치는 것. ㅇ元永貞(원영정)-크고 오래 가고 곧은 것.

解說 《주역정씨전》 비괘(比卦) 괘사(卦辭)의 해설임.

4. 이괘(履卦) 초구(初九)에 이르기를 "소박함을 밟는 것이니, 나아가도 탈이 없다."고 했다.

《정전(程傳)》에 말했다. "사람이 자기의 빈천한 본래의 소박함에 스스로 편안히 있지 못하면, 곧 그가 나아간다 하더라도 곧 탐욕스럽고 시끄럽게 움직이며, 자기의 빈천을 제거하려 할 것이다. 뜻있는 일을 하고자 하지 않을 것이다. 제대로 나아간다 하더라도 반드시 교만해질 것이다. 그러므로 나아가면 탈이 있게 되는 것이다.

현명한 사람은 그의 본래의 소박함을 편안히 밟고 이행하므로, 그의 처신은 즐겁고, 그가 나아가게 되면 뜻있는 일을 하려고 한다. 그러므로 나아가게 되면 뜻있는 일을 하여 훌륭하지 않은 것이 없게 된다.

만약 귀하게 되려는 마음과 정도(正道)를 행하려는 마음이 가슴속에 서로 다투고 있다면 어찌 편안히 그의 소박함을 밟고 나아갈 수가 있겠는가?"

原文 履之初九曰：素履. 往, 无咎.

傳曰：夫人不能自安於貧賤之素, 則其進也, 乃貪躁而動, 求去乎貧賤耳. 非欲有爲也. 旣得其進, 驕溢必矣. 故往則有咎.

賢者則安履其素. 其處也樂, 其進也將有爲也. 故得其進, 則有爲而無不善.

若欲貴之心, 與行道之心, 交戰於中, 豈能安履其素乎?

註解 ㅇ素履(소리)…… ─이괘(履卦) 초구(初九)의 효사(爻辭). 소리(素履)란 본래 자기의 소박함을 밟는다, 자기의 분수대로 행한다는 뜻. ㅇ貪躁(탐조)─탐욕스럽고 시끄럽게 구는 것. ㅇ驕溢(교일)─교만한 것.

解說 《주역정씨전》 이괘(履卦) 초구(初九) 효사(爻辭)의 해설이다. 군자가 벼슬을 구하는 것은 녹(祿)을 바라거나 부귀를 탐내서 하는 것이 아니라 세상에 유익한 일을 하고자 함이라는 뜻이다.

5. 위대한 사람이 비색(否塞)한 경우에 처하게 되면 정절(正節)을 지키며 소인(小人) 무리들과 섞여 난잡하게 행동하지 않는다. 비록 몸은 비색하나 도는 형통(亨通)하는 것이다. 그러므로 '위대한 사람은 비색해도 형통한다'고 말하였다. 만약 정도(正道)를 지키지 않는데도 그의 몸이 형통하게 된다면 정도가 비색해진 것이다.

原文 大人於否之時, 守其正節, 不雜亂於小人之羣類. 身雖否, 而道之亨也. 故曰：大人否亨. 不以道而身亨, 乃道否也.

註解 ㅇ大人否亨(대인비형)─《역경》 비괘(否卦) 육이(六二) 효사(爻辭)에

나오는 말로 몸은 비색해도 도는 형통한다는 뜻. 비(否)는 색(塞)의 뜻.

解說 《주역정씨전》 비괘(否卦) 육이(六二) 상전(象傳)의 해설임. 군자가 비색(否塞)한 처지에 놓였을 때 취해야 할 도리를 말하고 있다.

6. 사람이 좇는 것이 올바르면 사악(邪惡)함에서 멀어지고, 그릇되었으면 옳음을 잃게 된다. 둘 다 좇을 수 있는 이치는 없다. 수괘(隨卦)의 육이효(六二爻)가 만약 초구(初九)에 매이면 구오(九五)를 잃는다. 그러므로 《상전(象傳)》은 '겸하여 함께하지 못한다.'고 하였다. 이는 사람이 올바름을 좇는 데 있어서는 마땅히 한결같이 힘써야 한다는 것을 경계하기 위한 것이다.

原文 **人之所隨, 得正則遠邪, 從非則失是. 無兩從之理. 隨之六二, 苟係初則失五矣. 故象曰 : 弗兼與也. 所以戒人從正當專一也.**

註解 ㅇ隨之六二(수지육이)…… -《역경》 수괘(隨卦) 육이(六二)는 음효(陰爻)에서 양효(陽爻)인 구오(九五)와 호응하고 있다. 양효인 초구(初九)와는 나란히 하고 있는데, 만약 초구와 관계를 맺게 되면 너무 가까워 그릇되며 구오와의 호응을 잃는다. ㅇ係(계)-매이다, 관계를 맺다. ㅇ五(오)-다섯째 구오(九五)를 가리킴.

解說 《주역정씨전》 수괘(隨卦) 육이(六二) 상전(象傳)의 해설이다. 수괘(隨卦)를 인용하여 군자는 다른 것을 돌보지 않고 오로지 마음을 한가지로 집중하여 정도(正道)에 좇아야 함을 강조하고 있다.

7. 군자가 귀중히 여기는 것은 세속 사람들이 부끄러워하는 것이다. 세속 사람들이 귀중하게 여기는 것은 군자가 천히 여긴다. 그러므로 비괘

(賁卦)에 '그 발을 꾸미는 것이니 수레를 버리고 걷게 된다.'고 한 것이다.

原文 **君子所貴, 世俗所羞, 世俗所貴, 君子所賤. 故曰 : 賁其趾, 舍車而徒.**

註解 ㅇ賁其趾(비기지)…… ―비괘(賁卦) 초구(初九)의 효사. 비(賁)는 꾸미다, 수식하다의 뜻. 지(趾)는 발. ㅇ舍(사)― 버리다, 사(捨).

解說 《주역정씨전》 비괘(賁卦) 초구(初九) 효사(爻辭)의 해설에 보이는 글임. 쓸데없는 것을 귀하게 여기면 결국 정말 중요한 것은 잃게 됨을 말한 것이다.

8. 고괘(蠱卦)의 상구(上九) 효사(爻辭)에 '왕후(王侯)를 섬기지 아니하고 그가 하는 일을 고상히 한다'고 했고, 〈상전(象傳)〉에는 '왕후(王侯)를 섬기지 않으나 그 뜻을 본받을 만하다'고 하였다.

《정전(程傳)》에는 이렇게 해설하고 있다. '선비가 스스로 고상히 하는 데에는 한 가지의 도만이 있는 것이 아니다. 도덕을 몸에 지니고 있으면서도 때를 못 만나 고결히게 스스로를 지키는 사람도 있고, 만족스럽게 처신하는 도를 알고 물러나 스스로를 지키는 사람도 있고, 능력과 분수를 헤아려 남이 알아주는 것을 바라지 않고 편히 지내는 사람도 있고, 깨끗하고 꿋꿋하게 스스로를 지켜 천하의 일을 경시하고 그의 몸만을 깨끗이 하는 사람도 있다.

그들의 처신에 크고 작은 득실의 차이는 있으나 모두 그들이 하는 일을 고상히 한 것이다. 〈상전〉에 그 뜻을 본받을 만하다고 말한 것은 진퇴가 도리에 맞기 때문이다.'

原文 **蠱之上九曰 : 不事王侯, 高尚其事. 象曰 : 不事王侯, 志**

可則也.

傳曰 : 士之自高尚, 亦非一道. 有懷抱道德, 不偶於時, 而高潔自守者. 有知止足之道, 退而自保者. 有量能度分, 安於不求知者. 有淸介自守, 不屑天下之事, 獨潔其身者.

所處雖有得失小大之殊, 皆自高尚其事者也. 象所謂志可則者, 進退合道者也.

註解 ㅇ蠱(고)-《역경》의 고괘(蠱卦). ㅇ傳(전)-《주역정씨전》. ㅇ止足(지족)-자기의 처지에 만족할 줄 아는 것. ㅇ淸介(청개)-깨끗하고 꿋꿋한 것. ㅇ象(상)-상전.

解說 《주역정씨전》 고괘(蠱卦) 상구(上九) 효사(爻辭)의 해설. 군자는 몸가짐과 행동 모두를 올바른 도에 맞게 해야 된다는 뜻이 담겨 있다.

9. 둔괘(遯卦)는 음(陰)이 자라나기 시작하는 괘니, 군자는 그 기미를 알아 응당 깊이 경계해야 한다. 그러나 성인의 뜻을 갑자기 중지시켜서는 안된다. 그러므로 때와 더불어 알맞게 행하여야 하고 약간 곧음이 이롭다는 가르침이 있는 것이다.

성현은 천하에서 비록 도가 장차 무너질 것을 아나 어찌 난세(亂世)를 좌시하고 구하지 않으려 하겠는가? 반드시 부지런히 아직 극도에 이르지 않을 때에 힘을 다하여 이 쇠약해지는 것을 강하게 하고 어지러움이 더 발전하는 것을 막아서 잠시라도 안정을 도모하려 할 것이다. 진실로 그런 일을 아무나 할 수 있는 것이라면, 공자와 맹자가 하신 일도 대단치 않다 할 것이다. 왕윤(王允)·사안(謝安)이 한(漢)·진(晋)에 한 일이 그런 것이었다.

原文 遯者陰之始長. 君子知微, 固當深戒. 而聖人之意, 未便遽已也. 故有與時行, 小利貞之教.

聖賢之於天下, 雖知道之將廢, 豈肯坐視其亂而不救? 必區區致力於未極之間, 强此之衰, 艱彼之進, 圖其蹔安. 苟得爲之, 孔孟之所屑爲也. 王允謝安之於漢晋, 是也.

註解 ㅇ遯(둔)－《역경》의 둔괘(遯卦). ㅇ陰之始長(음지시장)－둔괘는 맨 아래 두 효(爻)가 음(陰)이어서 '음이 자라기 시작한다'고 하는 것이다. ㅇ與時行(여시행)…… －둔괘 단전(彖傳)에 보이는 말. ㅇ區區(구구)－애쓰는 모양. ㅇ王允(왕윤)－자는 자사(子師), 후한말(後漢末)의 사람으로 여포(呂布)와 결탁하여 권력자 동탁(董卓)을 죽였다. ㅇ謝安(사안)－자는 안석(安石), 진 효무제(孝武帝) 때 환온(桓溫)에 대항하여 진실(晋室)을 보좌하였다.

解說 《주역정씨전》 둔괘(遯卦) 단전(彖傳)의 해설이다. 군자가 난세의 징후를 미리 알아차리고 세상을 피하여 숨지 않고 애쓴다면 그 시대의 어려움을 어느 정도 구할 수 있다는 것을 둔괘를 들어 설명하고 있다.

10. 명이괘(明夷卦)의 초구(初九)는 일이 아직 분명하지 않아서 처신이 매우 어려운 상태이다. 기미(幾微)를 분명히 안지 않으면 일의 처리가 불가능한 것이다. 그렇게 된다면 세상 사람들 어느 누가 의심하며 괴상하게 여기지 않겠는가? 그러나 군자는 세상 사람에게 괴상하게 보이는 것을 꺼려 그의 행동을 머뭇거리지 않는다. 만약 여러 사람이 다 알기를 기다린다면 해가 이미 미쳐서 피할 수가 없을 것이다.

原文 明夷初九, 事未顯而處甚艱. 非見幾之明, 不能也. 如是則世俗孰不疑怪? 然君子不以世俗之見怪, 而遲疑其行也. 若俟衆人盡識, 則傷已及, 而不能去已.

註解 ㅇ明夷(명이)－《역경》의 괘 이름. ㅇ幾(기)－기미, 기틀. ㅇ遲疑(지의)－

머뭇거리는 것.

解說 《주역정씨전》 명이괘(明夷卦) 초구(初九) 효사(爻辭) 해설의 글이다. 명이괘는 이하곤상(離下坤上)으로 해가 땅속에 들어가 있는 형상으로, 곧 어리석은 임금이 위에 있어 군자가 해를 입기 쉬운 괘(卦)이다. 군자는 이런 때를 당하여 미리 기미(幾微)를 알아차려 해(害)를 속히 제거해야 한다는 뜻이다.

11. 진괘(晉卦)의 초륙(初六)은 아래 자리로부터 나아가기 시작하는 것이다. 어찌 갑자기 윗사람에게 깊은 신임을 받을 수가 있겠는가? 만약 윗사람의 신임을 받지 못하면 응당 마음을 편안히 하고 스스로를 지키며, 점잖고 여유있는 너그러운 태도로 윗사람의 신임을 얻는 데 다급히 서두르지 않아야 한다. 신임을 얻으려는 마음이 절박하면 성급함 때문에 자신이 지킬 바를 잃거나, 노여움 때문에 의리에 손상이 될 것이다. 그러므로 말하기를 "나아가든 물러서든 곧음을 지키면 길하고, 신임받지 못하더라도 여유있는 너그러움으로써 처신하면 탈이 없다."고 한 것이다.

그러나 성인은 후세 사람들이 여유있는 너그러움의 뜻을 잘못 이해하여 관직에 있는 자가 관직을 폐하고 자기의 지킬 일을 버리는 것을 여유있는 너그러움이라고 생각할까봐 걱정이 되셨다. 그리하여 특히 초륙(初六)에 '여유있고 너그러우면 허물이 없다'고 말씀하신 것은 처음으로 관직에 나아가 아직 명을 받아 맡은 책임이 없는 상태이기 때문이다. 만약 관직에 있되 윗사람에게 신임을 잃어 그 직을 잃게 되면 하루도 머물러 있을 수 없게 되는 것이다.

그러나 일은 일괄적으로 논할 수 없는 것이니 직위에 오래 머물러 있거나 직위를 빨리 떠나는 것은 오직 그 때가 있는 것이다. 그런 일에도 도움이 되는 전조(前兆)가 있을 것이다.

原文 晉之初六, 在下而始進. 豈遽能深見信於上? 苟上未見信, 則當安中自守, 雍容寬裕, 無急於求上之信也. 苟欲信之心切, 非汲汲以失其守, 則悻悻以傷於義矣. 故曰 : 晉如摧如, 貞吉. 罔孚, 裕无咎.

然聖人又恐, 後之人不達寬裕之義, 居位者廢職失守, 以爲裕. 故特云初六裕則无咎者, 始進未受命當職任故也. 若有官守, 不信於上, 而失其職, 一日不可居也.

然事非一概, 久速唯時. 亦容有爲之兆者.

註解 ㅇ晉(진)-《역경》 진괘(晉卦). ㅇ安中自守(안중자수)-마음을 편안히 하고 자기를 지킴. ㅇ雍容(옹용)-점잖은 것. ㅇ寬裕(관유)-너그럽고 여유가 있는 것. ㅇ汲汲(급급)-서두르는 모양. ㅇ悻悻(행행)-노하는 모양. ㅇ晉如摧如(진여최여)-나아갔다 물러났다 하는 것. 이 대목은 진괘 초륙(初六)의 효사(爻辭). ㅇ孚(부)-믿음, 신임. ㅇ一概(일개)-일괄적으로 말하다.

解說 《주역정씨전》 진괘(晉卦)의 초륙(初六) 효사(爻辭) 및 상전(象傳)의 해설이다. 군자는 관직에 나아감과 물러남을 시의(時宜)에 맞게 해야 한다고 말하고 있다.

12. 바르지 않으면서도 합쳐졌다면 오래 가도 서로 떨어지지 않는 자들이란 있을 수가 없는 것이다. 올바른 도를 따라 합쳐졌다면 자연히 끝까지 어긋나는 경우란 없을 것이다. 그러므로 현명한 사람은 이치를 따라 편안히 행동하고, 지혜로운 사람은 일의 빌미를 알고 굳게 지키는 것이다.

原文 不正而合, 未有久而不離者也. 合以正道, 自無終睽之理. 故賢者順理而安行, 智者知幾而固守.

註解 ㅇ睽(규)－등지다, 어긋나다. ㅇ幾(기)－일의 빌미.

解說 《주역정씨전》 규괘(睽卦) 육삼(六三) 상전(象傳)의 해설에 보이는 글이다.

13. 군자가 곤궁(困窮)할 때, 그 걱정을 막기 위해 방법을 다해도 그것을 면할 수가 없다면 이는 운명인 것이다. 마땅히 그 운명을 받아들이어 그의 뜻을 이루어야 한다. 운명의 당연함을 알면 궁색(窮塞)함과 환난(患難)에도 그의 마음이 흔들리지 않고, 자기의 정의만을 행하게 될 따름이다.

만약 운명을 모르면 험난에 처해서 두려워하고 곤궁에 처해서는 뜻을 잃을 것이니 자기 할 일을 잃게 될 것이다. 어찌 선을 행하려는 뜻을 이룰 수 있겠는가?

原文 **君子當困窮之時, 旣盡其防慮之道, 而不得免, 則命也. 當推致其命, 以遂其志. 知命之當然也, 則窮塞禍患, 不以動其心, 行吾義而已.**

苟不知命, 則恐懼於險難, 隕穫於窮戹, 所守亡矣. 安能遂其爲善之志乎?

註解 ㅇ防慮(방려)－걱정을 막다. ㅇ推致(추치)－이해하고 받아들이는 것. ㅇ禍患(화환)－환난(患難). ㅇ隕穫(운확)－곤박(困迫)하여 뜻을 잃음. ㅇ窮戹(궁액)－곤궁한 것. ㅇ所守(소수)－자기가 할 일, 자기의 지조(志操).

解說 《주역정씨전》에서 곤괘(困卦) 상전(象傳)을 해설한 글이다. 군자가 곤궁에 처하였을 때 취해야 할 도리를 설명하고 있다.

14. 가난한 선비의 처나 약한 나라의 신하는 각각 그들의 올바름을 편안히 지킬 따름인 것이다. 만약 세력을 골라서 따른다면 곧 그것은 악함 중에서도 큰 것으로 세상에 용납이 되지 않을 것이다.

原文 **寒士之妻, 弱國之臣, 各安其正而已. 苟擇勢而從, 則惡之大者, 不容於世矣.**

解說 《주역정씨전》 곤괘(困卦) 구사(九四) 효사(爻辭)의 해설에 보이는 글. 가난한 선비의 처나 약한 나라의 신하 같은 불리한 처지에 있는 사람들이 처신하는 법을 말해 주고 있다.

15. 정괘(井卦)의 구삼(九三)은 샘을 쳤지만 먹지 못하는 형편으로, 곧 사람이 재능과 지혜는 있으면서도 쓰여지지는 못하는 것이니 자기 뜻을 실천하지 못하여 시름과 슬픔을 지니게 되는 것이다.

대체로 억세면서도 합당하지 못하기 때문에 뜻을 펴는 일이 절실한 것이다. "나를 써주면 뜻을 실천하고 나를 버리면 곧 숨는다"고 한 것과는 다르다.

原文 **井之九三, 渫治而不見食. 乃人有才智, 而不見用, 以不得行爲憂惻也.**

蓋剛而不中, 故切於施爲. 異乎用之則行, 舍之則藏者矣.

註解 ㅇ井之九三(정지구삼)—《역경》 정괘(井卦) 구삼(九三)에는 "우물을 치되 마시지 못하여 나의 마음이 슬퍼진다.(井渫不食, 爲我心惻.)"라고 하였다. ㅇ渫(설)—우물을 치는 것. ㅇ憂惻(우측)—시름과 슬픔. ㅇ施爲(시위)—자기 뜻을 실천하는 것. ㅇ用之(용지)—즉장(則藏)에 이르기까지 《논어》 술이(述而)편에 보이는 공자의 말. ㅇ藏(장)—숨어 지내는 것. 재능과 지혜를 감

추어 두는 것으로 풀이하기도 한다.

解說 《주역정씨전》 정괘(井卦) 구삼(九三) 효사(爻辭)의 해설에 보이는 글. 사람은 자신의 재능과 지혜를 제대로 쓰지 못하여 시름하게 되는 경우도 있음을 강조하고 있다. 그런 처지를 여유있게 넘기고 마음이 전혀 흐트러지지 않는 사람은 드물다.

16. 혁괘(革卦)의 육이(六二)는 중정(中正)하면 곧 치우치거나 가리워지는 일이 없다. 세상이 밝아서 모든 일이 도리에 맞고, 윗사람에게 호응하여 권세를 얻게 되며, 몸가짐이 온순하여 도리에 어긋나는 일이 없다.

때도 좋고, 자리도 얻고, 재능도 충분하다. 개혁[革]에 처신하는 데 있어 지극히 훌륭한 사람이다. 반드시 위아래 사람들의 신의를 얻기 때문에, "날이 끝나자 곧 그것이 개혁되는 것이다."

육이(六二)의 재능과 덕 같은 경우에는 당연히 그의 도를 추진하여 나가면 곧 길하고 탈이 없다는 것이다. 추진해 나가지 않으면 곧 일을 할 시기를 잃어 탈이 생기게 되는 것이다.

原文 革之六二, 中正則無偏蔽. 文明則盡事理, 應上則得權勢, 體順則無違悖.

時可矣, 位得矣, 才足矣, 處革之至善者也. 必待上下之信, 故已日乃革之也.

如二之才德, 當進行其道, 則吉而无咎也. 不進則失可爲之時, 爲有咎也.

註解 ㅇ革(혁)-《역경》 혁괘(革卦). ㅇ偏蔽(편폐)-치우치고 가려지는 것. ㅇ文明(문명)-세상이 밝은 것, 사회활동을 밝게 하는 것. ㅇ應上(응상)-윗

사람에게 호응하는 것, 윗사람 뜻에 맞도록 행동하는 것. ㅇ體順(체순)-몸가짐이 온순한 것. ㅇ違悖(위패)-도리에 어긋나는 짓을 하는 것. ㅇ已日乃革(이일내혁)-날이 끝나자 곧 개혁되다, 혁괘 육이(六二)에 보이는 구절.

解說 《정씨주역전》 혁괘(革卦) 육이(六二) 효사(爻辭) 해설에 보이는 글.

17. 솥[鼎]에 물건이 가득 차 있다는 것은 곧 사람에게 재능과 학업이 갖추어져 있다는 것이다. 나아가는 방향에 신중하여야만 할 것이니, 가는 곳에 대하여 신중하지 않으면 곧 의롭지 않은 처지에 빠지게 될 것이다. 그러므로 "솥에 물건이 가득 차 있으니, 가는 곳에 신중해야 한다."고 한 것이다.

原文 鼎之有實, 乃人之有才業也. 當愼所趨向, 不愼所往, 則亦陷於非義. 故曰 : 鼎有實, 愼所之也.

註解 ㅇ鼎之有實(정지유실)-솥에 물건이 가득 차 있다. 《역경》 정괘(鼎卦) 구이(九二) 및 그 상전(象傳)에 보이는 말. ㅇ趨向(추향)-나아가는 방향. ㅇ故曰(고왈)-정괘(鼎卦) 구이(九二) 상전(象傳)의 글.

解說 《주역정씨전》 정괘(鼎卦) 구이(九二) 상전(象傳)의 해설에 보이는 글. 《역경》의 해설을 빌어 사람은 지향하는 바를 올바로 하여야 함을 역설하고 있다.

18. 선비가 높은 자리를 차지하게 되면 임금의 잘못을 구해주는 일은 있어도, 잘못을 따라가지는 않는다. 낮은 자리에 있을 적에는 잘못을 구해 주어야만 할 경우도 있고 잘못을 따라야 할 때도 있으나, 구해주려 해도 뜻대로 되지 않은 다음에야 따르게 되는 것이다.

原文 士之處高位, 則有拯而無隨. 在下位, 則有當拯, 有當隨, 有拯之不得, 而後隨.

註解 ㅇ拯(증)-구조하다, 구해주다.

解說 《주역정씨전》 간괘(艮卦) 육이(六二)의 해설 중에 보이는 글. 《역경》을 빌어 벼슬살이의 기본원리를 해설하고 있다.

19. "군자는 생각이 그의 자리를 벗어나지 않는다."라고 하였다. 자리란 그가 처하고 있는 분수인 것이다. 모든 일은 각각 합당한 자리가 있어서, 올바른 자리를 차지했으면 곧 거기에 멈추어 편안히 지내야 한다.

만약 가야만 하는데도 멈추어 있거나, 빨리 가야 하는데도 오래도록 있는 것같이, 혹은 지나치고 혹은 미치지 못하는 것은 모두 그의 자리로부터 벗어나는 것이다. 하물며 분수에 넘치고 의거할 곳이 아닌 경우에야 어떠하랴?

原文 君子思不出其位. 位者, 所處之分也. 萬事各有其所. 得其所, 則止而安.

若當行而止, 當速而久, 或過或不及, 皆出其位也. 況踰分非據乎?

註解 ㅇ君子(군자)-《역경》 간괘(艮卦) 대상(大象)에 보이는 말. ㅇ踰分(유분)-분수에 지나치다. ㅇ非據(비거)-의거할 곳이 아닌 것.

解說 《주역정씨전》 간괘(艮卦) 대상(大象)의 해설에 보이는 글임.

20. 사람의 멈춤은 오래도록 끝까지 가기가 어렵다. 그러므로 절조(節

操)가 간혹 만년에 이르러 바뀌어지기도 하고, 지키던 뜻을 간혹 끝에 가서는 잃기도 하며, 하던 일을 오래 가서는 그만두기도 하는데, 그것은 사람들이 다같이 걱정하는 일이다.

간괘(艮卦)의 상구(上九)는 멈춤에 끝까지 돈후(敦厚)한데, 멈춤의 도에 있어서 지극히 훌륭한 경우이다. 그러므로 "멈춤에 돈후하니 길하다." 고 한 것이다.

原文 **人之止, 難於久終. 故節或移於晩, 守或失於終, 事或廢於久, 人之所同患也.**

艮之上九, 敦厚於終, 止道之至善也. 故曰 : 敦艮吉.

註解 ㅇ節(절)－절조(節操), 절개. ㅇ艮之上九(간지상구)－《역경》 간괘의 상구에서는 "멈춤에 돈후하니 길하다.(敦艮, 吉.)"라고 하였다. 뒤의 "고왈(故曰)"은 그 글을 인용한 것이다.

解說 《주역정씨전》 간괘 상구 효사(爻辭)의 해설에 보이는 글이다. 사람이 '멈춘다'는 것은 처신한다는 뜻으로 이해하면 좋을 것이다.

21. 중부괘(中孚卦)의 초구(初九)에 "두루 생각을 하면 길하다."고 하였고, 그 상전(象傳)에는 "뜻이 변하지 않기 때문이다."고 하였다.

《정전(程傳)》에는 그에 대하여 이렇게 말하고 있다. "믿음이 시작될 때에는 뜻이 아직 따르는 곳이 없다. 그러나 믿는 것을 두루 생각하고 헤아림으로 곧 일이 올바름을 얻게 됨으로, 그래서 길한 것이다. 뜻이 따르는 곳이 있게 되면 곧 그것은 변동하는 것이다. 거기에 대하여 두루 생각을 하더라도 일의 올바름을 얻을 수가 없는 것이다.

原文 **中孚之初九曰 : 虞吉. 象曰 : 志未變也.**

傳曰 : 當信之始, 志未有所從. 而虞度所信, 則得其正, 是以吉也. 志有所從, 則是變動. 虞之不得其正矣.

註解 ㅇ中孚(중부)-《역경》 괘 이름. ㅇ虞(우)-두루 생각하다. ㅇ虞度(우탁)-두루 생각하고 헤아리는 것.

解說 《주역》 중부괘(中孚卦) 초구(初九) 상전(象傳)에 대한 《주역정씨전》의 해설이다.

22. 현명한 사람은 오직 의로움에 대하여 알 따름이다. 운명도 그 속에 있게 된다. 중급(中級)의 사람 이하는 곧 운명으로 의로움에 대처한다. 곧 "구하는 데에는 도가 있고, 얻는 데에는 운명이 있다고 하는 것은, 그것은 구하여도 얻는 데에는 아무런 소용도 없기 때문이다."고 말하는 것 같은 경우이다. 운명은 구할 수가 없다는 것을 알기 때문에 스스로 구하지 않는 처신을 한다. 현명한 사람 같은 경우에는 곧 그것을 도로써 구하고 의로움을 따라 얻게 되기 때문에, 운명에 대하여 말할 필요도 없게 된다.

原文 賢者惟知義而已. 命在其中. 中人以下, 乃以命處義. 如言求之有道, 得之有命, 是求無益於得. 知命之不可求, 故自處以不求. 若賢者, 則求之以道, 得之以義, 不必言命.

註解 ㅇ如言(여언)-이하는 《맹자(孟子)》 진심(盡心) 상편의 말. 《맹자》에서는 "구하면 얻게 되고 버려두면 잃게 된다고 하는 것은, 그것은 구하는 것이 얻는 데 유익하기 때문이다. 그것은 나에게 있는 것을 구하는 경우이다. 구하는 데에는 도가 있고 얻는 데에는 운명이 있다고 하는 것은, 그것은 구하여도 얻는 데 아무 소용이 없기 때문이다. 그것은 구하는 것이 자기 밖에 있는 경우이다.(求則得之, 舍則失之, 是求有益於得也. 求在我者也. 求之有

道, 得之有命, 是求無益於得也. 求在外者也.)"라고 말하고 있다.

解說 《정씨유서》 권2 상에 보이는데, 정씨 두 형제 중 누구의 말인지 명확치 않다. 도와 의로움을 바탕으로 운명을 부정하는 정자의 이론이 특히 눈을 끈다.

23. 사람들은 환난을 당했을 적에 오직 한 가지 처리 방법만이 있다. 사람의 꾀를 다 쓰고 난 뒤에는 오히려 태연히 거기에 대처해야만 한다. 어떤 사람은 한 가지 일을 당하기만 하면 곧 온 마음과 생각을 거기로부터 버리지 않는데, 결국 무슨 이익이 되는가? 만약 그 일을 처리하지 못하고 버려둔다면 바로 그것은 의로움도 없고 운명도 없는 처지가 된다.

原文 **人之於患難, 只有一個處置. 盡人謀之後, 卻須泰然處之. 有人遇一事, 則心心念念, 不肯捨. 畢竟何益? 若不會處置了放下, 便是無義無命也.**

註解 ○處置(처치) 처리방법. ○人謀(인모)－사람의 꾀, 사람의 지혜와 생각. ○心心念念(심심념념)－온 마음과 온갖 생각.

解說 《정씨유서》 권2 상에 보이는데, 정씨 두 형제 중 누구의 말인지는 알 수 없다.

24. 문인 중에 태학(太學)에서 공부하고 있으면서 돌아와 향시(鄕試)를 보려는 사람이 있었다. 그 까닭을 물으니, 대답하였다. "채(蔡)의 사람들은 《예기(禮記)》에 대하여 공부를 적게 하고 있기 때문에 과(科)를 결정하기에 유리하기 때문입니다."

선생님께서 말하셨다. "너의 그 마음으로는 이미 요순(堯舜)의 도로는 들어갈 수가 없어! 자공(子貢)과 같은 높은 식견을 갖고 있다면 어찌 재물이나 이익에 마음을 빼앗길 수가 있겠느냐? 다만 풍부하고 궁핍한 차이에 대하여 감정을 두지 않을 수 없었을 뿐이네.

또한 가난하고 부한 것은 운명일세. 자공은 그런 차이에 감정을 두면서 그 자신의 도를 믿지 않는 모습을 많이 드러냈었네. 그러므로 성인께서는 그가 '운명을 받아들이지 않는다'고 말씀하셨던 것일세. 도에 뜻을 둔 사람이라면 마땅히 그런 마음을 버려야만 그와 더불어 얘기할 수가 있을 것이네."

原文 門人有居太學, 而欲歸應鄕擧者. 問其故, 曰 : 蔡人尠習戴記, 決科之利也.

先生曰 : 汝之是心, 已不可入於堯舜之道矣. 夫子貢之高識, 曷嘗規規於貨利哉? 特於豊約之間, 不能無留情耳.

且貧富有命, 彼乃留情於其間, 多見其不信道也. 故聖人謂之不受命. 有志於道者, 要當去此心, 而後可與語也.

註解 ㅇ太學(태학)－국자감(國子監)에 소속되어 있던 나라의 최고 교육기관. ㅇ鄕擧(향거)－향시(鄕試), 지방에서 보는 과거(科擧) 시험. 여기의 합격자를 거인(擧人)이라 하고, 중앙의 진사(進士)가 되는 시험에 응시할 자격이 있다. ㅇ蔡(채)－상채(上蔡), 지금의 하남성(河南省) 상채현(上蔡縣). 여기의 '문인'이란 곧 사상채(謝上蔡, 이름 良佐)라고도 한다. ㅇ尠習(선습)－적게 익히다, 공부를 덜 하다. ㅇ戴記(대기)－《예기(禮記)》. 이 책이 한(漢)대 대성(戴聖)과 대덕(戴德)에 의하여 전하여졌기 때문에 그렇게도 부른다. ㅇ子貢(자공)－공자의 제자. 성은 단목(端木), 이름은 사(賜). 이재(理財)에 뛰어난 재능이 있었다. ㅇ規規(규규)－마음을 빼앗기어 자신을 잃는 모양. ㅇ豊約(풍약)－풍부함과 곤궁함. ㅇ不受命(불수명)－운명을 받아들이지 않는다. 《논

어》 선진(先進)편에서 공자가 자공에 대하여 한 말. 공자는 '자신의 가르침을 받아들이지 않았다'는 뜻으로 한 말일 가능성이 많다.

解說 《정씨유서》 권4에 보이며, 여기의 '선생'은 정이를 말한다.

25. 사람이 진실로 '아침에 도에 관하여 듣는다면 저녁에 죽어도 좋다'는 뜻을 갖고 있다면, 곧 하루도 불안한 곳에 편안히 지내려 들지 않을 것이다. 어찌 하루에 그치겠는가? 잠시도 그렇게 지내지 못할 것이다. 증자가 침상의 깔개를 바꾸었던 것처럼, 반드시 그러해야만 편안해지는 것이다. 사람으로서 그와 같이 못하는 자는 오직 실질적인 이치를 알아보지 못하기 때문이다.

실질적인 이치란 실지로 옳은 것을 알아보고 실지로 그릇된 것을 알아보는 것이다. 이러한 실질적인 이치란 것은 마음으로 그것을 터득하면 스스로가 달라진다. 귀로 듣고 입으로 말한 것 같은 것들을 마음이 실질적으로 알아보지 못하는 것이 문제이다. 만약 알아보게만 된다면 반드시 불안한 곳에 편안히 지내려 들지 않을 것이다.

사람의 한 몸으로 하고 싶지 않은 것들이 꽤 있을 것이나, 다른 일을 당하게 되면 또 그렇지 않게도 된다. 만약 선비라면 비록 그를 죽인다 하더라도 그에게 남의 집 담을 뚫고 들어가라고 한다면 반드시 하지 않을 것이다. 그러나 그와 다른 일이라면 반드시 그렇지는 않을 것이다.

글공부를 하는 사람이라면 예와 의로움에 대하여 말할 줄 모르는 사람이 없을 것이고, 또 임금이나 귀족이라면 모두가 큰 수레나 예관(禮冠) 및 밖의 물건들에 대하여 모두가 말할 수가 있을 것이다. 그러나 이해를 앞에 두게 되면 곧 의리(義理)를 좇을 줄 모르고 도리어 부귀(富貴)를 좇게 된다.

이러한 자들은 다만 말할 줄만을 알지 실질적인 것은 알아보지 못하기 때문이다. 물이나 불 속으로 밟고 들어가는 일은 곧 사람이라면 모두가 그것을 피한다. 이것은 실질적인 것을 알아보는 것이다. 반드시 선하지 않은 것을 보기를 끓는 물에 손을 넣는 것 같은 마음으로 한다면 곧 자연히 달라지게 된다. 예전에 호랑이에게 상처를 받았던 사람이 있을 경우에, 다른 사람이 호랑이 얘기를 하면 곧 어린아이라 하더라도 모두가 호랑이는 무서운 것임을 알지만, 끝내 일찍이 상처를 받았던 사람처럼 겁내고 두려워하면서 진정으로 무서워하지는 못할 것이다. 이것이 실질적으로 알아보는 것이다.

그것을 마음으로 터득하는 것을 바로 덕이 있다고 말하게 되는 것이며, 부지런히 애쓰지 않아도 되는 것이다. 그러나 공부하는 사람은 반드시 부지런히 애써야만 한다. 옛사람 중에는 의로움에 몸을 던져 목숨을 잃는 사람도 있었다. 만약 실질적으로 알아보지 못했다면 어찌 그러할 수가 있겠는가? 반드시 삶은 의로움보다 소중하지 못하고 살아도 죽는 것보다도 불안하다는 것을 실질적으로 알아보았기 때문인 것이다.

그러므로 자기 몸을 죽여 인을 이룩하게 되는 것이다. 다만 한 가지 옳은 것을 이룩할 따름인 것이다.

原文 人苟有朝聞道夕死可矣之志, 則不肯一日安於所不安也. 何止一日? 須臾不能. 如曾子易簀, 須要如此, 乃安. 人不能若此者, 只爲不見實理.

實理者, 實見得是, 實見得非. 凡實理, 得之於心自別. 若耳聞口道者, 心實不見. 若見得, 必不肯安於所不安.

人之一身, 儘有所不肯爲, 及至他事, 又不然. 若士者, 雖殺之使爲穿窬, 必不爲. 其他事, 未必然.

至如執卷者, 莫不知說禮義, 又如王公大人, 皆能言軒冕外物. 及其臨利害, 則不知就義理, 卻就富貴.

如此者, 只是說得, 不實見. 及其蹈水火, 則人皆避之, 是實見得. 須是有見不善如探湯之心, 則自然別. 昔曾經傷於虎者, 他人語虎, 則雖三尺童子, 皆知虎之可畏, 終不似曾經傷者神色懾懼, 至誠畏之. 是實見得也.

得之於心, 是謂有德, 不待勉强. 然學者則須勉强. 古人有捐軀隕命者, 若不實見得, 則烏能如此? 須是實見得生不重於義, 生不安於死也.

故有殺身成仁. 只是成就一個是而已.

註解 ㅇ朝聞(조문)－이하 '가의(可矣)'에 이르기까지 《논어》 이인(里仁)편에 보이는 공자의 말. ㅇ須臾(수유)－잠시, 잠깐 동안. ㅇ易簀(역책)－침상의 깔개를 바꾸다. 공자의 제자 증삼(曾參)이 중병이 들어 누워있을 적에, 그때 자신이 깔고 누워있는 침상깔개가 노(魯)나라의 권력가 계손씨(季孫氏)가 보내준 대부용이라는 것을 알고는 몸이 불편함에도 불구하고 일어나 다른 것으로 갈았다 한다. 예에 벗어나고 의롭지 못한 짓은 하지 않겠다는 마음가짐 때문이었다(《禮記》 檀弓 上). ㅇ實理(실리)－실질적인 이치, 실질적인 원리. ㅇ自別(자별)－자연히 달라지다, 스스로 다르게 되다. ㅇ穿窬(천두)－구멍을 뚫다, 남의 집 담에 구멍을 내고 들어가 도적질을 하는 것. ㅇ執卷者(집권자)－책을 들고 있는 사람, 책을 읽는 사람. ㅇ軒冕(헌면)－큰 수레와 면류관, 고관들이 타는 수레와 예관(禮冠). ㅇ蹈水火(도수화)－물과 불 속을 걸어 들어가는 것. ㅇ探湯(탐탕)－끓는 물에 맨손을 넣는 것. ㅇ懾懼(섭구)－두려워하다, 무서워하다. ㅇ捐軀(연구)－정의를 위하여 자기 몸을 버리는 것. ㅇ隕命(운명)－목숨을 잃는 것. ㅇ殺身成仁(살신성인)－《논어》 위령공(衛靈公)편에 보이는 말.

解說 《정씨유서》 권15에 보이는 정이의 말. 여기서는 특히 '실질적인 이치'를 알아보아야 함을 강조하고 있는 점이 인상적이다.

26. 맹자는 순임금과 도척(盜跖)의 분별을 논하였는데, 오직 의로움과 이익의 차이에 있었다. 차이는 그 거리가 매우 먼 것이 아니고, 다투는 요점이 터럭 끝만한 것이라 말하고 있다.

의로움과 이익이란 다만 하나는 공적(公的)인 것이고 하나는 사적(私的)인 것이라는 차이가 있을 따름이다. 막 의로움에서 벗어나기만 하면 바로 이익으로 말하게 된다. 다만 그처럼 계산하는 것은 바로 이로움과 해로움이 있기 때문이다. 만약 이로움과 해로움이 없다면 계산을 어디에 쓰겠는가? 이로움과 해로움이란 천하 사람들이 모두 느끼는 감정인 것이다. 사람이라면 모두 이로움으로 나아가고 해로움은 피할 줄 안다.

성인은 더 이상 이로움과 해로움을 따지지 않고 오직 의로움을 바탕으로 마땅히 해야 하는가 마땅히 하지 말아야 하는가만을 본다. 바로 천명(天命)도 그 속에 있는 것이다.

原文 孟子辨舜跖之分, 只在義利之間. 言間者謂相去不甚遠, 所爭毫末爾.

義與利, 只是個公與私也. 纔出義, 便以利言也. 只那計較, 便是爲有利害. 若無利害, 何用計較? 利害者, 天下之常情也. 人皆知趨利而避害.

聖人則更不論利害, 惟看義當爲不當爲. 便是命在其中也.

註解 ㅇ跖(척)-도척(盜跖), 옛날의 유명한 도적 이름. ㅇ間(간)-사이, 차이. ㅇ毫末(호말)-가는 터럭 끝. ㅇ纔(재)-……하자마자. ㅇ計較(계교)-계산하고 따지는 것.

解說 《정씨유서》 권17에 보이는 정이의 말이다. 의(義)와 이(利)를 대비시키며 그 차이를 논한 것이다.

27. 대체로 유학자(儒學者)들에게 도에 깊이 이르게 될 것을 감히 바라지는 못한다. 그러나 오직 몸가짐이 바르고 선과 악을 분별하며 염치를 알아야만 한다. 이러한 사람들이 많으면 반드시 점점 좋아질 것이다.

原文 **大凡儒者, 未敢望深造於道. 且只得所存正, 分別善惡, 識廉恥. 如此等人多, 亦須漸好.**

解說 《정씨유서》 권17에 보이는 정이의 말이다.

28. 조경평(趙景平)이 질문하였다. "공자(孔子)께서는 이(利)를 드물게 말씀하셨다는데 소위 이라고 한 것은 어떤 이입니까?"

대답하셨다. "비단 재리(財利)의 이(利)뿐만이 아니라 모든 이익을 추구하는 마음이 있으면 안된다는 것이네. 어떤 일을 하는데 자기에게 편리한 것만 찾으려 한다면, 이는 모두 이익을 추구하는 마음일세. 성인은 의(義)로써 이(利)를 삼았네. 의로써 편안하게 지내는 것이 바로 이가 되는 거지. 불교의 학문은 그 근본을 이에 두고 있으므로 옳지 않은 것일세."

原文 **趙景平問 : 子罕言利, 所謂利者何利?**

曰 : 不獨財利之利, 凡有利心, 便不可. 如作一事, 須尋自家穩便處, 皆利心也. 聖人以義爲利. 義安處, 便爲利. 如釋氏之學, 皆本於利, 故便不是.

註解 ○趙景平(조경평)－이름은 언도(彦道), 정이의 제자. ○子罕言利(자한언리)－《논어》 자한(子罕)편의 첫 장(章). ○穩便(온편)－편리함, 편안함. ○義安處(의안처)－의로움으로 편안하게 지내다. ○釋氏(석씨)－석가모니, 불교.

解說 《이정유서》 권16에 보이는 정이의 말이다. 성인은 오직 의(義)를

추구할 뿐이요, 이(利)는 생각지 않는다는 말이다.

29. 질문하였다. "형서(邢恕)는 오랫동안 선생님에게 공부를 하였으나 생각컨대 전혀 아는 게 없으니 뒤에는 매우 어려운 처지에 놓일 것 같습니다."

선생님께서 말씀하셨다. "그가 전혀 아는 게 없다고 말하는 것은 안될 일이다. 다만 의리가 이익을 바라는 마음을 이기지 못하여 곧 이러한 처지에 이른 것이다."

原文 問 : 邢七久從先生, 想都無知識, 後來極狼狽.

先生曰 : 謂之全無知, 則不可. 只是義理不能勝利欲之心, 便至如此也.

註解 ㅇ邢七(형칠)-형서(邢恕), 자는 화숙(和叔), '칠'은 그의 형제 배항(排行). 세속적인 일에 뛰어났으며, 뒤에는 선(禪)을 배웠다. ㅇ狼狽(낭패)-난감한 처지에 놓이는 것, 어려운 처지에 놓인 모양.

解說 《정씨유서》 권19에 보이는 정이의 말이다.

30. 사식이 촉(蜀)으로부터 서울에 가는 도중 낙양(洛陽)을 지나다가 정자를 찾아뵈었다. 선생님이 말씀하셨다. "자네는 어디를 가는 중인가?" "교관(敎官)의 시험을 보고자 합니다." 선생님은 아무런 대꾸도 하지 않았다.

사식이 질문하였다. "어떻겠습니까?" 선생님이 말씀하셨다. "내가 일찍이 하녀를 한 명 사려 하여, 그를 시험해 보고자 하였네. 그녀의 어머니가 성을 내면서 그것을 허락하지 않는 걸세. '제 딸은 시험해 볼 수 있는 사람이 아닙니다'라는 것이었네. 지금 자네는 남의 스승이 되기를 바라면서 그 시험을 받고자 하고 있으니, 반드시 이 할멈의 웃음거리가 될 것일세."

사식은 마침내 가지 않았다.

原文 謝湜自蜀之京師, 過洛而見程子. 子曰 : 爾將何之? 曰 : 將試教官. 子弗答.

湜曰 : 何如? 子曰 : 吾嘗買婢, 欲試之. 其母怒而弗許. 曰 : 吾女非可試者也. 今爾求爲人師而試之, 必爲此媼笑也.

湜遂不行.

註解 ㅇ謝湜(사식)－자는 지정(持正), 정이의 제자로 벼슬은 국자박사(國子博士)를 지냈다. ㅇ蜀(촉)－지금의 사천성(四川省) 지방. ㅇ京師(경사)－서울, 송나라의 수도는 변경(汴京, 지금의 河南省 開封). ㅇ洛(락)－낙양(洛陽), 지금의 하남성에 있다. ㅇ媼(온)－할멈.

解說 《정씨유시》 권21 상에 보이는 정이의 말이다. 자기 스스로 자신의 재능을 드러내고자 하는 태도를 경계한 것이다.

31. 선생님이 강독관(講讀官) 자리에 계실 적에 녹봉(祿俸)을 요구하지 않았다. 여러 사람들이 마침내 호부(戶部)에 공문을 보내어 봉록을 주지 않는 연유를 물었다. 호부에서는 곧 이전에 녹봉을 받은 이력서를 요구하였다. 선생님은 '나는 초야(草野)에서 나왔기 때문에 전에 녹봉을 받은 이력이 없다'는 것이었다. 마침내 호부에서는 자신들이 녹봉 지급서를 만들어 녹봉을 지급하였다.

그리고 부인을 위하여 봉호(封號)를 요구하지 않으셨다. 범조우(范祖

禹)가 그 까닭을 물으니 선생님은 이렇게 대답하셨다. “나는 본시 초야에서 나왔고, 세 번 사절한 뒤에야 임명(任命)을 수락하였어요. 어찌 오늘에 와서 바로 처를 위하여 봉호를 요구할 리가 있겠소?”

질문하였다. “지금 사람들이 은사(恩賜)를 청원(請願)하는 것은 의리상 당연한 것이 아닙니까? 사람들은 모두 그것을 본분(本分)이라 여기고 있는데, 그러지 않는 것은 해가 되는 것이 아닙니까?” 선생님이 대답하셨다. “오직 지금의 사대부(士大夫)들은 구걸을 하는 것이 습관이 되어 있기 때문에 또한 걸핏하면 거듭 구걸을 하는 것일세.”

다시 질문하였다. “아버지나 할아버지에게 봉호를 내려줄 것을 청원하는 것은 어떻습니까?” 선생님이 대답하셨다. “그런 일은 체식이 다른 것이지.” 두세 번 가르침을 바랐으나, 다만 “그 얘기는 매우 길어진다. 다른 기회에 얘기하기로 하마.”하고 대답하셨다.

原文 先生在講筵, 不曾請俸. 諸公遂牒户部, 問不支俸錢. 户部索前任歷子. 先生云 : 某起自草萊, 無前任歷子. 遂令户部自爲出券歷.

又不爲妻求封. 范純甫問其故, 先生曰 : 某當時起自草萊, 三辭然後受命. 豈有今日乃爲妻求封之理?

問 : 今人陳乞恩例, 義當然否? 人皆以爲本分, 不爲, 害. 先生曰 : 只爲而今士大夫道得個乞字慣, 卻動不動又是乞也.

因問 : 陳乞封父祖如何? 先生曰 : 此事體又別. 再三請益, 但云 : 其說甚長, 待別時說.

註解 ㅇ講筵(강연)－강학(講學)하는 자리, 강독관(講讀官). 정이는 철종(哲宗)의 원우(元祐) 원년(1086) 54세 되던 해 3월 서경국자감교수(西京國子監教授)가 되었고, 이어 숭정전설서(崇政殿說書)로 있었다. ㅇ牒(첩)－문

서, 공문. ㅇ歷子(역자)－이력서(履歷書). ㅇ草萊(초래)－초야(草野), 민간. ㅇ券歷(권력)－녹봉지출서(祿俸支出書). ㅇ求封(구봉)－봉호(封號)를 요구하다, 봉작(封爵)을 요구하다. 벼슬한 사람이 자기 처나 조상들을 위하여 봉호를 청원(請願)하는 것. ㅇ范純甫(범순보)－범조우(范祖禹), 사마광(司馬光)의 제자, 순보는 그의 자. ㅇ陳乞(진걸)－구걸하다. ㅇ道得個乞字(도득개걸자)－'걸'자만을 말하다, 구걸을 하는 것을 표현한 말.

解說 《정씨유서》 권19에 보이는 정이에 관한 얘기이다. 《이천선생연보(伊川先生年譜)》에 의하면 신종(神宗)의 원풍(元豐) 8년(1085)에 사마광(司馬光)·여공저(呂公著)·한강(韓絳) 등이 정이를 조정에 추천하여, 그 결과로 뒤에 그가 등용되었다 한다. 따라서 여기의 '제공(諸公)'이란 바로 그들일 것이다.

32. 한(漢)대에 현명하고 훌륭한 사람들을 대책(對策)으로 시험 볼 적에는 그래도 남들의 추천에 의하였다. 예를 들면 공손홍(公孫弘) 같은 사람은 바로 억지로 나와서 대책에 응했던 것이다.

후세의 현명하고 훌륭한 사람을 뽑는 데 이르러서는 곧 스스로 천거(薦擧)될 것을 바라게 되었다. 만약 진실로 '나는 마음속으로 오직 조정에 나가 대책을 하여 천하의 일을 곧바로 말하고자 한다'고 하는 경우라면 그래도 가상한 일이라 할 것이다. 만약 뜻이 부귀(富貴)에 있다면 곧 그의 뜻을 얻게 되면 바로 교만하고 방종해질 것이며, 뜻을 잃게 되면 곧 멋대로 놀아나게 되고 슬퍼하며 시름에 잠기게 될 따름일 것이다.

原文 漢策賢良, 猶是人擧之. 如公孫弘者, 猶强起之, 乃就對.

至如後世賢良, 乃自求擧爾. 若果有曰, 我心只望廷對, 欲直言天下事, 則亦可尚已. 若志富貴, 則得志便驕縱, 失志則便放曠與悲愁而已.

註解 ㅇ策(책)-대책(對策). 옛날 등용할 사람을 시험 보는 방법으로, 조정에서 시험문제를 제시[策]하면 거기에 대한 답안을 적어내는 방식이었다. ㅇ公孫弘(공손홍)-B.C. 200~B.C. 121, 한(漢) 무제(武帝) 때 승상(丞相)까지 지낸 인물. ㅇ廷對(정대)-조정의 대책에 응하는 것. ㅇ可尙(가상)-존중해 줄 만한 것. ㅇ驕縱(교종)-교만하고 방종한 것. ㅇ放曠(방광)-멋대로 놀아나는 것.

解說 《정씨유서》 권1에 보이는 글이나, 정씨 두 형제 중 누구의 말인지는 알 수 없다.

33. 이천 선생께서 말씀하셨다.

"사람들이 흔히 말하기를 나는 사람들에게 과거시험 공부를 가르치지 않는다고 하지만, 내 언제 사람들에게 과거시험 공부를 시키지 않은 일이 있었는가? 사람들이 만약 과거시험 공부는 하지 않고 과거에 급제하기를 바란다면, 도리어 하늘의 이치를 책하면서 사람의 일에 관하여는 관심을 두지 않는 것이 된다. 다만 과거시험 공부는 급제할 수 있는 정도에서 그쳐야 한다. 만약 더욱 위쪽으로 달려가 반드시 급제할 방도를 얻으려고 힘을 다한다면, 그것은 미혹된 짓이다."

原文 **伊川先生曰 : 人多說某不教人習擧業, 某何嘗不教人習擧業也? 人若不習擧業, 而望及第, 卻是責天理而不修人事. 但擧業既可以及第卽已. 若更去上面盡力求必得之道, 是惑也.**

註解 ㅇ習擧業(습거업)-과거(科擧) 시험 볼 공부를 하다. ㅇ不修人事(불수인사)-사람의 일은 닦지 않다, 사람들의 일에는 관심도 두지 않는 것.

解說 《정씨유서》 권18에 보이는 정이에 관한 기록이다. 공부를 하는

목표에 대하여 애기한 것이다. 과거를 보기 위하여 공부하는 것은 아니지만 과거에도 급제는 해야만 한다는 입장이다.

34. 질문을 하였다. "집이 가난하고 부모님은 늙었는데도 과거시험을 보아 벼슬하려고 한다면 잘 되고 안되고 하는 것에 대한 걱정을 면할 수 없을 것입니다. 어떻게 수양하면 이런 걱정을 면할 수가 있겠습니까?"

이천 선생께서 말씀하셨다. "그것은 오직 뜻이 기운을 이겨내지 못하기 때문이다. 만약 뜻이 이겨낸다면 자연히 그런 걱정은 없어질 것이다. 집이 가난하고 부모님이 늙었다면 반드시 벼슬을 하여 봉록(俸祿)을 받아야 할 터인데, 뜻대로 되고 안되는 것은 운명에 달린 것이기도 하다."

다시 질문하였다. "그럴 적에 자신은 괜찮습니다만 부모님을 위해서는 어떡해야 합니까?"

"자기를 위하는 것과 부모를 위하는 일은 다만 같은 일일 뿐이다. 만약 뜻대로 안된다면 그런 운명을 어찌하겠느냐? 공자께서도 말씀하시기를 '운명을 이해하지 못한다면 군자가 될 수가 없다' 하셨네. 사람이 진실로 운명을 이해하지 못한다면 환난을 당하면 반드시 피할 것이고, 얻거나 잃는 일을 당하면 반드시 동요(動搖)할 것이며, 이익을 보게 되면 반드시 달려갈 것이다. 그래가지고 어떻게 군자가 될 수 있겠느냐?"

原文 問 : 家貧親老, 應擧求仕, 不免有得失之累. 何脩可以免此?

伊川先生曰 : 此只是志不勝氣. 若志勝, 自無此累. 家貧親老, 須用祿仕, 然得之不得, 爲有命.

曰 : 在己固可, 爲親奈何?

曰 : 爲己爲親, 也只是一事. 若不得, 其如命何? 孔子曰 : 不知命, 無以爲君子. 人苟不知命, 見患難必避, 遇得喪必動, 見利必趨. 其何以爲君子?

註解 ㅇ應擧(응거)－과거시험을 보는 것. ㅇ得失(득실)－뜻대로 잘 되는 것과 잘 못되는 것. ㅇ累(루)－걱정, 어려움. ㅇ孔子曰(공자왈)－《논어》 요왈(堯曰)편에 보이는 말. ㅇ得喪(득상)－앞의 '득실'과 같은 말.

解說 《정씨유서》 권18에 보이는 정이의 말이다. 명(命)은 천명(天命)이라 풀이할 수도 있겠으나 결국은 운명이나 같은 말이다.

35. 어떤 사람은 과거시험 공부는 사람의 노력만 빼앗아간다고 하는데, 그건 그렇지 않다. 또 한 달 중에 열흘만 과거를 위한 공부를 한다면 남은 날들로 올바른 공부를 하기에 족하다. 그런데 사람들은 이렇게 하는 데에는 뜻을 두지 않고, 오직 과거시험에만 뜻을 둔다. 그러니 과거시험 공부를 하는 일은 노력을 방해받을까 걱정할 것이 아니라 오직 뜻을 빼앗길까 걱정해야 한다.

原文 **或謂科擧事業, 奪人之功. 是不然. 且一月之中, 十日爲擧業, 餘日足可爲學. 然人不志此, 必志於彼. 故科擧之事, 不患妨功, 惟患奪志.**

註解 ㅇ科擧事業(과거사업)－과거를 위한 공부. ㅇ功(공)－노력, 공부.

解說 《정씨외서》 권11에 보이나 두 형제 중 누구의 말인지 확실치는 않다.

36. 횡거 선생께서 말씀하셨다.

"대대로 녹을 받게 되는 영광은, 임금이 공로가 있는 사람을 거두어들이고 덕이 있는 사람을 존중하며, 그들을 아끼고 그들을 후히 대접하여 은사(恩賜)가 무궁함을 보여주는 것이다. 그 후손이 된 사람들은 직책을 즐거워하고 일에 힘쓰며, 맡은 일을 부지런히 수행하고 청렴함을 기르고 이익은 멀리하여 역대의 기풍을 계승해야만 한다.

그러나 근래의 공경(公卿)들의 자손들은 지금 아래의 평민들과도 친하게 지내고 시부(詩賦)나 잘 지어 관원들에게 바치는 짓을 하고 있다. 그들이 벼슬을 구하는 방법이 의롭지 않음은 알지 못하고 도리어 이치를 따르는 것을 무능하다고 부끄러워한다. 조상의 은덕으로 벼슬하는 것이 영광임은 알지 못하고 도리어 헛된 명성을 얻는 것으로 조상을 잘 이어받는다고 여기고 있다. 정말 어떻게 된 마음들인가?"

原文 橫渠先生曰 : 世祿之榮, 王者所以錄有功, 尊有德, 愛之厚之, 示恩遇之不窮也. 爲人後者, 所宜樂職勸功, 以服勤事任, 長廉遠利, 以似述世風.

而近代公卿子孫, 方且下比布衣, 工聲病, 售有司. 不知求仕非義, 而反羞循理爲無能. 不知蔭襲爲榮, 而反以虛名爲善繼. 誠何心哉?

註解 ㅇ世祿(세록)-세세로 녹을 받다, 대를 이어 벼슬을 하는 것. ㅇ錄(녹)-수록(收錄)하다, 거두어들이다. ㅇ恩遇(은우)-은혜와 대우, 은사(恩賜). ㅇ勸功(권공)-일에 힘쓰는 것. ㅇ事任(사임)-맡은 일. ㅇ長廉(장렴)-청렴함을 자라게 하다. ㅇ似述(사술)-계승하는 것. ㅇ下比布衣(하비포의)-아래로 벼슬 안하는 평민들과 친하게 지내는 것. ㅇ工聲病(공성병)-시부(詩賦)를 잘 짓는 것. 양(梁)나라 심약(沈約)의 시론인 팔병설(八病說)을 근거로 시부를 '성병'이라고도 부른다. ㅇ有司(유사)-책임있는 관원, 시험관을 뜻한다. ㅇ蔭襲(음습)-조상들의 공덕 덕분에 벼슬하는 것.

解說 《장자전집》 책문(策問) 제5에 보이는 글임. 봉건적인 생각이 짙

게 드러나고 있다.

37. 상대의 능력에 의존하지 않고 상대가 갖고 있는 것을 이용하지 않으면 곧 남의 권세는 잊을 수 있게 된다.

原文 **不資其力, 而利其有, 則能忘人之勢.**

註解 ㅇ資(자)—근거로 하다, 의존하다.

解說 《정몽》 작자(作者)편에 보이는 글이다.

38. 사람들은 흔히 말하기를 빈천(貧賤)함으로 편안히 살아가겠다고 한다. 실은 오직 계획이 없고 힘이 모자라며 재주가 부족하여 계획을 세워 잘 살지 못할 뿐이다. 만약 조금이라도 활동할 수 있다면 아마 빈천에 편안히 살아가겠다고 하지 않을 것이다. 반드시 의리의 즐거움이 이욕(利慾)보다 더하다는 것을 진실로 알아야만 가능한 것이다.

原文 **人多言安於貧賤. 其實只是計窮力屈, 才短不能營畫耳. 若稍動得, 恐未肯安之. 須是誠知義理之樂於利欲也, 乃能.**

註解 ㅇ計窮(계궁)—계획이 모자라는 것. ㅇ營畫(영획)—계획을 세워 일을 잘 처리하는 것.

解說 《경학이굴》 권5 기질(氣質)에 보이는 글. 장재의 빈천(貧賤)을 보는 눈이 독특하다.

39. 천하의 일로 크게 근심스러운 것은 사람이 비난하고 비웃는 것을

두려워하는 것이다. 수레와 말을 두지 않고, 거친 음식을 먹으며 나쁜 옷을 입고 빈곤하게 살면 모두 사람들이 비난하고 비웃는 것을 두려워한다. 그들은 마땅히 살아야 할 때에는 살고, 죽어야 할 때에는 죽으며, 오늘은 높은 벼슬을 하다가도 내일은 그것을 버리고, 오늘은 부귀를 누리다가 내일에는 굶게 된다 하더라도 근심하지 않고 오직 의로움이 있는 곳만으로 가야 한다는 것을 모르는 것이다.

原文 **天下事, 大患只是畏人非笑. 不養車馬, 食麤衣惡, 居貧賤, 皆恐人非笑. 不知當生則生, 當死則死, 今日萬鍾, 明日棄之, 今日富貴, 明日飢餓, 亦不卹, 惟義所在.**

註解 ㅇ食麤(식추)－거친 음식을 먹는 것. ㅇ萬鍾(만종)－만종이나 되는 녹(祿), 종(鍾)은 육곡사두(六斛四斗).

解說 《경학이굴》 권4 자도(自道)에 보이는 글. 세상 사람들의 비난과 비웃음은 무시하고 오직 의롭게 살아가야 함을 강조하고 있다.

근사록 권 8

치체류(治體類) 도합 25조

1. 염계 선생께서 말씀하셨다.

"천하를 다스리는 데는 근본이 있으니, 자기 자신이 그것이다. 천하를 다스리는 데에는 법칙이 있으니, 자기 집안이 그것이다. 근본에는 반드시 발단[端]이 있을 것인데, 발단의 근본은 오직 정성스러운 마음이다. 법칙은 반드시 훌륭해야 하는데, 훌륭한 법칙은 오직 친족(親族)과 화목하게 지내는 것이다. 집안일은 어렵고 천하의 일은 쉬운데, 집안 사람들은 친근(親近)하고 천하 사람들은 소원(疏遠)하기 때문이다.

집안 사람들 마음이 벌어지는 것은 반드시 부인들 때문에 생겨난다. 그러므로 《역경》의 규괘(睽卦)는 가인괘(家人卦) 다음에 있고, '두 여자가 함께 살면서도 그들 뜻이 같게 움직이지 않는다'고 한 것도 그 때문이다.

요(堯)임금이 두 딸을 규수(嬀水) 물굽이의 순(舜)에게 시집보냈던 것도 순에게 천하를 물려줄 수 있을는지 시험해 보겠다는 뜻이었다. 그처럼 천하를 다스리는 일은 집안을 건사하는 상태를 보면 알 수 있고, 집안을 다스리는 것은 그의 몸가짐을 살펴보면 바로 아는 것이다.

몸이 단정하다는 것은 마음이 정성스러운 것을 말한다. 마음이 정성스럽다는 것은 선(善)하지 않은 움직임으로부터 되돌아오는 것[復]일 따름이다. 선하지 않은 움직임이란 망령된 것[妄]이다. 망령된 것에서 되돌아오면 곧 망령됨이 없게〔无妄〕 되는 것이다. 망령됨이 없으면 곧 정성스럽게 되는 것이다.

그러므로 《역경》의 무망괘(无妄卦)은 복괘(復卦) 다음에 있고, '옛 임금들은 훌륭함으로써 사철에 대응하고 만물을 생육케 하였다'라고 하였으니 심오한 말이다."

原文 濂溪先生曰：治天下有本，身之謂也．治天下有則，家之謂也．

本必端．端本，誠心而已矣．則必善．善則，和親而已矣．家難而天下易，家親而天下疏也．

家人離，必起於婦人．故睽次家人．以二女同居，而志不同行也．

堯所以釐降二女于嬀汭，舜可禪乎，吾茲試矣．是治天下觀於家，治家觀身而已矣．

身端心誠之謂也．誠心，復其不善之動而已矣．不善之動，妄也．妄復則无妄矣．无妄則誠矣．

故无妄次復．而曰先王以茂對時育萬物，深哉．

註解 ㅇ端(단)－발단, 단서(端緖). ㅇ睽(규)－《역경》 괘(卦) 이름, '서로 어긋난다'는 뜻을 지니고 있다. ㅇ家人(가인)－《역경》 괘 이름, 온 집안 사람들을 가리킨다. ㅇ二女(이녀)－이 대목은 '규'괘 단전(彖傳)의 글임. '규'괘는 '태(兌)'와 '이(離)'로써 이루어지는데, '태'는 작은딸, '이'는 둘째 딸을 상징하며 두 여자는 함께 살면서도 뜻이 다름을 상징한 것이라 한다. ㅇ釐降(이강)－이(釐)는 다스린다는 뜻, 강(降)은 내려보내는 것. 시집을 보내주는 것을 뜻한다. ㅇ二女(이녀)－여기서는 요(堯)의 두 딸로서 아황(娥皇)과 여영(女英). ㅇ嬀汭(규예)－규수의 물굽이. 규수는 지금의 산서성(山西省) 영제현(永濟縣) 남쪽에 흐르고 있는 강물. 이 대목은 《서경》 요전(堯典)에 근거한 글이다. ㅇ觀(관)－'복(復)'·'무망(无妄)'과 함께 모두 《역경》의 괘 이름. ㅇ先王(선왕)－

이 대목은 《역경》 무망(无妄)괘의 상전(象傳)에서 인용한 것임.

解說 《통서(通書)》 가인규복무망(家人睽復无妄) 제32에 보이는 글이다. 앞에서는 '천하를 다스림[平天下]'과 '집안을 잘 건사함[齊家]' 및 '몸을 닦음[修身]'의 관계를 설명하고, 뒤에는 그것을 《역경》의 원리에 적응시켜 풀이한 것이다. 《역경》을 어떻게 보느냐 하는 보는 이의 각도에 따라 이러한 '역리(易理)'의 응용에는 많은 문제가 생긴다.

2. 명도 선생께서 일찍이 신종(神宗)에게 말씀드렸다.

"천리(天理)의 올바름을 터득하고 인륜(人倫)의 극치를 다한 것이 요순(堯舜)의 도입니다. 그의 사사로운 마음으로써 어짊과 의로움[仁義]의 편벽됨에 의지하는 것은 패자(覇者)의 일입니다.

왕도(王道)란 숫돌처럼 평평한 것이며 인정에 근본을 두고 예의로부터 나오는 것이므로, 큰 길을 따라 걷는 것같이 돌고 구부러지는 일이 없습니다. 패자(覇者)들은 꾸불꾸불한 작은 길을 오르락내리락하고 이리 돌고 저리 돌고 하는 것이어서 끝내 요순의 도로는 들어갈 수가 없는 것입니다.

그러므로 정성스러운 마음을 가지고 임금 노릇을 하면 올바른 임금이 되고, 패도를 빌어 임금 노릇을 하면 곧 패자가 되는 것입니다. 이 두 가지 도는 같지 않습니다. 시작할 때 잘 살펴야만 할 따름입니다. 《역경》에서 말한 것처럼 '처음에는 터럭 끝만한 차이가 결과적으로 천리의 큰 착오를 이루는 것'이니, 일을 시작할 때 잘 살피지 않을 수가 없는 것입니다.

오직 폐하께서는 옛 성인의 말씀을 상고하시고 인사(人事)의 이치를 살피시어 요순의 도를 이해하여 자신에게 그것이 갖추어지도록 하심으로써, 자신을 반성하고 마음을 정성스럽게 하여 그것을 온 세상에 미치도록 미루어 나아가셔야 합니다. 그러면 만세토록 매우 다행한 일이 될 것입니다."

原文 明道先生嘗言於神宗曰：得天理之正，極人倫之至者，堯舜之道也. 用其私心，依仁義之偏者，霸者之事也.

王道如砥，本乎人情，出乎禮義，若履大路而行，無復回曲. 霸者崎嶇反側於曲徑之中，而卒不可與入堯舜之道.

故誠心而王，則王矣. 假之而霸，則霸矣. 二者其道不同，在審其初而已. 易所謂差若毫釐，繆以千里者，其初不可不審也.

惟陛下稽先聖之言，察人事之理，知堯舜之道，備於己，反身而誠之，推之以及四海，則萬世幸甚.

註解 ㅇ神宗(신종)－1068년부터 1085년까지 나라를 다스린 송(宋)나라의 여섯번째 황제. ㅇ砥(지)－숫돌, 평평한 것을 비유함. ㅇ崎嶇(기구)－험난한 것. 오르락내리락 하는 것. ㅇ反側(반측)－이리저리 도는 것. ㅇ易所謂(역소위)－지금의 《역경》엔 안보이는 말임.

解說 《정씨문집》 권1(明道先生文 一) 논왕패차자(論王霸箚子)의 글이다. 정치도 '정성스러운 마음'으로 해야 하며, 그것이 바로 왕도(王道)임을 임금에게 설명한 말이다.

3. 이천 선생께서 말씀하셨다.

"현세의 일 가운데 특히 먼저 내세워야만 할 것이 세 가지 있습니다. 그것은 첫째가 뜻을 세우는 것[立志]이며, 둘째는 책임을 다하는 것이며, 셋째는 현명한 사람을 등용하는 것입니다.

지금 비록 훌륭한 계획을 받아들여서 좋은 계책을 벌여놓는다 하더라도 임금의 뜻이 먼저 서있지 않다면 그러한 것들을 제대로 따라 실행할 수가 있겠습니까? 임금이 실시하려 한다 하더라도 재상이 책임을 지지 않는다면 그것을 누가 받들어 실행하겠습니까? 임금과 재상의 마음은 맞는다 하더라도 현명한 사람에게 일을 맡기지 않는다면 그것을 천하에 베풀 수가 있겠습니까?

이 세 가지 것은 근본적인 것이며, 하는 일을 제어하는 것은 활용인 것입니다. 세 가지 것 가운데에서도 다시 뜻을 세우는 것이 근본이 됩니다. 이른바 뜻을 세운다는 것은 지극히 정성스런 한 마음으로 도에 스스로를 맡기어, 성인의 가르침을 반드시 믿겠다고 다짐하고, 옛 임금들의 다스림을 반드시 행하겠다고 다짐해야만 되는 것입니다. 그리고 근래에 제정한 규칙에 얽매이지 않고 여러 사람들 말에 미혹되어 움직이지 않으면서, 반드시 천하를 하(夏)·은(殷)·주(周) 3대의 시대와 같이 만들겠다고 기약해야만 합니다."

原文 伊川先生曰：當世之務, 所尤先者有三. 一曰立志, 二曰責任, 三曰求賢.

今雖納嘉謀, 陳善算, 非君志先立, 其能聽而用之乎? 君欲用之, 非責任宰輔, 其孰承而行之乎? 君相協心, 非賢者任職, 其能施於天下乎?

此三者本也, 制於事者用也. 三者之中, 復以立志爲本. 所謂立志者, 至誠一心, 以道自任, 以聖人之訓, 爲可必信, 先王之治, 爲可必行, 不狃滯於近規, 不遷惑於衆口, 必期致天下如三代之世也.

註解 ㅇ尤先(우선)－특히 먼저 내세워야만 하는 것. ㅇ嘉謀(가모)－훌륭한 계획. ㅇ善算(선산)－좋은 계획. ㅇ狃滯(유체)－안이하게 얽매이는 것.

解說 《정씨문집》 권5(伊川先生文 一) 위가군응조상영종황제서(爲家君

應詔上英宗皇帝書)의 글. 정치를 하는 데 있어서 중요한 세 가지 일이 있는데 그것은, 첫째 임금이 성인의 다스림을 이룩하겠다는 뜻을 세우는 것, 둘째 재상들이 정치에 대하여 책임을 지는 것, 셋째 정책을 잘 수행할 만한 현명한 신하들을 등용하는 것이라는 것이다.

4. 《역경》 비괘(比卦)의 구오(九五)에 말하기를 "친함을 밝히는 것이다. 임금이 삼면에서 짐승을 몰아 앞으로 뛰는 짐승은 놓아준다."고 하였다.

《전(傳)》에 말하였다. "임금이 천하와 친근히 하는 도는 마땅히 그가 도에 친근함을 밝히는 것일 따름이다. 예를 들면 뜻을 정성스럽게 하고 사물을 대하며 자기의 입장으로 미루어 남을 생각하면서 정치를 행하고 어짊을 베풀어 주어 온 천하로 하여금 그 혜택을 입도록 해야만 한다. 이것이 임금이 천하와 친근하는 도인 것이다. 그렇게만 한다면 천하에 그 누가 임금과 친근해지지 않겠는가?

만약 임금이 그의 작은 인(仁)으로써 포악한 짓을 하고 도를 어기며 명예를 추구하면서도 천하가 친근해지기를 바란다면, 그의 도는 이미 협소(狹小)한 것이다. 그 어찌 천하의 친근함을 얻을 수가 있겠는가?

왕이 그가 도에 친근함을 밝힌다면 온 천하가 자연히 친근하여 올 것이다. 그에게로 오는 자들은 어루만져 주면 되었지 부드러운 모습으로 외물(外物)이 친근해지기를 바랄 필요가 없는 것이다. 그것은 마치 사냥을 할 때 삼면에서 짐승을 몰아 도망가는 짐승은 그대로 버려두고 추격하지 않으며, 앞으로 달려오는 것만을 잡는 것과 같은 것이다. 이것이 왕도(王道)의 위대함이며, 그 백성들은 유유히 편히 살면서 그렇게 만든 사람이 누구인지 알지 못하는 까닭인 것이다.

오직 임금이 천하를 친근히 하는 도만이 이러할 뿐만 아니라 대체로 사람들이 서로 친근히 지내는 것도 모두가 그러하다. 신하가 임금을 대하는 것으로 말한다 하더라도 그의 충성을 다하고 그의 재능을 다 발휘하는 것이, 그가 임금에게 친근함을 밝히는 도인 것이다. 그의 의견을 쓰는가 쓰지 않는가 하는 것은 임금에게 달려 있을 따름인 것이다. 아첨하고 비위를 맞춤으로써 자기에게 친근해지기를 바라서는 안되는 것이다.

친구들 사이에 있어서도 역시 그러하다. 자기 몸을 닦고 정성스러운 뜻으로 상대를 대하기만 하면 된다. 자기에게 친근해지고 친근해지지 않는 것은 남에게 달려 있는 일이다. 교묘한 말과 보기 좋은 얼굴빛을 지어가지고 뜻을 굽히어 그를 따르며 억지로 그의 기분을 맞춤으로써 남이 자기에게 친근해지기를 바라서는 안되는 것이다. 마을 사람들이나 친척들이나 여러 사람들을 대하는 것도 모두가 그러하다. 이것이 삼면에서 몰아 앞으로 뛰는 짐승은 놓아준다는 뜻인 것이다."

原文 比之九五曰：顯比. 王用三驅, 失前禽.

傳曰：人君比天下之道, 當顯明其比道而已. 如誠意以待物, 恕己以及人, 發政施仁, 使天下蒙其惠澤. 是人君親比天下之道也. 如是天下孰不親比於上?

若乃暴其小仁, 違道干譽, 欲以求天下之比, 其道亦已狹矣. 其能得天下之比乎?

王者顯明其比道, 天下自然來比. 來者撫之, 固不煦煦然求比於物. 若田之三驅, 禽之去者, 從而不追, 來者則取之也. 此王道之大, 所以其民皞皞, 而莫知爲之者也.

非惟人君比天下之道如此. 大率人之相比, 莫不然. 以臣於君言之, 竭其忠誠, 致其才力, 乃顯其比君之道也. 用之與否, 在君而已, 不可阿諛逢迎, 求其比己也.

在朋友亦然. 修身誠意, 以待之. 親己與否, 在人而已. 不可巧言令色, 曲從苟合, 以求人之比己也. 於鄕黨親戚, 於衆人, 莫不皆然. 三驅失前禽之義也.

註解 ㅇ比(비)－《역경》의 괘 이름. '친함'·'친근히 함'의 뜻을 갖고 있다. ㅇ三驅(삼구)－뒤와 좌우 삼면에서 짐승을 모는 것. ㅇ失前禽(실전금)－앞으로 달아나는 짐승은 잡지 않고 놓아주는 것. 금(禽)은 본시 새의 뜻이나, 여기서는 새와 함께 사냥하는 짐승을 모두 합친 것이다. ㅇ傳(전)－정이천의 《역전(易傳)》을 가리킴. ㅇ煦煦然(후후연)－남에게 잘 보이려고 부드러운 표정을 짓는 모습. ㅇ皥皥(호호)－광대(廣大)한 모양, 유유히 편히 살고 있는 모양. ㅇ逢迎(봉영)－임금의 비위를 맞추는 것. ㅇ曲從(곡종)－자기 뜻은 굽히고 상대방의 뜻을 따르는 것. ㅇ苟合(구합)－구차히 상대방에 영합(迎合)하는 것.

解說 《주역정씨전》에서 《역경》 비(比)괘의 효사(爻辭)를 해설한 글임. 그것을 빌어 '천하의 사람들과 친근해지는 방법'을 논하고 있다. 임금이나 신하, 또는 누구를 막론하고 오직 자신의 '정성스러운 뜻'을 통하여 천하나 남과 친해질 수가 있다는 것이다.

5. 옛날 시대에는 공경대부(公卿大夫)로부터 그 아래로 모든 벼슬이 각각 그의 덕과 어울려서 평생토록 그 벼슬을 하였는데 그의 분수에 맞았기 때문이다. 벼슬이 그의 덕에 어울리지 않으면 곧 임금이 그를 등용하여 승진시켰다. 선비들은 그의 학문을 닦아 학문이 이룩되면 임금이 그를 찾아 썼지 모두가 자기에게 벼슬이 미리 정해졌던 것은 아니다.

농부와 공인과 상인들도 그들의 일에 힘써서 일정한 한도의 이익을 누리게 했다. 그러므로 모두가 정해진 뜻을 지니고 있어서, 온 천하의 마음을 통일시킬 수가 있었다.

후세에는 낮은 관리들로부터 공경에 이르기까지 날로 높은 지위와 영화에 뜻을 두게 되었다. 농부와 공인과 상인들은 날로 부(富)와 사치에 뜻을 두게 되었다. 그래서 억조(億兆)의 마음들이 서로 자기 이익을 위하여 달리게 되었으니 천하는 어지러워지고 만 것이다. 그래 가지고서야 어찌 천하의 마음이 통일될 수가 있겠는가? 천하가 어지러워지지 않으려 해도 그렇게 안되기 어렵게 된 것이다.

原文 古之時, 公卿大夫而下, 位各稱其德, 終身居之, 得其分也. 位未稱德, 則君擧而進之. 士修其學, 學至而君求之. 皆非有預於己也.

農工商賈, 勤其事, 而所享有限. 故皆有定志, 而天下之心可一.

後世自庶士至於公卿, 日志於尊榮. 農工商賈, 日志於富侈. 億兆之心, 交騖於利, 天下紛然. 如之何其可一也? 欲其不亂難矣.

註解 ㅇ稱(칭)-어울리다, 합치되다. ㅇ預於己(예어기)-다른 방법으로 자기에게 미리 벼슬이 주어지는 것. ㅇ騖(무)-달려가는 것.

解說 《주역정씨전》의 이괘(履卦) 상전(象傳)에 대한 해설이다. 이괘 상전에 '군자(君子)는 위아래를 분별함으로써 백성들의 뜻을 안정시킨다'고 하였다. 위아래의 분별은 모두 덕을 기준으로 하고, 또 백성들 각자의 분수를 밝혀 줌으로써 뜻을 안정시킨다는 것이다. 뜻이 안정되면 온 세상 사람들의 마음이 통일된다.

6. 《역경》 태괘(泰卦)의 구이(九二)에 말하기를 "거침을 감싸주며 황하(黃河)를 걸어서 건넌다."고 하였다.

《전(傳)》에 말하였다. "사람의 감정은 안이하고 방자해지기 쉬우니, 그래서 정치가 느슨해지고 법도가 해이(解弛)해지며 모든 일에 절도가 없게 되는 것이다. 그러한 것을 다스리는 도는 반드시 거친 것을 감싸주는 아량이 있어야만 한다. 그러면 그가 베푸는 정치가 관대하고도 빈틈이 없게 되며 폐습은 고쳐지고 일은 이치에 맞게 되어 사람들은 안정하게 되는 것이다.

만약 널리 감싸주는 도량은 없고 사납게 성내는 마음만을 가지고 있다면, 곧 깊고 먼 생각은 없이 사납게 어지럽히기만 할 걱정이 있게 되는 것이다. 깊은 폐단은 없어지기도 전에 가까운 환난(患難)이 이미 생겨나게 될 것이다. 그러므로 정치는 거침을 감싸주는 데 달려 있는 것이다.

옛날, 평화롭게 다스려지던 세상으로부터 점점 세상이 쇠퇴하게 된 것은 안일한 습성에 젖어서 옛 버릇만을 따랐기 때문에 그렇게 된 것이다. 강단(剛斷)이 있는 임금과 영웅답고 절조가 강한 신하가 아니라면 꿋꿋한 뜻을 지니고 분발하여 그는 폐습을 개혁할 수가 없을 것이다. 그래서 황하를 걸어서 건넌다고 말한 것이다.

어떤 이는 의심하기를 위에서 말한 '거침을 감싸주는 것은 곧 너그럽게 감싸주는 것'이고 여기에서 말한 '황하를 걸어서 건넌다'는 것은 분발해서 개혁을 한다는 뜻이니, 서로 뜻이 상반되는 게 아닌가 한다. 그것은 너그러이 감싸주는 아량을 가지고서 굳세고 과감한 정치를 행하는 것이 바로 성현의 행위임을 알지 못하기 때문이다."

原文 泰之九二曰：包荒用馮河.

傳曰：人情安肆, 則政舒緩, 而法度廢弛, 庶事無節. 治之之道, 必有包含荒穢之量, 則其施爲寬裕詳密, 弊革事理, 而人安之.

若無含弘之度, 有忿疾之心, 則無深遠之慮. 有暴擾之患, 深弊未去, 而近患已生矣. 故在包荒也.

自古泰治之世, 必漸至於衰替, 蓋由狃習安逸, 因循而然. 自非剛斷之君, 英烈之輔, 不能挺特奮發, 以革其弊也. 故曰用馮河.

或疑上云包荒, 則是包含寬容. 此云用馮河, 則是奮發改革, 似相反也. 不知以含容之量, 施剛果之用, 乃聖賢之爲也.

註解 ㅇ泰(태)－《역경》의 괘 이름. ㅇ馮河(빙하)－'빙하폭호(馮河暴虎)'라 하여 '맨몸으로 황하를 걸어서 건너고, 맨손으로 호랑이를 때려잡는' 본시는 무모하고 용감한 행동을 가리킨다《論語》). 그러나 여기서는 '과감(果敢)' 또는 '과단(果斷)'의 뜻으로 쓰고 있다. ㅇ廢弛(폐이)－무너지고 느슨해지는 것. ㅇ荒穢(황예)－거친 것과 더러운 것. ㅇ量(양)－아량(雅量), 도량(度量). ㅇ寬裕(관유)－너그럽고도 여유가 있는 것. ㅇ含弘(함홍)－널리 감싸주는 것. ㅇ度(도)－도량(度量). ㅇ忿疾(분질)－사납게 성내는 것. ㅇ衰替(쇠체)－쇠퇴해지는 것. ㅇ狃習(유습)－습성에 젖는 것. ㅇ因循(인순)－전의 습관대로 일을 처리하는 것. ㅇ輔(보)－보좌하는 사람, 신하. ㅇ挺特(정특)－곧은 뜻을 지니는 것.

解說 《주역정씨전》의 태(泰)괘 효사(爻辭)의 해설. 정치는 관대한 마음과 함께 과단성(果斷性)이 있어야 한다는 말로 풀이하고 있다.

7. 《역경》 관괘(觀卦)에 "손을 씻고 제물을 올리지 않아도 믿음이 있고 엄정(嚴正)하게 된다."고 하였다.

《전(傳)》에 말하였다. "군자는 윗자리에 앉아 있어 천하의 의표(儀表)가 되므로 반드시 그의 엄정(嚴正)함과 공경스러움을 다해야 한다. 예를 들면 제사지낼 때 처음에 손을 씻으면서부터 성의가 조금도 흩어지지 않게 하기를 제물을 올린 뒤나 같이해야 한다는 것이다. 그러면 온 천하가 누구나 그의 믿음과 정성을 다하게 되고, 엄정하게 그를 우러러보게 된다는 것이다."

原文 觀：盥而不薦, 有孚顒若.

傳曰：君子居上, 爲天下之表儀, 必極其莊敬. 如始盥之初, 勿使誠意少散, 如旣薦之後, 則天下莫不盡其孚誠, 顒然瞻仰之矣.

註解 ㅇ觀(관)-《역경》 괘의 이름. ㅇ盥(관)-제사를 지내기 전에 손을 씻는 의식. ㅇ薦(천)-제물을 올리고 제사를 지내는 것. ㅇ孚(부)-믿음[信]. ㅇ顒若(옹약)-옹연(顒然)과 같은 말로, 엄정(嚴正)한 모양. ㅇ表儀(표의)-의표, 모범. ㅇ莊敬(장경)-엄정함과 공경함.

解說 《주역정씨전》 관괘(觀卦)의 괘사(卦辭) 해설. 이 괘사를 비유로 이해하여 제사지내기 전 손을 씻을 때부터 제사지낼 때와 같은 정성된 마음을 가져야 하듯, 세상을 다스리는 사람들도 언제나 정성스럽고 공경하는 마음과 몸가짐을 지녀야만 한다는 것이다.

8. 천하로부터 한 나라 한 집안에 이르기까지 만사에 있어서 서로 화합되지 못하는 까닭은 모두가 틈이 나 있기 때문이다. 틈이 나 있지 않다면 곧 합쳐질 것이다.

하늘과 땅의 생성이나 만물의 성장에 이르기까지도 모두가 합쳐진 뒤에야 이루어질 수가 있는 것이다. 합쳐지지 못하는 모든 것들은 모두가 틈이 나 있기 때문이다.

임금과 신하나 아버지와 자식이나 친척들이나 친구들 사이에도 마음이 다르게 떨어져 있고 틈이 나 서로 원망하게 되면 참언(讒言)과 사악(邪惡)이 그 사이에 끼어들게 되는 것이다. 그 틈난 것을 없애고 합쳐지게 만들면 잘 화합되어 다스려지지 않는 것이 없을 것이다. 《역경》의 서합(噬嗑)이란 그래서 천하를 다스리는 데에 크게 쓰이는 것이다.

原文 凡天下至於一國一家, 至於萬事, 所以不和合者, 皆由有間也. 無間則合矣.

以至天地之生, 萬物之成, 皆合而後能遂. 凡未合者, 皆爲有間也.

若君臣父子, 親戚朋友之間, 有離貳怨隙者, 蓋讒邪間於其間也. 去其間隔而合之, 則無不和且治矣. 噬嗑者, 治天下之大用也.

註解 ㅇ遂(수)－완수(完遂), 이루어지는 것. ㅇ離貳(이이)－마음이 둘로 다르게 갈라지는 것. ㅇ怨隙(원극)－마음에 틈이 생기어 서로 원망하는 것. ㅇ讒邪(참사)－모함하는 참언(讒言)과 사악한 농간. ㅇ合(합)－화합하는 것. ㅇ噬嗑(서합)－《역경》의 괘 이름. 주자는 '서(噬)란 씹는다는 뜻이고, 합(嗑)은 합친다는 뜻이다. 물건에 사이가 벌어진 것을 씹어서 합치는 것이다.'고 설명하고 있다.

解說 《주역정씨전》에서 '씹어서 합친다'는 뜻을 지닌 《역경》의 서합(噬嗑)이란 괘 이름을 풀이한 것이다. 마음에 틈이 나면 안되기 때문에 모든 틈난 것을 화합시킨다는 뜻을 지녔다는 것이다. 화합을 통하여 천하 국가는 물론 사람들의 사이도 원만해질 수 있고, 심지어는 하늘과 땅이나 자연의 만물들도 생성된다는 것이다.

9. 《역경》 대축(大畜)의 육오(六五)에 말하기를 "거세(去勢)한 돼지의 이빨이니 길(吉)하다."고 하였다.

《전(傳)》에 말하였다. "물건에는 총괄(總括)하는 게 있고, 일에는 기회가 있다. 성인은 그 요점을 파악하고 만백성들의 마음을 한마음으로 본다. 백성을 인도해 주면 나아가게 되고 그들을 머물게 하면 곧 멈추게 된다. 그러므로 수고하지 않아도 다스려져서 그 효용(效用)이 거세한 돼지의 이빨과 같다는 것이다.

돼지란 강하고도 성미 급한 짐승이다. 만약 그 이빨을 억지로 제어하려 한다면 힘만 수고로이 쓸 따름이지 그것을 제지시키지는 못할 것이다. 만약 돼지를 거세해 버리면 곧 이빨은 그대로 지니고 있다 하더라도 강하고 성미 급한 것은 스스로 멈추게 된다.

군자라면 거세한 돼지의 뜻을 본받아서 천하의 악이란 힘으로 제압할 수 없는 것이라는 것을 알아야만 한다. 곧 그 기틀을 살피고 그 요점을 파악하여 그 근본을 막아 없애 버리는 것이다. 그래서 엄격한 형벌이나 법을 빌지 않고도 악이 스스로 멎게 만드는 것이다.

도적을 없애는 일을 예로 들어 보자. 백성들에게 욕심이 있으면 곧 이익을 보기만 하면 바로 움직이게 된다. 진실로 교화(敎化)를 알지 못하는데 굶주림과 헐벗음에 쫓긴다면 비록 형벌과 사형을 매일 집행한다고 하더라도 그 어찌 만백성들의 이익을 탐내는 마음을 이겨낼 수가 있겠는가?

성인은 곧 그것을 멈추게 하는 방도를 알고 있다. 그래서 위압과 형벌을 숭상하지 않고 정치와 교화를 닦는다. 그들로 하여금 농사짓고 누에치는 직업을 갖게 하고 염치의 도를 알게 함으로써, 비록 상을 준다 하더라도 도둑질을 하지 않게 되는 것이다."

原文 大畜之六五曰：豶豕之牙, 吉.

傳曰：物有總攝, 事有機會. 聖人操得其要, 則視億兆之心猶一心. 道之斯行, 止之則戢. 故不勞而治, 其用若豶豕之牙也.

豕剛躁之物. 若强制其牙, 則用力勞, 而不能止. 若豶去其勢, 則牙雖存, 而剛躁自止.

君子法豶豕之義, 知天下之惡, 不可以力制也. 則察其機, 持其要, 塞絶其本原. 故不假刑法嚴峻, 而惡自止也.

且如止盜, 民有欲心, 見利則動. 苟不知教, 而迫於饑寒, 雖刑殺日施, 其能勝億兆利欲之心乎?

聖人則知所以止之之道. 不尚威刑, 而修政教. 使之有農桑之業, 知廉恥之道, 雖賞之, 不竊矣.

註解 ㅇ大畜(대축)—《역경》의 괘 이름. ㅇ豶豕(분시)—거세한 수퇘지, 불

알 깐 톹. ㅇ剛躁(강조)—강하고도 성미가 다급한 것.

解說 《주역정씨전》에서 《역경》 대축(大畜)의 효사(爻辭)를 해설한 글이다. 난폭한 사람들을 제압하려면 그 기틀과 요점을 살피어 그 근본을 다스림으로써 그 사람들 스스로 굴복해 오도록 만들어야 한다. 그것은 마치 사나운 수돼지의 이빨을 제어하기 위해서는 이빨은 건드리지도 않고 그 불알만을 까버리면 자연히 온순해지는 것과 같은 원리라는 것이다.

10. 《역경》 해괘(解卦)에 "서남쪽이 이롭다. 갈 데가 없어서 되돌아올 것이니 길하다. 갈 데가 있으면 빨리 해야 길할 것이다."고 하였다.

《전(傳)》에 말하였다. "서남쪽은 곤(坤)의 방향인데 곤의 본체는 광대하고도 평이하다. 천하의 어려움이 막 '풀렸을 적[解]'에 사람들은 비로소 어려움과 괴로움을 떠나게 될 것이므로, 다시 번거롭고 가혹하고 엄격한 방법으로 다스려서는 안된다. 마땅히 관대하고 간이(簡易)함으로써 백성들을 구제하는 것이 옳은 것이다.

이미 그 어려움이 풀렸다면[解] 안락하고 평화로워 아무 일도 없게 될 것이다. 그래서 '갈 데가 없다'고 하는 것이다. 그러니 마땅히 치도(治道)를 닦고 되찾아 기강(紀綱)을 바로잡고 법도를 밝히어 옛날 명철한 임금들의 다스림으로 되돌아가야만 한다. 그래서 '되돌아올 것'이라고 한 것이다. 그것은 올바른 원리로 되돌아감을 뜻하는 것이다.

옛날부터 성왕(聖王)들도 어려움을 구하고 혼란을 안정시킴에 있어서 처음에는 갑자기 잘 다스릴 겨를이 없었다. 안정된 뒤에야 오래 갈 수 있고 계속될 수 있는 다스림을 폈던 것이다. 한(漢)대 이후로부터는 혼란이 없어진 뒤에도 다스림으로 되돌아가지 않고 임시로 그때그때를 따라 유지해 갔을 따름이었다. 그러므로 훌륭한 다스림을 이룩할 수가 없었던 것이다. 그것은 '되돌아오는 것'의 뜻을 알지 못했기 때문이다.

'갈 데가 있으면 빨리 해야 길하다.'는 것은 아직도 해결해야만 할 일이 있음을 뜻하는 것이니, 그런 때는 '빨리 해야만 길해지는 것'이다. 해결해야만 할 것인데도 불충분한 채로 빨리 해결하지 않으면, 곧 그 일은 다시 복잡해질 것이다. 일이 또다시 생겨났을 때 빨리 처리하지 않으면 곧 그것은 점점 커질 것이다. 그러므로 '빨리 하면 길하다'고 하는 것이다."

原文 解 : 利西南. 无所往, 其來復, 吉. 有攸往, 夙, 吉.

傳曰 : 西南坤方. 坤之體, 廣大平易. 當天下之難方解, 人始離艱苦, 不可復以煩苛嚴急治之. 當濟以寬大簡易, 乃其宜也.

旣解其難, 而安平無事矣. 是无所往也. 則當修復治道. 正紀綱, 明法度, 進復先代明王之治. 是來復也, 謂反正理也.

自古聖王, 救難定亂, 其始未暇遽爲也. 旣安定, 則爲可久可繼之治. 自漢以下, 亂旣除, 則不復有爲, 姑隨時維持而已. 故不能成善治. 蓋不知來復之義也.

有攸往, 夙, 吉, 謂尙有當解之事, 則早爲之乃吉也. 當解而未盡者, 不早去, 則將復盛. 事之復生者, 不早爲, 則將漸大. 故夙則吉也.

註解 ㅇ解(해)－《역경》의 괘 이름. 이하는 해(解)괘의 괘사(卦辭)임. ㅇ夙(숙)－일찍이, 빨리. ㅇ煩苛(번가)－번거롭고도 가혹한 것.

解說 《주역정씨전》에서 해괘(解卦)의 괘사(卦辭)를 해설한 글이다. 정자는 이를 빌어 정치를 하는 사람들이 혼란을 안정시키고 올바른 정치를 이룩하는 방법을 풀이한 것이다.

11. 사물에는 반드시 법칙이 있다. 아버지는 자애(慈愛)로움에 처신하

고, 자식은 효도에 처신하고, 임금은 어짊[仁]에 처신하고, 신하는 공경함에 처신해야 한다. 만물과 모든 일은 각기 그 올바른 위치가 있는 것이니, 올바른 위치를 얻게 되면 편안하고 올바른 위치를 잃으면 뜻에 어긋나게 되는 것이다.

성인이 천하를 순조로이 다스릴 수가 있는 까닭은 모든 사물을 위한 법칙을 만들 줄 알기 때문이 아니라 오직 모든 것의 처신이 각각 그 바른 위치를 얻게 하기 때문일 따름이다.

原文 夫有物必有則. 父止於慈, 子止於孝, 君止於仁, 臣止於敬. 萬物庶事, 莫不各有其所. 得其所則安, 失其所則悖.

聖人所以能使天下順治, 非能爲物作則也. 惟止之, 各於其所而已.

註解 ㅇ其所(기소)－그 올바른 자리, 그 합당한 위치. ㅇ悖(패)－어지러워지다, 뜻에 어긋나다.

解說 이것은 《주역정씨전》 간(艮)괘 단전(彖傳)에 대한 해설이다. 간괘 단전에 '간은 머무는 것이다.'고 하였는데, 주자가 그의 집주(集註)에서 말했듯이 정이천은 그것을 '올바른 자기 위치에 머무는 것(처신하는 것)'이라는 해설을 하여, 그 뜻을 분명히 하고 있다.

12. 태(兌)는 '기쁘면서도 곧을 수가 있는 것'이다. 그래서 위로는 천리(天理)에 따르고 아래로는 인심(人心)에 호응하는 것이니, 기쁨의 도로써 지극히 바르고 지극히 훌륭한 것이다. 만약 도를 어기면서 백성들의 칭송을 추구한다면 이것은 구차한 기쁨의 도이다. 도에 어긋나므로 하늘을 따르는 게 못되고, 칭송을 추구하므로 사람들이 호응하는 것도 아니

된다. 구차히 일시적인 기쁨을 취하는 것일 따름이므로 군자로서의 올바른 도가 되지 못한다.

군자의 도는 백성들을 기쁘게 하는 데 있어, 천지가 은혜를 베푸는 것처럼 마음에 감동이 되어서 기뻐하면서 복종하되 싫어함이 없도록 하는 것이다.

原文 兌, 說而能貞. 是以上順天理, 下應人心, 說道之至正至善者也. 若夫違道以干百姓之譽者, 苟說之道. 違道不順天, 干譽非應人. 苟取一時之說耳. 非君子之正道.

君子之道, 其說於民, 如天地之施, 感之於心, 而說服無斁.

註解 ㅇ兌(태)-《역경》의 괘 이름. ㅇ說而能貞(열이능정)-태괘의 단전(彖傳)에 '태(兌)란 기뻐하는 것[說]이다. 강(剛)한 것은 가운데 있고 유(柔)한 것은 밖에 있어, 기뻐함으로써 곧은 것이 이롭다.'고 한 말에서 인용한 것임. ㅇ干(간)-구하다, 바라다. ㅇ施(시)-햇빛을 비추고 비를 내리는 등의 은혜를 베푸는 것. ㅇ斁(역)-싫어하는 것.

解說 이것은 《주역정씨전》에서 태(兌)괘의 단전(彖傳) 일부를 해설한 것이다. 태(兌)는 열(悅)과도 통하여 '기쁨'으로 풀이되는 것이다.

13. 천하의 일은 나아가지 않으면 물러나는 것으로서 일정한 이치가 없는 것이다. 일이 이루어진[濟] 끝에 가서는 나아가지 않고서 머물러 있게 된다. 영원히 머물러 있을 수는 없는 것이므로 쇠란(衰亂)에 이르게 된다. 그 도가 이미 궁극에 달했기 때문인 것이다.

성인은 이런 처지에 이르러 어떻게 하는가? 성인들께서는 그 변화가 궁극에 이르기 전에 통달하여 극점에 이르지 않도록 할 수가 있는 것이다. 예를 들면 요순(堯舜)이 그러하였다. 그러므로 끝이 있으되 혼란은 없는 것이다.

原文 天下之事, 不進則退, 無一定之理. 濟之終, 不進而止矣. 無常止也. 衰亂至矣. 蓋其道已窮極也.

聖人至此奈何? 曰 : 唯聖人爲能通其變於未窮, 不使至於極. 堯舜是也. 故有終而無亂.

註解 ㅇ濟(제)－일을 무사히 마친 것.

解說 이 대목은《주역정씨전》에서 기제(旣濟)의 괘사(卦辭)에서 '처음에는 길하지만 끝내는 어지러울 것이다.'고 한 말을 해설한 것이다. '기제'란 괘명은 '일이 이미 잘 끝났음'을 뜻하는 것이다.《역(易)》의 원리에 의하면 모든 일은 발전하여 극점에 이르면 다시 후퇴하게 된다. 일이 무사히 다 끝났으면 보통사람들은 방심하기가 쉽다. 그렇기 때문에 일이 끝난 당시는 길하다가도 오래 가면 다시 어지러워지고 마는 것이다.

14. 백성들을 위하여 임금을 세우는 것은 그들을 길러주기 위한 방편인 것이다. 백성들을 기르는 도는 그들의 능력을 아껴주는 데 있다. 백성들의 능력이 충분하면 생활하고 기르는 일을 다할 수 있게 되고, 생활하고 기르는 일을 다하게 되면 곧 교화가 행해지고 풍속이 아름다워지는 것이다. 그러므로 정치를 하자면 백성들의 힘을 중시해야만 한다.

《춘추(春秋)》에는 모든 백성들의 힘을 사용한 일을 반드시 기록하고 있다. 그때 하는 공사가 때에 맞지도 않고 의로움을 해치는 것이라면 본시 죄가 되는 거니 말할 것도 없다. 비록 때에 맞고 의로운 일이라 하더라도 반드시 기록한 것은, 백성들을 수고스럽게 하는 것은 중대한 일임을 보이기 위한 것이다. 후세의 임금들이 이러한 뜻을 알았다면 백성들의 힘을 부리는 일에 신중을 기할 줄 알았을 것이다.

그러나 백성들의 힘을 크게 썼는데도 기록하지 않은 것이 있으니, 그것에는 교육의 뜻이 깊은 것이다. 노(魯)나라 희공(僖公)이 반궁(泮宮)을 수축하고 비궁(閟宮)을 복구시켰는데, 이것은 백성들의 힘을 쓰지 않은 게 아니지만 그런대로 기록하지 않고 있다. 두 가지 것은 옛날 일을 다시 일으키고 피폐한 것을 부흥시키는 큰 일로써 나라의 급선무(急先務)가 되는 것이기 때문이다. 이러한 일로써 백성들의 힘을 쓸 때는 마땅히 써야만 할 일이기 때문이다. 임금이 이러한 뜻을 안다면 정치를 하는 데 있어서 먼저 하고 뒤에 할 것과 가벼이 하고 중히 여길 것을 알게 될 것이다.

原文 爲民立君, 所以養之也. 養民之道, 在愛其力. 民力足則生養遂, 生養遂則教化行, 而風俗美. 故爲政以民力爲重也.

春秋凡用民力必書. 其所興作, 不時害義, 固爲罪也. 雖時且義必書, 見勞民爲重事也. 後之人君知此義, 則知愼重於用民力矣.

然有用民力之大, 而不書者. 爲教之意深矣. 僖公修泮宮, 復閟宮, 非不用民力也. 然而不書. 二者復古興廢之大事, 爲國之先務. 如是而用民力, 乃所當用也. 人君知此義, 知爲政之先後輕重矣.

註解 ㅇ泮宮(반궁)－제후들의 학교(學校)로서 젊은이들을 교육하는 곳. ㅇ閟宮(비궁)－옛 조상인 강원(姜源)의 묘(廟).

解說 이 대목은 《정씨경설》 권4 춘추전(春秋傳)의 글이다. 정치를 하는 데 있어서 가장 중요한 일이 '백성들의 힘'을 아끼는 일이라고 강조하고 있다. '백성들의 힘'을 아낀다는 것은 바로 백성들을 사랑하는 일이 될 것이다.

15. '몸을 다스리고 집안을 가지런히 하는 것'에서부터 '천하를 평화롭

게 하는 것'에 이르기까지는 다스림의 도이다.

정치의 기강(紀綱)을 세우고 모든 직책들을 올바르게 나누어 맡기고, 하늘의 때를 따라서 일을 처리하는 것에서부터, 제도를 규정하고 법으로 제정하여 모든 천하의 일들을 처리하는 것에 이르기까지 모두가 다스림의 법도가 되는 것이다. 성인이 천하를 다스리더라도 오직 이 두 가지 단서(端緖)가 있었을 따름이었다.

原文 治身齊家, 以至平天下者, 治之道也.

建立治綱, 分正百職, 順天時以制事, 至於創制立度, 盡天下之事者, 治之法也. 聖人治天下之道, 唯此二端而已.

註解 ㅇ治身(치신)－자기 몸을 다스리다. 《대학》에 나오는 '수신(修身)'·'제가(齊家)'·'치국(治國)'·'평천하(平天下)'를 가리킨다. ㅇ百職(백직)－모든 관직(官職). ㅇ二端(이단)－두 가지 단서(端緖). 앞의 '다스림의 도[治之道]'와 '다스림의 법도[治之法]' 두 가지를 가리킨다.

解說 이 대목은 《정씨경설》 권2 서해(書解)의 글이다. 이곳의 '다스림의 도'와 '다스림의 법'은 실상 덕치(德治)의 이상과 현실적인 실천을 뜻한다. 무슨 일이나 이상과 실천이 부합될 때 훌륭하게 잘 처리됨은 말할 것도 없겠다.

16. 명도(明道) 선생께서 말씀하셨다.

"옛 훌륭한 임금들의 세상에서는 도로써 천하를 다스렸으나 후세에는 오직 법만 가지고 천하를 유지해 나가려 하고 있다."

原文 明道先生曰 : 先王之世, 以道治天下. 後世只是以法把持天下.

註解 ㅇ把持(파지)－잡고 유지해 나아가는 것.

解說 《정씨유서》 권1에 보이는 글이나, 정씨 두 형제 중 누구의 말인지는 알 수 없다. 옛날에는 덕치(德治)가 제대로 되었으나, 후세에는 전혀 되지 않았음을 말한 것이다.

17. 정치를 하는 데 있어서는 반드시 중심이 되는 법도와 자세한 규칙이 있어야만 한다. 먼저 일을 책임지는 관리가 있어야 하고, 고을의 관원은 고을 백성들에게 법을 읽어 알려주어야 하며, 물가를 공평히 유지하고, 도량형(度量衡)을 정확히 해야 하는데, 모두가 빠트려서는 안될 일이다.

사람들은 각각 자기와 친밀한 사람들과 친밀히 지내게 된 뒤에야 자기와 친밀하지 않은 사람들과도 친근히 지내게 된다. 중궁이 질문하였다. "어떻게 현명한 인재를 알아서 그들을 추천하는 것입니까?" 공자께서 대답하셨다. "네가 잘 아는 사람들을 네가 추천하면 네가 모르는 사람이라해서 다른 사람들이 버려두겠느냐?" 곧 중궁과 성인의 마음쓰임의 크고 작음을 알게 된다.

이 뜻을 미루어 본다면, 곧 한 사람의 마음이 나라를 망칠 수도 있고, 한 사람의 마음이 나라를 흥성케 할 수도 있는 것이다. 오직 공적인 것과 사적인 것의 차이만이 있을 따름이다.

原文 爲政, 須要有紀綱, 文章. 先有司, 鄕官讀法, 平價, 謹權量, 皆不可闕也.

人各親其親, 然後能不獨親其親. 仲弓曰 : 焉知賢才而擧之? 子曰 : 擧爾所知, 爾所不知, 人其舍諸? 便見仲弓與聖人, 用心之大小.

推此義, 則一心可以喪邦, 一心可以興邦. 只在公私之間爾.

註解 ㅇ紀綱(기강)－중심이 되는 법도. ㅇ文章(문장)－자세한 시행 규칙. ㅇ權量(권량)－저울과 되, 도량형(度量衡). ㅇ仲弓(중궁)－공자의 제자. 이 중궁과 공자의 대화는 《논어》 자로(子路)편에 보인다. ㅇ舍諸(사저)－그들을 버려두겠는가?

解說 《정씨유서》 권11에 보이는 정호의 말이다. 그는 특히 사람들의 마음쓰임을 중시하고 있다. 한 사람의 마음쓰임이 공정하면 그것이 온 나라에 영향을 미쳐 한 나라를 흥성케 할 수도 있다는 것이다.

18. 다스림의 도는 또한 근본을 따라서 말하는 경우가 있고 일을 따라서 말하는 경우가 있다. 근본을 따라서 말한다는 것은 바로 임금의 마음이 그른 것을 바로잡는 것이다. 임금의 마음을 바로잡음으로써 조정을 바로잡고, 조정을 바로잡음으로써 모든 관리를 바로잡게 되는 것이다.

만약 일을 따라서 말할 것 같으면 잘못을 고칠 일이 없으면 그뿐이지만, 만약 반드시 잘못을 고쳐야만 할 것 같으면 반드시 변혁을 일으켜야 한다. 크게 변혁할수록 큰 이익을 보게 되고, 작게 변혁할 것 같으면 작은 이익을 보게 될 것이다.

原文 治道亦有從本而言, 亦有從事而言. 從本而言, 惟是格君心之非. 正心以正朝廷, 正朝廷以正百官.

若從事而言, 不救則已, 若須救之, 必須變. 大變則大益, 小變則小益.

註解 ㅇ格(격)－바로잡다. ㅇ救(구)－오랜 폐단을 없애는 것을 뜻한다.

解說 《정씨유서》 권15에 보이는 정이의 말이다. 정치에는 근본적으로

두 가지 면에서 개혁을 단행할 수 있다는 것이다. 하나는 그릇된 임금의 마음부터 고치는 것이요, 하나는 개혁을 통하여 잘못된 폐단을 없애 버리는 것이다. 폐단을 개혁할 적에는 대담하게 크게 변혁을 일으킴으로써 완전히 그 폐단의 뿌리를 뽑아 버려야 한다는 것이다.

19. 당(唐)나라가 천하를 다스릴 적에는 비록 태평스럽게 잘 다스려졌다고들 하지만 오랑캐들의 풍습을 지니고 있었다. 삼강(三綱)이 바르지 않아서 임금과 신하, 아버지와 아들, 부부 사이의 윤리가 없었던 것이다. 그 근원은 당나라 태종(太宗)에게서 시작되었다. 그러므로 그 후세의 자손들은 모두 부릴 수가 없었으니, 임금은 임금답지 않고 신하는 신하답지 않았다. 그러므로 국경 변두리 신하들은 내조(來朝)하지 않고 권력있는 신하들이 멋대로 날뛰었으며, 더욱 퇴폐하여 오대(五代)의 난이 있게 되었던 것이다.

한(漢)나라의 다스림은 당나라보다는 나았다. 한나라는 큰 법도가 올바로 서있었고, 당나라는 여러 가지 세부(細部) 제도가 잘 마련되어 있었다. 우리 송(宋)나라 조정은 큰 법도는 올바로 서있다고 하지만 여러 가지 세부 제도가 다 잘 마련되지는 못하고 있다.

原文 唐有天下, 雖號治平, 然亦有夷狄之風. 三綱不正, 無君臣父子夫婦. 其原始於太宗也. 故其後世子弟, 皆不可使, 君不君, 臣不臣. 故藩鎭不賓, 權臣跋扈, 陵夷有五代之亂.

漢之治過於唐. 漢大綱正, 唐萬目擧. 本朝大綱正, 萬目亦未盡擧.

註解 ㅇ夷狄(이적)－오랑캐들. ㅇ三綱(삼강)－세 가지 근본적인 법도. 임금과 신하는 의로움으로 결합되어야 하고(君臣有義), 아버지와 자식은 친근해야 되고(父子有親), 부부 사이는 분별이 있어야 된다(夫婦有別)는 인간 사회의 기본적인 윤리관계를 가리킨다. ㅇ藩鎭(번진)－국경을 지키는 변두리

제후들, 또는 절도사(節度使)들. ㅇ賓(빈)－손님으로서 내조(來朝)하여 천자에게 충성을 표시하는 것. ㅇ跋扈(발호)－제멋대로 날뛰는 것. ㅇ陵夷(능이)－혼란이 계속 발전하는 것. ㅇ五代(오대)－당나라 말, 송나라 초의 혼란했던 시기. ㅇ大綱(대강)－큰 법도. ㅇ萬目(만목)－여러 가지 세부적인 정치제도나 정책.

解說 《정씨유서》 권18에 보이는 정이의 말이다. 여기서는 당(唐)나라를 중심으로 하여 한(漢)나라와 송(宋)나라의 치적을 비교하며 논하고 있다.

20. 남을 가르치는 사람은 그의 착한 마음을 길러주기만 하면 악은 스스로 사라질 것이다. 백성을 다스리는 사람은 그들을 공경하고 사양하도록 인도하기만 하면 다툼이 스스로 없어질 것이다.

原文 **敎人者, 養其善心, 而惡自消. 治民者, 導之敬讓, 而爭自息.**

解說 《정씨외서》 권11에 보이는데, 두 형제 중 누구의 말인지는 확실치 않다. 교육자와 정치가의 기본적인 마음가짐에 대하여 간단히 요약한 말이다.

21. 명도 선생께서 말씀하셨다.
"반드시 관저(關雎)와 인지(麟趾)의 뜻이 있은 연후에야 주관(周官)의 법도를 행할 수가 있다."

原文 **明道先生曰 : 必有關雎麟趾之意, 然後可以行周官之法度.**

註解 ㅇ關雎(관저)－《시경》 국풍(國風) 주남(周南) 첫머리에 있는 시. 그 뜻이란 모전(毛傳)에서 '숙녀(淑女)를 구하여 군자에 짝지워 주는 것을 즐기

는 것(樂得淑女以配君子)'이라 한 말을 가리킨다. ㅇ麟趾(인지)-《시경》 국풍 주남 맨 끝머리의 시로서 본시는 '인지지(麟之趾)'로 되어 있다. 그 뜻이란 '관저 시의 효과가 나타난 것(關雎之應)'을 가리킨다. ㅇ周官(주관)-주공(周公)이 지었다는 《주례(周禮)》를 가리킨다.

解說 《정씨외서》 권12에 보이는 정호의 말이다. 모시서(毛詩序)에 의하면 〈관저〉 시는 문왕(文王)의 후비(后妃)의 덕을 읊은 시로서, 자기 남편에게 훌륭한 첩(妾)을 짝지워 주면서도 질투를 하지 않는 것을 노래한 것이라 한다. 〈인지지〉 시는 문왕의 교화가 후비에게 먼저 미쳐서 〈관저〉 시에서처럼 후비로 하여금 훌륭한 행동을 하게 함으로써 결과적으로 훌륭한 자손들이 중성(衆盛)하게 되었음을 기린 시라 한다. 그래서 주자는 그처럼 자기 집안으로부터 시작하여 덕을 온 천하에 펴려는 뜻을 지녀야 함을 뜻한 말이라 보충 설명하고 있다.

22. 임금이 인(仁)하면 인하지 않은 사람이 없게 되고, 임금이 의로우면 의롭지 않은 사람이 없게 된다. 천하가 잘 다스려지느냐 어지러워지느냐 하는 것은 임금이 인한가 인하지 않은가에 달려있다. 옳은 것을 떠나 그릇된 것을 하는 것은 곧 그의 마음에서 시작되어 반드시 그 정치에 해를 끼치게 되는 것이니 어찌 그렇게 되도록 외부에서 작용하기를 기다리겠는가?

옛날에 맹자께서는 제나라 임금을 세 번이나 만났는데도 일에 대하여는 말하지 않으셨다. 제자들이 이상하게 여기자, 맹자께서 말씀하셨다. "나는 먼저 그의 사악한 마음을 공격한 것일세." 마음이 바르게 된 뒤에야 천하의 일도 따라서 잘 다스려지게 되기 때문이다.

정사를 잘못 하거나 사람을 잘못 쓰는 것은 지혜있는 사람이 그것을 고칠 수가 있고 곧은 사람이 그 잘못을 간할 수가 있다. 그러나 마음을 두고 있지 않다면 한가지 일의 잘못은 올바로 잡아줄 수가 있으나, 그 뒤로 잘못 되는 것은 바로잡아 줄 수가 없는 것이다. 그의 그릇된 마음을 바로잡아 올바르지 않은 일이 없도록 하는 일은 위대한 분이 아니라면 또 누가 할 수가 있겠는가?

原文 君仁莫不仁, 君義莫不義. 天下之治亂, 繫乎人君仁不仁耳. 離是而非, 則生於其心, 必害於其政, 豈待乎作之於外哉?

昔者, 孟子三見齊王而不言事. 門人疑之, 孟子曰 : 我先攻其邪心. 心旣正, 然後天下之事, 可從而理也.

夫政事之失, 用人之非, 知者能更之, 直者能諫之. 然非心存焉, 則一事之失, 救而正之, 後之失者, 將不勝救矣. 格其非心, 使無不正, 非大人其孰能之?

註解 ㅇ孟子三見(맹자삼견)－이 얘기는 《순자(荀子)》 대략(大略)편에 보인다. ㅇ救(구)－구제하다, 바로잡아 주다. ㅇ格(격)－바로잡다. 이 구절은 《맹자》 이루(離婁) 상편에도 보인다.

解說 《정씨외서》 권6에 보이는 정이의 말. 그는 맹자의 이론을 근거로 이런 말들을 하고 있는 것이다.

23. 횡거(橫渠) 선생께서 말씀하셨다.

"한 나라를 다스림에 있어서 예의와 음악과 형벌과 정책을 갖추기도 전에 쓰는 것을 절약하고 사람들을 사랑하여 백성들을 제때에 부려야 한다고 주장해야 한다. 주장이 그러할 수만 있다면 법도 올바로 행해지게 될 것이다. 그렇지 못하면 곧 법은 전혀 행해지지 않을 것이니 예의와 음악과 형벌과 정책은 제도로 멈춰 있게 될 따름인 것이다."

原文 橫渠先生曰 : 道千乘之國, 不及禮樂刑政, 而云節用而愛人, 使民以時. 言能如是, 則法行. 不能如是, 則法不徒行. 禮樂刑政, 亦制數而已.

註解 ㅇ千乘之國(천승지국)－제후의 나라를 가리킨다. 천자는 만승(萬乘)이라 하였다. ㅇ制數(제수)－제도.

解說 《정몽》 유사(有司)편의 글. 정치를 함에 있어서는 제도의 확립보다도 올바른 마음가짐이 더 중요하다. 법령이나 제도는 그것을 활용하는 사람에 따라서 얼마든지 효과가 크게 달라질 수 있는 것이기 때문이다.

24. 정해 놓은 법을 잘 지킬 수만 있다면 곧 그의 덕은 영원할 수 있고 그의 업적도 위대해질 수 있는 것이다. 정(鄭)나라 음악과 간사한 사람들이란 나라를 다스리는 사람들로 하여금 그가 지켜야만 할 것을 잃게 할 수 있는 것이다. 그러므로 내쳐서 멀리해야 한다고 한 것이다.

原文 法立而能守, 則德可久, 業可大. 鄭聲佞人, 能使爲邦者喪其所守. 故放遠之.

註解 ㅇ鄭聲(정성)－정(鄭)나라 노래. 《시경》에도 정풍(鄭風)에는 음탕한 노래가 대부분이어서 옛부터 '정나라 노래'는 음탕한 음악의 대명사처럼 쓰여 왔다. ㅇ佞人(영인)－간사한 사람.

解說 《정몽》 삼십(三十)편의 글. 《논어》 위령공(衛靈公)편을 보면 안회(顔回)가 공자에게 정치하는 방법에 대하여 묻자, 공자가 대답한 말 가운데에는 '정나라 음악〔鄭聲〕을 내치고 간사한 사람〔佞人〕들을 멀리해야 한다. 정나라 음악은 음탕하고 간사한 사람들은 위태롭기 때문이다.'는 말이 들어 있다. 위정자는 정해진 법을 스스로 잘 지킬 줄 알아야 한다고

주장하는 한편, 공자가 한 말을 해설하고 있는 것이다.

25. 횡거 선생은 〈범손지에게 답하는 편지〉에서 이렇게 말씀하셨다. "조정에서는 도를 추구하는 학문과 정치를 다른 두 가지 일로 보고 있소. 이것이야말로 바로 옛날부터 걱정할만한 일이오. 당신은 공자와 맹자의 도가 흥성하게 될 거라 말하였소. 장차 터득한 도를 미루어 천하에 시행케 하려는 것인가요? 장차 행해보지도 않은 일들을 천하에 억지로 시행케 하려는 것인가요?

대체로 임금과 재상이라면 천하의 부모노릇을 하는 것이 왕도(王道)이지요. 부모의 마음을 백성들에게 미루어 나가지도 못하면서 그것을 왕도라 해도 되겠소? 이른바 부모의 마음이란 부질없이 말로만 나타내는 것이 아니라, 반드시 온 세상 백성들을 자기의 자식처럼 보아야만 되는 것이오. 가령 온 세상 안의 사람들이 모두 자기의 자식이라면 곧 정치를 행하는 방법은 반드시 진(秦)나라와 한(漢)나라처럼 은애(恩愛)가 적은 상태는 되지 않을 것이며, 반드시 오패(五覇)처럼 명분만을 빌리는 상태가 되지도 않을 것이오.

당신은 조정을 위하여 '사람들이란 꾸짖을 상대가 못되며, 정치는 비판할 게 못된다'고 말하시오. 우리 임금으로 하여금 온 천하의 사람들을 어린아이처럼 사랑하게만 할 수 있다면 곧 다스림의 덕은 반드시 날로 새로워지고, 벼슬에 나아오는 사람들은 반드시 훌륭한 선비일 것이며, 제왕의 도는 방향을 바꿀 필요도 없이 이루어질 것이고, 학문과 정치가 마음을 달리하는 일 없이 잘 될 것이오."

原文 橫渠先生答范巽之書曰：朝廷以道學政術爲二事. 此正自古之可憂者. 巽之謂孔孟可作. 將推其所得而施諸天下邪? 將以其所不爲而强施之於天下歟?

大都君相, 以父母天下爲王道. 不能推父母之心於百姓, 謂之王道, 可乎? 所謂父母之心, 非徒見於言, 必須視四海之民, 如己之子. 設使四海之内, 皆爲己之子, 則講治之術, 必不爲秦漢之少恩, 必不爲五伯之假名.

巽之爲朝廷言, 人不足與適, 政不足與間. 能使吾君愛天下之人如赤子, 則治德必日新, 人之進者必良士, 帝王之道, 不必改途而成, 學與政不殊心而得矣.

註解 ㅇ范巽之(범손지)－범육(范育), 손지는 그의 자. 장재의 제자. ㅇ可作(가작)－흥성하게 될 것이다, 일어날 수 있을 것이다. ㅇ所得(소득)－도를 추구하는 학문을 통해서 터득한 것. ㅇ所不爲(소불위)－범육이 해보지 않은 정치나 법형(法刑) 같은 것. ㅇ王道(왕도)－덕으로 다스리는 올바른 정치, 패도(覇道)와 대가 됨. ㅇ講治(강치)－다스림을 강구하다, 정치를 행하는 것. ㅇ五伯(오백)－춘추(春秋)시대의 오패(五覇). 제(齊) 환공(桓公)·진(晉) 문공(文公)·진(秦) 목공(穆公)·송(宋) 양공(襄公)·초(楚) 장왕(莊王)의 다섯 제후. ㅇ人不足(인부족)－이하 두 구는 《맹자》 이루(離婁) 상편에 보이는 말임. ㅇ適(적)－잘못을 꾸짖다, 적(謫). ㅇ間(간)－비판하다. ㅇ進者(진자)－벼슬자리로 나아오는 사람.

解說 이 대목은 《횡거문집》 답범손지서(答范巽之書)에 보이는 글임. 일반적으로 도를 추구하는 학문과 실제 정치가 다른 문제를 놓고 그 원인과 이상을 해설한 글이다. 성리학자들의 학문과 정치의 관련문제를 이해하는 데 큰 도움이 되는 글이다.

근사록 권9

치법류(治法類) 도합 27조

1. 염계(濂溪) 선생께서 말씀하셨다.

“옛 성왕(聖王)은 예법을 제정하고, 교화(敎化)를 닦고, 삼강(三綱)을 바르게 하고, 구주(九疇)를 베푸셨으니, 백성들은 크게 화합되고 만물이 모두 순복(順服)하였다. 그리고 음악을 만들어 팔방(八方)의 바람이 몰아오는 기(氣)를 펴서 천하의 인정을 화(和)하게 했다. 그러므로 음악 소리는 맑아 마음을 상하지 않고, 화순하여 음탕하지 않으니 귀에 들어와 마음을 감동시켜 맑고 화평하게 했다.

맑으면 욕심이 가라앉고, 화평하면 조급한 마음이 풀어진다. 마음이 여유가 있고 부드럽게 가라앉은 것이 덕의 성(盛)한 상태이다. 온 천하가 감화를 받아 올바르게 되는 것이 다스림의 지극함이다. 이런 것을 도가 천지와 짝한다는 것이니 옛 예악의 극치이다.

후세에는 예법이 다스려지지 않고 형정(刑政)이 가혹하고 문란하게 되어 욕심을 좇아 법도를 무너뜨리니 백성들이 살아가기 어려워졌다. 말하기를, ‘옛날의 음악은 들을 것이 없다.’고 하고 새로운 음악으로 대치하고 변화시켜 요사(妖邪)스럽고 음탕하고 근심스럽고 원망스러운 소리로 욕심을 유도하고 슬픔을 더 보태어 그것을 멈추지 못하게 되었다. 그러므로 군주를 해치고 아비를 버리고 삶을 가벼이 여기면 인륜을 무너뜨리는 짓을 금할 수 없게 되는 것이다.

아아! 음악은 옛날에는 마음을 화평하게 했으나 지금은 욕심을 길러주고, 옛날에는 교화를 폈으나 지금은 원망을 자라게 하고 있다. 옛날의 예로 돌아가지 않고, 또 오늘의 음악을 변화시키지 않고, 다스림이 이루어지기를 바라는 것은 치도(治道)로부터 먼 일이다."

原文 濂溪先生曰：古聖王, 制禮法, 修敎化, 三綱正, 九疇敍, 百姓大和, 萬物咸若. 乃作樂, 以宣八風之氣, 以平天下之情. 故樂聲, 淡而不傷, 和而不淫. 入其耳, 感其心, 莫不淡且和焉.

淡則欲心平, 和則躁心釋. 優柔平中, 德之盛也. 天下化中, 治之至也. 是謂道配天地, 古之極也.

後世禮法不修, 政刑苛紊, 縱欲敗度, 下民困苦. 謂古樂不足聽也, 代變新聲, 妖淫愁怨, 導欲增悲, 不能自止. 故有賊君棄父, 輕生敗倫, 不可禁者矣.

嗚呼! 樂者, 古以平心, 今以助欲, 古以宣化, 今以長怨. 不復古禮, 不變今樂, 而欲致治者遠哉.

註解 ㅇ三綱(삼강)－부위처강(夫爲妻綱), 부위자강(父爲子綱), 군위신강(君爲臣綱)을 말함. ㅇ九疇(구주)－《서경》의 홍범(洪範)에 나오는 말, 곧 오행(五行)·오사(五事)·팔정(八政)·오기(五紀)·황극(皇極)·삼덕(三德)·계의(稽疑)·서징(庶徵)·오복육극(五福六極)을 말함. ㅇ八風之氣(팔풍지기)－팔방의 바람이 몰아오는 기운, 그 기운은 팔음과 상응(相應)하는 것이다. ㅇ躁(조)－조급한 것. ㅇ苛紊(가문)－가혹하고 문란한 것.

解說 주돈이의《통서》악상(樂上) 제17에 보이는 글이다. 천하를 다스리려면 먼저 예악(禮樂)으로 백성을 교화시켜야 한다는 전통적인 유가(儒家)의 설법이다.

2. 명도(明道) 선생께서 조정(朝廷)에 말씀하셨다.

“천하를 다스림에는 풍속을 바르게 하고 현명한 재사(才士)를 얻는 것을 근본으로 삼아야 합니다. 마땅히 먼저 가까이에 있는 현명한 유생(儒生)과 여러 관리들에게 정중히 명을 내리어 첫째로는 덕업(德業)이 갖추어져 족히 사표(師表)가 될 만한 사람, 다음으로는 뜻이 돈독하고 배우기를 좋아하고 재주있고 품행이 훌륭한 사람들을 정성을 다하여 찾아다니도록 하십시오. 그들을 예를 다해 초빙하여 정중히 중앙으로 보냄으로써, 그런 이들이 경사(京師)로 모이게 하여 아침저녁으로 서로 올바른 학문을 강론하여 밝히도록 해야 합니다.

그 도(道)는 반드시 인륜(人倫)에 근본을 두고 사물의 이치를 밝히는 것이어야 하고, 그 가르침은 소학(小學)의 물뿌리고 쓸고 사람들을 대하는 것으로부터 효제(孝悌) 충신(忠信)을 닦고 예악을 좇게 하는 일에 이르는 것이어야 합니다. 사람을 이끌어 주고 격려하며 점차로 감화시켜 성취시키는 방법에는 차례가 있습니다. 그 요점은 선(善)을 택하여 몸을 닦은 다음 천하를 교화시키는 데에 있습니다. 이는 시골 사람이 성인(聖人)이 되는 도입니다. 그 학문과 행동이 모두 여기에 맞는 사람은 덕을 이루었다고 하는 것입니다.

재주와 학식이 밝게 통달하여 선함으로 나아갈 수 있는 사람을 뽑아 날마다 수업을 받게 하여야 합니다. 학문과 덕행이 밝고 뛰어난 사람으로 태학(太學)의 스승이 되게 하고, 그 다음가는 사람은 천하의 여러 학교에 보내어 가르치게 해야 합니다. 선비들을 골라 학교에 입학시키는데, 현(縣)의 학교 다음에는 주(州)의 학교로 올려 보내고, 주(州)에서는 빈객(賓客)의 예로 태학(太學)에 추천하고, 태학은 이들을 모아서 가르치고 해마다 현명한 자와 능력 있는 자를 심사하여 조정으로 보냅니다. 선비를 뽑는 법은 모두 성품과 행실이 단정하고 깨끗하며, 집에서는 효도와 우애를 행하고 염치와 겸양심이 있으며 학업에 정통하고, 다스리는 도리에 통달한 사람을 뽑는 것으로 해야 합니다."

原文 明道先生言於朝曰：治天下, 以正風俗得賢才爲本. 宜先禮命近侍賢儒, 及百執事, 悉心推訪, 有德業充備, 足爲師表者, 其次有篤志好學, 材良行修者. 延聘敦遣, 萃於京師, 俾朝夕相與講明正學.

其道必本於人倫, 明乎物理. 其教自小學灑掃應對以往, 修其孝弟忠信, 周旋禮樂. 其所以誘掖激厲, 漸摩成就之道, 皆有節序. 其要在於擇善修身, 至於化成天下. 自鄉人而可至於聖人之道, 其學行皆中於是者, 爲成德.

取材識明達, 可進於善者, 使日受其業. 擇其學明德尊者, 爲太學之師, 次以分教天下之學. 擇士入學, 縣升之州, 州賓興於太學, 太學聚而教之, 歲論其賢者能者於朝. 凡選士之法, 皆以性行端潔, 居家孝悌, 有廉恥禮遜, 通明學業, 曉達治道者.

註解 ㅇ禮命(예명)－예를 갖추어 명을 내리다, 정중히 명을 내리다. ㅇ近侍(근시)－가까이서 시중하다, 가까이서 모시다. ㅇ百執事(백집사)－여러 관리들. ㅇ推訪(추방)－찾아다니다. ㅇ敦遣(돈견)－예를 다하여 보내다, 지방으로부터 조정으로 보내는 것. ㅇ正學(정학)－올바른 학문. 성인의 도를 말함. ㅇ誘掖(유액)－끌어서 앞으로 나아가게 하는 것. ㅇ漸摩(점마)－점차적으로 절차탁마(切磋琢磨)하는 것. ㅇ鄉人(향인)－향리의 보통사람. ㅇ擇士入學(택사입학)－현(縣)의 학교에서 우수한 자를 뽑아 주(州)에 보내고, 주의 학교에서 우수한 사람은 뽑아서 서울의 태학(太學)에 보내 가르치게 하고, 조정에서는 그 중에 현명하고 능력있는 사람을 심사하여 관직을 주는 것을 말함. ㅇ賓興(빈흥)－빈객(賓客)의 예를 갖추어 추천하는 것.

解說 《정씨문집》 권1(明道先生文 一)에 보이는 글에서 뽑은 대목이다.

정호가 조정에 상서(上書)한 글로 학교를 세우고 어진 사람을 등용하는 방도를 논한 내용이다.

3. 명도 선생께서 열 가지 일에 대하여 논하셨다.

첫째 : 스승, 둘째 : 여섯 가지 관리, 셋째 : 토지의 경계, 넷째 : 고을 조직, 다섯째 : 현명한 선비의 임용, 여섯째 : 병역(兵役), 일곱째 : 백성들 식량, 여덟째 : 사(士)·농(農)·공(工)·상(商)의 백성들, 아홉째 : 산림과 호수, 열째 : 신분의 구별이다.

그분의 이론은 이러하다. "옛날과 지금의 구별 없이, 다스려지는 세상과 어지러운 세상의 구별 없이, 만약 백성들을 살아가게 하는 도리가 궁지에 몰리게 되면 곧 성왕의 법이라 할지라도 고쳐야만 한다. 후세에 백성들을 살아가게 하는 도리를 다하게 되면 크게 다스려질 것이고, 혹 그 일부분의 도리만을 시행하더라도 소강(小康)은 이루게 될 것이다. 이것은 역대를 통하여 환하고 밝게 드러난 효험(效驗)인 것이다. 진실로 간혹 부질없이 옛 일에만 집착할 줄 알아 지금 세상에 그 일을 제대로 시행하지 못하거나 또는 명분을 따르고자 하여 마침내 그 실질적인 것은 무시해 버린다면, 그것은 바로 고루한 학자의 견해일 것이니, 다스림의 도를 어찌 논할 수가 있겠는가?

그러나 만약 지금 사람들의 감정은 모두 이미 옛날 사람들과는 달라졌고, 옛 임금들의 업적은 지금 세상에 거듭 실현시킬 수가 없는 것이라 하고, 눈앞의 편리함만을 좇아 고상하고 원대한 일에는 힘쓰지 않는다면, 이것도 크게 뜻있는 일을 하려는 이론은 못될 것이며 지금 세상의 심한 폐해를 막는 수는 없게 될 것이다."

原文 **明道先生論十事：一曰師傅，二曰六官，三曰經界，四曰鄉黨，五曰貢士，六曰兵役，七曰民食，八曰四民，九曰山澤，十曰**

分數.

其言曰 : 無古今, 無治亂, 如生民之理有窮, 則聖王之法可改. 後世能盡其道則大治, 或用其偏則小康. 此歷代彰灼著明之效也. 苟或徒知泥古, 而不能施之於今, 姑欲徇名而遂廢其實, 此則陋儒之見, 何足以論治道哉?

然儻謂今人之情, 皆已異於古, 先王之迹, 不可復於今, 趣便目前, 不務高遠, 則亦恐非大有爲之論, 而未足以濟當今之極弊也.

註解 ㅇ師傅(사부)－스승. 아이들을 보살펴주는 사람까지도 포함된다. ㅇ六官(육관)－천관(天官)·지관(地官)·춘관(春官)·하관(夏官)·추관(秋官)·동관(冬官)의 여섯 종류의 관원(《周禮》 의거). ㅇ經界(경계)－토지의 구획(區劃), 경계(境界). ㅇ鄕黨(향당)－고을로부터 마을에 이르는 지방 조직. ㅇ貢士(공사)－학문과 재능이 뛰어난 사람을 지방에서 중앙으로 추천하여 벼슬하게 하는 제도. 주(周)나라의 제도이며, 한(漢)대에는 그를 본받은 선거(選擧) 제도, 당(唐) 이후에는 그것을 더욱 발전시킨 과거(科擧) 제도가 시행되었다. ㅇ四民(사민)－사(士)·농(農)·공(工)·상(商). ㅇ分數(분수)－여기에서는 사회생활에 있어서 신분에 따른 여러 가지 구별을 뜻함. ㅇ用其偏(용기편)－그 중 일부분만을 시행하는 것. ㅇ彰灼(창작)－밝고 환한 것. ㅇ泥古(니고)－옛날에 집착하다, 옛 제도에 얽매이는 것. ㅇ陋儒(누유)－고루한 학자. ㅇ儻(당)－만약. ㅇ趣便(취편)－편리한 방향으로 나아가는 것.

解說 《정씨문집》 권1(明道先生文 一) 논십사차자(論十事箚子)에서 절록(節錄)한 글. 십사(十事) 뒤에 이어지는 이론을 통하여 정이는 맹목적인 복고론자가 아니었음을 알 수 있다.

4. 이천(伊川) 선생께서 상소(上疏)하여 말씀하셨다.

"삼대(三代)의 시대에는 인군(人君)에게는 반드시 사(師)·부(傅)·보

(保)의 관(官)이 있었습니다. 태사(太師)는 임금을 가르치고 훈계해 주고, 태부(太傅)는 덕의(德義)를 보태어 주고, 태보(太保)는 그 몸을 보호해 드렸습니다. 후세에는 일을 하는 데 근본이 없게 되었으니, 다스림을 추구할 줄 알면서도 임금을 바르게 할 줄은 모르고, 잘못을 규간(規諫)할 줄을 알면서도 임금의 덕(德)을 기를 줄은 모르게 되었습니다. 덕의(德義)를 보태어 주는 도는 실로 이미 멀어졌고 신체를 보호해 드리는 법은 다시는 들을 수 없게 되었습니다.

신이 생각건대, 덕의를 보태어 주는 것은 나쁜 것을 듣고 보는 것을 막고, 기호의 지나침을 절제하는 데 목적이 있습니다. 신체를 보호해 드리는 것은 일상 기거(起居)가 의리에 맞고 두려워하고 조심하는 마음을 지니게 하는 데 목적이 있습니다. 지금 태보, 태부의 관직을 설치하지 않았으니 이 직책은 모두 경연관(經筵官)에게 있습니다. 바라옵건대 황제(皇帝)께서 궁중에 계실 때의 언동 및 옷과 음식을 모두 경연관으로 하여금 알도록 하십시오. 전동(翦桐)의 장난 같은 잘못이 있으면 곧 일에 따라 잠규(箴規)할 것이요, 몸가짐과 덕을 기르는 데 어긋남이 있으면 곧 때에 맞추어 간할 것이옵니다."

原文 伊川先生上疏曰：三代之時, 人君必有師傅保之官. 師, 道之敎訓, 傅, 傅之德義, 保, 保其身體. 後世作事無本, 知求治, 而不知正君, 知規過, 而不知養德. 傅德義之道, 固已疎矣. 保身體之法, 復無聞焉.

臣以爲, 傅德義者, 在乎防見聞之非, 節嗜好之過. 保身體者, 在乎適起居之宜, 存畏愼之心. 今旣不設保傅之官, 則此責皆在經筵. 欲乞皇帝在宮中, 言動服食, 皆使經筵官知之. 有翦桐之戲, 則隨事箴規, 違持養之方, 則應時諫止.

註解 ㅇ三代(삼대)－하(夏)·상(商)·주(周)를 말함. ㅇ師(사)－부(傅)·보(保)와 함께 《주례(周禮)》에 있는 삼공(三公), 즉 태사(太師)·태부(太傅)·태보(太保)를 말함. ㅇ翦桐之戲(전동지희)－주(周)의 성왕(成王)이 어렸을 때 오동나무의 잎을 잘라 규(圭) 모양으로 만들어 장난으로 숙우(叔虞)를 제후에 봉하였다. 이를 전해 들은 사일(史佚)은 천자는 장난을 칠 수 없다고 하며 숙우를 실제로 제후에 봉하도록 했다는 고사가 있다.

解說 《정씨문집》 권6(伊川先生文 二) 논경연차자(論經筵箚子) 제2에서 인용한 글임. 나라를 잘 다스리려면 먼저 군주의 덕성(德性)을 옳게 해야 한다고 말하고 있다.

5. 이천 선생이 삼학(三學)의 조례(條例)를 자세히 본 다음 말씀하셨다.

"옛날 제도로는 공사(公私)의 시험으로 매 달을 허비하는 일이 없었다. 학교는 예의를 서로 먼저 내세워야 하는 곳인데, 다달이 그들로 하여금 다투게 한다면 특히 가르치고 기르는 도리가 못된다. 시험보는 것을 고치어 과목(科目) 교육으로 바꿀 것을 건의한다. 미급(未及)한 점이 있을 적에는 곧 학관(學官)이 그를 불러서 가르치되 다시 고하(高下)를 판정하는 시험을 보지 않는다. 존현당(尊賢堂)을 만들어 천하의 도덕적으로 뛰어난 선비들을 초청하고, 대빈재(待賓齋)·이사재(吏師齋)를 설치하여 선비들의 행실을 살피고 단속하는 법을 제정해야 한다."

다시 말씀하셨다. "원풍(元豐) 연간(1078~1085) 이후로는 이익으로 사람들을 끌어들이는 법을 마련하여 학생들의 수가 5백 명이나 되었다. 국학(國學)으로 잔뜩 몰려들어 부모를 봉양하는 것도 내팽개치고 가족 사이의 사랑도 잊고, 길이나 오가며 객지에 다니다 머물게 되었다. 인심은 날로 야박해지고 선비들의 기풍은 날로 경박해지고 있다. 지금 적당한 인원수를 헤아리어 1백 명만을 남겨둔다면 4백 명은 남을 것인데, 그들은 주(州)나 군(郡)의 학생들이 모자라는 곳으로 분산시켜야만 할 것이다. 자연히 선비들은 각각 그들의 고을에서 편히 지내며 그들의 효도를 하고 사랑을 하는 마음을 기르고, 그들의 달려나가 유랑하려는 뜻도 없애어 풍속도 마땅히 보다 아름다워질 것이다."

또 말하였다. "삼사(三舍)에서 승급(昇級)시키는 방법은 모두 글로 시험을 보아 행실을 추구하려는 것이다. 이것은 관리들에 적용될 일로, 학교에서 인재를 기르고 빼어난 인물을 뽑는 방도가 못되는 것이다. 대체로 조정에서 법을 아래로 통보하면 그것은 아래까지 반드시 전해져서, 장관들은 법을 지키기만 하고 뜻있는 일을 하지 못한다. 그래서 일은 아랫사람들에 의하여 이루어지므로 아랫사람들이 그것을 이용하여 윗사람들을 제어(制御)하게 된다. 이것이 후세에 와서는 잘 다스려지지 않은 까닭이다.

어떤 이는 말하기를 '장관이나 차관이 제대로 된 사람을 거느리게 되면 괜찮다. 간혹 적절치 못한 사람이 있을 수 있으므로 상세한 예방책을 마련하여 그것을 따라 지키도록 하는 것이 좋다'고도 한다. 그것은 옛 임금들의 제정한 법은 제대로 된 사람이 있는 경우에 행하여지는 것임을 전혀 모르기 때문이다. 적절치 못한 사람들을 위한 법을 마련한다는 얘기는 들어본 일이 없다. 진실로 장관이나 차관이 적절한 인물이 아니라면, 교육을 하는 도리를 알지 못할 것이니 부질없이 헛된 법문(法文)과 번잡한 법만을 지킬 것인데, 과연 인재를 양성할 수가 있겠는가?"

原文 伊川先生看詳三學條制云：舊制公私試補，蓋無虛月．學校，禮義相先之地，而月使之爭，殊非教養之道．請改試爲課，有所未至，則學官召而教之，更不考定高下．制尊賢堂，以延天下道德之士，及置待賓吏師齋，立檢察士人行檢等法．

又云：自元豊後，設利誘之法，增國學解額至五百人．來者奔湊, 捨父母之養, 忘骨肉之愛, 往來道路, 旅寓他土, 人心日偸, 士風日薄. 今欲量留一百人, 餘四百人, 分在州郡解額窄處. 自然士人各安鄕土, 養其孝愛之心, 息其奔趨流浪之志. 風俗亦當稍厚.

又云 : 三舍升補之法, 皆案文責跡. 有司之事, 非庠序育材掄秀之道. 蓋朝廷授法, 必達乎下, 長官守法而不得有爲, 是以事成於下, 而下得以制其上. 此後世所以不治也.

或曰 : 長貳得人則善矣. 或非其人, 不若防閑詳密, 可循守也. 殊不知先王制法, 待人而行, 未聞立不得人之法也. 苟長貳非人, 不知敎育之道, 徒守虛文密法, 果足以成人材乎?

註解 ㅇ看詳(간상)－자세히 살펴보다. ㅇ三學(삼학)－태학(太學)·율학(律學)·무학(武學)의 세 학교. 여기서는 주로 태학에 대하여만 논하고 있다. ㅇ公私試補(공사시보)－태학의 기숙사에는 외사(外舍)·내사(內舍)·상사(上舍)가 있었다. 처음에는 모두 외사에 들어가, 매달 한 번씩 치는 사시(私試)와 1년에 한 번 치르는 공시(公試)를 보아 성적에 따라 내사로 승격하였다. 내사생도 다시 외사생과 같은 방법으로 시험을 통하여 상사로 승격한다. 상사생도 2년의 공부를 마치고 다시 시험에 합격하여야만 벼슬을 받을 수가 있었다. 정이는 그처럼 번잡한 시험제도를 비판하고 있는 것이다. ㅇ無虛月(무허월)－그냥 시험을 보지 않고 지내는 달이 없다. ㅇ課(과)－정해진 과목의 공부. ㅇ學官(학관)－교관, 선생. ㅇ延(연)－초청하다, 불러들이다. ㅇ待賓(대빈)－대빈재. 덕 있는 손님을 접대하는 기관. ㅇ吏師齋(이사재)－관리들의 스승이 되는 사람들이 있는 기관. ㅇ行檢(행검)－행실. ㅇ元豐(원풍)－송나라 신종(神宗)의 연호. ㅇ利誘(이유)－이익으로 유혹하다, 출세의 길이 빠름을 내세워 사람들을 불러모으는 것. ㅇ解額(해액)－지방에서 태학에 추천하는 공생(貢生)의 수. ㅇ奔湊(분주)－달려와 모이는 것. ㅇ旅寓(여우)－여행하다 머물다, 객지에 머물다. ㅇ偸(투)－야박한 것. ㅇ量留(양류)－헤아리어 적당한 양을 남기다. ㅇ窄處(착처)－인원수가 적은 곳. ㅇ三舍(삼사)－앞 주에 보인

외사・내사・상사. ㅇ案文責跡(안문책적)－글로 시험을 보아 행실까지도 평가하는 것. ㅇ庠序(상서)－옛날의 교육기관. 은(殷)나라에는 서, 주(周)나라에는 상이 있었다(《孟子》 滕文公 上). ㅇ掄秀(윤수)－빼어난 인물을 뽑는 것. ㅇ長貳(장이)－장관과 차관. ㅇ防閑(방한)－잘못을 예방하는 것.

解說 《정씨문집》 권7(伊川先生文 三) 삼학간상문(三學看詳文)에서 뽑은 글. 그 당시 학교제도에 대한 의견서인데, 여기에는 태학의 문제, 특히 시험제도가 번잡한 것을 문제삼고 있다.

6. 명도 선생의 행장(行狀)에 이러하다.

선생님이 택주(澤州) 진성령(晉城令)으로 계실 때, 일이 있어서 고을로 오는 백성이 있으면 반드시 그에게 효제충신(孝悌忠信)을 말씀하시어 집에 들어가서는 부형을 섬기고 나와서는 어른을 섬겨야 하는 도리를 알려주셨다. 향촌의 원근을 헤아려 오보(伍保)를 조직하고 힘든 일이 있을 때 서로 돕고, 환난이 있을 때 서로 구제하도록 하여, 간사함과 거짓이 용납될 여지가 없었다.

고아와 홀아비 및 불구자는 친척과 동네에 책임을 지고 돌보아 주어 잘못 되는 일이 없도록 하였으며, 길을 나선 나그네가 병이 나면 누구나 보살펴 주도록 하셨다.

모든 향촌에는 학교가 있어 틈이 있을 때에는 친히 가서 부형들을 불러 함께 이야기하였다. 아동들이 책을 읽을 적에는 친히 구독(句讀)이 틀린 것을 바로잡아 주고, 교사가 좋지 않으면 곧 바꾸었으며, 자제 중에 우수한 사람을 뽑아 모아서 가르치게 하셨다. 향민(鄕民)이 모여 회를 할 때에는 규칙을 제정하여 선과 악을 분별해주어 선을 권하고 악은 부끄러워하도록 하셨다.

原文 明道先生行狀云：

先生爲澤州晉城令, 民以事至邑者, 必告之以孝悌忠信, 入所以事父兄, 出所以事長上. 度鄕村遠近爲伍保, 使之力役相助, 患難相恤, 而姦僞無所容.

凡孤煢殘廢者, 責之親戚鄕黨, 使無失所. 行旅出於其塗者, 疾病皆有所養.

諸鄕皆有校, 暇時親至, 召父老與之語. 兒童所讀書, 親爲正句讀. 教者不善, 則爲易置. 擇子弟之秀者, 聚而教之. 鄕民爲社會, 爲立科條, 旌別善惡, 使有勸有恥.

註解 ㅇ澤州晉城(택주진성)－지금의 산서성(山西城) 진성현(晉城縣). ㅇ伍保(오보)－다섯 집이 오(伍)가 되고 다섯 오가 보(保)가 된다. ㅇ孤煢(고경)－고아와 홀아비. ㅇ失所(실소)－생활이 잘못 되는 것. ㅇ社會(사회)－마을 사람들이 모여 회의를 하는 것. ㅇ科條(과조)－규칙.

解說 《정씨문집》 권11(伊川先生文 七)에 실린 글. 정호가 고을을 다스리면서 백성의 마음과 민풍(民風)을 잘 살피어 훌륭한 업적을 이룩한 것을 쓰고 있다.

7. 《역경》 췌괘(萃卦)에 "임금이 종묘(宗廟)를 세우게 되었다." 하였다. 그 《정전(程傳)》에 이렇게 말하고 있다. "백성들은 지극히 많으나 그들을 하나가 되게 하여 따르고 존경하도록 해야 한다. 사람의 마음이란 그 향배(向背)를 알 수가 없는 것이나 그의 정성과 공경을 다하게 할 수가 있다. 귀신이란 헤아릴 수가 없는 것이나, 귀신을 강림(降臨)하게 할 수는 있다. 천하의 인심을 모두 모으고 여러 사람들의 뜻을 모두 묶는 방법은 한 가지가 아니다. 그 중에서도 지극히 위대한 것으로는 종묘보다 더한 것이 없다.

그러므로 왕자가 천하 사람들의 마음을 모으는 방법으로, 종묘를 세운다면 곧 그것이 가장 지극한 모으는 방법이 되는 것이다. 제사를 통해서 보답하는 것은 사람들 마음에 근본을 두고 있는 것이다. 성인은 제례(祭禮)를 제정하여 그의 덕을 완성시키도록 한 것이다. 그러므로 승냥이와 물개가 제사를 지낼 수 있는 것도 그들의 본성이 그렇기 때문이다."

原文 萃, 王假有廟.

傳曰 : 羣生至衆也, 而可一其歸仰. 人心莫知其鄉也, 而能致其誠敬. 鬼神之不可度也, 而能致其來格. 天下萃合人心, 總攝衆志之道, 非一. 其至大莫過於宗廟.

故王者萃天下之道, 至於有廟, 則萃道之至也. 祭祀之報, 本於人心. 聖人制禮, 以成其德耳. 故豺獺能祭, 其性然也.

註解 ㅇ萃(췌)－《역경》 췌괘(萃卦). 아래 글은 그 괘사(卦辭)임. ㅇ假(가)－이르다. ㅇ歸仰(귀앙)－귀의(歸依)하고 숭앙(崇仰)하다, 따르고 존경하다. ㅇ來格(내격)－강림(降臨), 내림(來臨). ㅇ總攝(총섭)－모두 모으다, 총합(總合)하다. ㅇ豺獺(시달)－승냥이와 물개. 승냥이는 가을에, 물개는 봄에 제사지낸다고 한다(《禮記》 月令).

解說 《주역정씨전》 췌괘(萃卦) 괘사(卦辭)의 해설에 보이는 글. 정이는 임금이 종묘에서 조상들을 제사지내는 것은 온 천하 사람들의 마음과 뜻을 통일하기 위한 것으로 그 뜻을 풀이하고 있다.

8. 옛날에 수자리를 실러 가면 2년이면 돌아왔다. 올 봄 늦게 떠난다면 내년 여름이면 교대할 사람이 온다. 그러나 더 머물러 가을에 대비하고, 11월이 지나게 되면 돌려보낸다.

다시 그 다음해 한 봄에 다음 수자리 살 사람을 파견한다. 매년 가을로부터 겨울 초까지는 앞뒤의 두 수자리 사는 사람들이 모두 국경에 있게 된다. 곧 지금의 가을 방비(防備)인 것이다.

原文 **古者戍役, 再期而還. 今年春暮行, 明年夏, 代者至, 復留備秋. 至過十一月而歸.**

又明年仲春, 遣次戍者. 每秋與冬初, 兩番戍者皆在疆圉. 乃今之防秋也.

註解 ㅇ戍役(수역)-수자리 사는 일. ㅇ再期(재기)-2년. ㅇ備秋(비추)-가을에 대비하다. 중국 서북쪽의 오랑캐들은 주로 가을에 약탈을 위하여 중국으로 침략을 자주 감행하였다. 그래서 뒤에 보이는 '방추(防秋)'란 말도 생긴 것이다. ㅇ疆圉(강어)-국경, 국경의 성.

解說 《정씨경설》 권3 시해(詩解)에 보이는 글. 옛 수자리 제도에 대한 간단한 설명이다.

9. 성인은 한 가지 일이라도 하늘의 때를 따르지 않는 것이란 없다. 그러므로 동짓날에는 관소(關所)를 닫는 것이다.

原文 **聖人無一事不順天時. 故至日閉關.**

註解 ㅇ至日(지일)-동짓날. ㅇ關(관)-지나 다니는 사람들에게 갖고 가는 물품세(物品稅)나 통행세(通行稅)를 거두는 곳.

解說 《정씨외서》 권3에 보이는 글. 두 형제 중 누구의 말인지는 알 수

없다. 《역경》 복괘(復卦) 상전(象傳)에서 "벼락이 땅 가운데 있는 것이 복(復)이다. 옛 임금은 이를 본받아 동짓날엔 관소를 닫아 장사꾼이나 나그네가 다니지 못하였고, 임금은 나라를 순찰하지 아니하였다.(雷在地中, 復. 先王以, 至日閉關, 商旅不行, 后不省方.)"라고 한 말을 근거로 한 것이다.

10. 한신이 많을수록 더욱 일처리를 잘한 것은 오로지 상황판단이 분명했기 때문이다.

原文 **韓信多多益辦, 只是分數明.**

註解 ㅇ韓信(한신)－한(漢) 고조(高祖)를 섬긴 장수. 회음후(淮陰侯)까지 되었었다. ㅇ分數(분수)－자세한 형세 판단, 계산.

解說 《정씨유서》 권7에 보이나 두 정씨 형제 중 누구의 말인지는 알 수 없다. 《한서(漢書)》 회음후전(淮陰侯傳)에 한신은 고조와의 대화에서 용병(用兵)하는 데 있어서는 '다다익선(多多益善)'이라 말하고 있다.

11. 이천 선생께서 말씀하셨다.

"사람을 관할(管轄)하는 데도 반드시 법(法)이 있어야 한다. 오로지 엄하게만 해서는 일을 이루지 못한다. 지금 천 사람을 통솔한다면 천 사람이 제때에 맞추어 밥을 먹을 수 있도록 해야만 한다. 그러나 그렇게 할 수 있는 사람이 몇이나 되겠는가?

일찍이 말하기를 '군사들이 밤에 놀라 소동이 일어났을 때 아부(亞父)는 꼼짝 않고 누워 일어나지 않았다'고 한다. 일어나지 않은 것은 훌륭한 일이다. 그러나 밤에 놀라 소동이 일어난 것은 무엇인가? 이 또한 완전히 잘 통솔한 것이라고는 할 수 없는 것이다."

原文 伊川先生曰：管轄人亦須有法. 徒嚴不濟事. 今帥千人, 能使千人依時及節得飯喫. 只如此者, 亦能有幾人?

嘗謂, 軍中夜驚, 亞夫堅臥不起. 不起善矣. 然猶夜驚何也? 亦是未盡善.

註解 ㅇ夜驚(야경)-밤에 군인들이 놀라 소동을 일으키는 것. ㅇ亞夫(아부)-주발(周勃)의 아들. 한(漢) 경제(景帝) 때, 오(吳)·초(楚) 등 일곱 나라가 반란을 일으켜 아부를 보내 평정케 하였다. 밤에 누가 반란을 일으켰다고 군사들이 놀라고 소란해졌으나 주아부는 자리에 누워 일어나지 않았으므로 군사들이 진정하게 되어 반란을 계획한 군사들을 잡았다는 고사가 있다.

解說 《정씨유서》 권10에 보이는 정이의 말이다. 주아부(周亞夫)에 대한 정이의 견해가 재미있다.

12. 온 천하 사람들의 마음을 잡아두고, 집안 사람들을 수습하고, 풍속을 돈후(敦厚)히 하며, 사람들로 하여금 근본을 잊지 않도록 하려면 반드시 족보(族譜)를 분명히 하고 각 세대의 집안 사람들을 수습하고 종자법(宗子法)을 확립해야 한다.

또 말하기를 "1년이면 그에 대한 1년의 노력이 있어야 한다."고도 하였다.

原文 管攝天下人心, 收宗族, 厚風俗, 使人不忘本, 須是明譜系, 收世族, 立宗子法.

又曰：一年有一年工夫.

註解 ㅇ管攝(관섭)-잘 다잡아주는 것. ㅇ譜系(보계)-세계(世系)를 밝힌 족보(族譜). ㅇ宗子法(종자법)-집안을 맏아들이 계승하는 제도.

解說 《이정유서》 권6에 보이나, 두 정자 중 누구의 말인지는 확실치 않다. 종자법은 옛 봉건제도의 기반을 이루는 것이었다. 종자법을 지지했다는 것은 옛날의 계급사회 제도를 지지했음을 뜻하기도 하는 것이다. 후세에 와서 무너진 이 제도를 한 해 한 해 복구해 가도록 노력해야 한다는 것이다.

13. 종자법(宗子法)이 무너지면 곧 사람은 자신의 출신(出身)을 알 수가 없게 되어 사방으로 떠돌아다니게 되고, 흔히 친족관계가 끊이지 않았는데도 서로 알지 못하게 된다.

지금 시험삼아 한두 대가(大家) 집안에서 그것을 행하고자 하는데, 그 방법은 엄밀히 지켜져야만 할 것이다. 반드시 또 당(唐)나라 시대처럼 묘원(廟院)을 세워야 한다. 그럼으로써 조상의 사업(事業)을 쪼갤 수가 없게 되어 한 사람이 그것을 주관하게 될 것이다.

原文 宗子法壞, 則人不自知來處, 以至流轉四方, 往往親未絶不相識.

今且試以一二巨公之家行之, 其術要得拘守得. 須是且如唐時立廟院. 仍不得分割了祖業, 使一人主之.

註解 ㅇ來處(래처)－온 곳, 출신(出身). ㅇ巨公之家(거공지가)－높은 분의 집안, 대가(大家). ㅇ得(득)－……해야만 한다. ㅇ拘守(구수)－꼭 지키다, 엄격히 지키다. ㅇ廟院(묘원)－집안의 사당(祠堂).

解說 《정씨유서》 권15에 보이는 정이의 말. 종자법을 바탕으로 하는 종족제도(宗族制度)는 옛 봉건제도의 붕괴와 함께 이미 옛날에 무너진 것이라 할 수 있다. 정자는 완전한 봉건체제의 회복을 바라고 있었던 듯하다.

4. 모든 사람들은 가법(家法)으로 반드시 한 달에 한 번씩 모여 가족들을 결합시켜야 한다. 옛사람 가운데, 꽃나무 밑에서 위씨(韋氏) 집안 사람들이 모이는 가법(家法)이 있었는데 본받을 만한 일이다.

집안 사람이 멀리서 찾아올 때마다 역시 그 모임을 연다. 길(吉)한 일이나 흉(凶)한 일, 또는 시집가고 장가드는 일 같은 일이 있을 때는 더욱 서로 예를 차리어 골육(骨肉)의 정이 늘 서로 통하게 하여야만 한다. 골육 사이가 날로 멀어지는 것은 오직 서로 만나지 못하여 정이 서로 잇닿지 않기 때문이다.

原文 凡人家法, 須月爲一會以合族. 古人有花樹韋家宗會法, 可取也.

每有族人遠來, 亦一爲之. 吉凶嫁娶之類, 更須相與爲禮, 使骨肉之意常相通. 骨肉日疎者, 只爲不相見, 情不相接爾.

註解 ㅇ花樹(화수)－당나라 잠참(岑參, 715~770)에게 〈위원외가화수가(韋員外家花樹歌)〉가 있다. '그의 집 형제들은 당해낼 수가 없으니, 열경·어사·상서랑 등이다. 조정으로부터 꽃나무 밑으로 돌아와서는 늘 손님을 만나는데, 꽃잎이 옥항아리에 떨어져 봄술 향기롭네.(君家兄弟不可當, 列卿御史尙書郞. 朝回花底恒會客, 花撲玉缸春酒香.)'라고 읊고 있는 데서 인용한 말이다. ㅇ疎(소)－소원함, 먼 것.

解說 《정씨유서》 권1에 보이나, 두 형제 중 누구의 말인지는 알 수 없다. 잠참의 시에서 벼슬하는 형제들이 꽃나무 밑으로 퇴근하여 만난 것은 '손님[客]'이라 하였는데, 정자는 손님들도 한 집안 사람들이라 본 것이다. 어떻든 이 때문에 우리나라에까지도 화수회(花樹會)라는 말이 쓰이게 된 것임에는 틀림이 없다.

15. 관혼상제(冠婚喪祭)는 예 중에서도 큰 것인데, 지금 사람들은 별

상관 않는다. 승냥이와 물개조차도 모두 근본에 대하여 보답할 줄 알거늘 지금 사대부들의 집안에서는 흔히 이를 소홀히 하고 있다. 어른을 봉양하는 일은 착실히 하면서 조상들에 대하여는 박하게 모신다면 이는 매우 옳지 않은 일이다.

나는 일찍이 육례(六禮)를 정비한 일이 있는데, 그 대략은 이러하다. 집안에는 반드시 사당(祠堂)이 있어야 하고, 사당에는 반드시 신주(神主)가 있어야 하며, 매달 초하룻날에는 반드시 새로운 음식을 제물로 올리고, 사철의 제사는 그 철 중간 달에 올린다. 동짓날에는 시조를 제사지내고, 입춘날에는 선조를 제사지내며, 늦가을 달에는 돌아가신 아버지를 제사지낸다. 조상들이 돌아가신 날에는 그 신주를 옮겨놓고 대청에서 제사를 지낸다. 모든 돌아가신 분들을 섬기는 예는 마땅히 살아계신 분들을 봉양(奉養)하는 것보다 정중해야 한다. 사람들이 이러한 일 몇 가지를 유지해 갈 수만 있다면 비록 어린아이라 하더라도 점차 예의를 알도록 할 수가 있을 것이다.

原文 冠婚喪祭, 禮之大者, 今人都不理會. 豺獺皆知報本, 今士大夫家多忽此. 厚於奉養, 而薄於先祖, 甚不可也.

某嘗修六禮, 大略. 家必有廟, 廟必有主, 月朔必薦新, 時祭用仲月, 冬至祭始祖, 立春祭先祖, 季秋祭禰. 忌日遷主祭於正寢. 凡事死之禮, 當厚於奉生者. 人家能存得此等事數件, 雖幼者可使漸知禮義.

註解 ㅇ理會(이회)－이해하다, 신경을 쓰다. ㅇ豺獺(시달)－승냥이와 물개. 이들이 제사지내는 얘기는 《예기》 월령(月令)편에 보인다. ㅇ六禮(육례)－관혼상제(冠婚喪祭)의 네 가지 예에 향음주례(鄕飮酒禮)와 사상견례(士相見禮)를 보탠 것. ㅇ主(주)－조상의 신주(神主). ㅇ薦新(천신)－새로운 음식을

제물로 올리는 것. ㅇ仲月(중월)－매 계절의 가운뎃달, 곧 2·5·8·11월. ㅇ禰(니)－돌아가신 아버지. ㅇ人家(인가)－사람들.

解說 《정씨유서》 권18에 보이는 정이의 말이다.

16. 묘자리를 가려 정하는 것은 그 토지의 좋고 나쁨을 가려 정하는 것이다. 땅이 좋으면 신령(神靈)이 편안하고 그 자손이 번성해진다. 그러면 좋은 땅이란 어떤 것을 말하는가? 흙빛에 윤택이 있고 풀과 나무가 무성한 것이 좋은 땅의 증거이다.

그러나 금기(禁忌)에 사로잡힌 사람은 땅의 방위를 가리고 날짜의 길흉을 정하는 일에 미혹되고 있다. 심한 사람은 조상 섬기는 것은 생각하지 않고, 오로지 후손의 이로움만을 걱정하고 있다. 이것은 효자가 부모의 영구(靈柩)를 모시는 마음가짐이 아니다.

다만 다섯 가지 걱정에 대하여는 삼가지 않으면 안된다. 반드시 후일에 도로가 되지 않을 곳이어야 하며, 성곽이 되지 않을 곳이어야 하며, 도랑이나 연못이 되지 않을 곳이어야 하며, 귀족이나 권세가들이 빼앗지 않을 곳이어야 하며, 밭가는 쟁기가 미치지 않을 곳이어야 한다.

原文 卜其宅兆, 卜其地之美惡也. 地美則其神靈安, 其子孫盛. 然則曷謂地之美者? 土色之光潤, 草木之茂盛, 乃其驗也.

而拘忌者惑以擇地之方位, 決日之吉凶. 甚者不以奉先爲計, 而專以利後爲慮. 尤非孝子安厝之用心也.

惟五患者不得不愼. 須使異日不爲道路, 不爲城郭, 不爲溝池, 不爲貴勢所奪, 不爲耕犂所及.

註解 ㅇ卜(복)－점치다, 가리어 정하다. ㅇ宅兆(택조)－택(宅)은 묘혈(墓

穴), 조(兆)는 묘지(墓地). ㅇ拘忌者(구기자)－금기(禁忌)에 구애를 받는 자. ㅇ安厝(안착)－편안히 잘 모셔놓는 것.

解說 《정씨문집》 권10(伊川先生文 六)에 보이는 글. 현대인에게도 참고가 될만한 장사지내는 일에 관한 의견이다.

17. 정이께서 말씀하셨다.

"우리집에서 상(喪)을 치를 때 중을 부르지 않아, 낙양에서는 그래도 한두 집안이 그 본을 받게 되었다."

原文 **正叔云：某家治喪，不用浮圖，在洛亦有一二人家化之.**

註解 ㅇ正叔(정숙)－정이(程頤)의 자. ㅇ浮圖(부도)－중, 불교. ㅇ洛(락)－낙양(洛陽), 정자는 낙양 사람이다.

解說 《정씨유서》 권6에 보인다.

18. 지금은 종자(宗子)가 없기 때문에, 조정에는 대대로 벼슬한 신하가 없다. 만약 '종자법'을 확립한다면 곧 사람들은 조상을 존중하고 근본을 중시할 줄 알게 될 것이다. 사람들이 근본을 중시하게만 된다면 곧 조정의 형세는 자연히 존엄(尊嚴)해질 것이다. 옛날에는 자식과 아우가 아비와 형을 따랐으나, 지금은 아비와 형이 자식과 아우를 따르는데, 근본을 모르는 것으로 말미암는 것이다. 그래서 한(漢) 고조(高祖)가 고향 패(沛) 땅을 함락시키고자 했을 적에, 오직 편지를 써서 패 땅의 부로(父老)들에게 보내자, 그곳의 아비와 형들은 곧 그들의 자식과 아우들을 거느리고 따를 수가 있었던 것이다.

또 한(漢)대에 사마상여(司馬相如)가 촉(蜀) 땅에 사신으로 가서 역시 글을 써 보내어 부로(父老)들을 문책하니, 곧 뒤에 아들과 아우들이 모두 그의 명을 따라 그를 따르게 되었던 것이다. 오직 한 가지 존귀하고 미천한 것과 위아래의 분수가 있었기 때문에 결국은 순종하게 되어 혼란해지지 않았던 것이다. 만약에 집안 사람들을 연이어 줄 법이 없었다면 어찌 그렇게 될 수가 있었겠는가?

또한 '종자법'을 확립한다는 것은 그것이 또 천리(天理)이기도 하기 때문이다. 나무를 비유로 들 것 같으면 반드시 뿌리로부터 곧게 올라간 한 개의 줄기가 있고, 또 반드시 옆으로 뻗은 가지들이 있는 것이다. 또 물 같은 것은 비록 멀다고는 해도 반드시 올바른 근원이 있으며, 또 반드시 갈래진 흐름이 합쳐지는 곳도 있으니, 이것이 자연의 형세인 것이다. 그러나 옆가지도 잘 뻗어서 줄기가 되는 경우도 있다. 그러므로 "옛날에 천자가 나라를 세웠을 때 제후가 되면 종자의 자리를 빼앗았다."고도 말하는 것이다.

原文 今無宗子, 故朝廷無世臣. 若立宗子法, 則人知尊祖重本. 人旣重本, 則朝廷之勢自尊. 古者子弟從父兄, 今父兄從子弟, 由不知本也. 且如漢高祖欲下沛時, 只是以帛書與沛父老, 其父兄便能率子弟從之.

又如相如使蜀, 亦遺書責父老, 然後子弟皆聽其命而從之. 只有一箇尊卑上下之分, 然後順從而不亂也. 若無法以聯屬之, 安可?

且立宗子法, 亦是天理. 譬如木, 必有從根直上一幹, 亦必有旁枝. 又如水, 雖遠必有正源, 亦必有分派處, 自然之勢也. 然又有旁枝達而爲榦者. 故曰 : 古者天子建國, 諸侯奪宗云.

註解 ㅇ漢高祖(한고조)－한 고조 유방(劉邦). 진(秦) 이세(二世) 원년(B.C.

209), 고조가 자기 고향인 패 땅으로 들어가려 했을 적의 얘기임《漢書》高祖本紀). ㅇ沛(패)－지금의 강소성(江蘇省) 동산현(銅山縣) 서북쪽. 한 고조가 여기에서 군사를 일으켰다. ㅇ帛書(백서)－비단에 쓴 글, 편지. ㅇ相如(상여)－한(漢)대의 대표적인 부(賦)의 작가인 사마상여(司馬相如, B.C. 179~B.C. 118). 촉(蜀, 지금의 四川省)의 장로(長老)들이 한무제(漢武帝)가 서남이(西南夷)를 굴복시키어 통하게 하려는 정책을 반대하자 무제는 그곳이 고향인 그를 사신으로 보내어 촉 사람들을 달래게 하였는데, 그는 〈난촉부로(難蜀父老)〉라는 글을 지어 촉의 사람들을 먼저 설복하였다(《漢書》司馬相如傳). ㅇ遺書(유서)－〈난촉부로〉를 지어 보낸 것을 말함. ㅇ聯屬(연속)－집안 사람들을 서로 연이어 주는 것. ㅇ幹(간)－나무 줄기. ㅇ故曰(고왈)－《백호통(白虎通)》 종족(宗族)편에 보이는 말임. ㅇ諸侯奪宗(제후탈종)－한 집안의 종자(宗子)가 아닌 아우가 나라에 큰 공을 세워 제후(諸侯)로 봉해지면, 나라에 종묘(宗廟)를 세우고 그가 조상의 제사를 받들게 되므로, 종자의 자리를 빼앗게 되는 셈이다.

解說 《정씨유서》 권18에 보이는 정이의 말이다. 주희(朱熹)도 이 '종자법'의 붕괴를 한탄하여 이에 관한 정이의 논설을 길게 인용하고 있는 것이다.

19. 형서(邢恕)가 명도 선생에 관한 일을 다음과 같이 서술하고 있다. "요순(堯舜)과 하·은·주 3대 제왕들의 다스림은 넓고 크며 아득히 먼일이지만 위아래로 하늘과 땅의 변화와 같이 흘러온 까닭을, 선생님께서는 본시 말은 하시지 않았지만 잘 알고 계셨다. 예악(禮樂)과 제도(制度)와 문명(文明)의 새로운 창조로부터 아래로는 군대를 움직이고 군사를 지휘하며 전투를 하고 진을 치는 방법에 이르기까지 연구하지 않은 것이란 없으며 그것들을 모두 철저히 이해하셨다.

그밖에도 오랑캐들의 실정이나 산천과 도로의 험난하고 평탄함 및 국경의 방비와 성과 요새를 마련하고 척후(斥候)를 내보내고 군대의 배치하는 등의 요령에 대하여 연구하여 알지 못하시는 것이 없었다. 그리고 관리들의 일의 운영과 결정 및 법령과 문서들에 대하여도 모두 정밀하고 상세히 연구하고 계셨다. 선생님 같으신 분이야말로 만사에 통달한 유자(儒者)이며 완전한 재능을 지닌 분이라 할 것이다."

原文 邢和叔敍明道先生事云：堯舜三代帝王之治，所以博大悠遠，上下與天地同流者，先生固已默而識之. 至於興造禮樂制度文爲，下至行師用兵戰陣之法，無所不講，皆造其極.

外之，夷狄情狀，山川道路之險易，邊鄙防戍，城寨斥候控帶之要，靡不究知. 其吏事操決，文法簿書，又皆精密詳練. 若先生，可謂通儒全才矣.

註解 ㅇ邢和叔(형화숙)－형서(邢恕), 정자의 제자, 화숙은 그의 자. ㅇ興造(흥조)－새로 만들다. ㅇ文爲(문위)－문명(文明). ㅇ行師(행사)－군대를 움직이는 것. ㅇ講(강)－연구하다. ㅇ造其極(조기극)－그 극점에 이르다, 철저히 알게 되다. ㅇ防戍(방수)－방비하다. ㅇ控帶(공대)－군대를 배치하는 것. ㅇ操決(조결)－운영하고 결정하는 것. ㅇ文法(문법)－법령. ㅇ詳練(상련)－상세히 공부하다, 자세히 연구하다. ㅇ通儒(통유)－만사에 통달한 유자(儒者).

解說 《정씨유서》 부록(附錄)에 보이는 글임.

20. 왕안석(王安石)은 "율법은 팔분서(八分書) 같은 것이다."고 하였는데, 그는 제대로 본 것이다.

原文 介甫言律是八分書，是他見得.

註解 ㅇ介甫(개보)－왕안석(王安石, 1021~1086), 자가 개보. 신종(神宗)

때 재상으로 신법(新法)을 추진하여 유명하다. ㅇ律(율)－송나라 건륭(建隆, 960~962) 때 중정(重訂)된《율법(律法)》. 흔히《형통(刑統)》이라고도 불렀다. ㅇ八分書(팔분서)－동한(東漢) 때 왕차중(王次仲)이 만든 해서(楷書). 이후 예서체(隷書體)는 쓰이지 않고 대표적인 한자의 자체로 군림한다. 따라서《율법》은 법률의 기본이 되는 것임을 강조한 말이다.

解說 《정씨외서》 권10에 보이는 정이의 말. 정자의 법률에 관한 말이 없어서,《근사록》을 편찬한 주희(朱熹)와 여조겸(呂祖謙)도 부득이하여 왕안석의 말에 대한 정이의 이 말을 인용한 것이다.

21. 횡거 선생께서 말씀하셨다.

"전략(戰略)이나 군률(軍律)은 성인께서는 부득이하여 그것을 쓴 것이다. 거기에 관한 술법(術法)은 삼왕(三王)의 기록이나 역대 왕조의 문서에 보인다. 오직 뜻 있는 선비와 인한 사람만이 그 원대(遠大)한 뜻을 알 수가 있어서 평소에 그 술법을 구하여 예비함으로써 감히 소홀히 하거나 잊어버리지 않는 것이다."

原文 **橫渠先生曰：兵謀師律, 聖人不得已而用之. 其術見三王方策, 歷代簡書. 惟志士仁人, 爲能識其遠者大者, 素求預備, 而不敢忽忘.**

註解 ㅇ師律(사률)－군율(軍律). ㅇ三王(삼왕)－하(夏)·은(殷)·주(周) 3대의 왕조를 세운 임금. 곧 우(禹)임금, 탕(湯)임금과 문왕(文王)·무왕(武王). ㅇ方策(방책)－기록, 문서. ㅇ簡書(간서)－문서, 책.

解說 《장자전서》에 보이는 글. 장재는 일찍부터 국방(國防)에 남다른 관심을 지니고 있었다.

22. 육형(肉刑)은 지금의 사형 가운데 포함시켜 쓴다면 또한 백성들이 사형을 당하는 일을 너그러이 해주게 될 것이다. 이 일은 마땅히 그 제도가 산만(散漫)해진 지 오래되었음을 유념하여야 할 것이다.

原文 肉辟, 於今世死刑中取之, 亦足寬民之死過. 此當念其散之之久.

註解 ㅇ肉辟(육벽)－육형(肉刑), 몸의 일부분을 손상시키거나 자르는 형벌. 옛날에는 묵(墨 : 얼굴에 죄인 표시 문신을 하는 것)·의(劓 : 코를 베는 것, 또는 귀를 자르는 刵)·비(剕 : 다리를 자르는 것)·궁(宮 : 남자 생식기를 자르는 것) 및 대벽(大辟 : 사형)의 오형(五刑)이 있었음을 전제로 한 말이다.

解說 《장자전서》 습유(拾遺)에 보이나, 그것은 《근사록》에서 인용한 것임을 밝히고 있으니 확실한 근거를 알기 어렵다.

23. 여대림(呂大臨)이 횡거 선생의 행장(行狀)을 이렇게 지었다.

"선생은 분연히 3대의 정치를 펴려는 마음이 있었다. 사람을 다스리는 급선무를 논하는 데 처음부터 땅의 경계문제를 가장 다급한 것이라고 하셨다. 일찍이 말씀하시기를 '인정(仁政)은 반드시 땅의 경계문제로부터 시작한다. 빈부가 고르지 않으면 백성을 가르치고 기를 방도가 없으니, 비록 다스림을 말하고자 하나 모두 구차할 뿐이다.'라고 하셨다.

세상의 땅의 경계문제를 실천하기 어려운 것을 걱정하는 사람들은 처음부터 부자들의 땅을 갑자기 뺏는 제도라고 핑계를 말하지 않는 이가 없다. 그러나 이 법이 행해지면 기뻐할 사람이 많을 것이다. 만약 그것을 처리하는 술법이 있고 수년간 기간만 주어진다면 한 사람도 형벌을 받지 않고 옛날로 돌아가게 할 수 있을 것이다. 걱정되는 것은 특히 위에 있는 사람들이 이를 행하지 않는 것이다.

그리고 또 말하였다. '만약 그것을 천하에 행할 수 없다면 한 고을에 그 제도를 시험해 보면 될 것이다. 바로 학자들과 옛날의 법을 의논하여 공동으로 밭 한 방(方)을 사서 수 개의 정전(井田)으로 나누어, 위로는 나라의 세금과 부역에 손실을 끼치지 않고, 물러나서는 개개인 땅의 경계를 바르게 하며, 택리(宅里)를 나누고, 거두는 법을 제정하여, 저축을 늘리게 하고, 학교를 세우며, 예속(禮俗)을 이루도록 하고, 재난을 구제해 주고 걱정되는 일을 도와주며, 근본을 돈독히 하고 말단적인 것을 억누른다면, 충분히 선왕의 유법(遺法)을 미루어 지금이라도 그 제도를 행할 수 있음이 명확해질 것이다.' 이 모두 뜻은 있으나 성취되지 못했다."

原文 呂與叔撰橫渠先生行狀云 :

先生慨然有意三代之治. 論治人先務, 未始不以經界爲急. 嘗曰 : 仁政必自經界始. 貧富不均, 教養無法. 雖欲言治, 皆苟而已.

世之病難行者, 未始不以亟奪富人之田爲辭. 然玆法之行, 悅之者衆. 苟處之有術, 期以數年, 不刑一人而可復. 所病者, 特上之人未行耳.

乃言曰 : 縱不能行之天下, 猶可驗之一鄕. 方與學者議古之法, 共買田一方, 畫爲數井, 上不失公家之賦役, 退以其私正經界, 分宅里, 立斂法, 廣儲蓄, 興學校, 成禮俗, 救菑恤患, 敦本抑末, 足以推先王之遺法, 明當今之可行. 此皆有志未就.

註解 ㅇ呂與叔(여여숙)－여대림(呂大臨), 정자의 문인. 여숙은 그의 자. ㅇ慨然(개연)－분개하여 한탄하는 모양. ㅇ經界(경계)－전지(田地)의 경계를 바르게 하는 것, 즉 정전법(井田法)을 말함. ㅇ亟奪(극탈)－갑자기 빼앗다. ㅇ爲辭(위사)－핑계를 대다. ㅇ方(방)－토지 단위의 하나. 약 40경(頃). ㅇ敦

本抑末(돈본억말)－본은 농업, 말은 상공(商工)을 말함.

解說 여대림(呂大臨)의 《장자행장(張子行狀)》에서 인용한 글. 횡거(橫渠)의 정치사상과 그 실행 방법을 논한 것이다.

24. 횡거 선생이 운암령(雲巖令)으로 계실 때, 정사(政事) 처리는 대체로 근본을 돈독히 하고 민풍을 착하게 하는 것을 우선으로 하셨다. 매달 초하루에 술과 음식을 준비하여 동네의 나이 많은 사람들을 현청(縣廳)의 마당에 모아놓고 친히 술을 권하며 사람들로 하여금 노인을 대접하고 어른을 모시는 뜻을 알도록 하셨다. 그리고는 백성들의 어려움과 고통에 대하여 묻고 아울러 자제를 훈계하는 뜻을 가르쳐 주셨다.

原文 **橫渠先生爲雲巖令, 政事大抵以敦本善俗爲先. 每以月吉具酒食, 召鄕人高年會縣庭, 親爲勸酬, 使人知養老事長之義. 因問民疾苦, 及告所以訓戒子弟之意.**

註解 ㅇ敦本(돈본)－근본을 돈독히 한다 함은 농상(農桑)에 힘쓰는 것. ㅇ月吉(월길)－한 달의 초하루를 말함. ㅇ勸酬(권수)－술잔을 권하는 것.

解說 여대림(呂大臨)의 《장자행장(張子行狀)》에서 인용한 글. 횡거 선생의 선정(善政)을 말하고 있다.

25. 횡거 선생께서 말씀하셨다.

“옛날에는 집안에 동궁·서궁·남궁·북궁이 있어서, 사는 건물은 달라도 재물은 함께 썼다. 이러한 예법은 지금도 실행할 만하다. 옛사람들은 생각이 멀리까지 미쳤다. 당장은 비록 소원할 것 같지만, 사실은 그와 같이 한다면 오래도록 서로 친하게 지내게 될 것이다.

대체로 수십 수백 가구의 집안이라면 자연히 음식이나 의복을 한 곳에서 공급할 수가 없을 것이다. 또한 사는 건물이 다르면 곧 자식들이 각각 사사로운 효성을 더하는 것이 용납될 것이다. 그것은 자식의 사사로운 행동을 피하게 하는 방법이기도 하다. 자식이 그의 아비에 대하여 사사로운 효도를 하지 않는다면 곧 자식 노릇을 하지 못하게 되는 것이다.

옛날 사람들은 인정을 철저히 다하기 위하여 반드시 노력하였다. 같은 건물에 작은아버지나 큰아버지가 함께 있다면 곧 자식된 사람들이 어떻게 자기 아버지에게만 효도를 두터이 할 수가 있겠는가? 아비 된 사람은 또 어떻게 그 효도를 받아들이겠는가? 아버지와 아들이 다른 건물에 살아야 한다는 것은 명사(命士) 이상의 신분이 되면 신분이 높을수록 더욱 엄격히 지켜야 한다. 그러므로 다른 건물에 사는 것은 마치 지금 세상의 축위(逐位)나 같은 것이어서, 다른 집에 떨어져 사는 것과는 다른 것이다."

原文 **橫渠先生曰：古者有東宮, 有西宮, 有南宮, 有北宮, 異宮而同財. 此禮亦可行. 古人慮遠, 目下雖似相疏, 其實如此, 乃能久相親.**

蓋數十百口之家, 自是飮食衣服, 難爲得一. 又異宮, 乃容子得伸其私. 所以避子之私也. 子不私其父, 則不成爲子.

古之人曲盡人情, 必也. 同宮有叔父伯父, 則爲子者何以獨厚於其父? 爲父者, 又烏得而當之? 父子異宮, 爲命士以上, 愈貴則愈嚴. 故異宮, 猶今世有逐位, 非如異居也.

註解 ○異宮(이궁)－다른 건물에 사는 것. ○伸其私(신기사)－그의 사사로운 정을 더 뻗게 하다, 곧 개인적으로 자기 아버지에게 좀더 철저한 효도를 하는 것을 뜻한다. ○曲盡(곡진)－빈틈없이 다하다, 철저히 다하다. ○烏得

(오득)-어찌 ……할 수 있겠는가? ㅇ命士(명사)-일명(一命)의 사(士). 옛날 벼슬자리에는 일명으로부터 구명(九命)에 이르는 아홉 단계가 있었는데, 사(士)는 일명에서부터 벼슬이 주어지는 것이다(《禮記》 內則, 및 《儀禮》 喪服 孔疏 참조). ㅇ逐位(축위)-집안 사람들의 세대에 따라 높고 낮은 지위.

解說 《장자전서》 습유(拾遺)에 《근사록》에서 인용한 이 대목의 글이 보이나 원전(原典)에 대하여는 분명치 않다. 종자(宗子)를 중심으로 이루어지던 옛날 종족(宗族)제도를 바탕으로 한 생각을 말하고 있는 것이다.

26. 천하를 다스리는 데 있어서 정전제(井田制)를 쓰지 않는다면 끝내 공평해질 수가 없을 것이다. 주(周)나라의 도는 오직 공평한 것이었다.

原文 治天下, 不由井地, 終無由得平. 周道只是均平.

註解 ㅇ井地(정지)-정전제(井田制). ㅇ均平(균평)-균등(均等)하고 공평(公平)한 것.

解說 《경학이굴》 권1 주례(周禮)에 보이는 글.

27. 정전제(井田制)는 마침내는 봉건제(封建制)로 귀착되어, 안정된다.

原文 井田卒歸於封建, 乃定.

解說 《경학이굴》 권1 주례(周禮)에 보이는 글. 정전제가 결국은 봉건제의 기초임을 뜻하는 말이다.

근사록 권 10

정사류(政事類) 도합 64조

1. 이천 선생은 상소문에서 이렇게 말씀하고 계시다.

"종은 성이 나서 그것을 치면 억세게 울리고, 슬퍼하며 그것을 치면 슬프게 울립니다. 진실한 뜻이 느껴져 들어가기 때문입니다. 사람들에게 얘기하는 경우도 이와 같습니다. 옛사람들이 재계(齋戒)를 하고 임금님께 말씀드린 까닭이 이것입니다.

신은 전후로 두 번 진강(進講)한 일이 있는데, 감히 미리 재계함으로써 생각을 가라앉히고 정성을 다하지 않은 일이 없었습니다. 임금님의 마음에 감동이 있으시기를 바라서였습니다. 만약에 직무에 몰리어 그의 생각을 어지러이하다가, 임금님 앞에 나아가서야 그의 말을 잘함으로써 부질없이 볼과 혀만으로 남을 감동시키려 한다면 매우 천박한 일이 아니겠습니까?"

原文 **伊川先生上疏曰：夫鐘, 怒而擊之則武, 悲而擊之則哀, 誠意之感而入也. 告於人亦如是. 古人所以齋戒而告君也.**

臣前後兩得進講, 未嘗敢不宿齋預戒, 潛思存誠, 覬感動於上心. 若使營營於職事, 紛紛其思慮, 待至上前, 然後善其辭說, 徒以頰舌感人, 不亦淺乎?

註解 ㅇ武(무)－억센 것, 사나운 것. ㅇ進講(진강)－임금 앞에 나가 책을 강의하는 것. ㅇ宿齋預戒(숙재예계)－미리 재계하는 것. ㅇ覬(기)－바라다. ㅇ營營(영영)－일에 몰린 모양. ㅇ頰舌(협설)－볼과 혀, 말하는 기관.

解說 《정씨문집》 권6(伊川先生文 二) 상태황태후서(上太皇太后書)에서 인용한 글임.

2. 이천 선생이 상주하는 글의 초고(草稿)를 보여준 사람에게 답하는 편지에 이렇게 말씀하고 계시다.

"선생의 뜻을 살펴보건대 오로지 혼란을 두려워하는 내용 위주입니다. 저는 선생께서 백성에 대한 사랑을 앞에 내세워 백성들이 굶어서 죽어가는 지경임을 역설하여 조정에서 불쌍히 여기고 동정해 주기를 요구하기 바랍니다. 그걸 근거로 도적과 혼란이 생겨날까 두렵다 하시면 좋을 것입니다.

임금님께 아뢰는 체모가 마땅히 그러해야 할 뿐만이 아니라 사태로 보아서도 역시 마땅히 그래야만 합니다. 선생께서는 지금 재물을 구하여 사람들을 살려주려 하고 계신데, 인과 사랑으로 임금님께 바라는 것이라면 마땅히 재물은 가볍게 보고 백성을 중히 여겨야 할 것입니다. 이해관계를 가지고 조정을 두려워하게 만든다면 곧 조정은 재물에 의존하여 스스로를 보전하려 할 것입니다.

옛날에 천한 백성들 지지를 얻으면 곧 천하를 얻게 된다 하였습니다. 후세에 와서는 무력으로 백성을 제압하고 재물로 민중을 모으려 하고 있습니다. 재물을 모으는 것은 나라를 잘 지키는 것이고, 백성을 보호하는 것은 어리석은 짓이라고도 합니다. 마땅히 정성스런 뜻으로 감동시키어 임금님의 동정하는 마음이 일게 되기를 바라는 길이 있을 따름일 것입니다."

原文 伊川答人示奏藁書云：觀公之意，專以畏亂爲主．頤欲公以愛民爲先，力言百姓飢且死，丐朝廷哀憐．因懼將爲寇亂，可也．

不惟告君之體當如是，事勢亦宜爾．公方求財以活人，祈之以仁愛，則當輕財而重民．懼之以利害，則將恃財以自保．

古之時，得邱民則得天下．後世以兵制民，以財聚衆．聚財者能守，保民者爲迂．惟當以誠意感動，覬其有不忍之心而已．

註解 ○奏藁(주고)－상주문(上奏文)의 초고(草稿). ○頤(이)－정이의 이름, 자기를 낮추어 일컫는 말. ○丐(개)－빌다, 요구하다. ○邱民(구민)－낮은 백성들. 《맹자》 진심(盡心) 하편에 보이는 말을 인용한 구절이다. ○迂(우)－우곡(迂曲), 어리석다. ○覬(기)－바라다.

解說 《정씨문집》 권9(伊川先生文 五)에 보이는 글을 인용한 것임.

3. 명도 선생께서 고을을 다스리고 있을 적에, 백성들에 관계되는 일 중에 여러 사람들이 법에 걸린다고 말하는 것들이 많았다. 그러나 그 일을 처리해도 법에 크게 어긋나는 일이 없었고, 여러 사람들도 별로 놀라지 않았다. 그 일을 두고 명도 선생이 자기의 뜻을 편 것이라 한다면 그것은 안될 일이나, 작은 잘못을 바로잡으려 한 일은 지금의 정치를 하는 사람들에 비하여 훨씬 뛰어나다. 사람들은 비록 그 일을 이상하게 여겼지만 그가 미쳤다고 손가락질 한 일은 없었다. 그를 미쳤다고 말하게 된다면 곧 크게 놀라게도 될 것이다. 정성을 다하여 일을 하고 받아들여지지 않을 경우에는 떠난다면 무슨 혐의가 있게 되겠는가?

原文 明道爲邑，及民之事，多衆人所謂法所拘者．然爲之未嘗大戾於法，衆亦不甚駭．謂之得伸其志則不可，求小補則過今之爲政者遠矣. 人雖異之, 不至指爲狂也. 至謂之狂, 則大駭矣. 盡誠爲之, 不容而後去, 又何嫌乎?

註解 ㅇ法所拘(법소구)－법에 걸리는 것. ㅇ戾(려)－어긋나다. ㅇ補(보)－도움, 보충, 잘못을 고치는 것.

解說 《정씨문집》 권9(伊川先生文 五) 답여진백간삼(答呂進伯簡三)에 보이는 글. 정자는 법에 약간 저촉되는 일이라 할지라도 백성들을 위한 일이면 과감히 진행시켜야 한다고 믿었던 것이다.

4. 명도 선생께서 말씀하셨다.

"일명의 사(士)라 하더라도 진실로 물건을 아끼는 일에 마음을 둔다면 사람에 대하여도 반드시 구제해 주는 일이 있게 될 것이다."

原文 明道先生曰 : 一命之士, 苟存心於愛物, 於人必有所濟.

註解 ㅇ一命(일명)－막 벼슬을 시작하는 사(士), 앞 편 27. 주해 참조.

解說 《정씨문집》 권11(伊川先生文 七) 명도선생행장(明道先生行狀)에서 인용한 글임.

5. 이천 선생께서 말씀하셨다.

"군자는 《역경》 송괘(訟卦)에서 하늘과 물이 어긋나게 가고 있는 형상을 보고서, 사람들의 감정에 있어서는 서로 다투며 분쟁을 일으키는 일이 있게 된다는 도리를 안다. 그러므로 모든 하는 일에 있어서는 반드시 시작할 적에 계획을 잘 세워야 한다. 분쟁의 꼬투리를 일의 시작에서 없애면 곧 분쟁은 생길 수가 없게 되는 것이다. 시작할 적에 계획을 세운다는 뜻은 매우 넓다. 남과의 약속을 신중히 하고 계약서를 분명히 만든다는 것 같은 종류의 일이 바로 그것이다."

原文 **伊川先生曰：君子觀天水違行之象, 知人情有爭訟之道. 故凡所作事, 必謀其始. 絶訟端於事之始, 則訟無由生矣. 謀始之義廣矣. 若愼交結明契券之類, 是也.**

註解 ㅇ天水違行之象(천수위행지상)―《역경》 송괘(訟卦)는 건(乾)이 위에, 감(坎)이 아래에 놓인 모양인데, 그 상전(象傳)에 "하늘과 물이 어긋나게 가는 것이 송(訟)이다.(天與水違行, 訟.)"라고 말하고 있다. ㅇ爭訟(쟁송)―다투고 분쟁을 일으키는 것. ㅇ交結(교결)―사람들과 사귀고 약속을 하는 것.

解說 《주역정씨전》 송괘(訟卦) 상전(象傳)의 해설에 보이는 말. 《역경》의 해설을 빌어 인정의 일반적인 원리를 설명하고 있다.

6. 《역경》 사괘(師卦)의 구이(九二)는 사괘의 주인이 된다. 전권(專權)을 의지하기만 하면 신하로서의 도리를 잃게 되고, 전권을 쓰지 않으면 성공할 리가 없게 된다. 그러므로 중도(中道)를 지켜야만 길한 것이다. 모든 군대의 도는 위엄과 온화함이 함께 발휘되어야만 길하게 되는 것이다.

原文 **師之九二, 爲師之主. 恃專則失爲下之道, 不專則無成功之理. 故得中爲吉. 凡師之道, 威和並至, 則吉也.**

註解 ㅇ師(사)―《역경》 사괘(師卦). ㅇ九二(구이)―사괘의 밑으로부터 두

번째의 양효(陽爻). 사괘의 유일한 양효여서 주인이 된다고 한 것이다. '사'는 군대를 뜻하므로, '주인'이란 총지휘관을 뜻하게 된다.

解說 《주역정씨전》 사괘(師卦) 구이(九二)의 괘사(卦辭) 해설에 보이는 글이다. 군대의 지휘관뿐만이 아니라 모든 사람들이 일을 할 적에는 중도를 지킬 줄 알아야 함을 강조한 것이다.

7. 세상의 유자(儒者)들 중에는 노(魯)나라에서 주공(周公)을 제사지낼 적에는 천자의 예식과 음악을 써야 한다고 논하는 이가 있다. 주공은 신하된 사람으로서는 이룰 수가 없는 공적을 이루었기 때문에 신하로서는 쓸 수가 없는 예식과 음악을 써도 된다는 것이다.

이것은 신하의 도를 알지 못하는 것이다. 주공의 위치에 있게 된다면 곧 주공과 같은 일을 해야만 되는 것이다. 그의 직위를 통하여 할 수 있는 일이라면 모두 당연히 해야 할 일인 것이다. 주공은 바로 그의 직책을 다했던 것이다.

原文 世儒有論, 魯祀周公以天子禮樂. 以爲周公能爲人臣不能爲之功, 則可用人臣不得用之禮樂.

是不知人臣之道也. 夫居周公之位, 則爲周公之事. 由其位而能爲者, 皆所當爲也. 周公乃盡其職耳.

註解 ㅇ周公(주공)－본시 노(魯)나라에 봉해졌으나 부임하지 못하고, 그의 아들 백금(伯禽)이 첫번째 노나라 임금으로 부임하였다. 뒤에 노나라에서 주공을 제사지낼 때, 성왕(成王)이 천자의 예식과 음악을 사용하여 제사지내라는 명을 내린 일이 있다(《禮記》 明堂位).

解說 《주역정씨전》 사괘(師卦) 구이(九二)의 효사(爻辭) 해설에 보이

는 말이다. 송대의 성리학자들은 황권(皇權)을 무척 존중했음을 알 수 있다.

8. 《주역》 대유괘(大有卦)의 구삼(九三)에 이르기를 "공(公)이 써서 천자에게 드리는 것이니, 소인으로서는 할 수가 없는 일이다"고 하였다.

《정전(程傳)》에는 이렇게 말하고 있다. "삼(三)은 대유(大有)의 때에 해당하므로, 제후의 자리에 있으면서 그는 막대한 부를 갖고 있는 것이다. 반드시 그것을 써서 천자가 누리도록 해야 한다는 것은 그가 갖고 있는 것들을 천자의 소유로 돌림을 말하는 것이다. 바로 신하된 사람으로서의 일정한 뜻인 것이다.

만약 소인이 그런 처지에 놓이게 되면 곧 그 부를 오로지 개인의 것으로 삼고, 자기 것을 공적인 것으로 삼아 임금님께 바쳐야 한다는 도리를 알지 못하는 것이다. 그러므로 '소인으로서는 할 수가 없는 일'이라 한 것이다."

原文 **大有之九三曰：公用亨于天子，小人弗克.**

傳曰：三當大有之時，居諸侯之位，有其富盛，必用亨通於天子，謂以其有爲天子之有也. 乃人臣之常義也.

若小人處之，則專其富有以爲私，不知公己奉上之道. 故曰：小人弗克也.

註解 ㅇ公(공)－제후(諸侯)를 뜻한다. 그러나 '공용(公用)'을 '공적으로 쓴다'고 풀이해도 통한다. ㅇ亨(형)－올리다, 드리다. ㅇ亨通(형통)－드리어 누리도록 하다. ㅇ常義(상의)－일정 불변하는 뜻. ㅇ公己(공기)－자기 것을 공적인 것으로 하다.

解說 《주역정씨전》 대유괘 구삼(九三)의 효사(爻辭) 해설에 보인다. 역

시 황권(皇權) 존중의 사상이 엿보인다.

9. 사람들의 마음이 따르는 것은 그가 친애하는 사람들일 경우가 많다. 보통 사람들의 정은 사랑하는 사람이라면 그의 옳은 것을 보고, 미워하는 사람이라면 그의 그릇된 것을 보게 된다. 그러므로 자기 처자의 말이라면 비록 잘못되었다 하더라도 많은 경우 따라주고, 미워하는 사람의 말이라면 비록 훌륭하다 하더라도 싫어하게 된다.

진실로 친애하는 사람이라 하여 그를 따른다면 곧 사사로운 감정을 지니는 것이다. 어찌 올바른 도리에 맞겠는가? 그러므로 《역경》 수괘(隨卦)의 초구(初九)에서 "문밖으로 나가 사람을 사귀면 공로가 있게 될 것이다."고 한 것이다.

原文 人心所從, 多所親愛者也. 常人之情, 愛之則見其是, 惡之則見其非. 故妻拏之言, 雖失而多從, 所憎之言, 雖善爲惡也.

苟以親愛而隨之, 則是私情所與. 豈合正理? 故隨之初九, 出門而交, 則有功也.

註解 ○妻拏(처노)－처자. ○所與(소여)－함께하는 것, 지니게 되는 것. ○隨(수)－《역경》 수괘(隨卦).

解說 《주역정씨전》 수괘(隨卦) 초구(初九) 효사(爻辭)의 해설에 보이는 글이다. 사람들의 마음가짐에 대하여 주의를 촉구한 말이다.

10. 《역경》 수괘(隨卦)의 상전(象傳)에 이르기를 "훌륭함을 믿어 길하다 함은, 그의 자리가 바르고 알맞기 때문이다."고 하였다.

《정전》에 이렇게 말하고 있다. "수(隨)는 알맞게 되는 것을 훌륭하다고 한다. 수에서 막고 있는 것은 잘못된 것이다. 대체로 마음으로 기뻐하는 것을 따른다면 일이 잘못되는 것을 알지 못할 것이다."

原文 隨九五之象曰 : 孚于嘉, 吉. 位正中也.

傳曰 : 隨以得中爲善. 隨之所防者, 過也. 蓋心所說隨, 則不知其過矣.

註解 ㅇ孚于嘉(부우가)－훌륭한 것에 믿음을 지니는 것, 훌륭함을 믿는 것. ㅇ所說(소열)－기뻐하는 것, 좋아하는 것.

解說 《주역정씨전》 수괘 구오(九五) 상전(象傳)의 해설에 보이는 글이다. 결국 믿음과 알맞음의 강조이다.

11. 《역경》 습감괘(習坎卦)의 육사(六四)에 이렇게 말하고 있다. "한 통의 술과 두 그릇의 음식을 토기(土器) 그릇에 담아 쓴다. 약속한 것을 보낼 적에는 창을 통해서 넣는다. 그러면 끝내 탈이 없을 것이다."

《정전》에 이에 대하여 이렇게 말하고 있다. "이것은 신하된 사람이 충성과 신의와 훌륭한 도로써 임금의 마음을 사고자 할 적에는 반드시 그 분명한 곳으로부터 착수해야만 들어갈 수가 있게 된다는 것이다. 사람의 마음에는 가려진 곳도 있고 통하는 곳도 있다. 통하는 곳이 밝은 곳인 것이다. 마땅히 그 밝은 곳으로부터 착수하여 말을 하여야만 신용을 얻는 일이 쉬운 것이다. 그러므로 '약속한 것을 보낼 적에는 창을 통해서 넣는다'고 한 것이다. 그렇게만 할 수 있다면 비록 어렵고 험난한 시기라 할지라도 끝내 탈이 없을 수가 있을 것이다.

만약 임금의 마음이 지나친 즐김에 가리어져 있고 또 그 가려진 지가 오래되었다면, 비록 힘써 그 지나친 즐김이 그릇되었음을 비난한다 하더라도 그걸 반성하지 않을 것인데 어찌하겠는가? 반드시 마음이 가려져 있지 않은 일로부터 미루어 나가 그 일까지도 언급하게 되어야만 그의 마음이 깨달을 수 있게 될 것이다. 옛부터 자기 임금에게 잘 간(諫)하는 사람은 모두 마음이 밝은 곳을 근거로 간하였다. 그러므로 강경하게 곧장 잘못을 드러내어 말하는 사람은 거의 모두가 임금의 노여움만 샀고, 온화하고 착실하면서도 분명히 따지는 사람은 그들의 주장이 대부분 받아들여졌다.

비단 임금에게 얘기하는 일만이 그러할 뿐만이 아니라 가르치는 일도 역시 그러하다. 교육도 반드시 사람들의 잘 아는 일로부터 시작해야 한다. 잘 아는 것이 마음의 밝은 곳인 것이다. 그 마음의 밝은 곳으로부터 들어가서 차츰 미루어 나아가 그 밖의 일에까지 미치도록 하여야 한다. 맹자의 이른바 '덕을 이룩토록 해주고 재능을 발휘케 한다'는 것이 바로 그것이다."

原文 坎之六四曰：樽酒簋貳，用缶．納約自牖．終无咎．

傳曰：此言，人臣以忠信善道，結於君心，必自其所明處，乃能入也．人心有所蔽，有所通．通者，明處也．當就其明處而告之，求信則易也．故曰納約自牖．能如是，則雖艱險之時，終得无咎也．

且如君心蔽於荒樂，唯其蔽也故爾，雖力詆其荒樂之非，如其不省何？必於所不蔽之事，推而及之，則能悟其心矣．自古能諫其君者，未有不因其所明者也．故訐直强勁者，率多取忤．而溫厚明辨者，其說多行．

非唯告於君者如此，爲教者亦然．夫教必就人之所長，所長者，心之所明也．從其心之所明而入，然後推及其餘．孟子所謂成德達材，是也．

註解 ㅇ坎(감)-《역경》 습감괘(習坎卦). ㅇ樽(준)-술통. ㅇ簋(궤)-제기, 제물을 담는 그릇. ㅇ缶(부)-토기(土器). ㅇ納約(납약)-약속한 물건을 들여 놓다, 약속한 것을 보내다. ㅇ牖(유)-창. ㅇ結(결)-마음을 맺다, 마음을 사는 것. ㅇ故爾(고이)-오래되었다. ㅇ詆(저)-꾸짖다, 잘못을 들추어내다. ㅇ訐直(알직)-곧장 상대방의 잘못을 드러내며 비난하는 것. ㅇ取忤(취오)-노여움을 사다. ㅇ孟子(맹자)-《맹자》 진심(盡心) 상편에 보이는 말임. ㅇ達材(달재)-재능을 발휘케 해주는 것.

解說 《주역정씨전》 습감괘(習坎卦) 육사(六四) 효사(爻辭)의 해설에 보이는 글이다. 술책(術策)을 얘기하는 듯하여 왠일인지 정자에게는 어울리지 않는 말인 듯도 하다.

12. 《역경》 항괘(恒卦)의 초륙(初六)에 말하고 있다. "오래감이 깊어서, 곧지만 흉할 것이다." 상전(象傳)에는 이렇게 말하고 있다. "오래감이 깊어서 흉하다는 것은, 처음부터 추구하는 것이 깊기 때문이다."

《정전》에는 이렇게 풀이하고 있다. "초륙(初六)은 아래 자리에 위치하고 있고 구사(九四)가 바르게 대응하고 있다. 구사는 강하여 높은 자리에 위치하고 있으며, 또 둘째·셋째 효(爻) 때문에 떨어져 있어, 첫 효에 대응하려는 뜻이 각별하다. 그리고 첫 효는 넷째 효를 추구하고 바라는 마음이 깊다. 이것은 일정한 것만을 알고 변화하는 것에 대하여는 모르는 것이다. 세상에서 옛 본시의 것을 추구하고 바라다가 후회하게 되고 잘못 되기에 이르는 것은 모두 오래감이 깊은 것이다."

原文 恒之初六曰 : 浚恒. 貞凶. 象曰 : 浚恒之凶, 始求深也.

傳曰 : 初六居下, 而四爲正應. 四以剛居高, 又爲二三所隔, 應初之志, 異乎常矣. 而初乃求望之深. 是知常而不知變也. 世之責望故素, 而至悔咎者, 皆浚恒者也.

註解 ㅇ恒(항)-《주역》 항괘(恒卦). ㅇ初六(초륙)-항괘의 아래부터 세어 첫번째 효(爻). ㅇ浚恒(준항)-오래감이 깊은 것. ㅇ四(사)-아래부터 세어 네번째 효. 초륙은 음(陰)이고 네번째 효는 양(陽)이다. ㅇ異乎常(이호상)-보통과 다른 것, 각별한 것. ㅇ責望(책망)-추구하고 바라는 것. ㅇ故素(고소)-옛 본시의 것.

解說 《주역정씨전》 항괘 초륙(初六) 효사(爻辭)의 해설에 보이는 말이다. 《역경》 해설을 빌어 오래된 것 또는 옛날 것만을 너무 고집하고 변화를 모르는 경우에 대하여 경고하는 말이다.

13. 《역경》 둔괘(遯卦)의 구삼(九三)에 "숨는 것을 잡아매는 것이니 병이 있어 위태롭다. 신하나 첩을 두는 것은 길하다."고 하였다.
《정전》에 이렇게 풀이하였다. "미련이 남는 사사로운 은애(恩愛)는 소인이나 여자들이 따르도록 하는 도이다. 그러므로 신하나 첩을 두는 것이 길하다는 것이다. 그러나 군자가 소인들을 상대하는 법도 그렇지는 않은 것이다."

原文 遯之九三曰 : 係遯, 有疾厲. 畜臣妾, 吉.
傳曰 : 係戀之私恩, 懷小人女子之道也. 故以畜養臣妾則吉. 然君子之待小人, 亦不如是也.

註解 ㅇ遯(둔)-《역경》 둔괘(遯卦). ㅇ疾厲(질려)-병이 있고 위태로운 것. ㅇ係戀(계련)-미련에 매이다, 미련을 두다. ㅇ懷(회)-마음으로 생각하다, 따르다.

解說 《주역정씨전》 둔괘 구삼(九三) 효사(爻辭)의 해설에 보이는 글이다.

14. 《역경》 규괘(睽卦) 상전(象傳)에 이르기를 "군자는 이를 근거로 같으면서도 다른 것이다."고 하였다.

《정전》에 이를 이렇게 해설하고 있다. "성현(聖賢)이 세상에 처신함에 있어서, 일정한 사람으로서의 도리에 있어서는 모두가 크게 같다. 그러나 세상 풍습으로 모두가 같은 것에 있어서 때로는 홀로 다른 수도 있다. '크게 같지' 못한 자란 법도를 어지럽히고 도리에 어긋나는 짓을 하는 사람이다. '홀로 다르지' 못한 자란 습속을 따라서 그릇된 일에 익숙해진 사람이다. 요점은 같으면서도 다를 수 있는 데 있는 것이다."

原文 睽之象曰：君子以，同而異.

傳曰：聖賢之處世，在人理之常，莫不大同. 於世俗所同者，則有時而獨異. 不能大同者，亂常拂理之人也. 不能獨異者，隨俗習非之人也. 要在同而能異耳.

註解 ㅇ睽(규)－《역경》 규괘(睽卦). ㅇ亂常(난상)－일정한 법도를 어지럽히는 것.

解說 《주역정씨전》 규괘 상전(象傳)의 해설이다.

15. 규괘(睽卦)의 초구(初九)를 보자. 규(睽, 어긋나는 것)의 때가 되면 비록 뜻을 같이하는 사람들과 어울려도 소인으로 자기와 뜻이 다른 자들도 그 중에는 지극히 많은 것이다. 만약 그들을 잘라 버린다면 곧 천하의 모든 사람들을 적으로 돌리게 되지 않겠는가? 그렇게 되면 널리 포용한다는 뜻을 잃어 흉하고 탈이 많은 길로 가게 될 것이다. 그래서야 어찌 착하지 못한 자들을 교화(敎化)하여 그들로 하여금 올바로 마음을 합치도록 할 수가 있겠는가? 그러므로 반드시 '나쁜 사람을 만나도 탈이

없을 거'라는 것이다.

옛날의 성왕(聖王)들이 간사하고 흉악한 자들을 교화하여 선량한 사람으로 만들고, 원수와 적을 신하와 백성으로 고쳐놓을 수 있었던 것은 그들을 잘라버리지 않았기 때문이다.

原文 睽之初九. 當睽之時, 雖同德者相與, 然小人乖異者至衆. 若棄絶之, 不幾盡天下以仇君子乎? 如此則失含弘之義, 致凶咎之道也. 又安能化不善, 而使之合乎? 故必見惡人, 則无咎也.

古之聖王, 所以能化姦凶爲善良, 革仇敵爲臣民者, 由弗絶也.

註解 ㅇ同德者(동덕자)－덕이 같은 사람, 뜻과 행동을 같이하는 사람. ㅇ不幾(불기)－얼마 못가 ……않겠는가? 곧 ……않겠는가? ㅇ含弘(함홍)－널리 모든 사람들을 포용하는 것. ㅇ見惡人則无咎(견악인즉무구)－악인을 만나도 탈이 없다, 규괘 초구(初九) 효사(爻辭)에 보이는 말임.

解說 《주역정씨전》 규괘 초구(初九) 효사(爻辭)의 해설에 보이는 글이다. 군자는 널리 사람들을 포용하여야 함을 강조하고 있다.

16. 규괘(睽卦)의 구이(九二)를 보자. 규의 때에는, 임금과 마음이 합치되지 않고 있는 것이다. 현명한 신하는 아래에 있으면서 힘을 다하고 정성을 다 기울이어 임금이 믿고 마음을 합치시키도록 노력할 따름이다. 지극한 정성으로 임금을 감동시키고, 힘을 다하여 임금을 보좌하며, 사리와 정의를 밝히어 임금이 지혜를 찾도록 함으로써 가려지고 미혹되는 것을 막아 임금의 뜻이 진실해지도록 하여야 한다. 이처럼 공을 들여 임금의 마음이 합치되도록 추구하여야 한다.

'만난다'는 것은 정도를 굽히어 임금에게 영합하는 것이 아니다. '골목'

이라는 것은 외진 지름길이 아니다. 그러므로 상전(象傳)에 말하기를 '임금을 골목에서 만날 것이니, 정도를 잃은 것이 아니다'고 한 것이다.

原文 睽之九二. 當睽之時, 君心未合, 賢臣在下, 竭力盡誠, 期使之信合而已. 至誠以感動之, 盡力以扶持之, 明理義以致其知, 杜蔽惑以誠其意. 如是宛轉以求其合也.

遇, 非枉道逢迎也. 巷, 非邪僻由徑也. 故象曰 : 遇主於巷, 未失道也.

註解 ㅇ期(기)－목표로 하다, 노력하다. ㅇ杜蔽惑(두폐혹)－가려짐과 미혹됨을 막다. ㅇ宛轉(완전)－공을 들이다, 빈틈없이 노력하다. ㅇ遇(우)－만나다. 뒤의 '항(巷)'과 함께 규괘의 구이(九二) 상전(象傳)에 보이는 글자임. ㅇ邪僻(사벽)－몹시 외진 것.

解說 《주역정씨전》 규괘 구이 상전의 해설에 보이는 글이다. 신하의 도리를 강조한 말이다.

17. 《역경》 손괘(損卦)의 구이(九二)에 말하기를 "손상시키지 않고 거기에 더해준다."고 하였다.

《정전》에 이렇게 해설하고 있다. "그의 강함과 곧음을 스스로 손상시키지 않으면 곧 그의 임금에 보탬이 될 수 있으니, 곧 '거기에 더해 주는 것'이 된다. 만약 그의 강함과 곧음을 잃고 부드럽게 순종만 하는 길을 택한다면 틀림없이 임금을 손상시킬 따름일 것이다. 세상의 어리석은 자들 중에는 비록 사악한 마음은 없다 하더라도 오직 힘을 다하여 임금의 뜻을 따르는 것이 충성이라고 여기고 있는 자들이 있다. 이들은 '손상시키지 않고 거기에 더해 준다'는 뜻을 알지 못하기 때문이다."

原文 損之九二曰：弗損益之.

傳曰：不自損其剛貞, 則能益其上, 乃益之也. 若失其剛貞, 而用柔說, 適足以損之而已. 世之愚者, 有雖無邪心, 而惟知竭力順上爲忠者. 蓋不知弗損益之之義也.

註解 ㅇ損(손)－《역경》 손괘(損卦). ㅇ柔說(유열)－부드럽고 순종하는 것.

解說 《주역정씨전》 손괘 구이(九二) 효사(爻辭)의 해설에 보이는 말이다. 임금의 뜻에 순종하기만 하는 것이 신하로서의 도가 아님을 역설하고 있다.

18. 《역경》 익괘(益卦)의 초구(初九)에 말하였다. "이를 써서 큰일을 하면 이로울 것이다. 크게 길하고 탈이 없을 것이다." 상전(象傳)에는 이렇게 말하고 있다. "크게 길하고 탈이 없을 거라는 것은, 아랫사람이 두터운 일에 간여하지 않기 때문이다."

이에 대하여 《정전》에 이렇게 말하고 있다. "아랫사람은 본시 두터운 일에 손을 내어서는 안되는 것이다. 두터운 일이란 중대한 일을 뜻한다. 윗사람이 그 일을 맡겼기 때문에 중대한 일을 맡게 된 것이라면 반드시 중대한 일을 잘 처리하여 결과가 크게 길하도록 하여야 할 것이며, 그러면 탈도 없게 될 것이다.

결과가 크게 길하도록 할 수 있다면, 곧 윗사람은 그 일을 맡김으로써 사람을 알게 되고, 자기(아랫사람)는 그 일을 맡아 임무를 잘 수행하게 될 것이다. 그렇지 않다면 위아래가 모두 탈이 있게 될 것이다."

原文 益之初九曰：利用爲大作. 元吉无咎. 象曰：元吉无咎, 下不厚事也.

傳曰：在下者, 本不當處厚事. 厚事, 重大之事也. 以爲在上所任, 所以當大事, 必能濟大事, 而致元吉, 乃爲无咎.

能致元吉, 則在上者, 任之爲知人, 己當之爲勝任. 不然, 則上下皆有咎也.

註解 ㅇ益(익)-《역경》 익괘(益卦). ㅇ大作(대작)-큰일을 하는 것. ㅇ元吉(원길)-크게 길한 것. ㅇ厚事(후사)-두터운 일, 중대한 일. ㅇ濟(제)-일을 잘 마치는 것, 일을 완수하는 것. ㅇ勝任(승임)-맡은 일을 이겨내다, 임무를 수행하다.

解說 《주역정씨전》 익괘 초구 상전(象傳)의 해설에 보이는 글이다. 계속 임금과 신하 사이의 문제를 얘기한 내용이다.

19. 개혁을 해서 별 이익이 없다면 오히려 후회할 만한 일이다. 하물며 도리어 해가 되었을 경우에야 어떠하겠는가? 옛사람들이 개혁하는 일을 신중히 한 것은 이 때문이다.

原文 革而無甚益, 猶可悔也. 況反害乎? 古人所以重改作也.

註解 ㅇ革(혁)-《역경》 혁괘(革卦)와 관계가 있음.

解說 《주역정씨전》 혁괘(革卦) 괘사(卦辭)의 해설에 보이는 말이다. 개혁에 대한 보수적인 태도가 느껴진다.

20. 《역경》 점괘(漸卦)의 구삼(九三)에 "적을 막아서 이롭다." 하였다. 《정전》에 이렇게 말하고 있다. "군자가 소인과 나란히 있을 때는 올바

름으로써 스스로를 지킨다. 그러나 어찌 군자가 스스로 그 자신만을 온전히 할 따름이겠는가? 또한 소인으로 하여금 의롭지 못한 곳에 빠지지 않도록 해주어야 한다. 그래서 도를 따르며 모두를 보호하여 악함을 막아 없어지도록 해야 한다."

原文 漸之九三曰：利禦寇.

傳曰：君子之與小人比也，自守以正. 豈惟君子自完其己而已乎? 亦使小人得不陷於非義. 是以順道相保，禦止其惡也.

註解 ㅇ漸(점)-《역경》 점괘(漸卦). ㅇ比(비)-나란히 있다, 가까이 있다.

解說 《주역정씨전》 점괘 구삼 상전(象傳)의 해설에 보이는 말이다. '적을 막는다'는 말을 군자는 소인들까지도 잘 이끌어주어 '악을 막는다'는 뜻으로 확대 해석하고 있다.

21. 《역경》 여괘(旅卦)의 초륙(初六)에 "여행중에 잡다란 마음을 쓰는 것은 바로 재난을 자초하는 것이 된다." 하였다.

《정전》에 이에 대하여 이렇게 말하고 있다. "뜻이 낮은 사람은 여행중에 곤경에 처하게 되면 천박한 일이건 잡다란 일이건 하지 않는 것이 없게 된다. 그래서 그가 후회하게 될 치욕적인 일을 당할 원인이 되며, 재난과 탈을 당하게 되는 것이다."

原文 旅之初六曰：旅瑣瑣，斯其所取災.

傳曰：志卑之人，旣處旅困，鄙猥瑣細，無所不至. 乃其所以致悔辱，取災咎也.

註解 ㅇ旅(여)-《역경》 여괘(旅卦). ㅇ瑣瑣(쇄쇄)-잡다란 일, 잡다란 일

에 마음을 쓰는 것. ㅇ鄙猥(비외)-야비한 것, 천박한 것. ㅇ悔辱(회욕)-후회하는 것과 모욕을 당하는 것.

解說 《주역정씨전》 여괘 초륙 효사(爻辭)의 해설에 보이는 말이다.

22. 여행중이면서 지나치게 억세게 보이며 스스로 뽐내는 것은 곤경과 재난을 불러들이는 길이 된다.

原文 **在旅而過剛自高, 致困災之道也.**

解說 《주역정씨전》 여괘(旅卦) 구삼(九三) 효사(爻辭)의 해설에 보이는 말이다.

23. 《역경》 태괘(兌卦)의 상륙(上六)에 "끌어 늘이어 기뻐한다."고 하였고, 상전(象傳)에는 "빛을 내지 못한다."고 말하고 있다.

《정전》에 이에 대하여 이렇게 풀이하고 있다. "기쁨이 극도에 달하였는데 또 끌어 잡아늘인다는 것이다. 비록 기뻐하는 마음이 식지 않았다 하더라도 기쁜 일과 그 이치는 이미 지난 일이어서 실은 기뻐할 일이란 없는 것이다. 일이 성대할 적에는 곧 빛이 나게 된다. 이미 극도에 달했는데도 억지로 끌어 잡아늘인다면 그것은 매우 뜻없는 일이 된다. 어찌 빛날 일이 있겠는가?"

原文 **兌之上六曰: 引兌. 象曰: 未光也.**

傳曰: 說旣極矣, 又引而長之. 雖說之之心不已, 而事理已過, 實無所說. 事之盛則有光輝. 旣極而强引之長, 其無意味甚矣. 豈有光也?

註解 ㅇ兌(태)-《역경》 태괘(兌卦). '기뻐함'의 뜻이 있다. ㅇ說(열)-기뻐하다.

解說 《주역정씨전》 태괘 상륙(上六) 상전(象傳)의 해설에 보이는 글.

24. 《역경》 중부괘(中孚卦) 상전(象傳)에 말하기를 "군자는 이를 근거로 옥사를 재결(裁決)하고 사형을 늦춰주는 것이다."고 하였다.

《정전》에 이에 대하여 말하였다. "군자는 옥사 재결에 있어서 그의 충성을 다할 따름이다. 사형을 판결하는 데 있어서는 그의 극도의 측은(惻隱)한 마음으로 할 따름이다. 천하의 일을 하는 데 있어서 그의 충성을 다하지 않는 것이 없으나, 옥사를 재결하고 사형을 늦춰주는 일은 그 중에서도 가장 중대한 일이다."

原文 中孚之象曰 : 君子以議獄緩死.

傳曰 : 君子之於議獄, 盡其忠而已. 於決死, 極其惻而已. 天下之事, 無所不盡其忠, 而議獄緩死, 最其大者也.

註解 ㅇ中孚(중부)-《역경》의 중부괘(中孚卦). '중부'란 가운데에 믿음이 있다는 뜻임. ㅇ議獄(의옥)-옥사(獄事)를 재결(裁決)하는 것. ㅇ惻(측)-측은(惻隱)히 여기다, 불쌍히 여기며 동정하는 것. ㅇ緩死(완사)-사형(死刑)을 늦춰주는 것, 사죄(死罪)를 가볍게 해주는 것.

解說 《주역정씨전》 중부괘(中孚卦) 상전(象傳)의 해설에 보이는 말이다.

25. 일은 때에 따라 지나친 게 당연하게 되는 경우가 있다. 그러므로 합당함을 따라야 한다. 그러니 어찌 심히 지나쳐도 괜찮을 수가 있겠는

가? 지나치게 공손하거나 지나치게 슬퍼하거나 지나치게 검약(儉約)한 것처럼 크게 지나치면 안된다. 그래서 약간 지나칠 적에 합당함을 따라야 되는 것이다. 합당함을 잘 따르기 때문에 그래서 크게 길한 것이다.

原文 事有時而當過. 所以從宜. 然豈可甚過也? 如過恭過哀過儉, 大過則不可. 所以小過爲順乎宜也. 能順乎宜, 所以大吉.

註解 ㅇ當過(당과)－지나친 것이 당연한 것. ㅇ從宜(종의)－합당함을 따르다, 가장 좋은 방법을 따르다.

解說 이 대목은《주역정씨전》에서 소과괘(小過卦) 단전(彖傳)의 해설에 보이는 것이다. 소과괘의 단전에는 "작게 지나치나 형통하리라.(小者過而亨也)"고 말하고 있다.

26. 소인들의 해를 막는 길은 자기를 올바로 하는 것이 우선되어야 한다.

原文 防小人之道, 正己爲先.

註解 ㅇ防小人(방소인)－소인들의 해를 막다, 소인들의 잘못을 막다.

解說 《주역정씨전》 소과괘(小過卦) 구삼(九三) 효사(爻辭)의 해설에 보이는 말이다.

27. 주공(周公)은 지극히 공정하여 사사로운 일이 없었고, 도를 따라 나아가고 물러나고 하였으며 이익이나 욕심에 가리어지는 일이 없었다. 그 스스로 처신함에 있어서 조심조심 공손하고 두려워하는 마음을 지녔

고, 정성스러움을 유지하는 데 있어서는 마음이 넓어서 뒤돌아보고 걱정하는 뜻이 없었다. 그래서 비록 위태롭고 의심스런 처지에 놓인다 하더라도 그의 성인(聖人)다움을 잃지 않았다. 《시경(詩經)》에서는 이렇게 읊고 있다. "공께서는 위대함과 아름다움 양보하시고, 붉은 신 의젓이 신고 계시네."

原文 周公至公不私, 進退以道, 無利欲之蔽. 其處己也, 夔夔然存恭畏之心. 其存誠也, 蕩蕩然無顧慮之意. 所以雖在危疑之地, 而不失其聖也. 詩曰 : 公孫碩膚, 赤舃几几.

註解 ㅇ處己(처기)－스스로 처신하는 것. ㅇ夔夔然(기기연)－조심하는 모양. ㅇ蕩蕩然(탕탕연)－마음이 넓은 모양. ㅇ顧慮(고려)－뒤돌아보며 걱정하는 것. ㅇ詩曰(시왈)－《시경》 빈풍(豳風) 낭발(狼跋) 시에 보이는 구절임. ㅇ孫(손)－손(遜), 남에게 양보하는 것. ㅇ碩膚(석부)－위대함과 아름다움. ㅇ赤舃(적석)－면복(冕服)에 맞추어 신는 붉은 신. ㅇ几几(궤궤)－의젓한 모양.

解說 《정씨경설》 권3 시해(詩解)에 보이는 글이다. 주공을 통해서 성인의 모습을 추구하고 있다.

28. 백성들의 실정을 조사하고 살피며 현명한 사람을 찾는 것이 지방으로 파견된 사신(使臣)의 큰 임무이다.

原文 採察求訪, 使臣之大務.

註解 ㅇ採察(채찰)－민정을 조사하고 살피는 것. ㅇ求訪(구방)－훌륭한 인재를 찾아다니는 것. ㅇ使臣(사신)－국내 각지에 파견된 사신임.

解說 《정씨경설》 권3 시해(詩解)에 보이는 글이다.

29. 명도 선생이 오사례와 왕안석(王安石)의 학문이 잘못된 점을 말씀하시다가, 선생님이 오사례에게 말씀하셨다.

"나를 위하여 모든 내용을 왕안석에게 전해주시오. 나도 감히 나만이 옳다고는 생각지 않고 있습니다. 혹시 딴 의견이 있을 적에는 의견을 교환하고 싶습니다. 이것이 천하의 공리(公理)여서 너와 나의 구별이 없는 것입니다. 결과적으로 이론을 분명히 할 수만 있다면, 왕안석에게만 유익한 것이 아니라 반드시 내게도 유익할 것입니다."

原文 明道先生與吳師禮談介甫之學錯處, 謂師禮曰 : 爲我盡達諸介甫. 我亦未敢自以爲是. 如有說, 願往復. 此天下公理, 無彼我. 果能明辨, 不有益於介甫, 則必有益於我.

註解 ㅇ吳師禮(오사례)－항주(杭州) 전당(錢塘) 사람. 자는 안중(安仲). 태학박사(太學博士)를 역임한 오사인(吳師仁)의 아우이며, 그도 직비각(直秘閣), 지숙주(知宿州)의 벼슬을 지냈다. ㅇ介甫(개보)－송나라 신종(神宗) 때 재상으로 신법(新法)을 추진했던 왕안석(王安石), '개보'는 그의 자임. ㅇ達(달)－알게 하다, 전하다. ㅇ往復(왕복)－의견을 교환하다, 토론을 하다.

解說 《정씨유서》 권1에 보이는 말이다. 정호는 아우 정이와는 달리 왕안석의 신법(新法)에 대하여도 그다지 심하게 반대하지는 않았다.

30. 장전(張戩)이 사죽감(司竹監)으로 있을 적에 늘 한 명의 졸장(卒長)을 아끼며 부리었다. 막 임무를 교대하려 할 적에 그 사람이 죽순(竹筍) 껍질을 훔치는 것을 직접 발견하고는 철저히 그를 다스리고 조금도

보아주지 않았다. 죄에 대한 처벌이 끝나자 그를 대하는 것이 다시 전과 같았고 전혀 그 일을 마음에 두지 않았다. 그의 아량이 이와 같았다.

原文 **天祺在司竹, 常愛用一卒長. 及將代, 自見其人盜筍皮, 遂治之, 無少貸. 罪已正, 待之復如初, 略不介意. 其德量如此.**

註解 ㅇ天祺(천기)－장재(張載)의 아우 장전(張戩), 자가 '천기'임. ㅇ司竹(사죽)－사죽감(司竹監), 나라의 대밭을 관리하는 사람. ㅇ卒長(졸장)－일꾼들의 우두머리. ㅇ將代(장대)－장전이 사죽의 임무를 교대하려 하고 있을 때. ㅇ筍皮(순피)－죽순 껍질, 여러 가지를 만드는 데 쓰임. ㅇ治之(치지)－그의 죄를 다스리는 것. ㅇ無少貸(무소대)－조금도 보아주지 않다, 조금도 죄를 가볍게 해주지 않다. ㅇ罪已正(죄이정)－죄에 대한 처벌이 끝난 뒤. ㅇ德量(덕량)－아량(雅量).

解說 《정씨유서》 권2에 보이는 글이나, 정씨 형제 중 누구의 말인지는 분명치 않다.

31. 입으로는 말을 하려 하면서도 머뭇거리는 경우를 논하여 이렇게 말하였다. "만약 입을 열어야만 할 때라면 그의 머리를 내놓으라는 경우라 하더라도 반드시 입을 열어야 한다. 반드시 그 말을 들을 적에 엄정(嚴正)해야만 한다."

原文 **因論口將言而囁嚅云 : 若合開口時, 要他頭, 也須開口. 須是聽其言也厲.**

註解 ㅇ囁嚅(섭유)－말을 하려 하면서도 머뭇거리는 모양. ㅇ厲(려)－분명한 것, 엄정(嚴正)한 것. 이 구절은 《논어》 자장(子張)편의 자하(子夏)의 말

을 빌린 것이다.

解說 《정씨유서》 권3에 보이는 정호의 말이다.

32. 반드시 일을 바탕으로 공부를 하여야 한다. 《역경》 고괘(蠱卦)에서는 '백성들을 구제해 주고 덕을 기른다' 하였다. 그러나 아는 것이 있은 뒤에야 비로소 그러할 수가 있는 것이다. 어찌 반드시 책을 읽은 다음에야 공부가 될 수 있는 것이겠는가?

原文 **須是就事上學. 蠱, 振民育德. 然有所知後, 方能如此. 何必讀書然後爲學?**

註解 ㅇ蠱(고)－《역경》 고괘(蠱卦). 이 말은 그 상전(象傳)에 보인다. ㅇ振(진)－진제(振濟), 구제해 주다. ㅇ何必讀書(하필독서)－이 구절은 《논어》 선진(先進)편에 보이는 말을 빌린 것이다.

解說 《정씨유서》 권3에 보이는 정호의 말이다. 학문에 대한 성리학자들의 독특한 견해의 일부가 드러나 있다.

33. 선생님이 한 공부하는 사람이 일에 바빠 몰리고 있는 것을 보시고 그 까닭을 물으셨다. "몇 가지 생활상의 일들을 끝내고자 하고 있습니다." 선생님이 말씀하셨다. "나도 생활상의 일을 돌보고 싶지 않은 것이 아니지만, 자네처럼 다급하게 몰렸던 일은 없다네."

原文 **先生見一學者忙迫, 問其故. 曰 : 欲了幾處人事. 曰 : 某非不欲周旋人事者, 曷嘗似賢急迫.**

註解 ㅇ忙迫(망박)－바삐 몰리다, 급박한 것. ㅇ了(료)－끝내다, 처리하다. ㅇ人事(인사)－사람들의 일, 생활상의 일. ㅇ周旋(주선)－돌보다, 처리하다.

解說 《정씨유서》 권3에 보이는 정이의 말이다.

34. 호원(胡瑗)의 제자들은 대체로 옛것을 상고할 줄 알고 백성을 사랑할 줄 안다. 그러니 정치를 하는 데에 무슨 문제가 있겠느냐?

原文 安定之門人, 往往知稽古愛民矣. 則於爲政也何有?

註解 ㅇ安定(안정)－호원(胡瑗, 993~1059), 호가 안정, 자는 익지(翼之). 그는 경전(經傳)을 공부하는 경의재(經義齋)와 세상의 실무를 공부하는 치사재(治事齋)를 마련해놓고 제자들을 가르쳤다. '계고'는 경의재, '애민'은 치사재의 교육에 속하는 것이다. ㅇ稽古(계고)－옛일을 연구하다, 옛것을 상고하다. ㅇ何有(하유)－무슨 어려움이 있겠느냐?

解說 《정씨유서》 권4에 보이나 정씨 형제 중 누구의 말인지는 알 수가 없다. 그리고 《근사록》 주에는 '계고'는 정치의 법도(法度)이고, '애민'은 정치의 근본이라는 해설을 하고 있다. 호원은 교육과 학문에 있어서 실사(實事)를 중시했다는 점에서 특히 중요한 의의가 있다.

35. 제자 중의 한 사람이 말하였다. "저는 다른 사람들과 함께 있을 적에 그의 잘못이 있는 것을 보고도 말해 주지 않으면 곧 마음에 불안이 생기게 됩니다. 그에게 말해 주어도 받아들이지 않는다면 어떻게 해야 합니까?"

대답하였다. "그와 함께 있으면서도 그의 잘못을 알려주지 않는 것은 충실하지 못한 것이다. 만약 성의가 있는 서로의 사귐이 말하기 전부터 있어왔다면 곧 말을 하면 그 사람이 믿을 것이다."

그리고 또 말하였다. "선한 일을 하도록 조르는 도리는, 성의는 남음이 있을 정도로 발휘하고 말은 부족한 듯이 하는 것이니, 그렇게 하면 그 사람도 유익하게 되고 내 쪽에서도 스스로 치욕을 느끼게 되는 일이 없을 것이다."

原文 門人有曰 : 吾與人居, 視其有過而不告, 則於心有所不安. 告之而人不受, 則奈何?

曰 : 與之處而不告其過, 非忠也. 要使誠意之交通, 在於未言之前, 則言出而人信矣.

又曰 : 責善之道, 要使誠有餘而言不足. 則於人有益, 而在我者無自辱矣.

註解 ㅇ交通(교통)－서로 통하다, 서로 사귀다. ㅇ責善(책선)－선한 일을 하도록 조르는 것, 선함을 권하는 것. 《맹자》 이루(離婁) 하편에 "선한 일을 조르는 것은 친구 사이의 도리이다(責善, 朋友之道也.)"라 말하고 있다.

解說 《정씨유서》 권4에 보이나, 정씨 형제 중 누구의 말인지는 알 수가 없다. 남에게 올바르게 행동하도록 충고하는 방법을 논한 것이다.

36. 직무와 관계되는 일은 교묘히 책임을 면하려 하면 안된다.

原文 職事不可以巧免.

解說 《정씨유서》 권7에 보이는 말이나, 두 형제 중 누구의 말인지는 알 수가 없다.

37. '그 나라에 살면서 그 나라의 대부를 비난해서는 안된다' 하였는데, 이 말의 도리는 매우 훌륭하다.

原文 **居是邦, 不非其大夫. 此理最好.**

解說 《정씨유서》 권6에 보이나 두 형제 중 누구의 말인지는 알 수가 없다. 여기에 인용된 '거시방(居是邦)……'의 말은 《순자(荀子)》 자도(子道)편에 보이는 말이다.

38. 작은 사물(事物)을 놓고 부지런하게 일하기가 가장 어렵다.

原文 **克勤小物, 最難.**

註解 ㅇ克勤(극근)-부지런히 움직이는 것. '극'은 능(能)과 같음.

解說 《정씨유서》 권11에 보이는 정호의 말이다.

39. 큰 임무를 감당하려면 반드시 성실해야 한다.

原文 **欲當大任, 須是篤實.**

解說 《정씨유서》 권11에 보이는 정호의 말이다.

40. 일반적으로 남을 위하여 말을 할 적에 논리가 뛰어나면 일이 분명해지지만, 성난 기분으로 말하면 상대의 노여움을 부르게 된다.

原文 **凡爲人言者, 理勝則事明, 氣忿則招怫.**

註解 ㅇ忿(분)－성난 것, 분개한 것. ㅇ怫(불)－발끈 성을 내는 것.

解說 《정씨유서》 권11에 보이는 정호의 말이다.

41. 지금 시대에 살면서 지금의 법령에 안정 못하는 것은 의로움이 아니다. 만약 나라를 다스리는 일을 두고 논한다면, 정치를 하지 않는 경우라면 그만이지만, 만약 정사(政事)에 종사한다면 반드시 지금의 법도 안에서 합당하게 일을 처리해야만 비로소 의로움에 합당하게 되는 것이다. 만약 꼭 개정을 한 뒤에 일을 하겠다면 곧 무슨 의로움이 있게 되겠는가?

原文 **居今之時, 不安今之法令, 非義也. 若論爲治, 不爲則已, 如復爲之, 須於今之法度內, 處得其當, 方爲合義. 若須更改而後爲, 則何義之有?**

註解 ㅇ處得(처득)－잘 처리하다.

解說 《정씨유서》 권2 상에 보이는 글이나, 두 정자 중 누구의 말인지 확실치 않다. 법에는 적합하지 않은 경우가 있을 수 있지만 언제나 그때 그때 정해진 법을 따라야만 한다는 것이다.

42. 지금의 감찰사(監察使)는 대부분이 주(州)나 현(縣)과 일체가 되지 못하고 있다. 감찰사는 오로지 실정을 사찰(伺察)하려고만 하고, 주와 현에서는 오로지 덮고 가리려고만 한다.

정성스런 마음을 가지고 모두가 어울리어 함께 다스리는 것이 좋을 것이다. 불충분한 곳이 있다면 가르칠 만한 자라면 가르쳐 주고 독려(督勵)

할 만한 자라면 독려하는 것이다. 그래도 따르지 않는 자가 있을 경우에는 그 중의 심한 자들을 골라 한두 명만 파면시킨다면 충분히 여러 사람들을 경계(警戒)시킬 수가 있어서 괜찮을 것이다.

原文 今之監司, 多不與州縣一體. 監司專欲伺察, 州縣專欲掩蔽. 不若推誠心, 與之共治. 有所不逮, 可教者教之, 可督者督之. 至於不聽, 擇其甚者, 去一二, 使足以警衆, 可也.

註解 ㅇ監司(감사)－감찰사(監察使). 지방을 순회하며 정사를 감찰하는 관리. ㅇ伺察(사찰)－고을의 정사를 살피며 감찰하는 것. ㅇ不逮(불체)－미치지 못하는 것, 불충분한 것. ㅇ去一二(거일이)－한두 명을 제거하다, 한두 명을 파면하다.

解說 《정씨유서》 권2 상에 보이나, 두 정자 중 누구의 말인지 알 수 없다.

43. 이천 선생께서 말씀하셨다.
"사람들은 일이 많은 것을 싫어하고, 어떤 사람은 그것을 딱하게 여기기도 한다. 세상일이 비록 많다고는 하나 모두가 사람들의 일이다. 사람들의 일을 사람이 하도록 하지 않고 또 누구에게 하라고 조를 것인가?"

原文 伊川先生曰 : 人惡多事, 或人憫之. 世事雖多, 盡是人事. 人事不教人做, 更責誰做?

註解 ㅇ憫(민)－동정하다, 딱하게 여기다. ㅇ做(주)－일을 하다.

解說 《정씨유서》 권15에 보이는 정이의 말이다. 사람은 할 일을 두려

위해서는 안된다는 것이다.

44. 감정이 격하여 자기 몸을 죽이기는 쉽지만, 의젓이 의로운 길로 나아가기는 어렵다.

原文 **感慨殺身者易, 從容就義者難.**

註解 ㅇ感慨(감개)-감정이 격하는 것.

解說 《정씨유서》 권11에 보이는 정호의 말이다.

45. 어떤 사람이 선생님께 예를 좀더 차리게 하여 귀한 신분에 가까워지도록 권유하였다. 선생님은 말하였다. "어찌하여 예를 다하라고 조르지는 않고 예를 더 차리라고 조르시는 겁니까? 예란 다하면 될 따름이지 어찌 더 차려야 하겠습니까?"

原文 **人或勸先生, 以加禮近貴. 先生曰 : 何不見責以盡禮, 而責之以加禮? 禮盡則已, 豈有加也?**

註解 ㅇ加禮(가례)-예를 더 보태다, 상대방으로 하여금 예를 더 복잡하게 차리도록 하는 것.

解說 《정씨유서》 권17에 보이는 정이의 말이다. 예에 대한 기본 의의를 밝히고 있다.

46. 어떤 이가 질문하였다. "주부(主簿)는 현령(縣令)을 보좌하는 사람

입니다. 주부가 하고자 하는 일을 현령이 혹시 따라주지 않는다면 어떻게 해야 합니까?"

대답하셨다. "마땅히 성의를 가지고 감동시켜야 한다. 지금 현령과 주부가 화합하지 않는다는 것은 오직 사사로운 뜻으로 다투는 것일 따름이다. 현령은 고을의 우두머리이다. 만약 아버지나 형을 섬기는 도를 따라서 현령을 섬기어, 잘못이 있으면 곧 자기에게로 돌리고 선한 일은 오직 현령에게로 돌리려고 하면서, 이러한 성의를 쌓아간다면 어찌 사람들이 감동되지 않을 수가 있겠느냐?"

原文 或問：簿, 佐令者也. 簿所欲爲, 令或不從, 奈何?

曰：當以誠意動之. 今令與簿不和, 只是爭私意. 令是邑之長. 若能以事父兄之道事之, 過則歸己, 善則唯恐不歸於令, 積此誠意, 豈有不動得人?

註解 ㅇ簿(부)－주부(主簿). 관청의 문서와 장부 등을 관장하는 관리. ㅇ佐令(좌령)－현령(縣令)을 보좌하다, 고을의 장을 보좌하다. ㅇ歸己(귀기)－자기에게로 돌리다, 책임을 자기에게 돌리는 것.

解說 《정씨유서》 권18에 보이는 정이의 말이다. 성(誠), 곧 정성의 중요성을 강조한 말이다.

47. 질문하였다. "사람들은 토론을 함에 있어서 대부분이 자기 말을 곧다고 주장하며 남의 의견을 받아들여 주려는 기색이 없습니다. 이러한 기색은 공평하지 못한 것이겠지요?"

대답하셨다. "본시 그러한 기색은 공평치 않은 것이다. 또한 그것은 기량(器量)이 좁은 것이다. 사람의 기량은 식견(識見)을 따라서 자라는 것이지만, 또 식견은 높으면서도 기량은 자라지 못한 사람도 있는 것이다. 그러한 식견은 실은 미숙(未熟)한 것이다.

대체로 다른 일들은 억지로도 될 수가 있지만 오직 식견과 기량만은 억지로 될 수가 없다. 지금 사람들 중에는 한 말[斗]의 기량을 지닌 이가 있고, 열 말의 기량을 지닌 이가 있으며, 수십 말의 기량을 지닌 이가 있고, 강물처럼 많은 기량을 지닌 이가 있다. 강물과 같은 기량은 매우 큰 것이다. 그러나 거기에는 한계가 있다. 한계가 있다면 역시 가득 찰 때가 있게 된다. 오직 하늘과 땅 같은 기량은 가득 차는 때가 없다. 그러므로 성인이란 하늘과 땅 같은 기량을 지닌 분이다. 성인의 기량이란 바로 도이다. 보통 사람들이 지니고 있는 기량은 하늘이 내려준 것이다. 하늘이 내려준 것에는 일정한 양이 있어서 반드시 한계가 있는 것이다.

대체로 6척의 사람 몸은 능력과 기량이 오직 그러할 수밖에 없다. 비록 가득 차지 않으려 해도 될 수가 없는 것이다. 등애(鄧艾) 같은 사람은 지위가 삼공(三公) 자리였고 나이 70세였으며 처신도 매우 훌륭하였으나, 촉(蜀)나라를 항복시키어 공로가 있게 되자 곧 달라졌다. 사안(謝安)은 조카 사현(謝玄)이 부견(苻堅)을 격파하였다는 소식이 왔을 때 손님과 바둑을 두고 있었기 때문에 그런 보고를 들으면서도 기쁘지 않은 듯 하였는데, 집으로 돌아갈 적에는 기뻐 날뛰어 나막신 바닥 이가 부러져 나갈 정도였다. 억지는 끝까지 갈 수가 없었던 것이다.

다시 어떤 사람이 술에 크게 취한 뒤 더욱 공손하고 삼가게 되었다면, 오직 더욱 공손하고 삼가는 것은 바로 술에 취하였기 때문이다. 비록 함부로 행동하는 자와는 같지 않지만 그가 술에 취하여 움직였다는 점에 있어서는 같다. 또 귀공자 같은 사람이 지위가 높을수록 더욱 낮고 겸손하게 행동한다면, 오직 그처럼 낮고 겸손하게 움직이는 것은 바로 지위 때문인 것이다. 비록 교만한 자들과는 같지 않다고 하지만 그가 지위로 말미암아 움직였다는 점에 있어서는 같은 것이다.

그러나 오직 도를 터득한 사람만은 기량이 자연스럽게 넓고 커서 억지를 부리지 않아도 행동이 이루어지게 된다. 지금 소견이 낮고 천한 자들이 있는 것은 다름이 아니라 모두가 식견과 기량이 부족하기 때문이다."

原文 問 : 人於議論, 多欲直己, 無含容之氣. 是氣不平否?

曰 : 固是氣不平, 亦是量狹. 人量隨識長. 亦有人識高, 而量不長者, 是識實未至也.

大凡別事, 人都强得, 惟識量不可强. 今人有斗筲之量, 有釜斛之量, 有鍾鼎之量, 有江河之量. 江河之量亦大矣, 然有涯. 有涯, 亦有時而滿. 惟天地之量, 則無滿. 故聖人者, 天地之量也. 聖人之量, 道也. 常人之有量者, 天資也. 天資有量, 須有限.

大抵六尺之軀, 力量只如此. 雖欲不滿, 不可得也. 如鄧艾位三公, 年七十, 處得甚好, 及因下蜀有功, 便動了. 謝安聞謝玄破苻堅, 對客圍碁, 報至不喜, 及歸折屐齒. 强終不得也.

更如人大醉後, 益恭謹者, 只益恭謹, 便是動了. 雖與放肆者不同, 其爲酒所動, 一也. 又如貴公子位益高, 益卑謙, 只卑謙便是動了. 雖與驕傲者不同, 其爲位所動, 一也.

然惟知道者, 量自然宏大, 不待勉强而成. 今人有所見卑下者, 無他, 亦是識量不足也.

註解 ㅇ直己(직기)－자기 말이 옳다고 내세우는 것. ㅇ含容(함용)－남의 의견을 받아들이는 것. ㅇ量(량)－기량(器量). ㅇ識(식)－식견(識見). ㅇ斗筲(두소)－'두'는 1말, '소'는 1말 2되[升]. ㅇ釜斛(부곡)－'부'는 6말 4되, '곡'은 10말. ㅇ鍾鼎(종정)－'종'은 60말 4되, '정'은 솥으로 60말 4되 이상의 용량을 뜻한다. ㅇ涯(애)－물가, 한계. ㅇ天資(천자)－하늘이 내려준 것. ㅇ鄧艾(등애)－197~246. 자는 사재(士載), 위(魏)나라의 정서장군(征西將軍)으로 촉

(蜀)나라를 쳐서 항복시킨 사람. 촉나라를 평정한 뒤 삼공(三公) 자리에 해당하는 태위(太尉)가 되었다. 이 글의 서술과는 순서가 반대이다. ㅇ動了(동료)—움직이다, 달라지다. ㅇ謝安(사안)—320~385. 자는 안석(安石). 진(晉)나라 효무제(孝武帝) 때 중서감(中書監)이 되었고, 부견(苻堅)의 군대가 회비(淮肥)까지 쳐들어왔을 적에 정토대도독(征討大都督)이 되어 그를 맞아 싸웠다. ㅇ謝玄(사현)—343~388. 자는 환도(幻度), 사안의 형의 아들. 사안의 추천으로 벼슬을 하여 건무장군(建武將軍)을 거쳐 전봉도독(前鋒都督)이 되어, 부견의 군대를 맞아 싸워 쳐부쉈다. ㅇ苻堅(부견)—진(晉)나라 때 전진(前秦)의 임금. 그는 세력을 크게 불리어 진(晉)나라를 정벌하려다가 비수(肥水) 가에서 사현과 싸워 패하고 말았다. ㅇ屐齒(극치)—나막신 바닥에 달린 이[齒]. ㅇ放肆(방사)—방자하게 멋대로 행동하는 것.

解說 《정씨유서》 권18에 보이는 정이의 말이다. 사람들의 기량(器量)과 식견(識見)에 대한 이론이다.

48. 사람이란 공정하게 하려는 뜻을 갖게 되자마자 그것은 바로 사사로운 마음이 된다. 옛날에 한 사람이 관리의 인선(人選)을 담당하고 있었는데, 그의 자제들의 성적을 평가하게 되자 그 일을 모두 처리하지 않았다. 이것이 바로 사사로운 마음이다.

사람들은 흔히 말하기를 옛날에는 곧은 길만을 지키며 혐의를 받는 것도 피하지 않았으나, 후세에는 그런 길을 따를 수가 없게 되었다고 한다. 스스로 그렇게 할 사람이 없는 것이지 어찌 시대 때문에 없는 것이겠느냐?

原文 人纔有意於爲公, 便是私心. 昔有人典選, 其子弟係磨勘, 皆不爲理. 此乃是私心.

人多言, 古時用直不避嫌得, 後世用此不得. 自是無人, 豈是無時?

註解 ㅇ纔(재)— ……하자마자. ㅇ典選(전선)—성적 또는 업적을 조사하여 관

리를 뽑는 일을 관장하는 것. ㅇ磨勘(마감)－업적이나 시험성적을 조사 평가하는 것. ㅇ用直(용직)－곧은 길을 지키다, 정직하게 행동하다. ㅇ嫌得(혐득)－혐의를 받는 것.

解說 《정씨유서》 권18에 보이는 정이의 말이다. 정호는 신종(神宗)의 명으로 인재를 추천할 때, 80명 추천하는 중에 자기 아우 정이의 이름도 들어있었다 한다. 그런 일을 의식하며 한 말인지도 모른다.

49. 사마광(司馬光)이 일찍이 선생님께 물은 일이 있다. "한 사람의 급사중(給事中)을 임명코자 하는데, 누구 적당한 사람 없습니까?"

선생님께서 대답하셨다. "처음부터 만약 인재를 광범위하게 논하라는 것이었으면 괜찮을 것입니다만, 지금 이처럼 물으셨으니 제게 비록 적당한 사람이 있기는 하나 어찌 말할 수가 있겠습니까?"

사마광이 말하였다. "선생의 입에서 나온 말은 저의 귀로 들어갈 뿐입니다. 또 무슨 잘못이 생기겠습니까?" 선생님은 그러나 끝내 말씀하지 않으셨다.

原文 君實嘗問先生云 : 欲除一人給事中, 誰可爲者?

先生曰 : 初若泛論人才, 卻可. 今旣如此, 頤雖有其人, 何可言?

君實曰 : 出於公口, 入於光耳, 又何害? 先生終不言.

註解 ㅇ君實(군실)－사마광(司馬光, 1019~1086)의 자. 철종(哲宗) 때 재상을 지냈으며, 왕안석(王安石)의 신법(新法)에 반대하였다. ㅇ除(제)－임명하다. ㅇ給事中(급사중)－벼슬 이름. 상서성(尙書省)에서 천자에게 상주하는 글을 천자에게 전하는 것이 주임무이다. ㅇ泛論(범론)－광범위하게 논하다, 일반적으로 따지다.

解說 《정씨유서》 권19에 보이는 글이다.

50. 선생님께서 말씀하셨다.

"한유(韓維)처럼 의로움을 따르는 사람이 가장 구하기 어려운 사람이다. 어느 날 나는 한유와 범순례(范純禮)와 어울리어 영창(潁昌)의 서호(西湖)에서 뱃놀이를 하였네. 조금 뒤에 밑의 관리가 와서 말하기를 '한 관원이 글을 올리어 영감님을 뵙겠다고 합니다'고 하였네. 나는 매우 다급한 공사(公事)가 있나보다고 생각하였는데, 실은 자기를 알리고자 왔던 것이었네.

그래서 내가 말하였네. '영감께선 벼슬자리에 계시면서도 좋은 사람을 찾지 않으시고 반대로 사람들로 하여금 와서 자기가 요구하도록 하고 있습니다. 이건 무슨 도리입니까?' 범순례가 이렇게 말하였네. '그저 당신이 너무 아집(我執)이 세기 때문일세. 추천서를 얻으려는 것은 일상적인 일이 아닌가?' 나는 말하였네. '그렇지 않네. 오직 전부터 추천을 요구하지 않는 사람에게는 추천해 주지 않고 와서 요구하는 사람에게만 추천해 주었기 때문에 마침내는 사람들을 이런 지경으로 만든 것일세' 한유는 곧 내 의견에 따랐네."

原文 先生云：韓持國服義，最不可得．一日頤與持國范夷叟，泛舟於潁昌西湖．須臾客將云：有一官員，上書謁見大資．頤將謂有甚急切公事，乃是求知己．

頤云：大資居位，卻不求人，乃使人倒來求己．是甚道理？夷叟云：只爲正叔太執．求薦章，常事也．頤云：不然．只爲曾有不求者不與，來求者與之，遂致人如此．持國便服．

註解 ㅇ韓持國(한지국)－한유(韓維, 1017~1098), '지국'은 그의 자. 신종(神宗) 때 한림학사(翰林學士) 등을 거쳐, 철종(哲宗) 때는 문하시랑(門下侍郎)이 되었고, 태자소부(太子少傅)로 치사하였다. ㅇ服義(복의)－의로움을 따

르다, 정의를 따르다. ㅇ范夷叟(범이수)-범순례(范純禮, 1031~1106), '이수'는 그의 자. 범중엄(范仲淹)의 셋째 아들. 신종(神宗) 때 급사중(給事中)이 된 뒤, 상서우승(尙書右丞)까지 지냈다. ㅇ潁昌(영창)-지금의 하남성(河南省) 허창현(許昌縣). ㅇ客將(객장)-밑에서 연락업무를 맡은 관리. ㅇ大資(대자)-높은 관리를 이르는 말, 영감님. ㅇ求知己(구지기)-자기를 알리려고 하는 것. ㅇ正叔(정숙)-정이의 자, 자로 부른다는 것은 매우 친한 허물없는 사이임을 뜻함. ㅇ太執(태집)-너무 집착하다, 너무 아집이 세다. ㅇ薦章(천장)-추천서, 추천장.

解說 《정씨유서》 권19에 보이는 글이다. 정이의 곧은 성품을 잘 드러내 보인 대화이다.

51. 선생님께서 말씀하신 일이 있다.

"오늘날 관리들이 직무를 수행함에 있어서 오직 한가지 중요한 일은 자기 직책을 제대로 수행하지 못하고 있다는 것이다. 관리들이 전운(轉運) 허가장에 서명을 하여 상신(上申)하도록 하는데, 나는 거기에 서명한 일이 없다. 국자감(國子監)은 본시 대성(臺省) 소속이고, 대성은 조정에 소속된 관청이다. 외부 관청에 일이 있으면 그들이 상신하는 문서를 만들어 올려야 할 것이다. 어찌 대성에서 반대로 외부 관청의 일을 상신해야 할 리가 있겠는가? 오직 이전 사람들이 다만 이해관계만을 따지고 일의 본질에 대하여는 따지지 않았기 때문에 단지 그렇게 되었던 것이다.

모름지기 성인께서 '명분을 올바로 하려'고 하셨던 점을 살펴보아야 한다. 명분이 올바르지 않을 적에는 곧 예악(禮樂)도 일어나지 않는다고 한 말을 이해하여야 한다. 이러한 것은 자연히 그렇게 되지 않도록 할 수가 없는 것이다."

原文 先生因言：今日供職，只第一件，便做他底不得．吏人押申轉運司狀, 頣不曾簽. 國子監自係臺省, 臺省係朝廷官. 外司有事, 合行申狀. 豈有臺省倒申外司之理? 只爲從前人, 只計較利害, 不計較事體, 直得恁地.

須看聖人欲正名處, 見得道名不正時, 便至禮樂不興. 是自然住不得.

註解 ㅇ供職(공직)－관리들이 직책을 수행하는 것. ㅇ做他底不得(주타저부득)－그의 직책을 제대로 수행하지 못하는 것. ㅇ押申(압신)－서명을 하고 도장을 찍어 위로 상신(上申)하는 것. ㅇ轉運(전운)－물이나 육지에서 관청의 물건을 운반하는 것. ㅇ司狀(사장)－관청의 허가장. ㅇ簽(첨)－서명하는 것. ㅇ國子監(국자감)－국립 교육기관. 귀족 자식과 뛰어난 젊은이들을 모아 교육하였다. 그때 정이는 서경국자감(西京國子監) 교수(敎授)였다. ㅇ臺省(대성)－상서성(尙書省). 조정의 육부(六部)를 통할하는 관청. ㅇ外司(외사)－조정 밖의 관청. ㅇ計較(계교)－헤아려보고 따지는 것. ㅇ恁地(임지)－그러한 것. ㅇ正名(정명)－명분을 바로잡다, 이름을 올바르게 하다. 이에 관한 대목은 《논어》 자로(子路)편의 다음과 같은 대목을 참고 바란다. '자로(子路)가 여쭈었다. "위나라 임금이 선생님께 의지하여 정치를 한다면, 선생님께선 무엇을 먼저 하시겠습니까?" 공자께서 대답하셨다. "반드시 명분을 바로 세우겠다. ……명분이 바로서지 않으면 ……예악이 흥성하지 못한다."(子路曰 : 衛君待子而爲政, 子將奚先? 子曰 : 必也正名乎! ……名不正, ……則禮樂不興.)' ㅇ住不得(주부득)－멈추게 할 수가 없다, 그렇게 되지 않도록 할 수가 없다.

解說 《정씨유서》 권19에 보이는 정이의 말이다. 정이는 질서와 업무의 한계에 대한 이해도 엄정하였음을 알려준다.

52. 공부하는 사람은 세상일에도 통달해야 한다. 천하의 일이란 비유를 들면 한 집안이나 같아서, 내가 하지 않으면 저 사람이 하게 되고, 갑

(甲)이 하지 않으면 을(乙)이 하게 되는 것이기 때문이다.

原文 學者, 不可不通世務. 天下事, 譬如一家. 非我爲則彼爲, 非甲爲則乙爲.

解說 《정씨유서》 권22 하에 보이는 정이의 말이다.

53. '사람에게 먼일에 대한 생각이 없다면 반드시 가까이 걱정이 닥치게 된다.' 생각은 마땅히 하는 일 밖에까지 미쳐야 한다.

原文 人無遠慮, 必有近憂. 思慮當在事外.

註解 ㅇ人無(인무)……近憂(근우)－《논어》 위령공(衛靈公)편에 보이는 공자의 말.

解說 《정씨외서》 권2에 보이는 정이의 말이다.

54. 성인께서는 남을 책하는 것은 언제나 느슨하다. 오직 일이 올바로 되기만을 바라지 사람들의 잘못이나 악함을 드러내려는 뜻은 없음을 곧 알 수 있다.

原文 聖人之責人也常緩. 便見只欲事正, 無顯人過惡之意.

解說 《정씨외서》 권7에 보이나 정씨 두 형제 중 누구의 말인지는 알 수가 없다.

55. 이천 선생께서 말씀하셨다.

"지금의 수령은 오직 백성들의 재산을 통제하는 한 가지 일만은 할 수가 없다. 그밖의 법도 안에 있는 일들은 모두 잘해야 할 것들이다. 걱정은 사람들이 법대로 행하지 않는 것이다."

原文 **伊川先生云：今之守令, 惟制民之産一事, 不得爲. 其他在法度中, 甚有可爲者. 患人不爲耳.**

註解 ㅇ守令(수령)－지방 주(州) 현(縣)의 장관들. 지방장관은 백성들의 재산을 마음대로 통제하는 권한만은 없다.

解說 《정씨외서》 권12에 보이는 정이의 말이다.

56. 명도 선생이 현령(縣令)으로 계실 적에, 모든 집안의 앉는 곳이면 어디에나 '백성들을 상처입은 사람처럼 보라(視民如傷)'는 네 글자를 써 놓았다. 늘 말씀하시기를 "나는 늘 이 네 글자를 두고 부끄러이 여긴다."고 하셨다.

原文 **明道先生作縣, 凡坐處, 皆書視民如傷四字. 常曰：顥常愧此四字.**

註解 ㅇ作縣(작현)－현령(縣令) 노릇을 하다, 현의 지사(知事)가 되다. ㅇ視民如傷(시민여상)－《맹자》 이루(離婁) 하편에 보이는 말임.

解說 《정씨외서》 권12에 보이는 말이다.

57. 이천 선생은 사람들이 이전 분들의 단점을 얘기하는 것을 들으실

때마다 곧 "자네들은 그분들의 장점을 취하여야 하네."하고 말씀하셨다.

原文 伊川每見人論前輩之短, 則曰 : 汝輩且取他長處.

解說 《정씨외서》 권12에 보이는 말이다.

58. 유립지(劉立之)가 말하였다. "왕안석(王安石)은 정권을 잡자마자 법령을 개정하여, 논자(論者)들이 그 일을 힘써 공격하였습니다.

명도 선생께서 일찍이 칙명(勅命)으로 중당(中堂)에 나가 일을 논의한 적이 계셨습니다. 왕안석은 즉시 발언하는 사람에 대하여 노여워하면서 사나운 기색으로 그들을 대하였습니다. 선생님께서 천천히 말씀하시기를 '천하의 일은 한 집안의 사사로운 일처럼 논할 것이 아닙니다. 바라건대 공께선 기분을 편안히 하고 들어주시오'라고 하시자, 왕안석도 그로 말미암아 부끄러이 여기며 굴복하였다고 합니다."

原文 劉安禮云 : 王荊公執政, 議法改令, 言者攻之甚力.

明道先生嘗被旨赴中堂, 議事. 荊公方怒言者, 厲色待之. 先生徐曰 : 天下之事, 非一家私議. 願公平氣以聽. 荊公爲之媿屈.

註解 ㅇ劉安禮(유안례)－유립지(劉立之). '안'은 종(宗)의 잘못, '종례'는 그의 자임. 그의 아버지가 정자 형제와 친구였는데, 그가 어려서 아버지가 작고하여 정자의 손에 의해 장성하였고, 그 밑에서 공부하였다. 벼슬은 승의랑(承議郞)에 올랐었다. ㅇ王荊公(왕형공)－신종(神宗) 때 재상이 되어 신법(新法)을 시행한 왕안석(王安石). ㅇ議法改令(의법개령)－법령을 논의하여 개정하는 것, 곧 '신법'을 시행한 것을 뜻한다. 그러나 그의 '신법'은 반대하는 보수파 세력이 커서 실패하고 만다. ㅇ被旨(피지)－성지(聖旨)를 받들어, 칙명(勅命)에 의하여. ㅇ中堂(중당)－중서성(中書省) 안의 재상이 집무하는 곳

임. ㅇ媿屈(괴굴)－부끄러워하며 굴복하다.

解說 《정씨유서》 부록(付錄)에 보이는 글임. 그때 정호는 권감찰어사리행(權監察御史裏行)이란 벼슬을 하고 있었다.

59. 유립지(劉立之)가 백성들을 대하는 법에 대하여 질문하자, 명도 선생께서 대답하셨다. "백성들로 하여금 모두가 그들의 실정을 위에 알릴 수 있게 하는 것이다." 관리들을 다스리는 법을 질문하자, 이렇게 말씀하셨다. "자기를 바르게 하고, 사물의 이치를 올바로 아는 것이다."

原文 **劉安禮問臨民, 明道先生曰：使民各得輸其情. 問御吏, 曰：正己以格物.**

註解 ㅇ輸(수)－전달하다, 위에 알리는 것. ㅇ御吏(어리)－낮은 관리들을 다스리는 것. ㅇ格物(격물)－사물의 이치를 올바로 추구하는 것.

解說 《정씨유서》 부록(付錄)에 보이는 말이다.

60. 횡거 선생께서 말씀하셨다.

"일반적으로 사람이란 윗사람 노릇하기는 쉽지만 아랫사람 노릇하기는 어렵다. 그러나 아랫사람 노릇을 잘하지 못하면 또 아랫사람들을 잘 부리지도 못하게 된다. 그들의 진실과 거짓을 다 알지 못할 것이기 때문이다. 대체로 사람을 부릴 적에, 늘 그 전에 자기가 일찍이 그 일을 한 경험이 있다면 곧 사람을 잘 부릴 수가 있을 것이다."

原文 **橫渠先生曰：凡人爲上則易, 爲下則難. 然不能爲下, 亦未**

能使下. 不盡其情僞也. 大抵使人, 常在其前, 己嘗爲之, 則能使人.

註解 ㅇ情僞(정위)－진정(眞情)과 허위(虛僞).

解說 《경학이굴》 권3 의리(義理)에 보이는 글이다.

61. 《역경》 습감괘(習坎卦)는 '오직 마음이 형통하는 것'이므로 '행하면 높임을 받을 것'이라 한 것이다. 밖에는 비록 험난함이 쌓여있다 하더라도 진실로 마음이 형통하며 의심이 없도록 처신한다면 비록 험난하다 하더라도 반드시 극복하여 앞으로 나아가면 공로가 있게 되는 것이다.

지금 물이 만 길 높이의 산 위에 있다면, 내려가고 싶으면 곧 내려가며 전혀 나아가는 앞에 방해되는 것들이 없다. 오직 의리(義理)만을 알고 있다면 다시 또 무엇을 회피하겠는가? 그래서 마음이 형통하는 것이다.

原文 坎維心亨, 故行有尙. 外雖積險, 苟處之心亨不疑, 則雖難必濟, 而往有功也.

今水臨萬仞之山, 要下卽下, 無復凝滯之在前. 惟知有義理而已, 則復何回避? 所以心通.

註解 ㅇ坎(감)－《역경》 습감괘(習坎卦). 그 괘사(卦辭)에 "믿음이 있어 마음이 형통하는 것이니 행하면 높임을 받을 것이다.(有孚, 維心亨, 行有尙.)"라고 하였다. ㅇ尙(상)－높이다. ㅇ積險(적험)－험난함이 쌓이다. 습감괘는 위 아래가 모두 물인 감(坎 : ☵)으로 이루어진 괘이기 때문에 그렇게 말한 것이다. ㅇ濟(제)－넘어가다, 극복하다. ㅇ凝滯(응체)－엉기고 정체되는 것, 곧 방해받는 것.

解說 장재의 《역설(易說)》 습감괘 단전(彖傳)의 해설에 보이는 글이다.

습감괘의 괘사를 이용하여 의리(義理)의 중요성을 강조하고 있다.

62. 사람들이 자기 소신대로 행동하지 못하는 까닭은 그가 어렵게 생각하는 일이 닥치면 게을러지고, 그와 습속이 다른 일이 닥치면 비록 쉬운 일이라 하더라도 부끄러워 위축되기 때문이다. 오직 마음이 넓어야만 곧 남들의 비난이나 비웃음을 거들떠보지 않고 의리를 따라 나아갈 수가 있는 것이다. 온 천하를 둘러보더라도 그의 도를 바꿔놓을 수 있는 것은 없다. 그러니 그가 행하더라도 사람들도 반드시 괴이하게 생각지 않는다. 바로 자기가 지니고 있는 의리는 모두 이길 수가 없기 때문이다.

게을리하고 부끄러워 위축되는 병이 없어지면 곧 그는 발전할 것이로되, 그것이 없어지지 않으면 병폐가 늘 그대로 있게 될 것이다. 뜻이 비좁은 사람은 아무 일도 할 수가 없다. 옛날의 기개(氣概)와 절조(節操)가 있는 사람은 죽음을 무릅쓰며 뜻있는 일을 하였으나, 반드시 의리에 맞는 일은 아니었다. 그러나 뜻과 기개가 없는 사람이라면 하지 못할 일이다. 하물며 우리는 의리에 대하여 이미 분명하거늘 어찌 할 일을 하지 않겠는가?

原文 人所以不能行己者, 於其所難者則惰. 其異俗者, 雖易而羞縮. 惟心弘, 則不顧人之非笑, 所趨義理耳. 視天下, 莫能移其道. 然爲之, 人亦未必怪, 正以在己者義理, 不勝.

惰與羞縮之病, 消則有長, 不消則病常在. 意思齷齪, 無由作事. 在古氣節之士, 冒死以有爲, 於義未必中. 然非有志概者莫能. 況吾於義理已明, 何爲不爲?

註解 ㅇ行己(행기)-자기의 신념대로 행동하다. ㅇ羞縮(수축)-부끄러워 위축되다. ㅇ非笑(비소)-비난과 비웃음. ㅇ齷齪(악착)-비좁은 것, 잗다란

것. ㅇ氣節(기절)－기개(氣概)와 절조(節操).

解說 장재의 《역설》 대장괘(大壯卦)의 괘사(卦辭)를 해설한 글에 보인다. 계속 그는 사람의 행동기준으로 의리를 강조하고 있다.

63. 《역경》 구괘(姤卦)의 초륙(初六)에 "약해진 돼지가 믿음을 가지고 비틀거린다." 하였다. 돼지가 막 약해져 있을 적에는 힘으로 움직일 수가 없다. 그러나 지극한 정성으로 비틀거리며 간다면, 뻗을 수 있을 만큼은 뻗게 되는 것이다.

마치 이덕유(李德裕)가 환관(宦官)들을 처치했을 때 부질없이 그들이 위세에 굴복하여 조용해진 것만을 알았지 그들의 뜻은 세력을 다시 떨치는 데 있다는 것을 소홀히 했던 것과 같다. 잘 살펴보는 일이 약간만 미흡해도 곧 계기를 잃게 되는 것이다.

原文 姤初六, 羸豕孚蹢躅. 豕方羸時, 力未能動. 然至誠在於蹢躅, 得伸則伸矣.

如李德裕處置閹宦, 徒知其帖息威伏, 而忽於志不忘逞. 照察少不至, 則失其幾也.

註解 ㅇ姤(구)－《역경》 구괘(姤卦). ㅇ羸(리)－약한 것, 여윈 것. ㅇ蹢躅(척촉)－비틀거리는 것. ㅇ李德裕(이덕유)－당(唐)나라 무종(武宗) 때의 재상. 그때 환관(宦官)들의 세력이 커지자, 이덕유는 덕종과 힘을 합쳐 환관들을 다 처치하였다. 그러나 이들은 무종의 병을 틈타 다시 세력을 규합하여, 무종이 죽자 무종의 숙부를 데려다 임금자리에 앉히고(그가 宣宗), 이덕유를 지방으로 내몰았다. ㅇ閹宦(엄환)－환관. ㅇ帖息(첩식)－조용히 숨을 죽이고 있는 것. ㅇ逞(령)－세력을 다시 떨치는 것. ㅇ照察(조찰)－비추어보고 살피는 것. ㅇ幾(기)－빌미, 계기(契機).

解說 장재의《역설》구괘 초륙(初六)의 해설에 보이는 글이다. 약한 것도 계속 움직이면 어느 정도 나아가게 된다. 따라서 악한 것은 약한 것이라 하더라도 버려두지 말고 완전히 그 뿌리를 뽑아야 한다는 것이다.

64. 사람이 아이를 가르친다 하더라도, 역시 거기에서 유익한 것을 얻을 수가 있다. 자기를 얽어매놓고 출입을 하지 않게 되는 것이 첫째 유익한 점이다. 남에게 여러 가지를 가르치어 자기도 그 글의 뜻이 분명하게 되는 것이 둘째로 유익한 점이다. 그들을 대할 적에는 반드시 의관을 정제히 하고 눈길도 높이는 것이 셋째로 유익한 점이다. 늘 자기 때문에 남의 재능이 못쓰게 되지 않을까 걱정하므로 감히 게을리하지 않게 되는 것이 넷째로 유익한 점이다.

原文 **人敎小童, 亦可取益. 絆己不出入, 一益也. 授人數數, 己亦了此文義, 二益也. 對之必正衣冠, 尊瞻視, 三益也. 常以因己而壞人之才爲憂, 則不敢惰, 四益也.**

註解 ㅇ絆(반)－말을 매어놓는 것, 얽어매어 놓는 것. ㅇ數數(삭삭)－여러 가지, 자주. ㅇ瞻視(첨시)－바라보는 눈길. 눈길을 높인다는 것은 용모를 존엄하게 유지함을 뜻한다.

解說 장재의《어록(語錄)》에 보이는 글이다.

근사록 권11

교학류(教學類) 도합 21조

1. 염계 선생께서 말씀하셨다.

"강하고도 선한 것은 의로움도 되고, 정직(正直)도 되고, 결단(決斷)도 되고, 엄격(嚴格)함도 되고, 의지가 굳음도 된다. 악한 것은 사나움도 되고, 협량(狹量)도 되고, 강폭(强暴)함도 된다. 부드럽고도 선한 것은 자애(慈愛)도 되고, 종순(從順)함도 되고, 겸손함도 된다. 악한 것은 나약(懦弱)함도 되고, 결단력이 없게도 되고, 간사(奸邪)함도 된다.

오직 중(中)이란 것은 조화(調和)이며, 절도가 들어맞는 것이며, 천하에 통달(通達)되는 도이고, 성인의 일인 것이다. 그러므로 성인은 가르침을 펴심에 있어서 사람들로 하여금 스스로 그의 악함을 고치어 스스로 그 중(中)에 이르게 되도록 하는 것이다."

原文 濂溪先生曰：剛善, 爲義, 爲直, 爲斷, 爲嚴毅, 爲幹固. 惡, 爲猛, 爲隘, 爲强梁. 柔善, 爲慈, 爲順, 爲巽. 惡, 爲懦弱, 爲無斷, 爲邪佞.

惟中也者, 和也, 中節也, 天下之達道也, 聖人之事也. 故聖人立教, 俾人自易其惡, 自至其中而止矣.

註解 ○剛(강)—선과 악을 강한 것과 부드러운 것의 두 가지로 나누어 설

명하고 있다. '강함'은 양(陽)에, '부드러움'은 음(陰)에 해당한다. ○斷(단)－결단(決斷). ○嚴毅(엄의)－엄격함. ○幹固(간고)－의지가 굳은 것. ○隘(애)－마음이 좁은 것, 협량(狹量). ○强梁(강량)－강폭(强暴), 덮어놓고 강한 것. ○巽(손)－겸손한 것. ○俾(비)－사(使), ……로 하여금.

解說 주돈이의 《통서》 사장(師章)에 보이는 글이다. 이 편은 교학(敎學)에 관한 것이어서, 주돈이가 말한 성인의 교육에 관한 대목을 맨 앞머리에 놓은 것이다.

2. 이천 선생께서 말씀하셨다.

"옛날 사람들은 자식을 낳아서 음식을 먹고 말을 할 줄 알게 되면 곧 그를 가르쳤다. 태학(大學)의 교육방법은 미리 하는 것을 먼저 내세운다. 사람이 어릴 적에는 지능이나 생각에 주견(主見)이 아직 없기 때문에, 마땅히 바른 말과 지극한 이론을 매일 그의 앞에 펼쳐주어야 한다. 비록 알고 이해하지는 못한다 하더라도 마땅히 귀에 익도록 일러주어 귀에 넘치고 배 속에 가득 차도록 해주어야 한다.

오래 되면 자연히 편안하게 익숙해져서 마치 본시부터 그런 것을 갖고 있던 것처럼 된다. 비록 다른 이론으로 그를 미혹시키려 한다 해도 그런 말이 들어갈 수가 없을 것이다. 만약 그런 교육을 미리 해주지 않고 약간 성장하게 되면, 사사로운 뜻과 편향된 기호(嗜好)가 마음속에 생겨나고, 여러 가지 말과 이론이 외부로부터 그를 녹이어, 그가 순수하고 완전하기를 바란다 하더라도 될 수가 없을 것이다."

原文 伊川先生曰：古人生子, 能食能言而敎之. 大學之法, 以豫爲先. 人之幼也, 知思未有所主, 便當以格言至論, 日陳於前. 雖未曉知, 且當熏聒, 使盈耳充腹.

久自安習, 若固有之. 雖以他說惑之, 不能入也. 若爲之不豫, 及乎稍長, 私意偏好生於内, 衆口辯言鑠於外, 欲其純完, 不可得也.

註解 ㅇ大學(태학)－《예기(禮記)》 학기(學記)편에 "태학의 법으로는 드러나기 전에 금하는 것을 미리 하는 것이라 한다.(大學之法, 禁於未發之謂豫.)"라 하였다. ㅇ格言(격언)－바른 말. ㅇ熏聒(훈괄)－시끄럽게 거듭 말하여 익숙해지는 것. ㅇ偏好(편호)－편벽된 기호(嗜好), 특별히 자기만 좋아하는 것. ㅇ鑠(삭)－녹다.

解說 《정씨문집》 권6(伊川先生文 二) 상태황태후서(上太皇太后書)에 보이는 글. 특히 조기교육의 중요성을 강조하고 있다.

3. 《역경》 관괘(觀卦)의 상구(上九)에 "그의 삶을 보는 것이니, 군자는 탈이 없을 것이다." 하였고, 상전(象傳)에는 "그의 삶을 본다는 것은 뜻이 아직 편치 못한 것이다."고 하였다.

《정전》에서는 이렇게 말하고 있다. "군자는 비록 벼슬자리에 있지 않다 하더라도 사람들이 그의 덕을 보고서 그를 법도로 삼을 것이니 마땅히 스스로 삼가고 살피도록 해야만 할 것이다. 그가 살아가는 것을 볼 적에 언제나 군자다움을 잃지 않는다면 곧 사람들은 그들의 소망을 잃지 않고 그에게 교화(敎化)될 것이다. 벼슬자리에 있지 않다고 하여 편안히 뜻을 잃고 하는 일이 없어서는 안될 것이다."

原文 觀之上九曰 : 觀其生, 君子无咎. 象曰 : 觀其生, 志未平也.

傳曰 : 君子雖不在位, 然以人觀其德, 用爲儀法. 故當自愼省, 觀其所生, 常不失於君子, 則人不失所望而化之矣. 不可以不在位故, 安然放意, 無所事也.

註解 ㅇ觀(관)－《역경》 관괘(觀卦). ㅇ儀法(의법)－법도, 표준. ㅇ放意(방

의)－뜻을 놓다, 뜻을 잃다.

解說 《주역정씨전》 관괘 상구 상전(象傳)의 해설에 보이는 말이다. 《역경》 해설을 빌어 올바른 군자의 행실을 설교하고 있다.

4. 성인의 도는 하늘과 같다. 일반 사람들의 인식(認識)과는 아주 멀리 떨어져 있다. 제자들과 젊은이들은 직접 가르침을 받았으니, 이후로 더욱 그 고원(高遠)함을 알게 될 것이다. 만약 성인의 도에는 미칠 수가 없다고 생각한다면 곧 소망을 추구하려는 마음이 태만해질 것이다. 그러므로 성인의 가르침은 언제나 몸을 굽히고 이끌어 주게 되는 것이다.

윗사람을 섬기거나 장례(葬禮)를 치르게 되면 군자로서의 일상적인 행위에 감히 힘쓰지 않을 수가 없게 되는데, 술병이 나는 일이 없도록 하는 것이 그 중에서도 각별히 가까이 지켜야 할 일이다. 그리고 자기를 상대방의 처지에 놓고 일러준다면, 자질이 낮은 자들로 하여금 생각하기에 힘쓰며 소망을 달성하고자 하도록 해줄 뿐만이 아니라, 자질이 높은 자들도 감히 자기 가까이의 일을 가벼이 보지 않게 될 것이다.

原文 聖人之道, 如天然. 與衆人之識, 甚殊邈也. 門人弟子旣親炙, 而後益知其高遠. 旣若不可以及, 則趨望之心怠矣. 故聖人之敎, 常俯而就之.

事上臨喪, 不敢不勉君子之常行. 不困於酒, 尤其近也. 而以己處之者, 不獨使夫資之下者, 勉思企及, 而才之高者, 亦不敢易乎近矣.

註解 ㅇ殊邈(수막)－아주 멀다, 다르고 멀다. ㅇ親炙(친자)－친히 가르침을 받다, 직접 가르침을 받다. ㅇ趨望(추망)－소망을 추구하다, 바라는 곳으

로 나아가다. ㅇ常行(상행)－일상적인 행동, 법도에 맞는 행실. ㅇ困於酒(곤어주)－술로 곤란해지다, 술을 너무 많이 마시어 술병이 나는 것. ㅇ處之(처지)－상대방의 처지를 생각하는 것. ㅇ資(자)－자질. ㅇ企及(기급)－목표에 미치려고 노력하는 것. ㅇ易乎近(이호근)－생활 가까이의 일을 가벼이 여기는 것.

解說 《논어집주(論語集註)》 술이(述而)편의 주에 '정자왈(程子曰)'하고 이 대목과 비슷한 글이 인용되어 있다. 《근사록》의 주에는 출전(出典)을 《경설(經說)》이라 하고 있으나, 지금 우리에게 전하는 《경설》에는 이러한 글이 보이지 않는다.

5. 명도 선생께서 말씀하셨다.

"젊은이들이 뛰어나면서도 경박한 것을 걱정한다면 오직 그들에게는 경학(經學)과 책읽기만을 가르쳐야지, 글 짓는 일을 시켜서는 안된다.

젊은이들의 여러 가지 취미는 모두 뜻을 빼어버리게 된다. 글씨를 쓰는 일 같은 것은 선비의 일로는 가장 몸에 가까운 일이다. 그러나 줄곧 좋아하면 역시 스스로 뜻을 잃게 된다. 왕희지(王羲之)·우세남(虞世南)·인진경(顔眞卿)·유공권(柳公權) 같은 진실로 훌륭한 사람도 있기는 하다. 그러나 일찍이 글씨를 잘 쓰는 사람 중에 도에 관하여 아는 사람을 본 일이 있는가? 평생의 정력을 한결같이 여기에만 쓴다면 부질없이 시일만을 낭비할 뿐만이 아니라 도를 추구하는 일에도 곧 방해가 될 것이니, 뜻을 잃게 됨을 알기에 충분하다."

原文 明道先生曰 : 憂子弟之輕俊者, 只教以經學念書, 不得令作文字.

子弟凡百玩好, 皆奪志. 至於書札, 於儒者事最近. 然一向好著, 亦自喪志. 如王虞顔柳輩, 誠爲好人則有之. 曾見有善書者, 知道否? 平生精力, 一用於此, 非惟徒廢時日, 於道便有妨處, 足知喪志也.

註解 ㅇ輕俊(경준)-하는 짓은 경박하면서도 재질은 뛰어난 것. ㅇ作文字(작문자)-글을 쓰다, 글씨를 쓰다. ㅇ玩好(완호)-좋아하여 완상(玩賞)하는 것, 곧 취미. ㅇ書札(서찰)-편지, 그러나 뒤의 글과의 연결을 위하여 '글씨쓰기'로 번역하였다. ㅇ一向(일향)-줄곧, 계속하여. ㅇ王虞顔柳(왕우안류)-진(晉)나라의 왕희지(王羲之)·당(唐)나라의 우세남(虞世南)·당나라의 안진경(顔眞卿)·당나라의 유공권(柳公權). 모두 서예의 대가들임.

解說 《정씨유서》 권1에 보이는 말. 성리학자들은 이처럼 도를 중시한 나머지 서예뿐만이 아니라 문학과 예술 모두를 부정하는 경향까지 보여주고 있다.

6. 호원(胡瑗)이 호주에 있을 적에 치도재(治道齋)를 설치하였다. 학자들 중에 '치도'에 대하여 알고자 하는 사람이 있으면 거기에서 공부하게 하였다. 백성을 다스리는 일·군사를 다스리는 일·수리(水利)에 관한 일·산술(算術) 같은 종류의 것이었다. 일찍이 유의(劉彝)가 수리(水利) 문제를 잘 다스린다 하였는데, 뒤에 그는 여러번 벼슬을 하면서 늘 수리를 일으키는 공로가 있었다.

原文 胡安定在湖州, 置治道齋. 學者有欲明治道者, 講之於中. 如治民治兵, 水利算術之類. 嘗言, 劉彝善治水利. 後累爲政, 皆興水利有功.

註解 ㅇ胡安定(호안정)-호원(胡瑗, 993~1059), 자는 익지(翼之), '안정'은 그의 호임. 범중엄(范仲淹)의 추천으로 벼슬을 시작하여, 이때는 호주주학

(湖州州學)의 교수(敎授)로 있었다. ㅇ劉彝(유이)－자는 집중(執中), 신종(神宗) 때는 도수승(都水丞)을 거쳐, 처주(處州) 지사(知事)도 지냈다.

解說 《이정유서》 권2 상에 보이나, 두 정자 중 누구의 말인지는 알 수가 없다. 치도재는 모두 사회생활에 있어서의 실질적인 일들을 가르치는 것이어서, 성리학자들의 학문 경향과는 다른 듯한데도 여기서는 칭찬하는 말을 하고 있다. 호원이 치도재 이외에 경의재(經義齋)도 두어 올바른 공부도 함께 시켰기 때문인 듯하다.

7. 대체로 이론을 전개할 적에는 뜻에 함축이 있어야 하며, 덕을 아는 사람이면 싫증이 나지 않고 덕이 없는 사람이라도 미혹되지 않도록 하여야 한다.

原文 凡立言欲涵蓄意思, 不使知德者厭, 無德者惑.

註解 ㅇ立言(입언)－자기 생각을 정리하여 이론을 전개하는 것. ㅇ意思(의사)－뜻, 내용. ㅇ厭(염)－싫어하다, 싫증내다.

解說 《정씨유서》 권2 상에 보이나, 두 형제 중 누구의 말인지는 알 수가 없다.

8. 사람들을 가르침에 있어서 뜻과 취지를 드러내 보이지 못하면 반드시 공부하기를 즐기지 않을 것이다. 그에게 노래와 춤이나 가르쳤으면 하고 생각할 것이다. 옛날의 《시경》 삼백 편 같은 것은 모두가 옛사람들이 지은 것이다. 그리고 〈관저(關雎)〉편 같은 것은 집안을 올바르게 하는 시발점(始發點)이다. 그러므로 고을 사람들에게도 그것을 쓰고, 나라에도 그것을 쓰면서, 매일 사람들로 하여금 그것을 듣도록 했던 것이다.

이러한 시들은 그 표현이 간결하면서도 뜻은 깊어서 지금 사람들은 이해하기가 쉽지 않다. 그래서 달리 시를 지어 아이들에게 청소하는 법과 여러 사람들을 대하는 예법과 어른들을 섬기는 예절 교육을 대략 써놓고, 아침저녁으로 그것을 노래하도록 하고 싶다. 응당 도움이 될 것이다.

原文 敎人未見意趣, 必不樂學. 欲且敎之歌舞. 如古詩三百篇, 皆古人作之. 如關雎之類, 正家之始. 故用之鄕人, 用之邦國, 日使人聞之.

此等詩, 其言簡奧, 今人未易曉. 欲別作詩, 略言敎童子灑掃應對事長之節, 令朝夕歌之. 似當有助.

註解 ㅇ見意趣(현의취)−뜻과 취지를 드러내 보이다. ㅇ三百篇(삼백편)−《시경》. 《시경》에는 306편의 시가 실려있어, 옛부터 흔히 '시삼백(詩三百)'이라 하였다. ㅇ關雎(관저)−《시경》 주남(周南)의 첫머리 시 제목. 옛사람들은 이 시가 주(周)나라 문왕(文王)의 후비(后妃)가 문왕을 돕기 위하여 노래부른 것이라 풀이하였다. ㅇ略言(약언)−대략 표현하다. ㅇ灑掃(쇄소)−물 뿌리고 비로 쓰는 것.

解說 《정씨유서》 권2 상에 보이나, 두 형제 중 누구의 말인지는 알 수가 없다. 현대인들은 이런 방식의 《시경》 이해에는 찬동하기가 힘들다.

9. 장재께서는 예를 공부하는 사람들에게 가르치는 일을 가장 잘하셨다. 공부하는 사람들로 하여금 먼저 의지하고 지킬 곳이 있게 해주기 때문이다.

原文 子厚以禮敎學者最善. 使學者先有所據守.

註解 ㅇ子厚(자후)－장재의 자. ㅇ據守(거수)－의지하고 지키는 것.

解說 《정씨유서》 권2 상에 보이나, 두 형제 중 누구의 말인지는 알 수가 없다. 그들이 예를 중시한 것은 당연한 일이다.

10. 공부하는 사람들에게 자기 소견으로 철저하지 못한 도리를 얘기해 주면, 듣는 것이 깊고 철저하지 못할 뿐만이 아니라 도리어 도리를 낮잡아보게 된다.

原文 **語學者以所見未到之理, 不惟所聞不深徹, 反將理低看了.**

註解 ㅇ深徹(심철)－깊고 철저한 것.

解說 《정씨유서》 권3에 보이는 정이의 말이다.

11. 춤과 활쏘기에도 곧 사람들의 진심이 드러난다. 옛날에 사람들을 교육함에 있어서는 언제나 그것을 통해서 자기를 완성토록 하였다. 물 뿌리고 비질하는 것과 사람들을 대하는 법으로부터 시작하여 위로 올라가면 성인의 일에까지 도달할 수가 있는 것이다.

原文 **舞射便見人誠. 古之敎人, 莫非使之成己. 自灑掃應對上, 便可到聖人事.**

註解 ㅇ誠(성)－정성, 진심. ㅇ成己(성기)－자기 완성.

解說 《정씨유서》 권5에 보이나, 정씨 형제 중 누구의 말인지 알 수는

없다.

12. 어린아이 적부터 언제나 속이지 말라는 것을 중요한 일이라 보여주는 것이 바로 성인의 일을 가르치는 것이 된다.

原文 **自幼子, 常視毋誑以上, 便是教以聖人事.**

註解 ㅇ毋誑(무광)-속이지 말라. 이 구절은《예기》곡례(曲禮) 상편에서 인용한 말이다.

解說 《정씨유서》권6에 보이나, 두 형제 중 누구의 말인지는 알 수가 없다.

13. '먼저 전해주는 것과, 뒤로 미루며 게을리하는 것'이 있다는 말이 있다. 군자는 사람들을 가르침에 있어서 순서가 있는 것이다. 작은 것, 가까운 것들을 먼저 전해주고 난 뒤에야 큰 것과 먼 것들을 가르치는 것이다. 먼저 가깝고 작은 것들을 전해주고 뒤에 먼 것과 큰 것은 가르치지 않는다는 것이 아니다.

原文 **先傳後倦. 君子教人有序. 先傳以小者近者, 而後教以大者遠者. 非是先傳以近小, 而後不教以遠大也.**

註解 ㅇ先傳後倦(선전후권)-먼저 전해주는 것과, 뒤로 미루며 게을리하는 것.《논어》자장(子張)편을 보면, 자유(子游)가 자하(子夏)의 제자들은 '물 뿌리고 비로 쓰는 일과 사람들을 대접하는 일 및 나아가고 물러나는 몸가짐 같은 말단적인 것들만 배워서 잘하고 있다'고 말한 데 대하여, 자하가 그 말을 듣고 "군자의 도에 있어서, 어떤 것을 먼저 전해주고, 어떤 것을 뒤로 미

루고 게을리할 것인가?(君子之道, 孰先傳焉, 孰後倦焉?)"하고 말하면서, 교육은 그런 쉬운 일에서 시작하여 원대(遠大)한 목표에까지 이르도록 하는 것이라 말하고 있다.

解說 《정씨유서》 권8에 보이나, 두 형제 중 누구의 말인지는 알 수가 없다. 《논어》 자장(子張)편을 근거로 교육의 순서를 논한 대목이다.

14. 이천 선생께서 말씀하셨다.

"책의 해설은 반드시 옛 뜻을 따라야 하는 것은 아니다. 오히려 사람들로 하여금 경박하게 한다. 공부하는 사람은 반드시 마음을 가라앉히고 생각을 쌓으면서 여유있는 자세로 마음의 수양을 함으로써 그로 하여금 스스로 터득하도록 하여야 한다. 지금 하루에 다 해설한다는 것은 오직 경박하게 되도록 가르칠 따름이다. 한(漢)나라 시대에 '휘장을 내리고 강학(講學)을 한다'고 말한 것 같은 것은 오히려 반드시 책의 해설만을 뜻하는 것은 아니다."

原文 **伊川先生曰：說書必非古意. 轉使人薄. 學者須是潛心積慮, 優游涵養, 使之自得. 今一日說盡, 只是教得薄. 至如漢時說下帷講誦, 猶未必說書.**

註解 ○說書(설서)-책의 해설, 경전의 자구(字句) 해석. ○轉(전)-더욱. ○潛心(잠심)-마음을 가라앉히다. ○優游(우유)-여유있게 행동하는 모양. ○涵養(함양)-마음의 수양을 하는 것. ○下帷講誦(하유강송)-휘장을 내려치고 강학을 하다. 《한서(漢書)》 동중서전(董仲舒傳)에 "휘장을 내려치고 강학(講學)을 하여, 제자들은 계속 차례를 따라 수업을 받게 하여, 혹자는 스승의 얼굴도 보지 못하였다.(下帷講說, 弟子傳以次相授業, 或莫見其面.)"라고 한 데서 인용한 말로, 경전의 자구(字句) 해석만을 한 것이 아님을 뜻한다.

解說 《정씨유서》 권15에 보이는 말이다. 경전의 대의(大義)의 추구에 주력하는 송학(宋學)의 입장에서 한학적(漢學的)인 학문방법을 꼬집은 말인 듯도 하다. 그렇게 해석하려면 '설서'를 '올바른 책 공부'로 풀이함이 좋을 것이다.

15. 옛날에는 여덟 살에 소학(小學)에 입학하고, 열다섯 살에 태학(大學)에 입학하였다. 그 중 재주가 가르칠 만한 자들은 모으고, 못난 자들은 농촌으로 돌려보냈다. 대체로 선비와 농민은 직업이 바뀌어지지 않는데, 학교에 들어간 뒤에야 농사를 짓지 않게 되기 때문에, 그런 뒤에야 선비와 농군이 갈라지게 된다. 학교에 있어서의 생활비 보조는 사대부(士大夫)의 자식이라면 곧 생활비 보조가 없을까 걱정하지 않아도 되고, 비록 서민의 자식이라 하더라도 입학한 뒤에는 역시 반드시 생활비 보조가 있는 것이다.

옛날의 선비는 열다섯 살에 입학한 다음 마흔 살이 되어야 벼슬을 하였으므로, 중간에 자연히 25년 동안 공부를 하게 된다. 그리고 추구할 만한 이익도 없으니, 곧 그들이 뜻한 바를 알 수 있을 것이다. 반드시 나아가 선을 추구함으로 곧 자연히 이에 덕이 완성되는 것이다. 후세 사람들은 어린아이 적부터 이미 이익을 추구하려는 뜻으로 급급하니, 무슨 수로 선을 향해 갈 수가 있겠느냐?

그러므로 옛날 사람들은 반드시 마흔 살이 되어야 벼슬을 하게 하여, 그런 뒤에야 뜻이 정해졌던 것이다. 오직 입을 것과 먹을 것을 마련하려 하면 그래도 해가 되지 않지만, 오직 이익과 봉록(俸祿)에 유혹당하는 것은 가장 사람들을 해치게 된다.

原文 古者八歲入小學, 十五入大學. 擇其才可敎者聚之, 不肖者復之農畝. 蓋士農不易業. 旣入學則不治農, 然後士農判. 在學之養, 若士大夫之子, 則不慮無養. 雖庶人之子, 旣入學則亦必有養.

古之士者, 自十五入學, 至四十方仕. 中間自有二十五年學, 又無利可趨, 則所志可知. 須去趨善, 便自此成德. 後之人自童稚間, 已有汲汲趨利之意, 何由得向善?

故古人必使四十而仕, 然後志定. 只營衣食, 卻無害, 惟利祿之誘, 最害人.

註解 ㅇ八歲入小學(팔세입소학)－이 학교 들어가는 나이는, 반고(班固)의 《백호통덕론(白虎通德論)》 벽옹(辟雍)편에 보이는 말임. ㅇ農畝(농묘)－농지(農地), 농촌(農村). ㅇ養(양)－생활과 학비의 보조. ㅇ趨(추)－나아가다, 추구하다. ㅇ汲汲(급급)－쉬지 않는 모양, 여념이 없는 모양.

解說 《이정유서》 권15에 보이는 정이의 말이다. 공부를 많이 하는 것은 좋지만 40세가 되어서야 벼슬을 한다는 것은 사회제도로서 문제가 있는 듯하다.

16. 천하에는 얼마간의 인재가 있지만 오직 천하에 도가 밝혀지지 않고 있기 때문에 바람을 성취하는 사람이 있을 수 없는 것이다. 또한 옛날에는 '시로써 흥취를 일으키고, 예로써 자립하고, 악으로써 자기가 완성된다' 하였는데, 지금 사람들 같다면 어떻게 그럴 수가 있겠느냐?

옛사람들에게 있어서 시는 지금 사람들의 가곡이나 같은 것이었다. 비록 마을의 아이들이라 하더라도 모두 그 얘기를 익히 들어 그 뜻을 알고 있었다. 그러므로 시를 통하여 흥취를 일으킬 수가 있었던 것이다. 후세에는 노선생(老先生)이나 대학자라 하더라도 역시 그 뜻을 이해하지 못하거늘 어떻게 공부하는 사람들을 책할 수가 있겠느냐? 그래서 시로써 흥취를 일으키지 못하는 것이다.

옛 예가 무너진 뒤에는 인륜이 밝지 않게 되었다. 집안을 다스리는 데 있어서도 전혀 법도가 없게 되었으니, 그래서 예로써 자립할 수가 없는 것이다. 옛사람들은 노래하고 읊음으로써 그의 성정(性情)을 길렀고, 음악으로써 그의 귀와 눈을 길렀으며, 춤을 춤으로써 그의 혈맥을 길렀다. 지금은 전혀 그런 것이 없으니, 이에 악으로써 자기가 완성될 수가 없는 것이다. 옛날에는 인재가 이루어지기 쉬웠으나, 지금은 인재가 이루어지기 어렵게 된 것이다.

原文 天下有多少才, 只爲道不明於天下, 故不得有所成就. 且古者, 興於詩, 立於禮, 成於樂. 如今人怎生會得?

古人於詩, 如今人歌曲一般, 雖閭巷童稚, 皆習聞其說, 而曉其義. 故能興起於詩. 後世老師宿儒, 尚不能曉其義, 怎生責得學者? 是不得興於詩也.

古禮旣廢, 人倫不明, 以至治家, 皆無法度. 是不得立於禮也. 古人有歌詠以養其性情, 聲音以養其耳目, 舞蹈以養其血脈, 今皆無之. 是不得成於樂也. 古之成材也易, 今之成材也難.

註解 ㅇ才(재)—인재, 재사. ㅇ興於詩(흥어시)—이 세 구절은 《논어》 태백(泰伯)편에 보이는 공자의 말임. '흥'은 선악에 대한 관심을 일으키는 것(朱子《集註》). ㅇ立(립)—자기 뜻으로 자립하는 것. ㅇ成(성)—학문이 이루어지는 것(朱子《集註》), 인간으로 완성되는 것. ㅇ會得(회득)—할 수가 있는 것. ㅇ宿儒(숙유)—대학자. ㅇ聲音(성음)—음악, 성악과 기악 모두 포함. ㅇ血脈(혈맥)—피가 흐르는 동맥과 정맥.

解說 《정씨유서》 권18에 보이는 정이의 말. 《논어》 태백편의 말을 근거로 인재가 완성되는 사회적인 조건을 논하고 있다. 그러나 상고(尙古)의 경향이 너무 강한 듯이 느껴진다.

17. 공자께서는 사람들을 가르침에 있어서 '발분하지 않으면 계도(啓導)해 주지 않고, 답답해하지 않으면 일러주지 않았다'. 대체로 '발분하고' '답답해하는 것'을 기다리지도 않고 일러주면, 곧 아는 것이 굳어지지 않는다. '발분하고' '답답해하는 것'을 기다린 뒤에 일러주면, 곧 막히는 데가 없게 된다. 공부하는 사람은 반드시 깊이 문제를 생각해야 하는데, 생각해보아도 터득하지 못할 때야 그를 위하여 일러주는 것이 좋은 것이다.

처음 공부를 시작하는 사람이라면 반드시 그를 위해 설명해 주어야 한다. 그러지 않는다면 그가 이해하지 못하게 될 뿐만이 아니라 묻기를 좋아하는 사람의 마음까지도 닫게 만들 것이다.

原文 孔子敎人, 不憤不啓, 不悱不發. 蓋不待憤悱而發, 則知之不固. 待憤悱而後發, 則沛然矣. 學者須是深思之. 思而不得, 然後爲他說, 便好.

初學者, 須是且爲他說. 不然, 非獨他不曉, 亦止人好問之心也.

註解 ㅇ不憤(불분)－발분(發憤)하지 않으면, 진리를 알려고 애쓰지 않는 것. 여기에 인용한 두 구절은 《논어》 술이(述而)편에 보이는 공자의 말이다. ㅇ啓(계)－열어주다, 계도(啓導)하다. ㅇ悱(비)－표현을 못하여 답답하게 여기는 것. ㅇ發(발)－열어주다, 일러주다. ㅇ沛然(패연)－물이 흐르는 모양, 막힘이 없는 모양. ㅇ止(지)－멈추게 하다, 마음을 닫게 하다, 없어지게 하다.

解說 《정씨유서》 권18에 보이는 정이의 말이다. 공부하는 사람에 대한 기초적인 교육방법을 얘기하고 있다.

18. 횡거 선생께서 말씀하셨다.

"공경하고 예절을 겸손히 지키며 물러서며 사양함으로써 예를 밝히는 것이 인(仁)의 지극함이요, 도를 사랑하는 극치인 것이다. 자기가 예를 밝히기에 힘쓰지 아니하면 남들도 함께할 수가 없고, 도는 넓히어질 수가 없으며, 가르침은 이루어질 수가 없는 것이다."

原文 **橫渠先生曰：恭敬撙節，退讓以明禮，仁之至也，愛道之極也. 己不勉明，則人無從倡，道無從弘，敎無從成矣.**

註解 ㅇ撙節(준절)－자신을 억제하고 낮은 처신을 하는 것, 곧 예절을 겸손히 지키는 것. ㅇ倡(창)－찬성하다, 함께하다.

解說 《정몽》 지당(至當)편에 보이는 말이다. 남에 대한 양보와 겸손을 가장 중요한 미덕의 하나로 보고 있다.

19. 《예기(禮記)》 학기(學記)에 "가르침을 나아가기만 하면서 배우는 사람의 마음이 편안한가 어떤가는 거들떠보지도 않으면, 사람들로 하여금 성의를 가지고 따라오지 않게 하고, 그들을 가르치면서도 각자의 재능을 다 발휘하지 못하게 한다."라고 하였다. 상대의 마음은 편치 않은데 또 가르치는 진도가 나아가고, 그것을 깨우치지도 못했는데 또 다른 것을 일러준다면, 부질없이 사람들로 하여금 복잡한 생각만이 마음에 생기게 한다. 재능을 다 발휘하지 못하게 하고, 마음이 편안한가 어떤가는 거들떠보지도 않으며, 성의를 가지고 따라오지 않는다면 완전히 교육이 엉터리가 될 것이다.

사람들을 가르친다는 것은 지극히 어려운 일이니, 반드시 사람들의 재능을 다하도록 하여야만 이에 사람들을 그르치지 않게 된다. 상대가 미칠 수 있는 곳인가를 살핀 연후에 그에게 일러주어야만 한다. 성인의 밝으심은 바로 포정(庖丁)이 소를 잡는 거나 같은 것이어서, 마치 완전히 틈이 있는 곳을 알아서 칼날이 그 빈곳으로만 들어가 움직이어 완전히 소를 해체해 버리는 것이나 같다는 것이다.

사람의 재능은 뜻있는 일을 하기에 충분하다. 그러나 그가 성의를 가지고 따라오지 않으면 곧 그의 재능을 다 발휘하지 못한다. 만약 경솔한 방법으로 힘쓰면서 가르친다면 곧 어찌 성의를 가지고 따르게 되겠느냐?

原文 學記曰：進而不顧其安，使人不由其誠，敎人不盡其材. 人未安之, 又進之, 未喩之, 又告之, 徒使人生此節目. 不盡材, 不顧安, 不由誠, 皆是施之妄也.

敎人至難, 必盡人之材, 乃不誤人. 觀可及處, 然後告之. 聖人之明, 直若庖丁之解牛, 皆知其隙, 刃投餘地, 無全牛矣.

人之材足以有爲. 但以其不由於誠, 則不盡其才. 若曰勉率而爲之, 則豈有由誠哉?

註解 ㅇ學記(학기)－《예기(禮記)》의 편명. ㅇ進(진)－교육의 진도가 나아가는 것. ㅇ由其誠(유기성)－배우는 사람이 성의를 가지고 따라오는 것. ㅇ材(재)－재능. ㅇ節目(절목)－잔단 일, 복잡한 생각. ㅇ施之(시지)－가르침을 베푸는 것, 교육을 시행하는 것. ㅇ庖丁之解牛(포정지해우)－《장자(莊子)》 양생주(養生主)편에 보이는 우화(寓話). '포정'은 백정 이름. 그는 소를 잡는데, 그 동작이 춤추는 듯하고, 그의 칼은 허공에 휘두르듯하여 19년 동안 수천 마리의 소를 잡았으나 처음 숫돌에서 칼을 갈았을 때처럼 칼날이 조금도 손상되지 않았다 한다. 그러나 큰 소는 허물어지듯 완전히 해체되었다 한다. ㅇ隙(극)－소 몸의 살과 살 및 뼈와 뼈 사이 등에 난 틈. ㅇ餘地(여지)－틈이나 있는 곳. ㅇ勉率(면솔)－경솔한 방법으로 힘쓰는 것.

解說 장재의 《어록(語錄)》에 보이는 글이다. 학생들을 가르침에 있어서 배우는 사람들의 마음을 편히 해주면서 가르쳐야 교육에 성공한다는

것이다.

20. 옛날의 아이들은 일을 공경히 할 줄 알았다. 어른이 그의 손을 잡아주면 곧 그들은 두 손으로 어른의 손을 떠받들었다. 그들에게 질문을 하면 입을 손으로 가리고 대답하였다. 대체로 조금이라도 일에 공경스럽지 않으면 곧 충실함과 신의가 없게 되는 것이라 하였다. 그러므로 아이들을 가르침에 있어서는 먼저 자상함과 공경스러움을 가르쳐야 한다.

原文 古之小兒, 便能敬事. 長者與之提攜, 則兩手奉長者之手. 問之, 掩口而對. 蓋稍不敬事, 便不忠信. 故敎小兒, 且先安詳恭敬.

註解 ○長者(장자)－어른. 이 구절부터 '엄구이대(掩口而對)'까지는《예기》곡례(曲禮)의 기록을 대체로 근거로 한 것이다. ○提攜(제휴)－손을 잡아주는 것. ○稍(초)－약간, 조금. ○安詳(안상)－자상함.

解說 장재의《어록》에 보이는 말이다. 여기서는 아이들 교육에 있어서 공경스러운 몸가짐의 교육이 얼마나 중요한가를 강조하고 있다.

21. 맹자께서 말씀하셨다. "사람들이란 꾸짖을 만한 상대가 못되고, 정치는 비판할 만한 것이 못된다. 오직 위대한 사람만이 임금의 마음이 그릇된 것을 바로잡아 줄 수가 있다."

오직 임금의 마음뿐만이 아니라 함께 노는 벗이나 함께 공부하는 사람들과의 사이에 있어서도, 비록 그들의 이론이 자기와 다르기도 하고 같기도 할 것이나 심각하게 따지려 들지 않고 오직 그들의 마음을 정리해 주어 올바른 곳으로 귀착하도록 한다. 이것이 어찌 작은 도움이겠느냐?

原文 孟子曰 : 人不足與適也, 政不足與間也. 唯大人爲能格君心之非.

非惟君心, 至於朋游學者之際, 彼雖議論異同, 未欲深較, 惟整理其心, 使歸之正. 豈小補哉?

註解 ㅇ孟子(맹자)－《맹자》 이루(離婁) 상편에 보이는 글. ㅇ適(적)－꾸짖다, 적(讁). ㅇ間(간)－비판하다. ㅇ格(격)－바로잡다. ㅇ較(교)－비교하다, 따지다.

解說 장재의 《어록》에 보이는 글이다. 맹자의 이론을 확장 해석하여, 사회에 있어서의 위대한 사람, 곧 대인(大人)의 역할이 얼마나 중요한가 강조한 것이다.

근사록 권12

경계류(警戒類) 도합 33조

1. 염계 선생께서 말씀하셨다.

"중유(仲由)는 자기 잘못을 일러주는 것을 들으면 기뻐하여 훌륭한 명성(名聲)이 끝없이 이어지고 있다. 지금 사람들은 잘못이 있어도 남이 바로잡아 주는 것을 기뻐하지 않으니, 마치 자기 병을 감싸면서 의사를 피하는 것과 같다. 차라리 자기 몸을 망치게 될지언정 깨닫지는 못하는 것이다. 한심한지고!"

原文 **濂溪先生曰：仲由喜聞過，令名無窮焉. 今人有過，不喜人規，如護疾而忌醫. 寧滅其身而無悟也. 噫!**

註解 ㅇ仲由(중유)－공자의 제자 자로(子路). ㅇ令名(영명)－아름다운 명성, 훌륭한 명성. ㅇ規(규)－바로잡다. ㅇ噫(희)－탄식하는 소리, 한심함을 나타내는 감탄사.

解說 《통서》 과(過)장에 보이는 글. 잘못은 누구나 범할 수가 있는 것, 다만 그것을 누가 지적해 주거나 그것을 알게 되면 곧 바로잡을 줄 알아야 한다는 것이다.

2. 이천 선생께서 말씀하셨다.

“덕과 선함이 날마다 쌓이면 곧 복록(福祿)이 날로 늘게 되고, 덕이 그의 녹봉(祿俸)보다도 더할 적에는 비록 성대해진다 하더라도 차지는 않게 된다. 옛날부터 융성해진 다음에 도를 잃어 패멸(敗滅)하지 않는 자는 없었다.”

原文 伊川先生曰：德善日積，則福祿日臻，德踰於祿，則雖盛而非滿. 自古隆盛，未有不失道而喪敗者也.

註解 ㅇ臻(진)－이르다, 닥치다. ㅇ踰(유)－넘다, 더하다, 이기다.

解說 《주역정씨전》 태괘(泰卦) 구삼(九三) 효사(爻辭)의 해설에 보이는 글이다. 《역경》 태괘의 효사에서는 “먹는 데에 복이 있다(于食有福).” 라고 했는데, 정이는 먹는 것을 ‘봉록을 먹는 것’으로 확대 해석하고 이러한 이론을 전개하고 있다.

3. 사람들이 즐김에 있어서는 마음이 그것을 기뻐하는 것이다. 그러므로 느슨해져서 마침내는 미련을 못 버리고 빠져서 그만둘 수가 없게 되는 것이다. 《역경》 예괘(豫卦)의 육이(六二)에서는 알맞고 올바르게 스스로를 지키어 그 굳기가 돌과 같다고 하였다. 그런 것으로부터 떠나는 신속함이 하루가 다 가기를 기다리지도 않는 것이다. 그러므로 곧고 바름으로 길한 것이다.

즐거움에 처해 있을 때, 편안히 오래도록 있어서는 안된다. 오래 가면 거기에 빠지는 것이다. 이(二) 같은 것은 빌미를 보고서 일어나는 것이라 할 수 있다. 대체로 알맞고 바르기 때문에 그의 몸을 굳게 지키어 일찍이 분별을 함으로써 재빨리 거기로부터 떠나게 되는 것이다.

原文 人之於豫樂，心悅之. 故遲遲，遂至於耽戀，不能已也. 豫之六二, 以中正自守, 其介如石. 其去之速, 不俟終日. 故貞正而吉也.

處豫, 不可安且久也. 久則溺矣. 如二, 可謂見幾而作者也. 蓋中正, 故其守堅, 而能辨之早, 去之速也.

註解 ㅇ豫(예)－즐기다. 《역경》 예괘(豫卦)와 관계가 있음. ㅇ遲遲(지지)－더딘 모양, 느슨한 모양. ㅇ耽戀(탐련)－미련을 못 버리고 빠지는 것. ㅇ豫之六二(예지육이)－《역경》 예괘의 육이(六二), 거기에는 "굳기가 돌과 같아서 하루를 넘기지 못하는 것이니, 곧아서 길하다.(介于石, 不終日, 貞吉.)"라고 하였다. ㅇ介(개)－굳은 것. ㅇ俟(사)－기다리다. ㅇ如二(여이)－이 같은 것. '이'는 '육이'의 '이'를 말한다.

解說 《주역정씨전》 예괘 육이 효사(爻辭)의 해설에 보이는 글임. 즐김에 대하여 학자들이 지녀야 할 태도를 설교하고 있다.

4. 임금이 나라를 위태롭고 망하는 길로 불러들이는 것은 한 가지 원인이 아니다. 그러나 즐김에 의한 경우가 특히 많다.

原文 人君致危亡之道非一. 而以豫爲多.

解說 《주역정씨전》 예괘 육오(六五) 효사(爻辭)의 해설에 보이는 말이다.

5. 성인이 경계를 하는 것은 반드시 막 전성(全盛)한 시기이다. 그가 전성한 시기에 경계할 줄 모른다면, 그 때문에 안락과 부에 버릇이 되어 교만과 사치가 생겨나고, 구속이 없고 자유로운 것을 즐기게 되어 기강이 무너지고, 불행과 혼란을 잊어 반목과 재난의 싹이 튼다. 그러므로 지

나치게 빠져버리는 것이 혼란을 알지 못하는 극치인 것이다.

原文 **聖人爲戒, 必於方盛之時. 方其盛而不知戒, 故狃安富則驕侈生, 樂舒肆則綱紀壞, 忘禍亂則釁孽萌. 是以浸淫, 不知亂之至也.**

註解 ㅇ狃(뉴)－익숙해지다, 버릇이 되다. ㅇ驕侈(교치)－교만과 사치. ㅇ舒肆(서사)－구속이 없고 자유로운 것. ㅇ釁孽(흔얼)－'흔'은 틈, 또는 반목. '얼'은 재난, 불행. ㅇ浸淫(침음)－지나치게 빠지는 것.

解說 《주역정씨전》 임괘(臨卦) 괘사(卦辭)의 해설에 보이는 글임. 그 괘사에는 "임은 크게 형통하고, 곧아서 이로운 것이다. 8월에 이르러 흉함이 있을 것이다.(臨, 元亨, 利貞. 至于八月, 有凶.)"고 하였다.

6. 《역경》 복괘(復卦)의 육삼(六三)은 음(陰)으로 불안정하나 움직임의 극점에 위치해 있다. 되돌아오는 것이 잦으니 고정될 수가 없는 것이다. 되돌아옴은 안정이 소중한 것인데, 자주 되돌아오고 자주 실수함으로써 되돌아옴이 불안한 것이다. 선으로 되돌아오면서도 자주 실수를 하는 것은 위험하게 되는 길인 것이다.

성인께서는 선으로 옮겨가는 길을 열어놓고, 되돌아오는 것은 찬성하면서도 그러는 중에 자주 실수하는 것은 위험하게 보고 있다. 그래서 "위태로우나 탈이 없을 것이다."고 하였으니, 자주 실수를 한다고 해서 그에게 되돌아오는 것을 경계하라고 할 수는 없는 것이다. 자주 실수를 하면 위태로워지기는 하겠지만 자주 되돌아오는 것이 무슨 허물이 되겠는가? 잘못은 실수에 있는 것이지 되돌아오는 것에 있는 것은 아니다.

原文 **復之六三, 以陰躁, 處動之極. 復之頻數, 而不能固者也.**

復貴安固, 頻復頻失, 不安於復也. 復善而屢失, 危之道也.

聖人開遷善之道, 與其復而危其屢失. 故云厲无咎, 不可以頻失而戒其復也. 頻失則爲危, 屢復何咎? 過在失, 而不在復也.

註解 ㅇ復(복)－《역경》 복괘(復卦). ㅇ躁(조)－불안정한 것. ㅇ頻數(빈삭)－자주. ㅇ頻(빈)－자주. ㅇ與(여)－함께하다, 편들다, 찬성하다. ㅇ厲(여)－위태로운 것. ㅇ屢(루)－자주, 여러번.

解說 《주역정씨전》 복괘 육삼 효사(爻辭)의 해설에 보이는 글임. 《근사록》의 주에는 정자의 문인인 유현(劉絢, 자는 質夫)이 "자주 되돌아오는 일을 그만두지 않으면 마침내는 되돌아옴에 미혹되게 된다.(頻復不已, 遂至迷復.)"는 말을 인용하고 있다.

7. 어긋남이 극도에 달하면 곧 알력(軋轢)을 일으키어 합쳐지기 어렵게 되고, 강함이 극도에 달하면 난폭하게 되어 자상(仔詳)치 않게 되며, 밝음이 극도에 달하면 곧 살피는 것이 지나쳐 의심이 많게 된다. 규괘(睽卦)의 상구(上九)에는 육삼(六三)에 대한 정식 대응이 있어서, 실은 외롭지 않다. 그러나 그 본시의 성격이 그러하기 때문에, 스스로 어긋나서 외로운 것이다.

마치 한 사람에게 친족이 있다 해도 자신의 의심이 많으면 엉뚱한 거리가 생겨서, 비록 형제와 친족들 사이에 있다 하더라도 늘 고독하게 되는 것과 같다.

原文 睽極則咈戾而難合, 剛極則躁暴而不詳, 明極則過察而多疑. 睽之上九, 有六三之正應, 實不孤. 而其才性如此, 自睽孤也.

如人雖有親黨, 而多自疑猜, 妄生乖離, 雖處骨肉親黨之間, 而

常孤獨也.

註解 ㅇ睽(규)-《역경》 규괘(睽卦). 서로 어긋난다, 서로 다르다는 뜻이 있다. ㅇ咈戾(불려)-알력(軋轢)이 일어나는 것. ㅇ躁暴(조폭)-난폭한 것. ㅇ詳(상)-자상(仔詳)한 것. ㅇ正應(정응)-정식 대응, 올바른 대응. 상구(上九)와 육삼(六三)은 위치에 있어서도 서로 대응관계에 있지만, 성격상으로도 '상구'는 양(陽), '육삼'은 음(陰)이다. 그래서 정식으로 대응한다고 한 것이다. ㅇ親黨(친당)-친족들. ㅇ疑猜(의시)-의심하다. ㅇ妄(망)-망령되이, 엉뚱하게. ㅇ乖離(괴리)-떨어져 거리가 생긴 것.

解說 《주역정씨전》 규괘 상구 효사(爻辭)의 해설에 보이는 글이다. 《역경》의 해설을 빌어, 사람의 성격이 너무 강하고 행동이 지나치면 남과의 화합을 잃어 외롭게 됨을 경계한 내용이다.

8. 《역경》 해괘(解卦)의 육삼(六三)에 "짐을 짊어져야 할 자가 수레를 탔으니, 도적을 불러들이어 곧아도 나쁠 것이다."고 하였다.

《정전》에선 이렇게 말하고 있다. "소인(小人)이면서도 높은 자리를 훔쳐 차지한 것이어서, 비록 올바른 일을 하기에 힘쓴다 하더라도 그의 기질이 천하여 본시는 위에 있을 물건이 아니므로 끝내 나쁠 것이라는 것이다."

"만약 크게 올바를 수가 있다면 곧 어떻게 되겠습니까?" "크게 올바른 일은 음(陰)하고 유(柔)한 성격으로서는 할 수 있는 일이 아니다. 만약 그걸 할 수만 있다면 곧 변화하여 군자가 될 것이다."

原文 **解之六三曰：負且乘, 致寇至, 貞吝.**

傳曰：小人而竊盛位, 雖勉爲正事, 而氣質卑下, 本非在上之物, 終可吝也.

若能大正則如何? 曰 : 大正非陰柔所能也. 若能之, 則是化爲君子矣.

註解 ㅇ解(해)－《역경》 해괘(解卦). ㅇ負(부)－짊어지다, 짐을 질 사람. ㅇ乘(승)－수레, 수레를 타다. ㅇ寇(구)－도적. ㅇ吝(린)－나쁜 것. ㅇ卑下(비하)－낮고 천한 것.

解說 《주역정씨전》 해괘 육삼 효사(爻辭)의 해설에 보이는 글이다. 소인은 아무리 발버둥쳐도 올바르고 좋은 일은 이루지 못한다는 이론이다.

9. 《역경》 익괘(益卦)의 상구(上九)에 이르기를 "거기에 더 보태려 하지 않아서, 어떤 사람이 그를 칠 것이다."고 하였다.

《정전》에는 이렇게 말하고 있다. "도리[理]라는 것은 천하에서 지극히 공정한 것이며, 이익[利]이라는 것은 여러 사람들이 다 같이 바라는 것이다. 진실로 그의 마음이 공정하여 올바른 도리를 잃지 않는다면 곧 여러 사람들과 다같이 이익을 누리게 될 것이다. 남들의 것을 침탈(侵奪)하지 않는다면 남들도 역시 그에게 주려 할 것이다.

만약 절실히 이익을 좋아하여 자기 사욕(私慾)에 가리어져서 자신의 이익만을 추구하며 남에게는 손실을 끼친다면 곧 남들도 그와 힘써 다투게 될 것이다. 그러므로 그에게 이익이 되도록 해주려 들지 않을 뿐더러 그를 치고 빼앗으려는 자까지 있을 것이다."

原文 益之上九曰 : 莫益之, 或擊之.

傳曰 : 理者天下之至公, 利者衆人所同欲. 苟公其心, 不失其正理, 則與衆同利, 無侵於人, 人亦欲與之.

若切於好利, 蔽於自私, 求自益以損於人, 則人亦與之力爭. 故莫肯益之, 而有擊奪之者矣.

註解 ㅇ益(익)－《역경》 익괘(益卦). ㅇ侵(침)－침탈(侵奪)하다. ㅇ自私(자사)－자신의 사사로운 욕심.

解說 《주역정씨전》 익괘 상구 상전(象傳)의 해설에 보이는 글이다. 남에게 유리하게 해주어야 남도 그에게 이롭게 해준다는 평범한 진리를 말하고 있다.

10. 《역경》 간괘(艮卦) 구삼(九三)에 이르기를 "그의 허리에 멈추는 것이니, 그의 등이 찢기어 위태로움이 그를 애타게 할 것이다."고 하였다.

《정전》에는 이렇게 말하고 있다. "멈추는 도(道)에 있어서는 합당함이 귀중한 것이다. 가고 멈추는 것을 제때에 하지 못하고 늘 일정하게 행동한다는 것이다. 그의 굳은 고집이 이러하여 곧 그의 처세가 어긋나게 되고 사물(事物) 모든 것과 맞지 않고 단절되게 될 것이니, 그 위태로움이 심한 것이다.

사람이 완고하게 한 모퉁이에만 멎어 온 세상에 그와 잘 지내는 사람이 없다면 곧 어려움과 실패와 분노와 두려움이 그의 마음을 불내워 어지럽힐 것이다. 어찌 편안하고 여유가 있을 까닭이 있겠느냐? '위태로움이 그를 애타게 한다'는 것은 불안한 형세가 그의 마음속에 불을 붙인다는 것을 뜻한다."

原文 艮之九三曰 : 艮其限, 列其夤, 厲熏心.

傳曰 : 夫止道, 貴乎得宜. 行止不能以時, 而定於一. 其堅强如此, 則處世乖戾, 與物睽絶, 其危甚矣.

人之固止一隅, 而擧世莫與宜者, 則艱蹇忿畏, 焚撓其中. 豈有安裕之理? 厲熏心, 謂不安之勢, 熏爍其中也.

註解 ㅇ艮(간)－《역경》 간괘(艮卦). 머문다는 뜻이 있으며, 머문다는 것은 거기에 몸을 둔다, 또는 처신한다는 뜻도 된다. ㅇ限(한)－허리, 한계. ㅇ列(열)－찢다, 열(裂). ㅇ夤(인)－등, 등살. ㅇ厲(려)－위험, 불안. ㅇ熏(훈)－태우다. ㅇ堅强(견강)－굳은 고집. ㅇ乖戾(괴려)－어긋나는 것. ㅇ睽絶(규절)－맞지 않아 끊어지는 것. ㅇ與宜(여의)－함께 잘 어울리는 것. ㅇ艱蹇忿畏(간건분외)－어려움과 실패와 분노와 두려움. ㅇ焚撓(분요)－불타고 어지럽히다. ㅇ安裕(안유)－편안함과 여유. ㅇ熏爍(훈삭)－불태우다, 불을 태워 뜨겁게 하다.

解說 《주역정씨전》 간괘 구삼 효사(爻辭)의 해설에 보이는 글이다. 《역경》 해설을 빌어 사람은 처신을 잘하고 남과 잘 어울려야 함을 강조하고 있다.

11. 대체로 기뻐서 움직일 적에 어찌 올바름을 잃지 않을 수가 있겠는가?

原文 大率以說而動, 安有不失正者?

註解 ㅇ大率(대솔)－대체적으로, 일반적으로. ㅇ說(열)－기뻐하다, 열(悅).

解說 《주역정씨전》 귀매괘(歸妹卦) 단전(彖傳)의 해설에 보이는 말이다. 사람이 너무 기쁘면 흥분하여 정상적인 판단을 하지 못하게 됨을 주의시킨 것이다. 그 까닭은 다음 대목을 참조 바란다.

12. 남자와 여자 사이에는 높고 낮은 질서가 있고, 부부 사이에는 인도

하고 따르고 하는 이치가 있다. 이것이 일정한 도리이다. 만약 감정을 따르고 욕심을 멋대로 부리면서 오직 기쁨만을 따라 움직인다면, 남자는 욕심에 끌리어 그의 강함을 잃게 되고, 여자는 기쁨에 젖어 그의 순종을 잊게 된다. 그러니 흉하여 이익이 될 것이 없다.

原文 男女有尊卑之序, 夫婦有倡隨之理. 此常理也. 若徇情肆欲, 唯說是動, 男牽欲而失其剛, 婦狃說而忘其順. 則凶而無所利矣.

註解 ㅇ倡隨(창수)-남편이 인도하고 부인은 따르는 것, 곧 부창부수(夫唱婦隨). ㅇ徇情(순정)-감정을 따르다, 사사로운 정을 따르다. ㅇ肆欲(사욕)-욕심을 마음껏 부리다. ㅇ說(열)-기쁨. ㅇ狃說(유열)-기쁨에 젖다, 기쁨이 버릇이 되다.

解說 《주역정씨전》 귀매괘(歸妹卦) 단전(彖傳)의 해설에 보이는 말이다. 앞 대목과 함께 글뜻을 이해함이 좋다. 다만 남녀에 대한 생각은 전근대적임을 면할 수가 없다.

13. 비록 순(舜)임금 같은 성인이라 하더라도 '듣기 좋게 말이나 잘하고 보기 좋은 얼굴빛이나 꾸미는 자'는 두려워하였다. 기뻐하는 것이 사람들을 미혹시키면 마음속에까지 그것이 들어오기 쉬우므로, 그처럼 두려워할 만하게 되는 것이다.

原文 雖舜之聖, 且畏巧言令色. 說之惑人易入, 而可懼也如此.

註解 ㅇ巧言令色(교언영색)-듣기 좋은 말이나 잘하고 보기 좋은 얼굴빛이나 꾸미는 자. 《논어》 학이(學而)편에 보이는 말임. ㅇ易入(이입)-마음속

으로 들어오기 쉬운 것.

解說 《주역정씨전》 태괘(兌卦) 구오(九五) 효사(爻辭)의 해설에 보이는 말이다. 성리학자들은 기쁨의 감정뿐만이 아니라 대체로 어떤 감정이든 거기에 이끌리는 것은 잘못된 것이라 여기었다.

14. 강물을 다스린다는 것은 천하의 큰 임무이다. 지극히 공정한 마음을 가지고 자기는 버리고 남을 따르며 천하의 의견을 다 수합할 수 있는 사람이 아니라면 그 일은 성공시킬 수가 없는 것이다. 어찌 '명을 어기어 일을 그르치는 자'가 할 수 있는 것이겠는가?

곤(鯀)은 비록 9년을 일하고도 일을 성공시키지 못했으나, 그가 다스려 놓은 일은 진실로 다른 사람으로서는 미칠 수가 없는 정도였다. 오직 그의 일에 실마리가 풀리게 되자, 그 때문에 그의 자부심이 더욱 강해져서 남의 뜻은 거스르고 일을 그르치는 짓을 더욱 심하게 하여, 공론과 멀어지고 사람들의 마음은 떠나갔던 것이다. 그래서 그의 악함은 더욱 드러나고 일은 끝내 성공시킬 수가 없었던 것이다.

原文 **治水, 天下之大任也. 非具至公之心, 能舍己從人, 盡天下之議, 則不能成其功. 豈方命圮族者, 所能乎?**

鯀雖九年而功弗成, 然其所治, 固非他人所及也. 惟其功有敍, 故其自任益强, 咈戾圮類益甚, 公議隔而人心離矣. 是其惡益顯, 而功卒不可成也.

註解 ㅇ方命圮族(방명비족)―명령을 어기고 일을 망치는 것. '방'은 어기는 것, 거스르는 것, '비'는 무너지다, 망치다. '족'은 사람, 일. 이 구절은 《서경》 요전(堯典)에서 곤(鯀)에 대하여 요임금이 한 말에 보인다. ㅇ鯀(곤)―치수(治水)에 성공하여 하(夏)나라 임금이 된 우(禹)의 아버지. 요임금의 명으로

천하의 강물을 다스리다가 공을 이루지 못하여 순(舜)임금에게 처형당한다. 그 일을 다시 우가 맡아 성공시킨다. ㅇ有敍(유서)－차례가 있게 되다, 일이 풀릴 실마리가 보이다. ㅇ咈戾(불려)－다른 사람들의 뜻을 거스르는 것. ㅇ公議(공의)－공론(公論).

解說 정이의 《경설(經說)》 권2 서해(書解)에 보이는 글이다. 《서경》 요전(堯典)에 보이는 곤(鯀)의 치수 실패 얘기를 중심으로, 큰일은 여러 사람들의 뜻과 의견을 잘 따를 줄 알아야 성공할 수 있음을 강조하고 있다.

15. '군자는 공경스러우면서도 마음이 곧아야 한다.' 미생고가 굽힌 것은 비록 작은 일이나 곧음을 해쳤다는 점에 있어서는 큰일이다.

原文 君子敬以直內. 微生高所枉雖小, 而害直則大.

註解 ㅇ君子敬而直內(군자경이직내)－《역경》 곤괘(坤卦) 문언(文言)에 보이는 말임. ㅇ微生高(미생고)－공자와 같은 시대의 노(魯)나라 사람. '미생'이 성이고, '고'가 이름이며, 곧기로 유명한 사람. 《논어》 공야장(公冶長)편에서 공자는 "어떤 사람이 식초를 얻으러 오자, 그는 이웃집에 가서 얻어다 주었다.(或乞醯焉, 乞諸其隣而與之.)"고 하면서, 그는 곧지 못한 사람이라 하고 있다. 자기에게 없으면 그냥 나는 그것이 없다고 대답하는 것이 곧은 사람이라는 것이다.

解說 정이의 《경설》 권6 논어해(論語解)에 보이는 공야장에 관한 기록에 대한 해설이다. 아무래도 '곧음' 또는 '정직'에 대한 이해가 너무 엄격한 것이 아닌가 하는 생각까지 들게 한다.

16. 사람에게 욕심이 있으면 강직할 수가 없고, 강직하면 욕심에 굴복당하지 않는다.

原文 人有慾則無剛, 剛則不屈於慾.

解說 정이의 《경설》 권6 논어해(論語解)에 보이는 글이다. 《논어》 공야장(公冶長)편에서, 공자가 "신정(申棖)은 욕심이 많은데 어찌 강직하다 하겠느냐?(棖也慾, 焉得剛?)"하고, 어떤 사람이 강직한 사람으로 신정을 추천한 데 대한 반발로 한 말에 대한 해설이다.

17. 사람들이 범하는 과실도 각각 그 부류를 따르게 된다. 군자는 늘 후해서 실수를 하게 되고, 소인은 늘 박해서 실수를 하게 된다. 군자는 사랑함에 있어서 지나치게 되고, 소인은 잔인함으로 남을 손상시키게 된다.

原文 人之過也, 各於其類. 君子常失於厚, 小人常失於薄. 君子過於愛, 小人傷於忍.

解說 정이의 《경설》 논어해(論語解) 이인(里仁)편의 해설에 보이는 말이다. 《논어》에서는 공자가 "사람들이 저지르는 잘못은 각각 그 부류를 따른다. 잘못을 보면 그의 인한 정도를 알게 된다.(人之過也, 各於其黨. 觀過, 斯知仁矣.)"고 말하고 있다.

18. 명도 선생께서 말씀하셨다.
"부귀를 누리면서 남에게 교만한 것은 본시 좋지 않은 짓이다. 학문을 하면서 남에게 교만하다면 그 해도 작지 않다."

原文 明道先生曰：富貴驕人, 固不善. 學問驕人, 害亦不細.

解說 《정씨유서》 권1에 보이나, 두 정자 중 누구의 말인지 분명히 기

록되어 있지 않다.

19. 사람이 일을 예측하는 것을 현명하다고 하면, 말이 달려가듯 남이 속인다고 미리 짐작하고 남이 자기를 믿지 않는다고 미리 생각하는 쪽으로 달려 들어가게 된다.

原文 人以料事爲明, 便駸駸入逆詐億不信去也.

註解 ㅇ料事(료사)－일을 예측하다, 일에 대하여 미리 짐작하다. ㅇ駸駸(침침)－말이 달려가는 모양, 빨리 달리는 모양. ㅇ逆詐(역사)－남이 자기를 속인다고 미리 짐작하는 것. '역'은 영(迎), 상대가 오기도 전에 미리 나가 마중을 하는 것. ㅇ億不信(억불신)－남이 자기를 믿지 않는다고 미리 억측하는 것.

解說 《정씨유서》 권1에 보이나 두 형제 중 누구의 말인지는 알 수가 없다. 《논어》 헌문(憲問)편에서 공자가 말한 "남이 속인다고 미리 짐작하지 말고, 남이 믿지 않는다고 미리 생각하지 마라.(不逆詐, 不億不信.)"는 말을 풀이한 말이다.

20. 사람들은 밖의 물건으로 몸을 봉양(奉養)하면서 모든 일에 있어서 좋은 것을 추구하나, 오직 자기에게 하나밖에 없는 몸과 마음에 대하여는 오히려 좋은 것을 추구하지 않는다. 구차히 외면상으로 좋은 물건을 얻었을 적에, 도리어 자기의 몸과 마음에 대하여는 이미 그것이 좋지 않은 것이었음을 알지 못한다.

原文 人於外物奉身者, 事事要好, 只有自家一箇身與心, 卻不要好. 苟得外面物好時, 卻不知道自家身與心, 卻已先不好了也.

註解 ㅇ奉身(봉신)－몸을 봉양(奉養)하다, 자기 몸을 위하여 쓰이는 것. ㅇ卻已先(각이선)－도리어 이미 먼저.

解說 《정씨유서》 권1에 보이나, 두 정자 중 누구의 말인지는 알 수가 없다. 작은 물건 또는 천한 물건에 집착하다 보면, 큰일이나 중요한 일을 그르치기 쉬움을 지적한 것이다.

21. 사람이 천리(天理)에 대하여 어두운 것은 욕심이 그를 어지럽히기 때문이다. 장자(莊子)가 말하기를 "욕심이 많은 자는 그의 타고난 기틀이 천박하다."고 하였다. 이 말은 아주 옳다.

原文 **人於天理昏者, 是只爲嗜欲亂著他. 莊子言, 其嗜欲深者, 其天機淺. 此言卻最是.**

註解 ㅇ嗜欲(기욕)－욕심. ㅇ莊子(장자)－《장자》 대종사(大宗師)편에 보이는 말임. ㅇ天機(천기)－하늘로부터 타고난 기틀, 타고난 자질.

解說 《정씨유서》 권2 상에 보이나, 두 형제 중 누구의 말인지는 알 수가 없다. 여기에서도 성리학에 끼친 도가사상의 영향을 짐작케 된다.

22. 이천 선생께서 말씀하셨다.

"기계를 쓰는 일을 오랫동안 경험하다 보면 기계를 쓰려는 마음이 반드시 생겨난다. 대체로 막 그것을 경험할 적에는 마음이 반드시 기뻐진다. 마음이 기뻐진 다음에는 곧 그 씨를 뿌린 것이나 같게 된다."

原文 **伊川先生曰 : 閱機事之久, 機心必生. 蓋方其閱時, 心必**

喜, 旣喜則如種下種子.

註解 ㅇ閱(열)－살피다, 경험하다. ㅇ機事(기사)－기계를 쓰는 일. ㅇ種下(종하)－씨를 뿌리다.

解說 《정씨유서》 권3에 보이는 글이다. 이 말은 《장자》 천지(天地)편에서 자공(子貢)이 길을 가다가 논에 물을 퍼올리는 기계를 보고서 "내가 우리 선생님께 들은 얘기지만, 기계를 가진 자는 반드시 기계를 쓸 일이 있게 되고, 기계를 쓴 일이 있는 사람은 반드시 기계에 관한 마음쓰임이 있게 된다.(吾聞之吾師, 有機械者必有機事, 有機事者必有機心.)"고 한 말을 근거로 하고 있다. 기계의 편리함은 사람의 마음을 기쁘게 하여 결국은 사람을 어지럽히게 된다는 것이다.

23. 의심하는 병이 있는 사람은 일이 닥치기도 전에 먼저 의심의 꼬투리가 마음속에 있게 되는 것이다. 일을 독차지하려는 사람은 먼저 일을 차지하려는 꼬투리가 마음속에 있게 된다. 모두가 병이다.

原文 **疑病者, 未有事至時, 先有疑端在心. 周羅事者, 先有周事之端在心. 皆病也.**

註解 ㅇ端(단)－단서, 꼬투리. ㅇ周羅(주라)－《근사록》 주에 속어로 '두람(兜攬)'의 뜻이라 하였다. 차지하다, 독차지하다의 뜻임.

解說 《정씨유서》 권3에 보이는 정이의 말이다. 사람은 너무 의심이 많아도 안되고 너무 욕심이 많아도 안된다는 것이다. 그것은 모두 마음의 병이라 하였다.

24. 일의 크고 작은 것을 따지는 것은, 그 폐해가 '한 자를 굽혀서 여덟 자를 바로잡는다'는 병이 된다.

原文 **較事大小, 其弊爲枉尺直尋之病.**

註解 ㅇ較(교)－비교하다, 따지다. ㅇ枉尺直尋(왕척직심)－한 자를 굽히어 여덟 자를 바로잡는다. '심'은 길이의 단위로 8자. 《맹자》 등문공(滕文公) 하편에 "한 자를 굽혀서 여덟 자를 바로잡는다고 하는 것은 이익을 두고 말하는 것이다.(且夫枉尺而直尋者, 以利言也.)"라 하였다.

解說 《정씨유서》 권3에 보이는 정이의 말이다. 일은 크고 작은 것보다도, 도리에 합당한가 합당치 않은가의 문제가 더 중요함을 강조하기 위한 말이다.

25. 소인이나 도량이 작은 사람을 작게만 취급해서는 안된다. 그들도 본시는 악하지 않았기 때문이다.

原文 **小人小丈夫, 不合小了. 他本不是惡.**

註解 ㅇ小丈夫(소장부)－도량(度量)이 작은 남자.

解說 《정씨유서》 권6에 보이나, 정씨 형제 중 누구의 말인지는 모른다. 사람의 본성은 모두 선(善)하다는 이론을 근거로 한 말이다.

26. 비록 천하의 공통되는 일이라 하더라도, 만약에 사사로운 뜻을 가지고 그 일을 하면, 곧 사사로운 것이 된다.

原文 **雖公天下事, 若用私意爲之, 便是私.**

解說 《정씨유서》 권5에 보이나, 두 형제 중 누구의 말인지는 알 수가 없다. 무슨 일이나 공정한 마음을 가지고 임해야 함을 강조한 것이다.

27. 벼슬살이는 사람의 뜻을 빼앗는 일이다.

原文 **做官奪人志.**

解說 《정씨유서》 권15에 보이는 정이의 말이다. 벼슬하는 사람들에 대한 경고이다.

28. 교만함은 기운이 넘치기 때문이고, 인색함은 기운이 모자라기 때문이다. 사람이 인색할 적에는 재물에 있어서도 부족하다 여기고, 일에 있어서도 부족하다 여긴다. 모든 일에 모두 부족하다 여기기 때문에 반드시 부족한 기색을 띄고 있게 마련이다.

原文 **驕是氣盈, 吝是氣歉. 人若吝時, 於財上亦不足, 於事上亦不足, 凡百事皆不足, 必有歉歉之色也.**

註解 ㅇ吝(인)－인색한 것. ㅇ歉(겸)－부족한 것.

解說 《정씨유서》 권18에 보이는 정이의 말이다. 공자도 《논어》 태백(泰伯)편에서 교만함과 인색함을 형편없는 짓이라 훈계하고 있다.

29. 도에 대하여 알지 못하는 사람은 술 취한 사람과 같다. 막 그가 취하여 있을 적에는 하지 않는 짓이 없다가, 그가 깨어나게 되면 모든 일을 부끄러워하게 된다. 사람으로서 공부할 줄을 모르는 자는 자신을 보기에

결함이 없다고 여기지만, 그가 공부할 줄을 알게 된 뒤에는 전날에 한 짓을 돌이켜보고서는 곧 놀라고 또 두려워하게 된다.

原文 未知道者如醉人. 方其醉時, 無所不至, 及其醒也, 莫不愧恥. 人之未知學者, 自視以爲無缺, 及旣知學, 反思前日所爲, 則駭且懼矣.

註解 ㅇ愧恥(괴치)－부끄러워하는 것. ㅇ駭(해)－놀라다.

解說 《정씨유서》 권18에 보이는 정이의 말이다. 성리학자들에게 있어서 '공부를 한다'는 것은 '도'를 추구하는 것이었다. '도'는 성(性) 및 천리(天理)와 통한다.

30. 형서(邢恕)가 말하였다. "저는 하루에 세 번씩 자신을 점검하고 있습니다." 명도 선생께서 말씀하셨다. "불쌍하도다! 그 나머지 시간은 무슨 일을 하는고? 대체로 '하루 세 가지를 반성한다'는 설을 본뜨려다가 잘못되었구나. 공부를 잘하지 않았다는 것을 알 수 있네."

또 흔히 사람들을 좇아다니면서 마주 대하고 일상적인 얘기를 하자, 명도 선생이 그를 문책하시니, 형서가 말하였다. "얘기할 만한 것이 없습니다." 명도 선생께서 말씀하셨다. "얘기할 만한 것이 없어서 말하지 않으면 안되겠다는 것이냐?"

原文 邢七云 : 一日三點檢. 明道先生曰 : 可哀也哉! 其餘時, 理會甚事? 蓋倣三省之說, 錯了. 可見不曾用功.

又多逐人, 面上說一般話. 明道責之, 邢曰 : 無可說. 明道曰 : 無可說, 便不得不說?

註解 ㅇ邢七(형칠)－형서(邢恕). 자는 화숙(和叔), '칠'은 형제의 배항(排行), 이름 대신 흔히 불렀다. 그는 뒤에 선(禪)을 배웠다 한다. ㅇ三點檢(삼점검)－세 번 자신을 점검하다, 세 번 자신을 반성하다. ㅇ理會(이회)－처리하다, 깨우치다. ㅇ三省(삼성)－《논어》 학이(學而)편에서 증자(曾子)가 '자신은 매일 세 가지 일에 대하여 반성하였다(吾日三省吾身)'고 한 말을 가리킴. ㅇ用功(용공)－공부하다, 노력하다.

解說 《정씨외서》 권12에 보이는 글이다. 이는 사상채(謝上蔡)의 《어록(語錄)》에서 인용한 것이다. 정호는 형서가 삼성(三省)을 "세 번 반성한다."는 뜻으로 풀이한 것을 꼬집은 것이다.

31. 횡거 선생께서 말씀하셨다.

"공부하는 사람이 예의를 버리고 하루 종일 배불리 먹고 하는 일은 없다면 곧 천한 백성들과 똑같이 된다. 그가 하는 일이 입고 먹는 일의 범위와 즐겨 노는 즐거움을 넘지 못하고 있기 때문이다."

原文 **橫渠先生曰 : 學者捨禮義, 則飽食終日, 無所猷爲, 與下民一致. 所事, 不踰衣食之間, 燕遊之樂爾.**

註解 ㅇ猷(유)－꾀하다, 일하다. ㅇ燕遊(연유)－즐겁게 노는 것.

解說 《정몽》 중정(中正)편에 보이는 말이다. 공부하는 사람의 자세에 대하여 얘기한 것이다.

32. 정나라와 위나라의 음악은 슬퍼서 사람들의 마음에 미련이 남게 하고 또 태만한 뜻을 일으키게 하여 따라서 교만하고 음탕한 마음을 갖게 한다. 비록 진귀한 노리개나 기이한 보물이라 하더라도 처음부터 사

람을 미혹시킴에 있어서 이처럼 절실하지는 않다. 따라서 무한한 기호(嗜好)가 생기게 되는 것이다.

그러므로 공자께서 말씀하시기를 "반드시 그것은 몰아내야 한다."고 하신 것이다. 역시 성인께서도 경험이 있으셨다. 다만 성인께서는 사물(事物) 때문에 마음이 바뀌는 일이 없으셨다.

原文 鄭衛之音悲哀, 令人意思留連, 又生怠惰之意, 從而致驕淫之心. 雖珍玩奇貨, 其始惑人也, 亦不如是切. 從而生無限嗜好. 故孔子曰 : 必放之. 亦是聖人經歷過. 但聖人能不爲物所移耳.

註解 ㅇ鄭衛(정위)－춘추(春秋)시대 나라 이름. 이들 두 나라의 음악은 음탕하기로 유명하였다. ㅇ留連(유련)－미련이 남다, 마음이 끌리어 떨어지지 않다. ㅇ珍玩(진완)－진귀한 노리개, 진귀한 보물. ㅇ切(절)－절실하다, 철저하다, 심하다. ㅇ孔子曰(공자왈)－《논어》 위령공(衛靈公)편에 공자의 "정나라 노래는 몰아내고, 간사한 자들은 멀리한다(放鄭聲. 遠佞人.)"고 한 말을 인용한 것이다. ㅇ經歷過(경력과)－경험한 일이 있다. ㅇ移(이)－마음이 달라지는 것.

解說 《장자전서》 습유(拾遺)의 근사록습유(近思錄拾遺)에 들어있다. 다만 《근사록》의 주에는 〈횡거예악설(橫渠禮樂說)〉이라 하고 있다.

33. 맹자께서 말씀하시기를 "원칙으로 되돌아가야 한다."고 하셨다. 특히 향원(鄕原)을 얘기한 뒤에 그 말을 한 것은, 향원은 큰 원칙을 먼저 세우지 않아, 마음속에는 처음부터 주체(主體)가 없어 오직 좌우의 눈치만 살피며 세상 인정을 따르고 그것을 어기지 않으려 하면서, 일생을 그와 같이 살기 때문이다.

原文 孟子言反經. 特於鄕原之後者, 以鄕原, 大者不先立, 心中初無主, 惟是左右看, 順人情, 不欲違, 一生如此.

註解 ㅇ孟子言(맹자언)-《맹자》 진심(盡心) 하편에 "군자는 원칙으로 돌아갈 따름이다. 원칙이 바르면 서민이 흥성하게 되고, 서민이 흥성하면 이에 사악함이 없어진다.(君子反經而已矣. 經正, 則庶民興, 庶民興, 斯無邪慝矣.)" 하였다. ㅇ經(경)-원칙, 상도(常道). ㅇ鄕原(향원)-세상 사람들의 호평을 받는 위선자(僞善者). 맹자는 앞에《논어》양화(陽貨)편에서 공자가 "향원은 덕의 적이다.(鄕原德之賊也)"고 하면서 '향원'을 비판한 말을 인용하고 있다. ㅇ大者(대자)-큰 원칙, 도리.

解說 《장자전서》 습유(拾遺)에 보이는 글. 역시 출전은《근사록》인데 그 주에는 〈횡거맹자설(橫渠孟子說)〉이라 하고 있다. 자기 원칙은 없이 남의 눈치만 보면서 행동하다가는 위선자가 되고 말 것이라는 것이다.

근사록 권 13

변이단류(辨異端類) 도합 14조

1. 명도 선생께서 말씀하셨다.

"양주(楊朱)와 묵적(墨翟)의 해는 신불해(申不害)와 한비자(韓非子)보다 심하다. 석가모니(釋迦牟尼)와 노자(老子)의 해는 양주와 묵적보다도 더 심하다. 양주의 위아주의(爲我主義)는 의(義)와 혼동하기 쉽고, 묵적의 겸애주의(兼愛主義)는 인(仁)과 혼동하기 쉽다. 신불해와 한비자는 천박하고 비루함을 알아보기가 쉽다. 그러므로 맹자는 오직 양주와 묵적만을 내치고 있는데, 그들이 세상을 매우 미혹시키고 있었기 때문이다.

석가모니와 노자는 그들 이론이 이치에 가까운 듯한 것이, 또 양주와 묵자에 견줄 정도가 아니다. 이것이 더욱 심하게 해를 끼치게 되는 까닭인 것이다. 그리고 양주와 묵적의 폐해는 이미 맹자의 내침을 거쳤기 때문에 그들에 대하여는 환해진 것이다."

原文 明道先生曰：楊墨之害，甚於申韓. 佛老之害，甚於楊墨.

楊氏爲我，疑於義，墨氏兼愛，疑於仁. 申韓則淺陋易見. 故孟子只闢楊墨，爲其惑世之甚也.

佛老其言近理，又非楊墨之比. 此所以爲害尤甚. 楊墨之害，亦經孟子闢之，所以廓如也.

註解 ㅇ楊墨(양묵)－양주(楊朱, B.C. 395?~B.C. 335?)와 묵적(墨翟, B.C. 460?~B.C. 380?). 양주는 극단적으로 자기 위주의 주장을 펴서, "내 털을 한 개 뽑아서 세상을 이롭게 할 수 있다 하더라도, 나는 내 몸의 털은 뽑지 않는다."고 하였다. 묵적은 "세상 모든 사람들이 똑같이 서로 사랑하고 서로 위해주어야 한다."는 겸애(兼愛)를 주장하였다. 저술로 《묵자(墨子)》가 전한다. ㅇ申韓(신한)－신불해(申不害, B.C. 400?~B.C. 337?)와 한비자(韓非子, B.C. 280~B.C. 233). 신불해는 한(韓)나라 소공(昭公) 때의 재상으로, 황로(黃老)를 근거로 하여 형명(刑名)을 주장하며, 법술(法術)로 정치를 하였다. 한비자는 한(韓)나라의 공자(公子)로 법가(法家)의 이론을 체계화하여 《한비자(韓非子)》라는 저술을 남기고 있다. ㅇ佛老(불로)－석가모니(釋迦牟尼)와 노자(老子). 각각 불교와 도가(道家)의 창시자임. ㅇ淺陋(천루)－천박(淺薄)하고 비루(鄙陋)한 것. ㅇ闢(벽)－내치다, 물리치다. ㅇ廓如(곽여)－넓다란 모양, 환한 모양.

解說 《정씨유서》 권13에 보이는 정호의 말이다. 이단에 대한 그의 태도가 재미있다.

2. 이천 선생께서 말씀하셨다.

"유학자(儒學者)는 올바른 도에 마음을 다하여야 하며, 약간의 오차(誤差)도 용납되지 않는다. 처음에는 매우 미세하다 하더라도 끝에 가서는 구제할 수도 없게 되기 때문이다. 예를 들면 '자장(子張)은 지나치고, 자하(子夏)는 미치지 못한다' 하였는데, 성인의 중정(中正)한 도에서 볼 때, 자장은 오직 정이 두터운 게 지나치고 자하는 오직 그에 비하여 약간 미치지 못했던 것이다.

그러나 정이 두터우면 점차 겸애(兼愛)로 발전하게 되고, 미치지 못하면 곧 위아(爲我)로 발전하게 되는 것이다. 그 지나침과 미치지 못함이 다 같이 유학자에게서 나왔으나 끝에 가서는 마침내 양주와 묵적이 되는 것이다. 양주와 묵적에 있어서도 아직은 아비도 없고 임금도 없는 처지에 이르지는 않았다 하더라도, 맹자처럼 미루어 나아가면 곧 그런 처지에 이르게 되는 것이다. 대체로 그들의 오차는 반드시 그런 처지에 이르게 되는 것이다."

原文 伊川先生曰：儒者潛心正道，不容有差．其始甚微，其終則不可救．如師也過，商也不及，於聖人中道，師只是過於厚些，商只是不及些．

然而厚則漸至於兼愛，不及則便至於爲我．其過不及，同出於儒者，其末遂至楊墨．至如楊墨，亦未至於無父無君，孟子推之，便至於此．蓋其差必至於是也．

註解 ㅇ潛心(잠심)－마음을 다하다, 마음을 모두 쏟다. ㅇ師(사)－공자의 제자 자장(子張). 그의 성은 전손(顓孫)이고, 이름이 '사', '자장'은 그의 자이다. ㅇ商(상)－공자의 제자 자하(子夏). 그의 성은 복(卜)이고, 이름이 '상'이며, '자하'는 그의 자이다. 《논어》 선진(先進)편에서 공자가 자장과 자하에 대하여 평한 말을 여기에 인용한 것이다. ㅇ厚些(후사)－인정이 약간 두터운 것. ㅇ孟子(맹자)－《맹자》 등문공(滕文公) 하편에서 "양주는 위아(爲我)를 주장하니 이는 임금도 없는 셈이다. 묵적은 겸애(兼愛)를 주장하니 이는 애비도 없는 셈이다. 애비도 없고 임금도 없다면 이는 새 짐승이다.(楊氏爲我, 是無君也. 墨氏兼愛, 是無父也. 無父無君, 是禽獸也.)"라고 한 말을 근거로 한 것이다.

解說 《정씨유서》 권17에 보이는 글이다. 인정이 너무 두터우면 '겸애'로 발전하고, 인정이 부족하면 '위아'로 발전하게 된다는 발상이 재미있다.

3. 명도 선생께서 말씀하셨다.

"도의 밖에는 사물(事物)이란 없고, 사물의 밖에는 도가 없는 것이다. 그러므로 하늘과 땅 사이는 어디를 가나 도가 아닌 것이란 없다.

아버지와 아들 사이에 있어서는 아버지와 아들의 관계는 친밀한 데에 있고, 임금과 신하 사이에 있어서는 임금과 신하의 관계는 엄정(嚴正)한 데 있다. 남편과 아내 노릇을 하고, 어른과 아이 노릇을 하고, 친구 노릇을 하는 데 이르기까지도, 하는 기준이 도가 아닌 것이 없다. 이것이 '도는 잠깐 사이도 떨어져 있을 수가 없는' 까닭인 것이다. 그러니 인륜(人倫)을 무너뜨리고 육신을 버리는 자라면 그는 도로부터 멀리 벗어나 있는 것이다.

그러므로 '군자는 천하에 꼭 그래야 한다는 것도 없고 절대로 안된다는 것도 없으며, 의로움만을 따른다.' 만약 꼭 그래야 할 것이 있고 절대로 안되는 것이 있다면 곧 도와는 사이가 나게 될 것이다. 하늘과 땅의 온전한 모습이 아니다.

석가모니(釋迦牟尼)의 학문은 공경함을 지키고 속마음을 곧게 하려는 면은 지니고 있다. 그러나 의로움으로 외면을 반듯하게 하려는 면은 갖고 있지 않다. 그러므로 마음이 막히고 굳은 사람은 깡마른 세계로 들어가고, 마음이 트인 사람은 방자(放恣)함으로 귀착케 된다. 이 점이 석가모니의 가르침은 편협하다는 까닭이다.

우리의 도는 그렇지 아니하니, 본성(本性)을 따르는 것일 따름이다. 이 도리에 대하여는 성인께서 《역경》에 자세히 논하고 계시다."

原文 明道先生曰：道之外無物，物之外無道．是天地之間，無適而非道也．

卽父子而父子在所親，卽君臣而君臣在所嚴．以至爲夫婦，爲長幼，爲朋友，無所爲而非道．此道所以不可須臾離也．然則毁人倫，去四大者，其外於道也遠矣．

故君子之於天下也, 無適也, 無莫也, 義之與比. 若有適有莫, 則於道爲有間, 非天地之全也.

彼釋氏之學, 於敬以直內, 則有之矣. 義以方外, 則未之有也. 故滯固者, 入於枯槁, 疏通者, 歸於恣肆. 此佛之敎, 所以爲隘也.

吾道則不然, 率性而已. 斯理也, 聖人於易備言之.

註解 ㅇ卽父子(즉부자)－부자에 대하여 말한다면, 아버지와 아들 사이에 있어서는. ㅇ須臾(수유)－짧은 동안, 잠깐 사이. 이 구절은《중용》에 보이는 말이다. ㅇ四大(사대)－불교에서는 땅[地]·물[水]·불[火]·바람[風]의 네 가지를 '사대'라 하는데, 이것이 모여 사람의 육신(肉身)이 이루어졌다 믿고 있다. 그리고 이 육체에 사로잡히는 일을 가장 경계시키고 있다. ㅇ君子之(군자지)……與比(여비)－《논어》이인(里仁)편에 보이는 말임. ㅇ適(적)－꼭 그렇게 하려는 것. ㅇ莫(막)－절대로 그렇게 하지 않으려는 것. ㅇ比(비)－따르는 것. ㅇ釋氏(석씨)－석가모니(釋迦牟尼), 부처. ㅇ方外(방외)－외부를 방정(方正)하게 하는 것. ㅇ滯固者(체고자)－마음이 막히고 굳은 사람. ㅇ枯槁(고고)－마른 상태, 깡마른 세계. ㅇ疏通者(소통자)－마음이 트인 사람. ㅇ恣肆(자사)－방자한 것, 멋대로 행동하는 것. ㅇ率性(솔성)－《중용》첫머리에 "하늘이 내려준 것을 본성이라 하고, 본성을 따르는 것을 도라 한다.(天命之謂性, 率性之謂道.)"라고 하였다.

解說 《정씨유서》권4에 보이는 글. 불교에 대한 비판이다.

4. 불교에서는 본시 죽고 사는 것을 두려워함으로써 이익을 취하려 하고 있으니, 어찌 공정한 도리라고 하겠는가? 오직 형이상(形而上)의 세계에만 도달하려 함으로 형이하(形而下)의 학문은 없다. 그러니 그들이 형이상의 세계에 도달한다 해도 어찌 올바름이 있겠는가? 본시부터 위아래가 서로 이어져 있지 아니하고 다만 간격만이 있으니 올바른 도는 아

닌 것이다.

맹자께서는 말씀하시기를 "그의 마음을 다하는 사람은 그의 본성을 안다"고 하셨다. 그들의 이른바 '마음을 알면 본성이 드러난다'는 것이 바로 그것이다. 그러나 '마음을 보존하고 본성을 기르는' 한가지 일은 그들에게는 없다. 그들은 본시 말하기를 "집을 나가 홀로 몸을 잘 간수한다."라고 하였다. 그러니 도의 본체(本體)에 있어서 스스로 부족하게 되는 것이다.

어떤 이가 말하기를 "불교의 지옥 같은 것들은 모두가 근본이 저열(低劣)한 자들에게 이러한 두려움을 마련해 줌으로써 그들을 착하게 해주려는 것입니다."고 하였다.

선생님이 말씀하셨다. "지극한 정성이 하늘과 땅을 꿰뚫고 있어도 사람들 중에는 교화(敎化)되지 않는 자들이 있거늘, 어찌 거짓 가르침을 내세워 사람들을 교화할 수가 있겠느냐?"

原文 **釋氏本怖死生爲利, 豈是公道? 唯務上達, 而無下學. 然則其上達處, 豈有是也? 元不相連屬, 但有間斷, 非道也.**

孟子曰: 盡其心者, 知其性也. 彼所謂識心見性, 是也. 若存心養性一段事, 則無矣. 彼固曰: 出家獨善. 便於道體自不足.

或曰: 釋氏地獄之類, 皆是爲下根之人設此怖, 令爲善.

先生曰: 至誠貫天地, 人尙有不化. 豈有立僞敎而人可化乎?

註解 ㅇ怖死生(포사생)－죽고 사는 일로써 두려워하게 하는 것. ㅇ上達(상달)－위로 통달하다. 본시 이 말은 《논어》 헌문(憲問)편에서 "군자는 위로 발전하고 소인은 아래로 발전한다.(君子上達, 小人下達.)" 또 "낮은 것을 배워 위의 것에까지 통달하다.(下學而上達.)"고 한 말을 인용한 것이나, 그 뜻은 좀 다르다. ㅇ孟子曰(맹자왈)－《맹자》 진심(盡心) 상편에 보이는 말임. ㅇ存

心養性(존심양성)—역시 《맹자》 진심 상편에 보이는 말, 마음을 잘 보존하고 본성을 잘 기르는 것. ㅇ下根(하근)—근본이 저열(低劣)한 것. ㅇ僞敎(위교)—거짓 가르침, 불교의 가르침을 가리킨다.

解說 《정씨유서》 권13에 보이는 정호의 말이다. 송대의 성리학은 흔히 불교와 도교의 영향을 받아서 이루어졌다고 한다. 따라서 심성(心性) 같은 문제에 있어서는 반발이 더욱 예민하다.

5. 학자들은 불교의 이론에 대하여는 모름지기 음탕한 노래나 아름다운 여색(女色)처럼 멀리해야 한다. 그러지 못하면 곧 말이 달려가듯 그 속으로 들어가게 된다.

안연(顔淵)이 나라를 다스리는 법을 질문하였을 때, 공자는 요순(堯舜)과 우(禹)·탕(湯)·문무(文武)의 일을 일러주고 나서는 다시 정(鄭)나라 노래를 몰아내고 간사한 자들을 멀리하라고 훈계하였다. 그리고 말씀하시기를 "정나라 노래는 음탕하고, 간사한 자들은 위태롭다."고 하셨다. 저 간악한 자들이란 그들 한 편만이 간악하지만, 그러나 자기에게 위태로워진다는 것은 오직 사람들을 달라지게 만들 수 있기 때문에 위태로운 것이다.

우(禹)의 말씀에 이르러는 "아첨하는 말을 하고 번드레하게 꾸민 얼굴을 하는 자들을 어찌 두려워하겠는가?"고 하셨다. 그러나 아첨하는 말을 하고 번드레하게 꾸민 얼굴을 하는 자들은 오직 두려워하라고 말하여야만 한다. 다만 이처럼 언제나 경계를 하게 하여도 그 해를 면하지 못할까 두렵기 때문이다.

석가모니의 학문은 다시 언제나 경계하라고 말할 필요는 없다. 자기가 일가(一家)를 이루고 자신을 갖게 된 뒤에는 곧 그를 어지럽힐 수가 없는 것이기 때문이다.

原文 學者於釋氏之說, 直須如淫聲美色以遠之. 不爾, 則駸駸然入其中矣.

顔淵問爲邦, 孔子旣告之以二帝三王之事, 而復戒以放鄭聲遠佞人. 曰：鄭聲淫, 佞人殆. 彼佞人者, 是他一邊佞耳. 然而於己則危, 只是能使人移, 故危也.

至於禹之言曰：何畏乎巧言令色? 巧言令色, 直消言畏. 只是須著如此戒愼, 猶恐不免.

釋氏之學, 更不消言常戒. 到自家自信後, 便不能亂得.

註解 ㅇ駸駸然(침침연)－말이 달리는 모양, 빨리 가는 모양. ㅇ顔淵問(안연문)－《논어》 위령공(衛靈公)편에 보이는 말임. ㅇ二帝三王之事(이제삼왕지사)－《논어》에서는 안연의 질문에 대하여 공자가 "하(夏)나라의 역법(曆法)을 쓰고, 은나라의 수레를 타고, 주나라의 예관(禮冠)을 쓰며, 음악은 순임금의 음악인 소무(韶舞)를 쓴다.(行夏之時, 乘殷之輅, 服周之冕, 樂則韶舞.)"고 말하고 있다. ㅇ佞人(영인)－간사한 자. ㅇ移(이)－사람을 달라지게 하는 것. ㅇ禹之言(우지언)－《서경》 고요모(皐陶謨)편에 보이는 말임. ㅇ直消(직소)－지요(只要), 지용(只用)과 같은 말. 오직 ……하여야 한다. ㅇ自家(자가)－자기가 일가(一家)를 이루다, 자기 생각이 확립되다.

解說 《정씨유서》 권2 상에 보이나, 정씨 두 형제 중 누구의 말인지는 알 수가 없다. 불교를 음탕한 노래 등에 비유하며 이단으로 공격을 계속하고 있다. 그러나 본격적인 불교비판이라 할 수는 없는 내용이다.

6. 만물이 일체(一體)라고 말하는 까닭은 모든 물건이 이(理)를 지니고 있어서 오직 그곳으로부터 이가 나온다고 보기 때문이다. 생겨나고 또 생겨나는 것을 역(易)이라 한다. 생겨난다는 것은 곧 일시에 생겨나는 것이지만 모두 이 이를 완전히 갖추고 있다. 사람은 곧 이를 밖으로 밀고

나갈 수가 있지만 물건은 기(氣)가 어두워 이를 밖으로 밀고 나가지 못하지만 다른 물건들은 이를 지니지 않고 있다고 말해서는 안된다.

사람이란 오직 자기 입장에서 자기 몸을 중심으로 생각을 하게 되기 때문에 도리를 보는 데 있어서도 실제보다 작게 본다. 자기의 몸으로부터 벗어나 모든 만물을 같은 것으로 본다면 크고 작은 것을 보는 눈이 크게 열릴 것이다.

불교에서는 이것을 모르기 때문에 그의 몸에 대하여 생각을 해보지만, 그 몸을 어찌할 줄을 모른다. 그러므로 도리어 싫어져서 근(根)과 진(塵)을 다 버리려고 한다. 마음의 근원이 불안정하기 때문에 마른 나무나 죽은 재와 같이 되어야만 한다고 한다. 그러나 그렇게 될 이가 없다. 그렇게 될 이가 있으려면 죽는 단계에 이르지 않으면 안된다.

불교에서는 실상은 그의 몸을 아끼어 버리지를 못하고 있다. 그래서 여러 가지 말을 하고 있다. 비유를 들면 마치 부판(負版)이란 물건을 짊어지는 버릇이 있는 벌레가 이미 짊어질 수가 없을 정도인데도 더욱 스스로 물건을 주워 자기 몸 위에 올려놓는 거나 같다. 또 돌을 끌어안고 강물에 뛰어든 사람이 돌의 무게 때문에 더욱 깊이 가라앉는데도 끝내 돌은 놓으려 하지 않고 너무 무거운 것만을 싫어하는 것과 같다.

原文 所以謂萬物一體者, 皆有此理, 只爲從那裏來. 生生之謂易. 生則一時生, 皆完此理. 人則能推, 物則氣昏推不得, 不可道他物不與有也.

人只爲自私, 將自家軀殼上頭起意. 故看得道理, 小了他底. 放這身來, 都在萬物中, 一例看, 大小大快活.

釋氏以不知此, 去他身上起意思, 奈何那身不得. 故卻厭惡, 要得去盡根塵. 爲心源不定, 故要得如枯木死灰. 然沒此理. 要有此理, 除是死也.

釋氏其實是愛身, 放不得. 故說許多. 譬如負版之蟲, 已載不起, 猶自更取物在身. 又如抱石投河, 以其重愈沈, 終不道放下石頭, 惟嫌重也.

註解 生生之謂易(생생지위역)-《역경》 계사전(繫辭傳) 상에 보이는 구절. ㅇ推(추)-자기에게 있는 이를 밖으로 밀고 나아가 다른 사물에도 그 이가 미치게 하는 것. ㅇ軀殼(구각)-신체. ㅇ起意(기의)-생각하다, 생각을 일으키다. ㅇ一例(일례)-같은 계열의 것. ㅇ大快活(대쾌활)-크게 활달(豁達)해지다, 크게 넓어지는 것. ㅇ厭惡(염오)-싫어하고 미워하다. ㅇ根塵(근진)-불교에서 말하는 육근(六根)과 육진(六塵). 육근은 이(耳)·목(目)·구(口)·비(鼻)·신(身)·의(意), 육진은 성(聲)·색(色)·향(香)·미(味)·촉(觸)·법(法). 이 환근(幻根) 환진(幻塵)은 모두 버려야 한다고 하였다. ㅇ負版(부판)-벌레 이름. 등에 물건을 얹어 짊어지는 습성이 있다 한다.

解說 《정씨유서》 권2 상에 보이나, 정씨 두 형제 중 누구의 말인지는 알 수가 없다. 불교 비판이 이어지고 있다.

7. 도기(導氣)에 대한 얘기를 하는 사람이 있었는데, 선생님께 질문하였다. "선생도 무슨 술법이 있습니까?" 이에 대답하였다. "나는 일찍부터 여름이면 칡 베옷을 입고 겨울이면 갖옷을 입으며, 배고프면 음식을 먹고 목마르면 물을 마시며, 좋아하는 욕망을 절제하고, 마음과 기운을 안정시켜 왔는데, 그렇게 할 따름이오."

原文 人有語導氣者, 問先生曰 : 君亦有術乎? 曰 : 吾嘗夏葛而冬裘, 飢食而渴飲, 節嗜欲, 定心氣, 如斯而已矣.

註解 ㅇ導氣(도기)-도교(道敎)의 양생법(養生法)으로, 일종의 호흡 방법.

ㅇ嗜欲(기욕)－기호(嗜好)와 욕망(慾望).

解說 《정씨유서》 권4에 보이는 글이나, 두 형제 중 누구의 말인지는 알 수가 없다. 정자에게는 장생술(長生術)이 따로 있는 것이 아니라 올바른 일상생활을 충실히 영위해 나가는 것이 바로 장생술이라 여겼던 것이다.

8. 불교에서는 음양(陰陽)과 밤낮과 삶과 죽음 및 옛날과 지금을 알지 못하는데, 어찌 형이상(形而上)의 학설이 성인과 같다고 할 수 있겠느냐?

原文 佛氏不識陰陽晝夜死生古今, 安得謂形而上者與聖人同乎?

解說 《정씨유서》 권14에 보이는 정호의 말. 불교비판이 감정적인 듯하다.

9. 불교의 이론은, 만약 그 이론을 추구하고자 하여 그것을 버리고 취하고 하다보면 그 이론을 다 추구하기도 전에 진실로 이미 변하여 부처가 될 것이다.

오직 사적(事迹)을 두고 그 이론을 상고(詳考)해본다면, 그들의 가르침이 이러하다면 곧 그들의 마음은 과연 어떠하겠는가? 본시 그 마음은 취하면서도 그 사적은 취하지 않는다는 것은 매우 어려운 일이다. 이러한 마음이 있으면 곧 이러한 사적이 있게 되는 것이다. 왕통(王通)이 마음과 사적의 다름을 얘기하고 있지만 바로 그것은 엉터리 이론이다.

그러므로 또한 사적을 통해서 성인과 합치되지 않는 점을 단정하는 것이 좋을 것이다. 그들 말에 합치되는 곳이 있다면 곧 우리의 도에도 본시부터 이미 있는 것이다. 합치되지 않는 점이 있다면 진실로 취해서는 안 되는 것이다. 이처럼 입장을 정하면 매우 간단하고 쉽다.

原文 釋氏之説, 若欲窮其説, 而去取之, 則其説未能窮, 固已化而爲佛矣.

只且於迹上考之, 其設敎如是, 則其心果如何? 固難爲取其心, 不取其迹. 有是心則有是迹. 王通言心迹之判, 便是亂説.

故不若且於迹上斷定不與聖人合. 其言有合處, 則吾道固已有. 有不合者, 固所不取. 如是立定, 卻省易.

註解 ㅇ爲佛(위불)－부처가 되다, 불교신자가 되다. ㅇ迹(적)－사적(事迹). ㅇ王通(왕통)－584~618. 수(隋)나라 때의 학자. 자는 중엄(仲淹), 저서로 《중설(中説)》이 있으며, 제자들이 문중자(文中子)라 시(諡)하여, 책도 그렇게 부르기도 한다. ㅇ亂説(난설)－어지러운 이론, 엉터리 이론. ㅇ立定(입정)－설 자리를 정하다, 입장을 정하다. ㅇ省易(생이)－간단하고 쉬운 것.

解説 《정씨유서》 권15에 보이는 정이의 말이다. 마음과 사적을 두고 불교를 논하는 착상이 재미있고, 또 불교에도 성인과 합치되는 이론이 있음을 인정하고 있는 셈이다.

10. 질문하였다. "신선설(神仙説)에도 도리가 있습니까?" 대답하셨다. "한낮에 하늘로 날아올라간다는 종류의 말은 말도 안된다. 그러나 산과 숲속에 살면서 육체를 보양(保養)하고 기운을 단련하여 나이를 늘이고 오래 산다는 것 같은 말은 일리가 있다. 비유를 들면 한 화로 가득한 불을 바람 부는 속에 놓아두면 쉽게 다 타버리지만, 그것을 밀실 안에 놓아두면 잘 다 타버리지 않는 거나 같다. 이것과 같은 이치이다."

또 질문하였다. "양웅(揚雄)이 말하기를 성인이 신선을 스승으로 삼지 않는 것은 그 술법이 다르기 때문이라 하였습니다. 성인께서도 그러한 일을 하실 수가 있는지요?" 대답하셨다. "그들은 하늘과 땅 사이의 일종의 도적이다. 만약 조물주의 기능을 훔치지 않는다면 어찌 목숨을 연장시킬 수가 있겠느냐? 만약 성인께서 하실 수 있는 일이라면 주공(周公)과 공자께서 그 일을 하셨을 것이다."

原文 問 : 神仙之說有諸? 曰 : 若說白日飛昇之類, 則無. 若言居山林間, 保形鍊氣, 以延年益壽, 則有之. 譬如一鑪火, 置之風中則易過, 置之密室則難過. 有此理也.

又問 : 揚子言, 聖人不師仙, 厥術異也. 聖人能爲此等事否? 曰 : 此是天地間一賊. 若非竊造化之機, 安能延年? 使聖人肯爲, 周孔爲之矣.

註解 ㅇ白日飛昇(백일비승)－대낮에 신선이 되어 하늘로 날아 올라가는 것. ㅇ保形鍊氣(보형연기)－육체를 보양(保養)하고, 기운을 단련(鍛鍊)하는 것. ㅇ鑪火(노화)－화롯불. ㅇ過(과)－다 타 없어져 버리는 것. ㅇ揚子(양자)－한(漢)대의 양웅(揚雄, B.C. 53~A.D. 18). 여기에 인용된 말은 《법언(法言)》 군자(君子)편에 보인다. ㅇ此等事(차등사)－이러한 일, 신선술을 가리킨다. ㅇ機(기)－기밀(機密), 기능(機能).

解說 《정씨유서》 권18에 보이는 정이의 말이다. 죽지 않고 오래 살려는 도가의 뜻을 공격한 것이다.

11. 사양좌(謝良佐)가 불교의 이론이 우리 유가와 같은 곳을 모두 들추어내놓고 이천 선생님께 질문하니, 선생님께서 말씀하셨다. "그처럼 같

은 점이 많지만 오직 근본이 잘못되었기 때문에 모두가 어긋나게 되는 것이다."

原文 謝顯道歷擧佛說與吾儒同處, 問伊川先生, 先生曰 : 恁地同處雖多, 只是本領不是, 一齊差卻.

註解 ○謝顯道(사현도)-이름은 양좌(良佐), 자가 현도. 정자의 문인. ○恁地(임지)-그처럼. ○本領(본령)-근본. ○差卻(차각)-어긋나다, 틀리게 되다.

解說 《정씨외서》 권12에 보이는 글. 이는 《상채어록(上蔡語錄)》으로부터 전재한 것이다.

12. 횡거 선생께서 말씀하셨다.

"불교에서는 천성(天性)을 함부로 이해하고, 그 주변에 대한 작용은 알지 못함으로 도리어 육근(六根)이란 미세한 것으로써 하늘과 땅 사이의 것들에 연결시켜 이해하고 있다. 모든 것을 다 밝힐 수가 없자 곧 하늘과 땅 및 해와 달을 모두 환상적인 것이라 속이고 있다. 그 작용은 한 몸의 작은 것들에 가리어지고, 그 뜻은 허공이란 큰 것 속에 빠트려 놓고 있다. 이 점이 큰 것을 얘기하고 작은 것을 얘기하면서 엉뚱한 곳으로 흘러가 중정(中正)함을 잃게 되는 까닭이다.

그들이 지나치게 크게 내세우는 것은 우주(宇宙)를 티끌처럼 보는 것이고, 그들이 작은 것에 가리어지는 것이란 사람들 세상을 꿈이나 환상이라 하는 것이다. 그것을 궁리(窮理)라 해도 되겠는가? 궁리에 대하여 알지 못하는데 그들이 본성을 다한다고 말해도 되겠는가? 그들은 알지 못하는 것이란 없다고 말해도 되겠는가?

우주를 티끌처럼 보는 것은 하늘과 땅은 유한(有限)하다고 하는 것이 된다. 사람들 세상을 꿈이나 환상이라 여기는 것은 그 근원을 추궁하지 못하였음을 밝히는 것이다."

原文 橫渠先生曰：釋氏妄意天性，而不知範圍之用，反以六根之微，因緣天地. 明不能盡，則誣天地日月爲幻妄. 蔽其用於一身之小，溺其志於虛空之大. 此所以語大語小，流遁失中.

其過於大也，塵芥六合，其蔽於小也，夢幻人世，謂之窮理，可乎? 不知窮理，而謂之盡性，可乎? 謂之無不知，可乎?

塵芥六合，謂天地爲有窮也. 夢幻人世，明不能究其所從也.

註解 ㅇ範圍之用(범위지용)－주변 사물에 가하고 있는 작용. ㅇ六根(육근)－이(耳)·목(目)·구(口)·비(鼻)·신(身)·의(意)의 여섯 가지, 앞 6.의 주해 참조 바람. ㅇ因緣(인연)－연결시켜 이해하는 것. ㅇ幻妄(환망)－환상적인 것. ㅇ流遁(유둔)－엉뚱한 곳으로 흘러가다, 잘못된 곳으로 흘러가다. ㅇ塵芥(진개)－티끌, 먼지와 지푸라기. ㅇ六合(육합)－천지사방(天地四方), 우주(宇宙). ㅇ有窮(유궁)－한계가 있는 것, 유한(有限)한 것. ㅇ所從(소종)－근원, 근본.

解說 《정몽》 대심(大心)편에 보이는 글. 불교의 환(幻)과 공(空)의 사상을 비판한 내용이다.

13. 《역경》에서는 있고 없는 것을 말하지 않고 있다. 있고 없는 것을 말하는 것은 제자(諸子)들의 비루(鄙陋)함이다.

原文 大易不言有無. 言有無，諸子之陋也.

解說 《정몽》 대역(大易)편에 보이는 글이다. 장재는 《역경》은 유(有)를

바탕으로 한 경서이지, 무(無)에 대한 개념은 없다고 생각했던 것 같다. 《역경》 계사전(繫辭傳) 상에 "역은 생각도 없고 하는 일도 없다.(易, 无思也, 无爲也.)"라 하였고, 무극(無極)의 개념도 역을 바탕으로 한 것이다.

14. 불교에서는 귀신을 설명하여 말하기를 '의식이 있는 사람이 죽으면 다른 삶을 받아 환생하게 되므로 마침내 싫어하던 괴로움을 면하게 되기를 바란다'고 하는데, 귀신에 대하여 안다고 할 수가 있겠는가? 사람의 일생을 '환상이 드러나는 것'이라 하는데, 사람에 대하여 안다고 할 수가 있겠는가? 하늘과 사람은 한 가지 물건인데 곧 하나는 취하고 하나는 버리게 되니, 하늘에 대하여 안다고 할 수가 있겠는가?

공자와 맹자가 말씀하신 하늘이란 그들의 이른바 도인 것이다. 미혹된 자들이 '떠돌아다니는 영혼이 변화를 한다'고 한 것을 가리키어 윤회(輪廻)라 한 것은 이를 제대로 생각하지 못한 때문이다.

대인(大人)의 학문에 있어서는 마땅히 먼저 하늘의 덕에 대하여 알아야만 한다. 하늘의 덕을 안다면 곧 성인에 대하여 알게 되고 귀신에 대하여도 알게 된다. 지금 불교에서는 요의(要義)를 적극적으로 논하면서 반드시 '살고 죽는 일은 유전(流轉)하고 있는데, 도를 터득하지 않으면 그것을 면할 수가 없다'고 말한다. 그것을 가지고 도를 깨우치는 것이라 해도 되겠는가?

불교의 이론이 중국에 전해져 성행하게 되자 유학자들은 미처 성학(聖學)의 문을 들여다보기도 전에 이미 그들에게 끌리어 그들 사이로 함께 빠져들어가 그것을 위대한 도라고 지목(指目)하게 되었다. 이에 그들의 습속은 온 천하에 퍼져 착한 이와 악한 자·지혜로운 이와 어리석은 자·남자와 여자·하인과 하녀를 가리지 않고 사람들 모두가 따르도록 되었다.

만약 뛰어난 재능을 지닌 걸출한 인물이 태어나도 귀와 눈이 편안히 익숙해진 일에 빠져서 자라서도 세상의 학자들이 숭상하는 이론을 배워 마침내는 아무것도 모르고 몰려가게 된다. 그러므로 성인은 수양하지 않아도 이르게 되고, 위대한 도는 공부하지 않아도 알 수 있게 되는 것이라 말하게 되는 것이다.

그러므로 성인의 마음에 대하여 알기도 전에 미리 그분들의 사적(事迹)은 추구할 필요도 없는 것이라 말하고, 군자의 뜻을 알아보기도 전에 미리 그분들의 학문에 종사할 필요가 없다고 말한다. 이것이 인륜(人倫)을 잘 살피지 않는 까닭이요, 여러 가지 사물에 대하여 분명치 않은 까닭이며, 정치를 소홀히 하게 되는 까닭이요, 사람들의 덕이 어지럽게 되는 까닭이다.

이단의 이론이 귀 가득히 들려오지만 위로는 그 거짓됨을 막을 예가 없고, 아래로는 그 폐해를 고구(考究)할 학문이 없다. 옛날부터 있던 편벽되고, 도에 지나치고, 사악하고, 회피하는 말들이 한꺼번에 모두 일어나 모두가 불교의 문을 통해서 나오기 시작한 지가 1천5백년이나 되었다.

스스로 자기 신념으로 우뚝 서서 두려워하지 않고 정신을 통일하여 자신을 가진, 남보다 크게 뛰어난 인재가 아니라면 어떻게 그런 가운데 올바로 서서 그들과 옳고 그름을 겨루고 잘되고 잘못된 것을 따질 수가 있겠는가?

原文 浮圖明鬼謂, 有識之死, 受生循環, 遂厭苦求免. 可謂知鬼乎? 以人生爲妄見, 可謂知人乎? 天人一物, 輒生取舍, 可謂知天乎? 孔孟所謂天, 彼所謂道. 惑者指遊魂爲變, 爲輪廻, 未之思也. 大學當先知天德. 知天德, 則知聖人, 知鬼神. 今浮圖劇論要歸, 必謂死生流轉, 非得道不免. 謂之悟道, 可乎?

自其說熾傳中國, 儒者未容窺聖學門牆, 已爲引取, 淪胥其間,指爲大道. 乃其俗達之天下, 致善惡知愚, 男女臧獲, 人人著信.

使英才間氣, 生則溺耳目恬習之事, 長則師世儒崇尙之言, 遂冥然被驅, 因謂聖人可不修而至, 大道可不學而知.

故未識聖人心, 已謂不必求其迹, 未見君子志, 已謂不必事其文. 此人倫所以不察, 庶物所以不明, 治所以忽, 德所以亂.

異言滿耳, 上無禮以防其僞, 下無學以稽其弊. 自古詖淫邪遁之辭, 翕然並興, 一出於佛氏之門者, 千五百年.

自非獨立不懼, 精一自信, 有大過人之才, 何以正立其間, 與之較是非, 計得失哉?

註解 ㅇ浮圖(부도)－Buddah의 음역, 불(佛)과 같은 말. ㅇ有識(유식)－의식이 있는 사람. ㅇ厭苦(염고)－괴로움을 싫어하는 것. ㅇ妄見(망현)－환망(幻妄)이 드러난 것. ㅇ輒生取舍(첩생취사)－문득 취하고 버리는 것이 생겨나다, 바로 하나는 취하고 하나는 버리게 되는 것. ㅇ遊魂爲變(유혼위변)－《역경》 계사전(繫辭傳) 상에 보이는 구절. 떠돌아다니는 영혼이 변화를 하다. ㅇ劇論(극론)－심하게 논하다, 적극적으로 논하다. ㅇ要歸(요귀)－요의(要義), 요체(要諦). ㅇ熾傳(치전)－전하여져 성행되다. ㅇ門牆(문장)－문과 담, 문안. ㅇ淪胥(윤서)－서로 이끌리어 빠지다. ㅇ其俗(기속)－불교의 습속을 가리킴. ㅇ臧獲(장획)－남자 하인과 하녀. ㅇ間氣(간기)－걸출한 인물. ㅇ恬習(염습)－편하게 익숙한 것. ㅇ冥然(명연)－어두운 모양. ㅇ文(문)－학문. ㅇ稽(계)－고구(考究)하다, 고증(考證)하다. ㅇ詖淫邪遁(피음사둔)－《맹자》 공손추(公孫丑) 상편에 보이는 말에서 인용한 표현. 《맹자》에서는 "편벽한 말을 들으면 그의 마음이 무엇에 가려져 있는가를 알게 되고, 도에 지나친 말을 들으면 그의 마음이 무엇에 빠져 있는가를 알게 되며, 사악한 말을 들으면 그의 마음이 어떻게 도리에서 벗어나 있는가를 알게 되고, 회피하는 말을 들으면 그의 마음이 어째서 궁지에 몰려 있는가를 알게 된다.(詖辭知其所蔽, 淫辭知其所陷, 邪辭知其所離, 遁辭知其所窮.)"고 말하고 있다. ㅇ翕然(흡연)－한꺼번

에 일어나는 모양. ㅇ獨立(독립)－자기 주견(主見)을 갖고 소신대로 행동하는 것. ㅇ精一(정일)－정신을 통일하다, 정력을 통일하다. ㅇ較(교)－겨루다, 견주다. ㅇ計得失(계득실)－잘하고 잘못한 것을 따지다.

解說 《정몽》 건칭(乾稱)편에 보이는 글. 앞쪽에서는 불교의 윤회설(輪回說)에 대한 비판이고, 뒤에서는 이단적인 불교세력이 세상에 큰 영향을 끼치고 있음을 걱정한 것이다. 어떻든 장재의 관점은 독특하다고 할 수 있다.

근사록 권14

관성현류(觀聖賢類) 도합 26조

〈이 권에서는 성현들이 서로 전하여온 학문의 계통을 논하면서, 여러 학자들에 대하여도 그 업적을 부론(附論)하고 있다.

요순(堯舜)으로부터 시작하여 우(禹)·탕(湯)·문무(文武)·주공(周公)으로 도통(道統)이 전하여져 오다가 공자에 이르렀다. 공자는 그것을 안회(顏回)와 증자(曾子)에게 전하였고, 증자는 그것을 다시 자사(子思)에게 전하였으며, 자사는 다시 맹자(孟子)에게 전하였는데 마침내 더 이상 전하여지지 않게 되었다는 것이다.

그래도 초(楚)나라에 순경(荀卿), 한(漢)나라에 모장(毛萇)·동중서(董仲舒)·양웅(揚雄)·제갈량(諸葛亮)이 나왔고, 수(隋)나라에 왕통(王通), 당(唐)나라에 한유(韓愈)가 나와, 비록 그 도통을 이어받아 전하지는 못하였지만 그의 사상을 발전시키고 세상일을 논하여 세상의 교화(敎化)에 도움이 되었으므로 모두가 연구의 대상이라는 것이다.

송(宋)대에 이르러 학문이 다시 발전하여 주돈이(周敦頤)가 주장을 하고 정호(程顥)·정이(程頤) 형제와 장재(張載)가 이를 더욱 확장시키어, 성인의 학문이 다시 분명해지고 도통이 다시 이어지게 되었다는 것이다. 그래서 이들에 관한 것들을 모두 수록한 것이다.〉

1. 명도 선생께서 말씀하셨다.

“요(堯)임금과 순(舜)임금은 우열(優劣)을 논할 수가 없다. 탕(湯)임금이나 무왕(武王)에 이르러는 곧 달라진다. 맹자는 ‘타고난 본성(本性)으로 아는 것’과 ‘본성으로 되돌아가 아는 것’에 대하여 논하였는데, 옛날부터 이렇게 논한 이는 또 없었다.

오직 맹자께서 분별을 해주셔서, 곧 요임금과 순임금은 나면서 본성(本性)으로 모든 것을 알았던 분들이고, 탕임금과 무왕은 공부를 하여 본성으로 돌아가 그렇게 할 수가 있었던 분들임을 알게 되었다. 문왕(文王)의 덕은 요임금·순임금과 비슷하고, 우(禹)임금의 덕은 탕임금·무왕과 비슷하다. 요컨대 이분들은 모두가 성인이시다.”

原文 明道先生曰 : 堯與舜更無優劣. 及至湯武便別. 孟子言性之反之, 自古無人如此說.

只孟子分別出來, 便知得堯舜是生而知之, 湯武是學而能之. 文王之德, 則似堯舜. 禹之德, 則似湯武. 要之皆是聖人.

註解 ㅇ性之反之(성지반지)—《맹자》 진심(盡心) 하편에 “요임금과 순임금은 본성을 그대로 따른 분들이고, 탕임금과 무왕은 노력하여 본성으로 되돌아갔던 분들이다.(堯舜性者也, 湯武反之也.)”라고 말한 것을 인용한 표현이다.

解說 《정씨유서》 권2 상에 보이는 글이나, 두 형제 중 누구의 말인지는 알 수 없다. 송대 이전의 학자들은 성인이란 타고나야지 노력이나 배움을 통해서 될 수 있는 것이 아니라고 생각하였다. 그러나 송대부터 신유학자들은 성인은 누구나 공부를 올바로 하기만 하면 될 수 있는 것이라 규정하고, 학문의 목표를 성인이 되는 것에 두게 되었다.

2. 공자는 근원적(根源的)인 기운이다. 안회(顔回)는 봄에 만물이 생겨

나는 기운이다. 맹자는 아울러 가을의 살벌한 기운까지도 모두 드러내고 있다.

공자는 포용(包容)하지 않는 것이란 없다. 안회는 '배운 것을 어기지 않아 어리석은 것 같은' 학문방법을 후세에 보여주었다. 자연의 조화로운 기운을 지니고 있어서 말을 하지 않아도 교화된 사람이다. 맹자는 그의 재능을 드러내고 보이고 있다. 대체로 시대가 그렇게 만들었을 따름이다.

공자는 하늘과 땅 같다. 안회는 부드러운 바람이나 상서로운 구름이나 같다. 맹자는 태산에 바위가 울룩불룩한 기상이다. 그분들의 말을 살펴보면 모두 알 수 있는 일이다.

공자는 흔적이 없고, 안회에게는 약간의 흔적이 있으며, 맹자는 그의 흔적이 두드러진다.

공자는 매우 밝고 깨끗한 분이시다. 안회는 매우 점잖은 분이시다. 맹자는 매우 웅변적인 분이시다.

原文 仲尼元氣也. 顔子春生也. 孟子並秋殺盡見.

仲尼無所不包. 顔子示不違如愚之學於後世, 有自然之和氣, 不言而化者也. 孟子則露其才. 蓋亦時焉而已.

仲尼, 天地也. 顔子, 和風慶雲也. 孟子, 泰山巖巖之氣象也. 觀其言, 皆可見之矣.

仲尼無迹, 顔子微有迹, 孟子其迹著.

孔子儘是明快人. 顔子儘豈弟. 孟子儘雄辯.

註解 ㅇ元氣(원기)—우주의 근원이 되는 기운, 큰 기운. ㅇ春生(춘생)—봄에 만물을 살아나게 하는 기운. ㅇ秋殺(추살)—가을의 살기. 맹자는 '인'과 함께 '의'도 강조하며, 극렬히 이단을 배척하기도 하였기 때문에 그렇게 표현한 것이다. ㅇ不違如愚(불위여우)—배움을 어기지 않아 어리석은 사람 같다. 《논

어》 위정(爲政)편에서 공자가 안회를 두고 한 말이다. ㅇ慶雲(경운)-상서로운 구름. ㅇ巖巖(암암)-많은 바위들이 울룩불룩한 모양. ㅇ儘是(진시)-매우, 완전히. ㅇ豈弟(개제)-개제(愷弟), 점잖은 것.

解說 《정씨유서》 권5에 보이나, 정씨 두 형제 중 누구의 말인지는 분명치 않다. 공자와 안회·맹자의 성격에 대한 평이 재미있다.

3. 증자는 성인의 학문을 전하였다. 그 덕은 후세에 와서는 헤아릴 수가 없는 정도이니 그분이 성인에 이르지 못하였음을 어찌 알겠는가? '나는 올바름을 얻고 죽겠다'고 말씀하신 것 같은 것은, 그 글뜻을 이해하는 일은 잠시 미루어놓고 오직 그분의 매우 훌륭한 기상만을 보기로 하자. 그분에 의하여 드러내어진 것은 위대하다. 후세 사람들은 비록 좋은 말들이 있다 하더라도 오직 그의 기상이 낮음으로 말미암아 끝내 말이 도에 합치되지 못한다.

原文 **曾子傳聖人學. 其德後來不可測, 安知其不至聖人? 如言吾得正而斃, 且休理會文字, 只看他氣象極好. 被他所見處大. 後人雖有好言語, 只被氣象卑, 終不類道.**

註解 ㅇ得正而斃(득정이폐)-올바름을 얻고 죽겠다. 《예기(禮記)》 단궁(檀弓) 상편에 보이는 증자의 말. 증자는 중병에 걸려 있으면서도 자기 침상에 깐 자리가 권신(權臣) 계씨(季氏)가 보내준 것임을 알고 아들 증원(曾元)에게 명하여 이를 교환하게 하였다. 그때 증자가 아들에게 한 말이며, 여기에서 '역책(易簀)'이란 고사가 생겨났다. ㅇ休理會(휴리회)-글뜻의 이해는 미뤄두자, 글뜻의 이해는 말자. ㅇ類道(유도)-도와 같아지다, 도에 합치되다.

解說 《정씨유서》 권15에 보이는 정이의 말이다. 학문의 도통을 계승한

증자가 성인임을 증명하고 있다.

4. 경전(經典)을 전한다는 것은 어려운 일이다. 성인의 뒤로 겨우 백 년밖에 안 되었는데 경전이 이미 다르게 전해지고 있는 것이다. 성인의 학문은 만약 자사와 맹자가 아니었다면 거의 없어져 버렸을 것이다.

도가 어찌 없어진 적이 있겠는가? 다만 사람들이 그것을 따르지 않는 것이다. 도는 없어진 것이 아니라, 유왕(幽王)과 여왕(厲王) 같은 이들이 따르지 않은 것이다.

原文 **傳經爲難. 如聖人之後, 纔百年, 傳之已差. 聖人之學, 若非子思孟子, 則幾乎息矣.**

道何嘗息? 只是人不由之. 道非亡也, 幽厲不由也.

註解 ㅇ纔(재)－겨우. ㅇ幾乎(기호)－거의, 거의 ……되다. ㅇ幽厲(유려)－서주(西周)를 망하게 한 끝머리의 두 임금, 유왕과 여왕.

解說 《정씨유서》 권17에 보이는 정이의 말.

5. 순자(荀子)는 재주가 많아 그의 잘못도 많았다. 양웅은 재주가 적어 그의 잘못도 적었다.

原文 **荀子才高, 其過多. 揚雄才短, 其過少.**

註解 ㅇ荀子(순자)－이름은 황(況), 자가 경(卿). ㅇ揚雄(양웅)－한(漢)대의 부(賦) 작가이며 학자. 저서에 《법언(法言)》과 《태현경(太玄經)》이 있다.

解說 《정씨유서》 권18에 보이는 정이의 말이다. 순자는 맹자와 함께

공자의 학문을 계승한 학자이나, 송대 성리학자들에 의하여 유학의 도통으로부터 벗어난 학자로 지목되어 낮은 평가를 받게 되었다. 그러나 유학 경전의 전승에는 오히려 맹자보다도 공이 크다고 할 수가 있다.

6. 순자는 매우 편벽되고 잡박(雜駁)하다. 오직 한 마디 '성악(性惡)'으로도 위대한 근본을 이미 잃었음을 알 수 있다. 양웅은 비록 잘못이 적다고는 하지만 이미 스스로 본성에 대하여도 알지 못하였거늘 다시 무슨 도를 얘기할 수 있겠는가?

原文 **荀子極偏駁, 只一句性惡, 大本已失. 揚子雖少過, 然已自不識性, 更說甚道.**

註解 ㅇ偏駁(편박)—편벽(偏僻)되고 잡박(雜駁)한 것. 순자가 성악설(性惡說)을 제창하고, 자사(子思)와 맹자를 비판한 것 등을 가리킨다. ㅇ不識性(불식성)—본성에 대하여 알지 못하다. 양웅은 본성에 대하여 선악(善惡)이 뒤섞여 있다는 주장을 하였다.

解說 《정씨유서》 권19에 보이는 정이의 말이다. 이러한 순자에 대한 비판은 당(唐)나라 한유(韓愈)의 〈원도(原道)〉의 이론을 계승한 것이다.

7. 동중서가 말하였다. "의로움을 올바로 지키되 이익은 꾀하지 않으며, 도를 밝히되 공로를 헤아리지는 않는다." 이것이 동중서가 다른 학자들보다는 뛰어나다는 이유이다.

原文 **董仲舒曰 : 正其義, 不謀其利, 明其道, 不計其功. 此董子所以度越諸子.**

註解 ㅇ董仲舒曰(동중서왈)－반고(班固)의 《한서(漢書)》 권56 동중서전(董仲舒傳)에 보이는 말. ㅇ度越(도월)－뛰어난 것, 우월한 것.

解說 《정씨유서》 권25에 보이는 정이의 말. 도통에서 벗어난 여러 학자 중 동중서는 비교적 높은 평가를 송대 성리학자들로부터 받았던 것 같다.

8. 한대(漢代) 학자들 중 모장과 동중서가 가장 성현들의 뜻을 잘 터득하고 있다. 그러나 도에 대하여는 견해가 별로 분명치 않다. 이들 밑으로는 곧 양웅에 이르게 되는데, 규모가 더욱 좁아지고 있다.

原文 **漢儒如毛萇, 董仲舒, 最得聖賢之意. 然見道不甚分明. 下此卽至揚雄, 規模又窄狹矣.**

註解 ㅇ毛萇(모장)－《시경》 모전(毛傳)의 작자로 보고 그를 평하고 있으나, 《한서》나 《정전(鄭箋)》 등엔 모공(毛公)이라고만 보이고, 진(晉)나라 육기(陸璣)의 《모시초목조수충어소(毛詩草木鳥獸蟲魚疏)》에서 처음으로 모형(毛亨)이 지은 《고훈전(詁訓傳)》을 전수받은 사람으로 '모장'의 이름이 보인다. 따라서 실존인물이라 보기는 어려운 사람이다. ㅇ窄狹(착협)－좁은 것.

解說 《정씨유서》 권1에 보이나, 두 정씨 형제 중 누구의 말인지는 분명치 않다. 여기에 모장을 거론한 이유는 정말 이해하기 쉽지 않다.

9. 임희가 말하기를 양웅은 적은 녹을 받으면서 숨어산 사람이라 하였다. 양웅에 대하여 후세 사람들은 오직 그의 저서만을 보고 있기 때문에 곧 그를 그런 식으로 보려 한다. 어떻게 그렇게 볼 수가 있겠는가?

原文 林希謂揚雄爲祿隱. 揚雄, 後人只爲見他著書, 便須要做他是. 怎生做得是?

註解 ㅇ林希(임희)-휘종(徽宗) 때의 사람, 동지추밀원사(同知樞密院事)란 벼슬까지 하였다. ㅇ祿隱(녹은)-자기 재주를 드러내지 않고 낮은 벼슬을 하면서 숨어지내듯 사는 것. ㅇ怎生(즘생)-어떻게.

解說 《정씨유서》 권19에 보이는 정이의 말이다. '녹은'이란 말부터가 이해하기 쉽지 않은 용어이다.

10. 제갈량(諸葛亮)은 임금을 보좌하려는 마음은 있었으나 도에 있어서는 미진하였다. 왕자(王者)란 하늘과 땅에 사사로운 마음이 없는 것 같은 것이다. 한 가지 불의를 행하여 천하를 얻게 된다 하더라도 그것은 행하지 않는다. 제갈량은 반드시 성공을 거두고자 하여 유장(劉璋)을 잡았었으나, 성인이라면 차라리 성공을 하지 못할지언정 그런 짓은 하지 않는다.

유표(劉表)의 아들 종(琮)이 조조(曹操)에게 합병당하려 할 적에 그의 땅을 취하여 유씨를 부흥시키려 했던 일은 옳다.

原文 孔明有王佐之心, 道則未盡. 王者如天地之無私心焉. 行一不義, 而得天下, 不爲. 孔明必求有成, 而取劉璋. 聖人寧無成耳, 此不可爲也.

若劉表子琮, 將爲曹公所幷, 取而興劉氏, 可也.

註解 ㅇ孔明(공명)-제갈량(諸葛亮, 181~234). 유비(劉備)의 부름을 받아 한실(漢室)을 부흥시키기 위하여 조조(曹操)의 위(魏)나라와 손권(孫權)의

오(吳)나라를 상대로 심신(心身)을 다 바쳐 싸운 지장(智將). ㅇ王佐(왕좌)－임금을 보좌하는 것. ㅇ劉璋(유장)－조조(曹操) 편에 서서 성도(成都)를 다스리던 장수. 뒤에 유비편으로 왔으나, 유비는 같은 유씨임에도 불구하고 그를 체포하였다. 여기에는 제갈량의 책임도 있다고 본 것이다. ㅇ劉表(유표)－후한(後漢) 사람. 자는 경승(景升), 형주자사(荊州刺史). 조조가 형주를 공격하여 몰리기 시작할 즈음 그는 죽었고, 아들 종(琮)은 조조에게 항복하려 하였다. 이를 알고 유비는 재빨리 군사를 동원하여 조조에 앞서 형주를 점령하였다. ㅇ曹公(조공)－조조(曹操). ㅇ劉氏(유씨)－한나라 왕실을 가리킴.

解說 《정씨유서》 권24에 보이는 정이의 말이다. 유비가 한 일의 책임을 어느 정도 제갈량에게로 돌리는 것은 일리가 있다 하더라도, 너무 단편적인 일 한 가지로 제갈량을 평가하는 듯하다.

11. 제갈량에게는 유학자다운 기상이 있다.

原文 **諸葛武侯, 有儒者氣象.**

註解 ㅇ諸葛武侯(제갈무후)－제갈량. 죽은 뒤 시(諡)가 사무(思武)여서 무후라고도 부른다.

解說 《정씨유서》 권18에 보이는 정이의 말이다. 제갈량은 힘보다도 지략(智略)을 가지고 싸웠고, 늘 신의(信義)를 중시했기 때문에 유자(儒者)의 기상이 있다고 했을 것이다.

12. 제갈량은 거의 예악을 일으킬 뻔하였다.

原文 **孔明庶幾禮樂.**

註解 ㅇ庶幾(서기)－거의 ……하다, ……에 근접하다.

解說 《정씨유서》 권24에 보이는 정이의 말이다. 이 말은 왕통(王通)의 《중설(中說)》에서 "제갈량이 죽지 않았더라면 예악이 일어났을 것이다. 제갈량은 나라를 다스리는 데 있어서, ……명분이 바로서고 말이 순리(順理)하였으니 예악은 거의 일으킨 셈이다.(使孔明而無死, 禮樂其有興乎! 亮之治國, ……名正言順, 禮樂其庶幾乎.)"라고 한 말을 계승한 것이다.

13. 왕통(王通)은 본시 숨어지내던 군자이다. 세상 사람들은 가끔 그의 의론을 접하고는 거기에 자기 의견을 덧붙여 책을 썼다. 그 중에는 매우 올바른 이론도 있다. 순자(荀子)나 양웅(揚雄)으로서는 말할 수도 없는 문제이다.

原文 **文中子本是一隱君子. 世人往往得其議論, 附會成書. 其間極有格言, 荀揚道不到處.**

註解 ㅇ文中子(문중자)－앞에도 보인 수(隋)나라 때의 왕통(王通), 제자들의 사시(私諡)가 문중자이다. ㅇ附會(부회)－자기 멋대로 자기 의견을 덧붙이는 것. ㅇ格言(격언)－올바른 말, 교훈이 되는 말.

解說 《정씨유서》 권19에 보이는 정이의 말이다. 그는 왕통을 순자나 양웅보다도 훌륭한 학자로 보았기 때문에 앞에서처럼 제갈량 비평에 그의 의견을 인용했을 것이다.

14. 한유(韓愈)도 근세의 걸출한 인물이다. 〈원도(原道)〉 중의 말은, 비록 병폐가 있기는 해도 맹자 이후로 그처럼 큰 견식을 가지고 도를 추구한 사람은, 이 사람밖에는 없을 정도이다.

'맹자는 순수하고도 순수하다'고 단언을 하고, 또 '순자와 양웅은 선택도 정세(精細)하지 못하고 말한 것도 상세하지 않다'고 말한 것 같은 것은, 만약 그의 견식(見識)이 아니었다면 어찌 천여 년 뒤에 그처럼 분명히 단정할 수가 있었겠는가?

原文 韓愈亦近世豪傑之士. 如原道中言語, 雖有病, 然自孟子而後, 能將許大見識尋求者, 才見此人.

至如斷曰孟子醇乎醇, 又曰 : 荀與揚, 擇焉而不精, 語焉而不詳, 若不是他見得, 豈千餘年後, 便能斷得如此分明?

註解 ㅇ韓愈(한유)−768~842, 당(唐)대의 문인. 자는 퇴지(退之). 〈원도(原道)〉는 그가 지은 글, 송(宋)대 성리학 발전에 큰 영향을 끼쳤다. ㅇ許大(허대)−그처럼 큰. ㅇ醇(순)−진실한 것, 순수한 것. ㅇ見得(견득)−견식(見識).

解說 《정씨유서》 권1에 보이나, 정씨 두 형제 중 누구의 말인지는 알 수가 없다. 어떻든 이러한 평가 때문에 한유는 문학가로서뿐만이 아니라 사상가로서도 송대 이후로 큰 평가를 받게 된다.

15. 학문이란 본시 덕을 닦는 것이다. 덕을 지닌 다음에야 말이 있게 되는 것이다. 한유(韓愈)는 그런데 거꾸로 공부를 하였다. 글공부를 하면서 매일 이르지 못한 것을 추구하다가 마침내는 터득을 하게 되었던 것이다.

"맹자가 죽은 뒤로 도가 전하여질 수 없게 되었다."고 하였는데, 이와 같은 말은 이전 사람들 의견을 따른 것도 아니고 또 공중에서 만들어낸 것도 아니다. 반드시 소견이 있었기 때문에 한 말이다. 만약 소견이 없었다면 전하여진다고 말한 것이 어떤 일인지 알지 못했을 것이다.

原文 學本是修德. 有德然後有言. 退之卻倒學了. 因學文, 日求所未至, 遂有所得.

如曰軻之死, 不得其傳. 似此言語, 非是蹈襲前人, 又非鑿空撰得出. 必有所見. 若無所見, 不知言所傳者何事.

註解 ㅇ退之(퇴지)－한유의 자. ㅇ軻(가)－맹자의 이름. ㅇ蹈襲(도습)－뒤를 밟고 따라가다, 남의 의견을 따르다. ㅇ鑿空(착공)－공중에서 만들어내다, 아무런 근거도 없이 이론을 전개하는 것.

解說 《정씨유서》 권18에 보이는 정이의 말. 성리학자들의 도통론(道統論)은 특히 한유의 〈원도〉의 말을 근거로 하고 있어, 정이는 특히 그 점을 높이 평가하는 것이다.

16. 주돈이(周敦頤)는 가슴속이 깨끗하고 산뜻하여, 맑은 바람과 맑은 하늘의 달과 같다. 그는 정치를 함에 있어서 빈틈없으면서도 엄격하고 남들을 생각해 주었으며, 도리를 다하는 데 힘썼다.

原文 周茂叔胸中灑落, 如光風霽月. 其爲政, 精密嚴恕, 務盡道理.

註解 ㅇ茂叔(무숙)－주돈이의 자. ㅇ灑落(쇄락)－깨끗하고 산뜻한 것. ㅇ光風(광풍)－봄의 부드러운 바람. ㅇ霽月(제월)－맑게 갠 하늘에 떠있는 밝은 달. ㅇ嚴恕(엄서)－엄격하고도 남에 대한 배려를 잘 하는 것.

解說 이 글은 첫째 대목은 황정견(黃庭堅)의 〈염계사(濂溪詞)〉 서(序)

에서, 뒤의 대목은 반연지(潘延之)의 〈염계선생묘지명(濂溪先生墓誌銘)〉에서 취한 말이다.

17. 이천 선생이 명도 선생의 행장(行狀)을 지어 이렇게 말하고 있다. 선생님은 타고난 품성이 특출하거니와 수양을 하여 도를 터득하셨다. 순수하기 순금(純金)과 같으시고, 따스하고 윤택함이 좋은 옥과 같았다. 너그러우면서도 법도가 있고, 온화하면서도 아무렇게나 행동하지 않으셨다. 충실함과 성심은 쇠와 돌을 관통할 정도이고, 효도와 우애는 신명(神明)에 통할 정도이다.

선생님의 기색을 살펴보면 사물을 대함에 있어서는 봄날 햇볕의 따스함 같고, 선생님의 말씀을 들어보면 그 말씀이 사람들에게 스며드는 것이 제철의 비가 만물을 적시는 것과 같다. 가슴속은 탁 트여 있고, 꿰뚫어보심에는 거리낌이 없다. 선생님에게 쌓여있는 것을 헤아려 보면 광대하기 끝없는 바다 같고, 그분의 덕을 추구해 보면 아름다운 말로도 그것을 형용할 수가 없을 정도이다.

선생님은 자신의 행동에 있어서, 속으로는 공경을 위주로 하고 남을 배려하는 행동을 하셨다. 선한 일을 보면 그것이 자신에게서 나온 듯이 여기고, 자기가 바라지 않는 일은 남에게도 베풀지 않으셨다. 넓은 경지에 처신하며 위대한 도를 실천하고, 말씀은 구체적이었고 행동에는 법도가 있으셨다.

선생님은 공부를 15, 6세 때 시작하셨다. 여남(汝南)의 주돈이(周敦頤) 선생이 도를 논한다는 말을 듣고, 마침내 과거 공부가 싫어져 깨끗이 도를 추구할 뜻을 지니게 되셨다. 그 요체(要諦)를 알지 못하고 여러 학자들의 이론을 널리 공부하고 도교와 불교에까지 드나들기 거의 10년만에, 다시 돌아와 육경(六經)을 공부한 끝에 도를 터득하게 되셨다.

모든 사물에 밝았고, 인륜을 분명히 하셨다. 본성을 다하여 천명(天

命)에 이르려면, 반드시 효도와 우애를 근본으로 하여 신통(神通)함을 다하고 변화를 알아야 하는데, 모든 것은 예악(禮樂)을 통하여야 함을 알았다.

이단(異端)의 이론이 옳은 듯하면서도 그릇되었음을 논하여, 오랜 세월을 두고 밝히지 못하였던 미혹을 물리치셨다. 진(秦)나라 한(漢)나라 이래로 이러한 도리에 이른 이는 없었다. 맹자가 돌아가신 뒤로는 성인의 학문이 전하지 않게 되었다고 하시며, 이 학문을 부흥시키는 것을 자신의 책임이라 여기셨다.

선생님께서 말씀하셨다. "도가 밝혀지지 않고 있는 것은 이단(異端)이 도를 해치고 있기 때문이다. 옛날의 해는 천근(淺近)해서 알기가 쉬웠는데, 지금의 해는 심오(深奧)해서 분별하기가 어렵다. 옛날에는 사람들을 미혹시킬 적에 그의 미망(迷妄)함을 이용했지만, 지금 사람들의 마음속으로 스며듦에 있어서는 그의 고상하고 총명함을 근거로 하고 있다.

그들은 스스로 말하기를 '신통함을 다하여 변화를 안다'고 하지만, 사물을 분명히 하여 일을 이룩하지는 못한다. 그들의 말과 행동은 두루 미치지 않는 곳이란 없으나 실은 윤리로부터 벗어나 있고, 심오한 것을 추구하여 미세한 것도 다 안다고 하지만 요임금과 순임금의 도에는 들어갈 수가 없는 것이다. 천하의 학문이 얕고 비루(鄙陋)하고 굳게 막히어 있지 않으면 곧 반드시 이러한 이단으로 들어가고 있는 것은 도가 밝혀지지 않고 있음으로 말미암는 것이다.

사악하고 거짓되고 요망하고 특이한 이론이 앞다투어 생겨나, 사람들의 귀와 눈을 진흙으로 발라놓아 온 천하를 더러운 진흙 속에 빠트리고 있다. 비록 높은 재주와 밝은 지혜를 갖고 있다 해도 듣고 본 것들에 매이어 취생몽사(醉生夢死)하면서도 스스로는 깨닫지도 못하는 것이다. 이것은 모두 올바른 길에 잡초가 무성하고 성인의 문이 가리고 막히어져 있기 때문이다. 이런 것들을 깨끗이 치워야만 도로 들어갈 수가 있게 되는 것이다."

선생님께서는 나아가서는 공부하는 사람들을 깨우쳐주고, 물러나서는 그것을 책으로써 밝히려 하셨는데, 불행히 일찍이 세상을 떠나시어 모두 이루지 못하셨다. 그분의 분별과 분석의 정밀함이 약간이나마 세상에 드러나고 있는 것은 그분에게 배운 사람들이 전하는 것을 통해서이다.

선생님의 문하에서 공부한 사람들은 많다. 선생님의 말씀은 평이하여 알아듣기가 쉬워서 현명한 자나 어리석은 자나 모두가 그 이익을 얻게 된다. 마치 여러 사람들이 강물을 마시듯이 모두 제각각 자기 양을 채우게 되는 것이다.

선생님은 사람들을 가르치는 데 있어서, '치지(致知)'로부터 '지지(知止)'에 이르기까지, '성의(誠意)'로부터 '평천하(平天下)'에 이르기까지, '물 뿌리고 비질을 하고 사람들을 응대하는 데'서부터 '이치를 추궁하고 본성을 다하는 데'에 이르기까지, 차례차례 순서가 있으시다. 세상의 공부하는 사람들이 천근(淺近)한 것은 버리고 고원(高遠)한 곳으로만 나아가고, 낮은 곳에 있으면서도 높은 곳만 바라보아, 결국은 가벼이 스스로만 크게 보아 끝내 소득이 없게 되는 것을 병폐로 여기셨다.

선생님은 사물을 대함에 있어서 분별을 하는 데에 빈틈이 없고 감화를 시키어 뜻이 서로 통할 수가 있었다. 사람들을 가르치면 사람들은 따르기 쉬웠고, 사람들에 대하여 성을 내셔도 사람들은 원망하지 않았다. 현명한 사람과 어리석은 사람 및 착한 사람과 악한 사람 모두가 그분이 마음에 들었다.

교활하고 거짓된 자들도 그들의 진심을 선생님께 바쳤고, 포악하고 오만한 자들도 그들의 공경심을 선생님께 드리었다. 선생님 풍격(風格)에 대하여 들은 사람들은 진심으로 감복(感服)하였고, 선생님 덕을 본 사람들은 선생님께 심취(心醉)하였다. 비록 소인들이 선생님과 추향(趨向)이 달라 이해관계를 따지다가 선생님께 배척을 당하는 수도 있는데, 그들은 물러가서는 자신에 대하여 반성을 해보고는 선생님을 군자라고 생각하지 않는 사람이 없었다.

선생님이 정사를 처리함에 있어서는, 악함을 다스림에 있어서도 너그러우셨고, 번거로운 일을 처리함에도 여유가 있으셨다. 법령이 번잡한 경우를 당하여도, 여러 사람들을 따르면서 법조문을 따라 책임을 도피하려고 하는 일이 전혀 없었다. 사람들은 모두 법의 구애를 받는 것을 걱정하여도, 선생님은 일처리에 여유가 있으셨다. 여러 사람들은 매우 어려운 일이라고 걱정하는 경우에도 선생님은 그 일을 거침없이 처리하셨다.

비록 갑작스런 일이 닥쳐도 목소리나 얼굴빛이 변하지 않으셨다. 감사(監司)가 엄하고 다급하게 다투듯 감찰(監察)을 할 적에도, 그분들이 선생님을 대하는 태도는 모두가 너그럽고 정중하였다. 일을 시행할 때면 선생님께 의지하게 되기 때문이다.

선생님이 지키시던 규칙과 법도는 사람들이 본받아 실천해야 할 것이다. 선생님께서 인도해 주면 따르게 되고, 움직이면 화합하게 되며, 사물을 추구하지 않아도 사물이 제대로 호응하고, 믿음을 베푼 일이 없어도 사람들이 믿게 되는 것 같은 일은 다른 사람들로서는 미치지 못할 일이다.

原文 伊川先生撰明道先生行狀曰：

先生資稟旣異, 而充養有道. 純粹如精金, 溫潤如良玉. 寬而有制, 和而不流, 忠誠貫於金石, 孝悌通於神明.

視其色, 其接物也, 如春陽之溫. 聽其言, 其入人也, 如時雨之潤. 胸懷洞然, 徹視無間. 測其蘊, 則浩乎若滄溟之無際. 極其德, 美言蓋不足以形容.

先生行己, 內主於敬, 而行之以恕. 見善若出諸己, 不欲弗施於人. 居廣居, 而行大道. 言有物, 而動有常.

先生爲學, 自十五六時. 聞汝南周茂叔論道, 遂厭科擧之業, 慨然有求道之志. 未知其要, 泛濫於諸家, 出入於老釋者, 幾十年. 返求諸六經, 而後得之.

明於庶物, 察於人倫. 知盡性至命, 必本於孝弟, 窮神知化, 由通於禮樂.

辨異端似是之非, 開百代未明之惑. 秦漢而下, 未有臻斯理也. 謂孟子沒而聖學不傳, 以興起斯文爲己任.

其言曰 : 道之不明, 異端害之也. 昔之害, 近而易知. 今之害, 深而難辨. 昔之惑人也, 乘其迷暗. 今之入人也, 因其高明.

自謂之窮神知化, 而不足以開物成務. 言爲無不周遍, 實則外於倫理. 窮深極微, 而不可以入堯舜之道. 天下之學, 非淺陋固滯, 則必入於此, 自道之不明也.

邪誕妖異之說競起, 塗生民之耳目, 溺天下於汚濁. 雖高才明智, 膠於見聞, 醉生夢死, 不自覺也. 是皆正路之蓁蕪, 聖門之蔽塞. 闢之而後, 可以入道.

先生進將覺斯人, 退將明之書, 不幸早世, 皆未及也. 其辨析精微, 稍見於世者, 學者之所傳耳.

先生之門, 學者多矣. 先生之言, 平易易知, 賢愚皆獲其益. 如羣飮於河, 各充其量.

先生教人, 自致知至於知止, 誠意至於平天下, 灑掃應對至於窮理盡性, 循循有序. 病世之學者, 捨近而趨遠, 處下而窺高. 所以輕自大而卒無得也.

先生接物, 辨而不間, 感而能通. 教人而人易從, 怒人而人不怨, 賢愚善惡, 咸得其心.

狡僞者獻其誠, 暴慢者致其恭. 聞風者誠服, 覿德者心醉. 雖小人以趨向之異, 顧於利害, 時見排斥, 退而省其私, 未有不以先生爲君子也.

先生爲政, 治惡以寬, 處煩而裕. 當法令繁密之際, 未嘗從衆爲應文逃責之事. 人皆病於拘礙, 而先生處之綽然. 衆憂以爲甚難, 而先生爲之沛然.

雖當倉卒, 不動聲色. 方監司競爲嚴急之時, 其待先生, 率皆寬厚. 設施之際, 有所賴焉.

先生所爲綱條法度, 人可效而爲也. 至其道之而從, 動之而和, 不求物而物應, 未施信而民信, 則人不可及也.

註解 ㅇ行狀(행장)－한 사람이 평생에 한 일들을 기록한 글. ㅇ資稟(자품)－타고난 성품. ㅇ充養(충양)－마음을 충실하게 하고 기르다, 수양하다. ㅇ有制(유제)－법도가 있는 것. ㅇ不流(불류)－옆길로 흐르지 않다, 아무렇게나 행동하지 않다. ㅇ接物(접물)－사물을 접하다, 사람들이나 일을 대하다. ㅇ洞然(통연)－밝게 트인 모양. ㅇ徹視(철시)－꿰뚫어보다. ㅇ無間(무간)－거리낌이 없다, 방해받지 않는 것. ㅇ蘊(온)－속에 쌓여있는 경륜과 학식. ㅇ浩乎(호호)－넓은 모양. ㅇ滄溟(창명)－넓은 바다. ㅇ恕(서)－남에 대하여 배려하는 것, 남을 먼저 생각하는 마음. ㅇ居廣居(거광거)－넓은 경지에 처신하다, 올바른 처신을 하는 것. ㅇ有物(유물)－구체적인 것, 실증적인 것. ㅇ有常(유상)－법도가 있는 것. ㅇ汝南(여남)－여수(汝水) 남쪽의 남안(南安). 하남성(河南省)의 고을 이름이 아닌 듯하다. 주돈이(周敦頤)가 남안군사리참군(南安軍司理參軍)으로 있을 적에, 정씨 형제는 아버지를 따라 남안(南安, 江西省)으로 가서 주돈이를 만났다 한다. 그때 주돈이는 30세, 정호는 15세였다. ㅇ慨然(개연)－미련이나 아낌이 없이 깨끗한 모양. ㅇ泛濫(범람)－물이 넘치는 모양, 널리 섭렵하는 모양. ㅇ庶物(서물)－여러 가지 사물. ㅇ窮神知化(궁신지화)－신통함을 추구하여 변화를 알다. 《역경》 계사전(繫辭傳) 하에 보이는 말임. ㅇ斯理(사리)－이러한 이치, 성인의 학문과 이단이 다른 원리.

ㅇ昔之害(석지해)－옛날의 해. 유교 이외의 제자(諸子)로 말미암은 해. 이에 비하여 '금지해(今之害)'는 불교와 도교를 가리킴. ㅇ開物成務(개물성무)－사물을 분명히 하여 일을 이룩하는 것. 《역경》 계사전(繫辭傳) 상에 보이는 말임. ㅇ固滯(고체)－고집스럽고 막히어 있는 것, 견고하고 정체되어 있는 것. ㅇ邪誕(사탄)－사악하고 거짓된 것. ㅇ塗(도)－진흙을 바르는 것. ㅇ膠(교)－들어붙다, 떨어지지 못하는 것. ㅇ蓁蕪(진무)－잡초가 우거진 것. ㅇ蔽塞(폐색)－가리어지고 막히는 것. ㅇ斯人(사인)－공부하려는 사람들. ㅇ稍見(초현)－약간 드러나 있는 것. ㅇ致知(치지)－지지(知止) 및 다음 구절의 성의(誠意)·평천하(平天下)와 함께 《대학(大學)》에 보이는 말. "대학의 도는 밝은 덕을 밝힘에 있고, 백성을 친근히 함에 있으며, 지극한 선에 처신함에 있다. 처신을 제대로 할 줄 안 뒤에야 ……앎에 이르게 되는 것은 사물을 연구함에 있다.(大學之道, 在明明德, 在親民, 在止於至善. ……致知在格物.)"란 말이 보이고, 다시 격물(格物)·치지(致知)에서 정심(正心)·성의(誠意)를 거쳐 수신(修身)·제가(齊家)·치국(治國)·평천하(平天下)에 이르는 주희(朱熹)의 이른바 팔조목(八條目)을 논하고 있다. ㅇ循循(순순)－차례차례, 순서가 있는 모양. ㅇ窺高(규고)－높은 곳을 엿보다. ㅇ不間(불간)－빈틈을 주지 않는 것. ㅇ狡僞者(교위자)－교활하고 거짓된 짓을 잘 하는 자. ㅇ覿(적)－보다, 만나다. ㅇ處煩(처번)－번거로운 일에 처하다. ㅇ應文(응문)－법조문을 따르는 것. ㅇ逃責(도책)－책임을 회피하는 것. ㅇ拘礙(구애)－법에 구애를 받다, 법에 얽매이다. ㅇ綽然(작연)－여유가 있는 모양, 너그러운 모양. ㅇ沛然(패연)－물이 막힘없이 흐르는 모양. ㅇ倉卒(창졸)－갑작스런 일, 뜻밖의 일. ㅇ監司(감사)－지방 고을의 행정을 감찰(監察)하는 관리. ㅇ設施(설시)－시설을 마련하고 일을 시행하는 것. ㅇ道之(도지)－사람들을 인도해 주는 것. ㅇ施信(시신)－믿을 만한 일을 해 보이는 것.

解說 이 글은 《정씨문집》 권11(伊川先生文 七)에 보이는 〈명도선생행장(明道先生行狀)〉이다. 한 살 차이의 형에 대하여 이처럼 거침없이 칭송하는 행장을 쓴다는 것은 겸양의 덕을 숭상하는 유학자로서는 약간 이상하게 느껴지기도 한다.

18. 명도 선생께서 말씀하셨다.

"주돈이 선생님 댁에서는 창 앞의 풀을 뽑지 않으셨다. 그 까닭을 여쭙자 선생님은 '내 마음과 같은걸'하고 말씀하셨다."

原文 明道先生曰 : 周茂叔窗前草不除去, 問之, 云 : 與自家意思一般.

解說 《정씨유서》 권3에 보이는 글이다. 잡초가 자라 있는 것이 자기 마음과 같다는 것은 보는 이에 따라 여러 가지로 해석되고 있다. 농담이었는지도 모른다.

19. 장재는 황제의 아들이 태어났다는 말을 듣고는 매우 기뻐하였고, 굶어죽은 사람을 보면 음식을 먹어도 맛이 없었다.

原文 張子厚聞皇子生, 喜甚. 見餓莩者, 食便不美.

註解 ㅇ子厚(자후)－장재(張載)의 자. ㅇ餓莩(아표)－굶어죽은 사람.

解說 《정씨유서》 권3에 보이는 정호의 말이다. 장재가 〈서명(西銘)〉에서 "위대한 임금님은 내 부모님의 맏아들이고, ……무릇 천하의 노쇠하고 지친 사람과 병들고 다친 사람, 외아들과 자식 없는 사람이나 홀아비 과부들은 모두 나의 형제로서 어렵고 괴로운데도 호소할 곳도 없는 자들이다.(大君者, 吾父母宗子. ……凡天下疲癃殘疾惸獨鰥寡, 皆吾兄弟之顚連而無告者也.)"고 한 말을 반영한 것이다.

20. 정호가 일찍이 장재와 홍국사에서 종일 토론을 한 일이 있었다. 그

리고 "옛날에 일찍이 어떤 사람들이 이곳에서 이런 일로 논의를 한 사람이 있었을까?"하고 말하였다.

原文 **伯淳嘗與子厚, 在興國寺, 講論終日. 而曰 : 不知舊日曾有甚人於此處講此事.**

註解 ㅇ興國寺(흥국사)-《이락연원록(伊洛淵源錄)》에서는 상국사(相國寺)라 하고 있다. 상국사는 변경(汴京, 北宋의 首都로, 지금의 河南省 開封)에 있었다.

解說 《정씨유서》 권2에 보이는 글이다. 성리학자들은 토론을 매우 좋아했음을 알 수 있고, 정호와 장재의 우의도 잘 드러나고 있다. 다만 이들의 토론 내용이 무엇이었는지 알 수 없는 점이 아쉽다.

21. 사양좌(謝良佐)가 말하였다.

"명도 선생님은 앉아 계실 적에는 진흙으로 빚어놓은 사람 같으나, 사람을 대할 적에는 완전히 한 덩어리의 온화한 기운이 된다."

原文 **謝顯道云 : 明道先生坐如泥塑人, 接人則渾是一團和氣.**

註解 ㅇ謝顯道(사현도)-사양좌(謝良佐), 정자의 문인. ㅇ泥塑人(이소인)-진흙으로 빚어 만든 사람. ㅇ渾是(혼시)-완전히, 전혀. ㅇ一團(일단)-한 덩어리.

解說 《정씨외서》 권12에 보이는 말이다. 외모는 엄정(嚴正)하지만 실제로 대해보면 온화하다는 것이다.

22. 후중량(侯仲良)이 말하였다. "주광정(朱光庭)이 여주(汝州)에서

명도 선생님을 만나뵙고, 돌아와 사람들에게 말하기를 '나는 봄바람 속에 한 달 동안 앉아 있었던 것 같다'고 하였다."

유작(游酢)과 양시(楊時)가 이천 선생님을 처음 뵈었을 적에, 이천 선생님은 눈을 감고 앉아 계셨다. 두 사람은 곁에 서있었는데, 깨어나신 뒤에 둘러보며 말씀하셨다. "자네들 아직도 여기에 있었나? 날이 이미 저물었으니 이제 쉬게나." 문을 나오자 문밖에는 눈이 한 자 두께로 쌓여있었다.

原文 侯師聖云：朱公掞見明道於汝，歸謂人曰：光庭在春風中，坐了一箇月.

游楊初見伊川，伊川瞑目而坐．二子侍立．旣覺，顧謂曰：賢輩尚在此乎？日旣晩，且休矣．及出門，門外之雪，深一尺.

註解 ㅇ侯師聖(후사성)－이름은 중량(仲良), '사성'은 그의 자. 정이의 문인이다. ㅇ朱公掞(주공섬)－이름은 광정(光庭), '공섬'은 그의 자. 정자의 문인이다. ㅇ汝(여)－여주(汝州), 지금의 하남성(河南省) 임여현(臨汝縣). ㅇ游(유)－유작(游酢), 자는 정부(定夫), 정자의 문인. ㅇ楊(양)－양시(楊時), 자는 중립(中立), 호는 구산(龜山). 정자의 제자. ㅇ賢輩(현배)－자네들.

解說 《정씨외서》 권12에 보이는 글이다. 정호는 매우 온화한 성품이었던 데 비하여 정이는 비교적 엄정한 성품이었던 듯하다. 어떻든 뒤의 정이에 관한 얘기는 그에 대한 제자들의 존경과 함께 정이의 정좌(靜坐) 습관도 말해 준다.

23. 유입지(劉立之)가 말하였다.

"명도 선생님은 덕성이 충분하고 완전하시며, 순수하고 온화한 기운이 얼굴과 등에까지 넘친다. 편히 즐기며 남을 먼저 생각해 주고, 종일토록 기쁜 모습이시다. 나는 선생님을 30년 모셨으나 그분이 화를 내시는 모습을 전혀 본 일이 없다."

原文 **劉安禮云 : 明道先生, 德性充完, 粹和之氣, 盎於面背. 樂易多恕, 終日怡悅. 立之從先生三十年, 未嘗見其忿厲之容.**

註解 ㅇ劉安禮(유안례)－유종례(劉宗禮)의 잘못인 듯. 이름이 입지(立之), 자가 '종례', 정자의 문인. ㅇ盎(앙)－넘치다, 성하다. ㅇ面背(면배)－얼굴과 등. 《맹자》 진심(盡心) 상편에 "맑고 윤택함이 얼굴에 드러나고 등 뒤로 넘쳐흐른다.(睟然見於面, 盎於背.)"고 한 말을 빌린 표현이다. ㅇ樂易(낙이)－편히 즐기는 것. ㅇ多恕(다서)－남을 많이 생각해 주는 것. ㅇ怡悅(이열)－기뻐하는 것. ㅇ忿厲(분려)－사납게 성을 내는 것.

解說 《정씨유서》 부록(附錄)의 문인붕우서술병서(門人朋友敍述幷序)에 보이는 글이다. 역시 정호의 온화한 성품과 덕성을 말해 주고 있다.

24. 여대림(呂大臨)이 명도 선생의 애사(哀詞)를 이렇게 짓고 있다.

선생님께서는 특출한 재능을 지니시고 대인(大人)의 학문의 요체(要諦)를 알고 계셨다. 널리 공부하고 많은 것을 아셨으며, 아는 것을 실천하고 힘써 그것들을 연구하셨다. 윤리를 살피시고 사물을 밝히시어 그 올바른 위치를 추궁하셨으며, 활짝 마음이 풀리어 도의 본체를 꿰뚫어보시게 되었다.

공부한 것을 집약(集約)하는 경지에 이르자, 비록 일의 변화에 대한 느낌이 일정치 않다고 해도 자신의 마음으로 대응하면 궁하여지지 않는다는 것을 아시게 되었다. 비록 천하의 이치가 지극히 많다 하더라도 내 자신을 반성함으로써 스스로 충분하게 된다는 것도 아시게 되었다.

학문이 한결같은 경지에 이르자 이단의 이론이 들고일어나도 선생님을 움직일 수가 없게 되었고, 성인이 다시 나온다 하더라도 선생님의 이론을 바꿀 수가 없게 되었다. 선생님의 수양이 이루어지자, 온화한 기운이 가득 차고 퍼져서 목소리와 얼굴에 드러나게 되었다. 그러나 선생님을 바라보면 숭고(崇高)하고도 심오(深奧)하셔서 함부로 할 수가 없었다. 일을 대하면 여유를 가지고 처리하고, 유유히 서두르지 않으셨다. 그러나 정성스런 마음과 진실한 동정심은 버리는 일이 없으셨다.

선생님은 스스로의 책임을 무겁게 여기시어, 차라리 성인을 배우는 일을 이루지 못할지언정 한 가지 착한 일로 명성을 이룩하지 않으려 하셨다. 차라리 한 사물의 혜택을 입지 못하여 자기에게 해가 될지언정 한때의 이익을 자기의 공로로 삼지 않으려 하셨다.

선생님의 자신이 강하심은, 자신의 뜻을 행할 수만 있다면 자신의 거취(去就)는 구차히 깨끗이 하지 않아도 된다고 하실 정도였다. 자기의 뜻으로 편안한 자리라면 비록 작은 벼슬이라도 문제삼을 것 없다고 하셨다.

原文 呂與叔撰明道先生哀詞云：

先生負特立之才, 知大學之要. 博文强識, 躬行力究. 察倫明物, 極其所止, 渙然心釋, 洞見道體.

其造於約也, 雖事變之感不一, 知應以是心而不窮. 雖天下之理至衆, 知反之吾身而自足.

其致於一也, 異端並立而不能移, 聖人復起而不與易. 其養之成也, 和氣充浹, 見於聲容. 然望之崇深, 不可慢也. 遇事優爲, 從容不迫. 然誠心懇惻, 弗之措也.

其自任之重也, 寧學聖人而未至, 不欲以一善成名. 寧以一物不被澤, 爲己病, 不欲以一時之利, 爲己功.

其自信之篤也, 吾志可行, 不苟潔其去就. 吾義所安, 雖小官有所不屑.

註解 ㅇ呂與叔(여여숙)－이름은 대림(大臨), '여숙'은 그의 자. 장재의 제자였다가 뒤에는 정자의 문인이 되었다. ㅇ博文强識(박문강지)－박문강기(博聞强記). 널리 공부하고 노력하여 많이 알고 있는 것. ㅇ所止(소지)－머물 곳, 올바른 위치. ㅇ渙然(환연)－얼음이 녹는 모양, 활짝 풀리는 모양. ㅇ洞見(통견)－통찰(洞察)하다, 꿰뚫어보다. ㅇ造(조)－이르다. ㅇ約(약)－집약(集約)하는 경지. ㅇ一(일)－한결같음, 도의 경지를 뜻한다. ㅇ充浹(충협)－가득 차고 퍼지는 것. ㅇ崇深(숭심)－높고 깊다, 숭고(崇高)하고 심오(深奧)하다. ㅇ慢(만)－함부로 행동하는 것. ㅇ懇惻(간측)－진실한 동정심. ㅇ措(조)－버리다, 놓아두다. ㅇ去就(거취)－떠나가고 나아가고 하는 것, 벼슬을 그만두는 것과 벼슬자리에 나아가는 것. ㅇ不屑(불설)－상관하지 않다, 개의치 않다.

解說 《정씨유서》 부록(附錄) 문인붕우서술병서(門人朋友敍述幷序)에 보이는 〈애사(哀詞)〉이다.

25. 여대림(呂大臨)이 횡거 선생의 행장(行狀)을 지어 이렇게 말하고 있다.

인종(仁宗)의 강정(康定) 연간 군사를 일으킬 적에 선생님의 나이 열여덟 살이셨는데, 분연(奮然)히 나라를 위한 공로를 이루는 것이 자신이 할 일이라 여기고, 편지를 올린 다음 범중엄(范仲淹)을 찾아가 뵈었다. 범공(范公)은 선생님이 장래가 있는 그릇임을 알고 훌륭한 인물로 성취시키고자 하여, 선생님을 책하였다. "유학자에게는 자신의 명분과 가르침이 있는데 어찌하여 군대 일을 하려 하는가?" 그리고는 《중용》을 읽을 것을 권하였다.

선생님은 그 책을 읽고 비록 그것을 좋아하기는 하였지만 아직도 부족하다고 여기셨다. 이에 다시 불교와 도교의 책들을 구하여 여러 해 동안 그들의 이론을 모두 연구하였다. 아무 소득이 없음을 알고는 돌아와 육경(六經)을 다시 공부하였다.

인종(仁宗)의 가우(嘉祐) 초년에 서울에서 정호와 정이를 만나 함께 도학(道學)의 요체(要諦)를 논하였다. 선생님은 모든 의문이 풀리어 자신을 가지고 말씀하셨다. "우리의 도는 스스로에게 충분한데 어찌하여 다른 곳에서 찾으려 하는가?" 이에 이단의 학문을 모두 버리어 순수하게 되셨다.

만년에는 숭문원교서(崇文院校書)로 있다가 병으로 벼슬을 그만두고 횡거(橫渠)로 돌아와서는, 하루 종일 한 방안에 꼿꼿이 앉아 좌우에 책을 두고 몸을 굽혀서는 읽고 몸을 젖히고는 생각하며, 터득하는 것이 있을 적에는 그것을 적어놓으셨다. 간혹 밤중에 일어나 앉아 촛불을 밝히고 글을 쓰기도 하셨다. 선생님이 도에 뜻을 두고 정세(精細)히 사색하는 일은 잠시도 쉬신 적이 없고 잠시도 잊은 적이 없으셨다.

학자들이 질문을 하면 대체로 예를 알고 본성을 이룩할 것과 기질을 변화시키는 도와 학문은 반드시 성인과 같아지는 것을 목표로 할 것을 일러주었다. 말씀을 들은 사람들은 모두가 마음으로 감동하여 공부에 매진하였다.

일찍이 문인들에게 말씀하셨다. "나의 학문은 마음으로 터득한 다음에는 곧 그것을 표현할 말을 닦고, 말의 표현이 어긋나는 것이 없게 된 연후에야 일을 판단한다. 일의 판단에 실수가 없게 되어야만 나는 속이 시원해진다. 뜻에 정묘(精妙)해져서 신통한 경지에 들어가려면 미리 준비를 잘 하여야만 한다."

선생님은 기질이 굳세고 덕이 성한 위에 외모가 엄하시다. 그러나 사람들과 함께 지내게 되어 오래가면 날로 친해진다.

선생님께서 집안을 다스리고 사물을 대하는 데 있어서 요점(要點)은 자신을 올바로 함으로써 사람들을 감동시킨다는 것이다. 사람들이 선생님을 믿지 않으면 자신을 반성하며 스스로를 다스리되 그것을 남에게 얘기하지 않으셨다. 비록 깨우치지 못하는 사람이 있다 하더라도 편안히 행동하며 후회하지 않으셨다. 그러므로 그것을 아는 사람이건 알지 못하는 사람이건 풍문을 듣고 두려워하여 선생님의 뜻에 어긋나는 것이라면 감히 터럭만큼이라도 선생님 앞에 드러내려 하지 않았다.

原文 呂與叔撰橫渠先生行狀云:

康定用兵時, 先生年十八, 慨然以功名自許, 上書謁范文正公. 公知其遠器, 欲成就之, 乃責之曰: 儒者自有名教, 何事於兵? 因勸讀中庸.

先生讀其書, 雖愛之, 猶以爲未足. 於是又訪諸釋老之書, 累年盡究其說. 知無所得, 反而求之六經.

嘉祐初, 見程伯淳正叔於京師, 共語道學之要. 先生渙然自信曰: 吾道自足, 何事旁求? 於是盡棄異學, 淳如也.

晚自崇文移疾, 西歸橫渠. 終日危坐一室, 左右簡編, 俯而讀, 仰而思, 有得則識之. 或中夜起坐, 取燭以書. 其志道精思, 未始須臾息, 亦未嘗須臾忘也.

學者有問, 多告以知禮成性, 變化氣質之道, 學必如聖人而後已. 聞者莫不動心有進.

嘗謂門人曰: 吾學旣得於心, 則修其辭. 命辭無差, 然後斷事. 斷事無失, 吾乃沛然. 精義入神者, 豫而已矣.

先生氣質剛毅, 德盛貌嚴. 然與人居, 久而日親.

其治家接物, 大要正己以感人. 人未之信, 反躬自治, 不以語人. 雖有未諭, 安行而無悔. 故識與不識, 聞風而畏, 非其義也, 不敢以一毫及之.

註解 ㅇ康定(강정)—송나라 인종(仁宗) 때의 연호(1040). 강정 원년에 인종은 하송(夏竦)에게 명하여 섬서(陜西)를 경략토록 했는데, 한기(韓琦)와 범중엄(范仲淹)이 그의 부관(副官)이었다. 장재가 범중엄을 만난 것은 그 때이다. ㅇ慨然(개연)—분연(奮然), 발분(發奮)하는 모양. ㅇ范文正公(범문정공)—범중엄(范仲淹, 989~1052), 자는 희문(希文), 그의 시(諡)가 문정(文正)이며, 벼슬은 참지정사(參知政事)에까지 올랐다. ㅇ遠器(원기)—먼 훗날에 쓰일 그릇, 장래가 유망한 인물. ㅇ釋老(석로)—석가모니와 노자(老子), 불교와 도교. ㅇ六經(육경)—시(詩)·서(書)·역(易)·예(禮)·악(樂)·춘추(春秋)의 여섯 가지 경전. 유가의 경전을 뜻한다. ㅇ嘉祐(가우)—송나라 인종의 연호, 1056~1063. 가우 2년, 장재 38세 때 정호(26세)와 정이(25세)를 만났다(武澄《張子年譜》). ㅇ渙然(환연)—마음이 시원히 풀리는 모양. ㅇ淳如(순여)—순수한 모양. ㅇ崇文(숭문)—숭문원(崇文院). 장재는 신종(神宗)의 희녕(熙寧) 2년(1069) 50세 때 숭문원 교서(校書)란 벼슬에 임명되었으나, 곧 사임하였다. ㅇ移疾(이질)—관리가 병을 핑계로 사직원(辭職願)을 내는 것. ㅇ橫渠(횡거)—미현(郿縣) 횡거진(橫渠鎭, 지금의 陝西省에 있던 고을). 만년에 장재가 물러나 살던 곳. ㅇ危坐(위좌)—똑바로 꼿꼿이 앉아있는 것. ㅇ簡編(간편)—책. ㅇ識(지)—기록하는 것. ㅇ須臾(수유)—매우 짧은 동안, 잠깐. ㅇ命辭(명사)—말로 표현하는 것. ㅇ沛然(패연)—물이 흐르는 모양, 시원한 모양. ㅇ豫(예)—미리 준비하는 것. ㅇ大要(대요)—큰 요점. ㅇ反躬(반궁)—자신에 대하여 반성하다. ㅇ一毫(일호)—한 가닥의 가는 터럭.

解說 여대림(呂大臨)이 지은《횡거선생행장(橫渠先生行狀)》의 일부분이다. 생략된 부분이 두 곳 있다.

26. 횡거 선생께서 말씀하셨다.
"이정자(二程子)는 14, 5세 때부터 곧 열심히 성인을 배우고자 하였다."

原文 **橫渠先生曰 : 二程從十四五時, 便銳然欲學聖人.**

註解 ㅇ銳然(예연)-남보다 뛰어난 모양, 남보다 열심히 하는 모양.

解說 《경학이굴》 권3 학대원(學大原) 상편에 보이는 글이다. 제14권 뒷편에는 정호와 장재에 관한 글은 적지않게 보이는데, 정이에 관한 것은 이 짧은 대목뿐이다. 그것도 형님과 함께 언급되고 있는 말이다. 정이에 관한 말이 적은 이유는 이해하기 쉽지 않다.

색 인(索引)

ㄱ

ㄴ

ㄷ

ㅁ

ㅂ

ㅇ

ㅎ

新完譯 近 思 錄

初版 印刷●2004年 4月 15日
初版 發行●2004年 4月 20日

編著者●朱熹 · 呂祖謙
譯 者●金 學 主
發行者●金 東 求

發行處●明 文 堂
서울특별시 종로구 안국동 17~8
대체 010041-31-001194
전화 (영) 733-3039, 734-4798
(편) 733-4748
FAX 734-9209
Homepage www.myungmundang.net
E-mail mmdbook1@myungmundang.net
등록 1977. 11. 19. 제1~148호

값 25,000원
ISBN 89-7270-750-3 03150